2
2021
第1辑
总第62辑

Nomocracy Forum

# 法治论坛

广州市法学会 / 编

中国法制出版社
CHINA LEGAL PUBLISHING HOUSE

# 目录　CONTENTS

Nomocracy Forum

## 法治与社会治理

## 实务研究

## 案例分析

## 法谈法议

# 法治与社会治理

# 超大城市市域社会治理的开放反思型路径研究

## ——以广州实践为样本

广州市委依法治市办课题组*

**【内容提要】** 当前，基层社会治理面临着一系列突出问题，政府各部门间壁垒森严、烟囱林立，社会组织、人民群众缺乏有效方式进入社会治理过程之中。市域社会治理具有多元参与、承上启下和全面协同的特征；各个地区在推进市域社会治理现代化方面都形成了一系列典型做法，如“社会治理综合体”“社会组织融入模式”“大数据与市域社会治理现代化应用模式”等。作为超大型城市，广州围绕政治、法治、德治、自治和智治“五治”，同样形成了开放反思型的市域社会治理现代化的路径。开放反思型治理即“以点带面”的反思性治理和“众人拾柴”式的开放性治理；反思性治理着重体现为实践与理论的有效互动，开放性治理的核心在于社会与国家的互动、部门之间的数据开放以及党的领导统筹协同等方面。

**【关键词】** 市域社会治理　社会治理　超大城市市域社会治理　基层社会治理

党的十九届四中全会明确指出，要坚持和完善共建共治共享的社会治理制度，完善党委领导、政府负责、民主协商、社会协同、公众参与、法治保障、科技支撑的社会治理体系，建设人人有责、人人尽责、人人享有的社会治理共

---

* 课题组主持人：高秦伟——中山大学法学院教授、博士生导师，主要研究领域：宪法、行政法；成员：蒋利——广东广信君达律师事务所合伙人；陈小英——广东广信君达律师事务所合伙人；执笔人：屈志强——中央财经大学法学院博士研究生。

同体，这为新时代加强和创新社会治理提供了根本遵循。基层社会治理面临一系列突出问题，一些问题单纯倚靠基层力量难以解决，而市域社会治理作为国家治理承上启下的关键环节，既有统筹协调的功能权限，也有因地制宜进行探索的空间。市域社会治理主要是指副省级城市和地级市的全域治理，主要针对的是社会治理中部门间壁垒森严、烟囱林立，社会组织、人民群众缺乏有效方式参与社会治理过程等问题。在推进市域社会治理现代化的过程中，一些地方都作出了有益探索，形成了一系列模式、经验和做法。广州在这个过程中，回应社会需求，也形成了“广州街坊”“法治街道”“法治全镇域”“智慧治理”等一系列典型做法，为市域社会治理现代化提供了有益借鉴。

## 一、市域社会治理的内涵与特征

“社会管理”是 1998 年《关于国务院机构改革方案的说明》中正式提出的，这也是这一词语首次出现在正式文件中，随后便频繁出现于各个政府部门文件中。2013 年《中共中央关于全面深化改革若干重大问题的决定》中首次出现“创新社会治理体制”的提法，并在该决定中作为单独一部分提出，深刻反映出国家治理观念的转型。“治理和管理一字之差，体现的是系统治理、依法治理、源头治理、综合施策。”[1] 社会治理的重难点在基层，基层社会治理面临的问题便是市域社会治理着力解决的重点。“‘社会治理’是一个宏观概念，研究中需要具体化、实践化，这样在具体操作中就转化为基层社会治理。”[2] 基层社会治理面临的问题方面，有许多学者进行了总结。例如，有学者将基层社会治理方面存在的问题概括为八个方面，包括法律规定、法律执行、部分党组织战斗力薄弱、社会治理社会化程度低、社会矛盾纠纷化解诉调机制不够有力、社会道德滑坡、全社会的法治思维和法治习惯尚未形成、突发事件应急处置机制不规范。[3] 也有学者总结为，矛盾纠纷不易化解、安全防控压力不断加大、提供服务能力相对不足和人员队伍建设难度加大四个方面。[4] 还有学者将问题概括为，基层社会治理资源配置不对称、体制壁垒和共同体构建不足三个方面，并进一步主张构建一个社会治理重心下移的目标框架。[5] 无论将基层社会治理面临的问题

---

1　中共中央宣传部：《习近平总书记系列重要讲话读本》，学习出版社、人民出版社 2014 年版，第 130 页。

2　李强、王莹：《社会治理与基层社区治理论纲》，载《新视野》2015 年第 6 期。

3　弋振立：《让基层社会治理难点变亮点》，载《人民论坛》2019 年第 12 期。

4　刘爽：《基层社会治理面临哪些突出难题》，载《人民论坛》2017 年第 2 期。

5　胡佳：《社会治理重心下移的目标框架与支撑体系——基于街道管理体制改革的案例研究》，载《中共天津市委党校学报》2019 年第 5 期。

如何分类或是总结，但存在一个基本共识，即基层社会治理的权限与治理任务的不匹配、不对称。诸如制度壁垒、服务能力不足等问题，单纯倚靠基层政府组织往往显得力不从心，因而需要从中观层面对社会治理进行统筹协调，因而市域社会治理应运而生。“市域社会治理是基于大国治理前提下的中坚细分，它立于顶层治理的引领之下，又高于基层治理的网格之上，在规模经济、资源整合以及技术共享等方面都具备可能的优势。”[6]因此，市域社会治理与基层社会治理相比，更具有鲜明的实践问题导向。

“市域社会治理” =“市域” +“社会治理”，因此对市域社会的理解包含两个方面。一方面，市域社会治理属于社会治理的重要组成部分；另一方面，市域社会治理也意味着社会治理在市域范围内的应用。“所谓市域，当视为包含一定乡村在内的自成一体的空间体系，聚集了一定规模的人群，内部形成了相对完整的分工和交换体系，同时也在全球分工体系中居于特定的位置。”[7]市域社会治理是针对社会治理过程中的内卷化问题提出的，社会治理过程的内卷化问题集中表现为行政系统的封闭化、行政过程的部门主义等问题。面对基层社会治理中的协调统筹能力不足，以及立法及行政权限不足的问题，市域具有独特优势。

### （一）市域社会治理的特征之一：多元参与

“社会协同”即强调的是社会治理中的“社会化”，社会化“强调多元主体参与的平等性、自发性和合作性，既摒弃行政傲慢、公权至上等错误观念，又规范社会权力的治理领域和实践效能，避免出现无政府主义的极端倾向，倡导公然有序且充分的公众参与”。[8]因而有学者将这种多元参与的治理模式视为对代议制民主的一种“社会性矫正”，更具有包容性和开放性，能够有效提升政府绩效。[9]

“社会协同”意味着社会多元主体的参与。“所谓‘多元主体’就是指包括政府、非政府经济社会组织、媒体和公民个人在内的，能够参与公共危机治理的各种社会主体。”[10]“多元”是相对于传统模式下政府的“一元”而言的，对

---

6 闵学勤：《市域社会治理：从新公众参与到全能力建设——以 2020 抗击新冠肺炎疫情为例》，载《探索与争鸣》2020 年第 4 期。

7 成伯清：《市域社会治理：取向与路径》，载《南京社会科学》2019 年第 11 期。

8 宋英猛：《多元主体参与市域社会治理的实现路径》，载《社会治理》2019 年第 12 期。

9 何显明：《治理民主：一种可能的复合民主范式》，载《社会科学战线》2012 年第 10 期。

10 周斌、马丽萍：《公民治理视角下的我国公共危机多元治理》，载《江西社会科学》2014 年第 6 期。

应的是一种多中心的架构。这里的“多元”从宏观层面上可以分为政府和社会组织、公众三方主体，同时从内部看则是政府各个职能部门、各个区县政府之间，各个街道之间等，同样社会组织、公众也可以进一步进行细分。多元参与的核心目标是要形成治理合力，提高行政过程中的公开透明度、更好地为社会公众提供公共服务。多元参与的治理模式，在许多西方国家已经进行了广泛实践，诸如“民营化”“杰出领袖工程”“协商制定规则”等，取得了较好的成效。[11] 在我国台湾地区的环境治理、城市治理中也有广泛运用，有学者就从实证角度考察了我国台湾地区水系治理的成效是“多元主体协商合作的创造性成果”。[12] 多元治理的典型做法在厦门也有较为典型的实践，形成了“两高两化”的厦门模式。[13] 因此市域社会治理首先强调的是社会治理，因此也必然具有社会治理的一般特征，即实现多主体参与的共同治理。

### （二）市域社会治理的特征之二：承上启下

“市域社会治理”中的“市域”，主要指的是设区的城市的行政区域和层级（包括副省级城市、省会城市、计划单列市）。市域面积广、人口密集、社会矛盾和问题突出，对市域社会治理提出了更高的要求。“市域层面最大特点就是对上承担贯彻党中央决策部署的重要责任，对下又指导基层一线工作，是推动基层治理的组织者、领导者。抓住了市域这个关键环节，就可以起到‘一子落而满盘活’的效果。”[14]“市域社会治理现代化”就是要把推进社会治理体系创新的重点从县一级向市一级转移，突出市级层面在地方社会治理过程中作为“主导者”的角色定位。具体而言，就是要充分发挥市一级党委政府的统筹谋划作用，通过优化市域社会治理组织体系、提升市域社会治理核心能力，形成市—区（县、市）—乡镇（街道）权责明晰、高效联动、上下贯通、运转灵活，党委、政府、社会、公众等多方主体共建共治共享共赢的社会治理新体系，增强人民群众的获得感、幸福感、安全感。

---

11 See Jody Freeman, *Collaborative Governance in the Administrative State*, 45 UCLA Law Review, 1 (1997).

12 王栀韩：《从一元治理到多元治理：台湾淡水河系的治理机制研究》，载《华中师范大学学报（人文社会科学版）》2017 年第 3 期。

13 参见《全国市域社会治理现代化工作会议发言摘登》，载长安网，http：//www.chinapeace.gov.cn/chinapeace/c54219/2019－12/04/content_ 12307082.shtml，最后访问于 2021 年 1 月 20 日。

14 《“一子落而满盘活！”市域治理为何如此重要?》，载长安网，http：//www.chinapeace.gov.cn/chinapeace/c54219/2019－12/03/content_ 12306784.shtml，最后访问于 2021 年 1 月 20 日。

### （三）市域社会治理的特征之三：全面协同

在以往社会治理过程中，经常出现“九龙治水”“烟囱林立”“信息孤岛”等问题，最终导致几个部门都管不好一个问题，这一问题在基层更加突出。市域社会治理的重点目标便是要解决各部门职权的交叉问题，通过统一整合统筹，实现政府各个部门的全面统筹协同。具体而言，这种协同体现在两个方面：一是强化党委的领导核心作用，党委对包括党的机构、政府各个职能部门、司法机关、权力机关、群众团体等的职能进行统筹协调，以问题为导向，将群众所反映的问题由一个“口”受理，到行政机关内部按照职能职权分工等进行归口管理，最终以一个“口”向群众进行反馈。二是强化市级的宏观统筹协调功能，强化对基层社会治理的统筹作用。在社会治理中，政府是最主要的主体，政府各个职能部门的数据信息之间缺乏相应的流通互动机制，因而造成了社会治理中“各自为政、条块分割、烟囱林立、信息孤岛、对外封闭”的问题。[15]

市域社会治理“试图通过市级层面的中层设计和承上启下，协调力量和统筹资源，以实现共建共治共享的社会治理新格局”。[16]因此，由于基层以及区（县）级的统筹权限与能力相对不足，由市级层面进行统筹协调，是实现社会治理现代化的必然要求。

## 二、广州推进市域社会治理现代化的实践与理论反思

在市域社会治理概念正式提出之前，一些地方就完善市域社会治理进行了广泛的探索，如江西萍乡的“社会治理综合体”、景德镇的“‘三调联动’矛盾纠纷调处模式”、湖南株洲的“社会组织融入模式”、福建厦门的“大数据与市域社会治理现代化应用模式”、贵州贵阳的“智慧治理”，此外还有“兰州实践”“芜湖经验”等。一些学者还对一些典型做法进行总结梳理，如福州市提出要从优化网格化治理的路径入手，通过系统整治与综合施策，推行管理权力多维度运行，挽留人才模式的创新，引导多元主体联动助推共治格局，发挥网络治理信息服务平台效能；[17]绍兴市提出推进市域社会治理现代化时要提升党组织统筹能力、依法办事能力、文化引领能力、矛盾纠纷预防化解能力和工作推进保

---

15 杨安：《大数据与市域社会治理现代化——厦门实践与探索》，载《经济》2018 年第 2 期。

16 陈成文、张江龙、陈宇舟：《市域社会治理：一个概念的社会学意义》，载《江西社会科学》2020 年第 1 期。

17 王赣闽：《社会治理视角下市域网格化治理的实践与探索——以福建省福州市为例》，载《福建江夏学院学报》2019 年第 9 期。

障能力；[18] 衢州市提出强化系统设计、制度设计、顶层设计，系统构建“主”字形现代化基层治理体系，并在全市域标准化规范化体系化推进落实落地。[19]

2018 年，时任中央政法委秘书长陈一新撰文将推进市域社会治理体系现代化，具体概括为政治、德治、法治和自治的“四大体系”。[20] 2021 年进一步明确政治引领、法治保障、德治教化、自治强基、智治支撑的发展方向。[21] 围绕着如何完善市域社会治理“五治”融合，广州走出了一条富有特色的开放反思型的治理路径。“开放就是海纳百川，反思就是不断地检讨自己。”[22] 相较于其他地方的实践，广州推进市域社会治理现代化具有两个鲜明特点，一是“众人拾柴”，利用科技等多种手段实现更高质量的开放；二是“以点带面”，通过对试点探索的经验总结，总结典型模式进行推广。

### （一）“以点带面”——反思性治理

所谓“以点带面”，即“探索 + 总结 + 推广”的模式。面对基层社会治理中的问题，目前国内各个地区并未形成一套统一有效的社会治理模式。因此，“摸着石头过河”，边试边总结的模式更为科学可取，这也就是反思性治理最为本质的特征。这种反思性就体现在对实践问题与理论的互动之上，这种互动体现为三个具体步骤。首先，针对具体街道情况，在总结问题基础上进行治理创新；其次，在对探索和创新的具体情况进行总结梳理，再修正之前探索的经验，并形成具有可复制和可推广性的实践模式；最后，将这种具有普适性的实践予以推广，再根据街道具体情况进行调试。如此循环，最终不断推进社会善治。

以法治建设为例，街道、乡镇作为基层社会治理的最前沿，问题最为集中突出，因此只有街、镇的法治化才能实现社会的法治化。为此，2020 年广州率先开展首批“广州市法治示范街道”“广州市法治示范镇”创建工作，此次创建的特点便是选择底子好、有特色的相应街、镇进行示范创建，以示范创建的街、镇为蓝本，形成一套典型的法治街、镇模式，向全市甚至全省、全国推广。再如，在基层群众自治方面，广州市的一些地区通过探索建立“村民议事厅”“村民理事会”等民主协商制度，形成了“村民自治示范村”和“民主法治示

---

18　戴大新、魏建慧：《市域社会治理现代化路径研究——以绍兴市为例》，载《江南论坛》2019 年第 5 期。

19　陈志明、周世红、严海军：《新时代市域社会治理现代化的衢州实践》，载《政策瞭望》2019 年第 7 期。

20　陈一新：《推进新时代市域社会治理现代化》，载《人民日版》2018 年 7 月 17 日，第 7 版。

21　陈一新：《加强和创新社会治理》，载《人民日版》2021 年 1 月 22 日，第 9 版。

22　《“形式法治与实质法治”研讨会实录》，载姜明安编：《行政法论丛》（第 13 卷），法律出版社 2011 年版。

范村”等典型做法，为全市、全省起到了示范作用。

广州的反思性治理，就是在发挥市级党委的总揽全局作用的基础上，通过制定完善基层社会治理的基本要求，吃透并在具体工作中落实中央、省委政策要求，再由各基层社会治理主体发挥能动性制订出切实具体的实施方案，通过考评等多种方式总结其经验与不足，最后形成较为完善的模式、典型做法等，向全市、全省乃至全国推广。

### （二）“众人拾柴”——开放性治理

“当下中国社会运行的主要矛盾在于，社会公共事务的日趋复杂和社会管理模式的功能局限之间的紧张关系及其不断加剧。”[23]这也是从“管理”走向“治理”的根本原因。社会治理，实际上就是对社会的治理，从运行意义上讲，“社会治理”实际是指“治理社会”。换言之，所谓“社会治理”，就是特定的治理主体对于社会实施的管控。就“治理”产生的现实背景而言，“治理”是西方政府再造运动的结果，引入国内之后随即用以回应民众对政府改革的需求，逐渐获得了广泛运用。西方对于社会治理的研究，形成了诸如元治理理论、多中心治理理论、公民治理理论、整体性治理理论以及善治理论等为代表的理论成果。[24]综合各种治理理论来看，相较于社会管理，社会治理基本特征包括治理主体多元性与关系多向度性、内容广泛性与对象深层次性以及系统高共识性与成员强认同感。[25]因此，社会治理强调的是一种开放式的治理模式。

首先，开放性治理意味着多主体参与社会治理。多元主体参与社会治理，就是“建设人人有责、人人尽责、人人享有的社会治理共同体”的过程。“社会治理使得公民的积极性、主动性得以最大程度地发挥，公民参与社会生活的热情高涨，公民之间的合作进一步密切，它体现了社会的文明进步，有利于凝聚社会正能量，有利于化解矛盾，实现人与人之间的和谐相处。”[26]因此，社会治理更适应于复杂多元的社会现实，是一种回应社会现实需求的最新社会治理

---

23 江必新、王红霞：《社会治理的法治依赖及法治的回应》，载《法制与社会发展》2014 年第 4 期。

24 国内有学者对国外治理理论的谱系研究，形成了许多富有创见的成果，如李泉：《治理理论的谱系与转型中国》，载《复旦学报（社会科学版）》2012 年第 6 期；王绍光：《治理研究：正本清源》，载《开放时代》2018 年第 2 期等。

25 江必新、王红霞：《社会治理的法治依赖及法治的回应》，载《法制与社会发展》2014 年第 4 期。

26 邵光学、刘娟：《从“社会管理”到“社会治理”——浅谈中国共产党执政理念的新变化》，载《学术论坛》2014 年第 2 期。

范式。[27]

在广州推进市域社会治理现代化的实践中，引入社会力量促进社会治理现代化的做法比比皆是。典型的做法如“一村（社区）一法律顾问”的做法，引入律师参与到基层矛盾化解之中，通过律师以法律专业视角进行调解，将纠纷消灭于无形。一些典型代表如越秀区，借力律师构建起“政府搭台，律师唱戏，群众享用”的法治政府建设模式；其中农林街道利用“吴承泽律师事务所工作室”这一品牌搭建律师公益咨询普法平台，对社区面临的加装电梯等具体问题进行针对性的普法宣传，提升群众法律意识和法治理念，营造浓厚法治氛围。此外，南沙区黄阁镇立足基层工作实际和梳理历年法治建设经验，特别是经过创建首批广州市法治示范镇半年多以来的实践摸索，借助了第三方律师团队的力量，率先提出“法治全镇域”模式。该模式在“党的领导、制度建设、依法行政、公正司法、全民守法”的基础上，提出了“基层治理”的要点，反映了“全面依法”的系统性、整体性和协同性要求，充分体现“全面”“依法”和“善治”的理念。

另外，广州在完善群众参与市域社会治理方面同样有较为典型的做法。“广州街坊”是广州的一张亮丽名片，有“北有朝阳群众，南有广州街坊”之称。“广州街坊”是基层群众自发组织的社会力量，在维护基层稳定方面起到了重要作用。例如，广州花都区秀全街道的“秀全大妈”志愿服务队，从2010年成立至今，在调解邻里纠纷，发现逃跑犯罪嫌疑人、协助疫情防控等方面发挥着重要作用。“‘广州街坊’不仅是社情民意的‘信息员’、邻里守望的‘巡防员’，还是矛盾纠纷的‘调解员’、平安法治的‘宣传员’，也是应急处置的‘支援员’。”[28]再如“楼长”制度，番禺区石壁街道推行以出租屋主为主导型的“楼长制”管理新机制，并组织召开“楼长制”的座谈会，听取和收集楼长们的意见和建议，凝聚各方智慧。这一模式被加以改进并进行推广，如农林街道就将党支部建在“网格上”，与全街543名热心楼长对接，利用小程序、公众号以及微信群等方式将社区党员通过互联网联系起来，把工作落实到网格、问题解决到一线。此外，“村民理事会”“乡贤咨询委员会”“能人工作室”“两代表一委员”等做法也在各地方蓬勃展开，极大激发了群众自我管理的热情。民政部门的统计数据就显示，“十二五期间”广州市基层社区共建立实体或网络议事平台1800多

---

27 何元增、杨立华：《社会治理的范式变迁轨迹》，载《重庆社会科学》2015年第6期。

28 《北有“朝阳群众”，南有“广州街坊”！这支神秘队伍原来这么给力》，载长安网，http://www.chinapeace.gov.cn/chinapeace/c100055/2020-11/12/content_12413624.shtml，最后访问于2021年1月20日。

个，社区自我协商解决宠物管理、停车难等热点问题3500多个。[29]

其次，开放性治理意味着政府各个职能部门之间的开放与协同。这种开放主要体现为数据信息共享方面。在这方面，广州走在了全国前列，形成了一系列典型做法。一是建立了全国首个“规范性文件统一发布平台”，这一平台以“前置审查、有效期制度、统一登记、统一编号、统一公布、数据库管理”为特色的“1+1+8”（一部地方性法规、一部政府规章和八个配套文件）的规范性文件管理制度体系；这一体系实现了数据的共享化，即所有应公开发布文件的政府网站必须同意从该平台调取数据，经过分级审核、统一编号之后，由市政府门户网站实时推送到全市各发布平台，实现数据同源与实时更新。二是建立了“广州市政府数据统一开放平台”等，实现了政府信息数据的公开、透明化。例如，黄埔区将开发区所有行政审批以及公共服务事项全部纳入政务服务中心，试行“前台综合受理、后台分类审批、统一窗口出件”，建立“受理、审批、监管”相分离的政务服务模式，实现优化审批流程、降低办事成本和提高政务服务水平的目标。建立数据统一开放平台还有助于解决“信息孤岛”问题，解决各个部门各自为政、条块分割的问题，尽可能地实现各治理主体之间的统一协调。

数据信息的开放与共享，最终是为了实现各部门之间的数据的整合协同。在这方面，广州同样形成了典型做法。例如，“同心家园”作为全国首个互联网议事平台，帮助解决了老城街区、老旧小区的管理缺失、环境脏乱、安全和治安隐患等一系列问题。[30]此外，“越秀先锋”“越秀人家”APP建立了在线议事厅居民直接表达意见诉求，党支部还可以通过搜集来的居民意见，通过在线的方式进行“民主协商”，工作人员在服务居民群众时全程留痕，强化工作人员敢于担当、勇于作为的意识。花都区梯面镇创新推出创新服务群众的新模式、新做法，即“梯面有呼必应”微信小程序。该小程序具有操作简单、功能齐全、服务面广等特点，每个人都可以用手机扫描二维码注册登录“梯面有呼必应”微信小程序，通过微信小程序，服务党员群众、村居、企业，使梯面群众和到梯面观光的游客均可充当网格员，发现问题及时把诉求反映到指挥中心后台，然后由镇指挥中心派单，转交镇属职能部门限时处理，切实做到“有呼必应”，进一步拓宽群众反映问题的渠道和途径。

最后，开放性治理必须坚持党的集中统一领导。“东西南北中，党是领导一

---

29 《广州市民政事业发展第十三个五年规划纲要（2016—2020年）》，载广州市政府网，http：//www.gz.gov.cn/zwgk/ghjh/zxgh/content/post_3089405.html，最后访问于2021年1月20日。

30 《广州推出首个互联网社区议事平台》，载央广网，http：//www.cnr.cn/gd/ygsy/20190429/t20190429_524596426.shtml，最后访问于2021年1月20日。

切的”。市域社会治理要通过整合多个社会治理主体力量，全面协同，最终实现更好地为人民服务。整合各社会治理主体力量，核心与关键在于党的统一领导，也就是“政治引领”。以街道社会治理为例，广州一是建立了以街道（镇）党工委书记为组长、其他业务科室部门以及村（居）委会负责人为成员的领导小组，书记为法治建设的第一责任人，针对基层社会治理中的问题进行归口统筹推进。二是将党支部建在“网格上”，通过微信群、小程序和公众号等方式将党员联系起来，把工作落实到具体网格之中，将问题解决在一线。三是通过广州市级党委总结各个地方创建过程中的问题，根据具体情况决定通过哪一个部门、哪一种方式具体解决。

治理是一种面向未来的活动，因此需要保持对社会发展过程的一种开放型的态度，同时在探索过程中也需要根据具体情况不断修正不合时宜的做法，总结成功经验。在推进市域社会治理过程中，特别是在法治街道（镇）建设过程中，先由市级党委定下基调，由各个区街道（镇）自己摸索总结出一套经验做法，反馈到市级再进行修订总结，形成一套切实有效的治理模式。这便是开放反思型治理的基本模式，既“从实践中来”，又不完全照搬“实践”，最终也是“到实践中去”。市域社会治理是一种包容开放的治理方式，在开放中反思，形成实践与理论互动的格局。

# 数字信息运用于公共卫生应急管理的检视及其完善

梅　傲　苏建维*

**【内容提要】** 新冠疫情肆虐全球，我国政府迅速行动，充分利用数字信息为疫情防控提供数据支撑。但在数据采集及管理过程中也出现了数据采集不规范、算法规则不透明、数据管理不完善、数据善后不明了等问题。我国应创设四个层面的保障路径以完善数字信息运用于公共卫生应急管理的措施和手段。首先，要规范信息采集程序，建立统一的操作平台，并对健康数据进行分级管理；其次，要对算法规则进行合理的规制，公布算法的存在及算法的逻辑规则，保障群众知情权，同时要注意对错误算法的纠正；再次，要优化信息管理手段，建立专门的数据委员会，并拓宽信息侵权的救济途径；最后，要明晰信息善后路径，处理好软件的退役和信息的退役问题。

**【关键词】** 公共卫生应急管理　数据采集　数据管理　算法规则　数据保护

## 一、数字信息运用于公共卫生应急管理存在的问题

2020 年伊始，新型冠状病毒在短短数月间肆虐全球，世界卫生组织正式对外宣布新冠疫情为“国际公共卫生突发事件”。我国政府迅速作出反应，国内疫情迅速缓解，抗疫手段初见成效。在这次的抗疫中，健康码、疫情地图、位置

---

* 梅傲——西南政法大学国际法学院副教授，国际私法教研室副主任，主要研究领域：国际数据治理；苏建维——西南政法大学海外利益保护研究中心助理研究员，主要研究方向：国际数据治理。本文为国家社会科学基金项目“人工智能时代责任保险公共职能的理论再建构研究”（18XFX009）的阶段性成果。

数据监测平台等数字信息的运用功不可没，我国充分利用大数据分析技术，做到对疫情的实时监控、实时调控、实时防控。在突发公共卫生事件中，公民作为数据主体，个人数据展现出了显著的公共性，数据间的聚合互动产生了新的价值；而政府和企业作为信息管理主体，在短时间内将规模宏大的个人数据转化为有用的信息的过程中，也暴露出了个人数据保护力度不足的问题。

### （一）数据采集不规范

数字信息的应用链条起始于数据采集。以本次新冠疫情防控为例，数据的采集采取了公、私合作的新模式，由政府主导，牵头腾讯等科技企业，推出“健康通行码”。健康通行码的数据采集方式分为两种：自主申报与核验调整。自主申报是数据采集的主要方式，即由民众自主、自行填写申报，或由有关联人员予以申报，并依据实际情况对申报信息进行修改。而核验调整指的是经检测点检测后，由检测人员在检测端对异常数据进行上报调整。[1]各式各样的二维码在坊间虽统称为“健康码”，但实际上不同地区的民众却需要通过不同的平台申领健康码——如广东地区的申领平台为“粤省事”微信小程序，而重庆地区的申领平台则为“重庆健康通行一码通”微信小程序。不同的申领平台由不同的信息主体进行管理，申领的界面也可谓五花八门，在疫情防控势在必行、个人数据必须搜集的情况下，“隐私政策”或者“用户协议”仿佛成为可有可无的“门面功夫”。并非所有的搜集平台都有“同意隐私政策”或“用户协议”的勾选项以及相关的文本展示，取而代之的是粗暴的数据收集手段。导致这一现象出现的原因有二：其一是不统一的数据采集平台；其二是不规范的数据采集手段。

除了数据内容较为完整的健康码之外，位置数据也成为信息主体的重点搜集对象。政府当下在积极地探索通过对公民位置数据的采集和分析，来排查疫情、防控传播，并取得积极的实践效果。[2]健康码更多的是一种纵向、综合的健康监测，通过多项数据的输入，经过复杂的算法规则运算，向下输出“绿码”“黄码”“红码”三种代表不同的健康程度预判的颜色码，在数据的上游段有综合、统一的数据监管。除健康码外，中国联通、中国移动、中国电信手机运营商也分别推出“行程查询助手”功能。如今，智能手机与实名制的电话号码已然和大众紧紧捆绑在一起，手机运营商通过对手机号进行定位，只要通过微信

---

1 《深圳市深圳标准促进会〈防疫通行码参考架构与技术指南〉征求意见稿》第4.2.1条。

2 郁俊莉、姚清晨：《从数据到证据：大数据时代政府循证决策机制构建研究》，载《中国行政管理》2020年第4期。

扫码，便能查询过去十四天的行踪。这是一种简单的数据披露，其行踪轨迹的展示也全靠用户自愿。位置数据的搜集程序同样存在瑕疵，以中国联通的人员疫区驻留情况查询系统为例，在电话号码的输入界面需要勾选“同意并授权中国联通查询本人在疫情期间的基站连接信息”项，该表述对于非专业人士的普罗大众来说，显然显得比较模糊。“疫情期间”的界限是在哪里？授权的“疫情期间”的时间区间是不是比显示的“到访路线”的时间区间更长？基站连接信息的含义是什么？基站连接信息是不是仅为位置数据？这些疑惑并不能在查询界面找到答案。疫情的升温加快了信息主体对公民健康数据的搜集速度，但在过程中却暴露出了数据收集手段不规范、不统一的问题。

### （二）算法规则不透明

数据的规模化、集合化效益，源于复杂算法对数据的运算加工。一方面，人们离不开算法，没有算法的加成，就无法将松散的数据转化成有价值的信息；另一方面，复杂且神秘的算法规则又将人们推向一个非常被动的位置。[3]算法在某种层面上具有高效性、准确性、非歧视性的特点，但由于现代技术的蓬勃发展，算法本身发展出了机械学习的功能。这种机械学习功能与深度学习功能不同，机械学习具有机械性特点，算法基于这种机械学习功能可以自我迭代，从而使得算法超出可以理解与解释的范围，因此，如今人们都活在一个“黑箱社会”里。[4]基于新冠疫情的紧迫性，健康码以强势的姿态侵入人们的生活，将人们划分成红、黄、绿“三等”。僵硬又公开的颜色，打破了大众对周遭人群健康程度的默认，出现了明显的“健康分层”，持红码和黄码的人群容易遭受到“算法歧视”，即因为数据本身所延续的观点和理解的差距而带来偏见与歧视。事实上，健康码的颜色并没有反映出人们真实的健康状态，只是单纯对新型冠状病毒的感染风险所作的预判，换句话说，这种健康分层现象只是概率上的分层。在进出大部分的公共场所都需要展示健康码的情况下，不透明的算法规则严重制约了人们的生活，无端丧失部分自由的人们应有权得知健康码的运作原理，即其算法规则。在一般情况下，人们采用健康码这种“健康数据”加工技术，更大程度上依赖于自愿，是出于对自身健康风险情况判断的好奇，然而，在全民抗疫的社会情绪下，相关技术的采用从“自愿”变成了“他愿”，人们不再是出于自愿而采用算法技术，而是被迫卷入了技术的旋涡。在防疫常态化的今

---

3　韩志明：《技术治理的四重幻象——城市治理中的信息技术及其反思》，载《探索与争鸣》2019 年第 6 期。

4　袁康：《社会监管理念下金融科技算法黑箱的制度因应》，载《华中科技大学学报（社会科学版）》2020 年第 1 期。

天，健康码等健康数据监测系统也有常态化的倾向，当其全面深入人们生活的时候，不透明的算法规则将严重影响人们的生活。面对陌生的技术时，依赖于自行摸索规律的经验法则并不可取，应敦促技术主体对算法规则进行透明化处理，在不触及商业机密的前提下，让人们了解健康码等监测平台的运行规则。

### （三）数据管理不完善

准确、一致、实时的信息，有助于帮助政府决策者作出精准的判断。妥善处理突发公共卫生事件，就要求政府具备一个完善的数据管理系统。以本次新冠疫情的抗疫手段为例，紧急状态下我国的数据管理系统并不理想。从数据管理的主体来看，政府借助科技企业的尖端技术，将大量的公民健康数据置于企业的管理之下。企业是分散且相互独立的，这容易导致受不同企业管理的数据之间出现壁垒。同时，也没有专门的数据委员会或临时数据管理小组对企业的行为进行管理和监督，数据的管理不公开、不透明。从数据管理的平台来看，管理的平台具有分散性、临时性的特点，没有一个统一调度的常规数据管理平台，数据的分散大大降低信息共享速度，对于公共卫生事件的紧迫性来说显然是不利的。大数据时代对数据安全、准确、快速流转的高要求，使得网络数据管理平台建设的重要性日益凸显。[5]

除了外部的数据管理，数据的内部管理同样也是不可忽视的一环。数据的外部管理，是对数据的宏观上的掌控，是数据的分类、交互、集合；而数据的内部管理，是对数据本身的处理，是微观上的数据加工。人们上传的健康数据包含大量的个人信息，如名字、身份证号码、家庭住址、电话号码等带有个人特征的信息，这些信息具有非常强烈的可识别性。因此，除了对数据进行外部的管理之外，也需要对数据本身进行加工，以保障个人的数据安全。在此次新冠疫情的抗疫中，我国缺乏对数据微加工的意识，对数据的管理较为粗糙。

### （四）数据善后不明了

疫情暴发之时，数据的收集、运用显然更为重要，数据的正确运用能为抗疫防疫添砖加瓦，但人们常常容易忽视在疫情结束之后数据的善后问题。数据的善后包括两个方面：其一是数据的退役，其二是平台的退役。一方面，为了精准抗疫而搜集的大量个人信息，在疫情结束后仍有存留的可能。同时，因为数据收集的手段不规范，疫情时间和空间的区间界限不明晰，在没有用户协议

---

5 杨希：《欧盟个人数据保护体系的代际发展及借鉴——内部规制与外部扩展的典范》，载《国际商务》2019 年第 5 期。

的约束下甚至可能在疫情结束后信息主体仍在后台搜集和利用数据主体的实时数据，以作他用，这不仅是对公民个人信息的滥用，同时也是对隐私的严重侵犯；另一方面，用以搜集数据的各类抗疫平台，本身即为了抗疫而存在，但在疫情结束之后却不一定会随着疫情一并消失，此时应该考虑，在疫情结束之后，平台是否会继续使用，倘若继续使用，会在何种程度上用于何种用途。

## 二、数字信息运用于公共卫生应急管理的域外经验

新型冠状病毒在全球范围内大流行，世界各国结合自身的国情和经验，都采取了一系列的抗疫措施。可比较与借鉴国外的数字信息管理经验，博采众长，更好地实现数字信息运用于公共卫生应急管理的规范化。

### （一）美国 HIPAA 健康数据定级规则

美国国会于 1996 年通过《健康保险携带和责任法案》（简称 HIPAA），该法案建立起了一套健康信息隐私的标准。一方面，HIPAA 法案为特定的个人可识别健康数据隐私提供保护，即受保护的健康信息（简称 PHI）；另一方面，出于防控疾病、控制损害的目的，法案也规定了在特殊情形下，可忽略个体的授权而使用公民健康数据。HIPAA 法案详细列明了个人可识别健康数据的 18 项身份识别信息。简单来说，18 项身份识别信息分别为姓名、地址、与个人相关的日期、电话号码、传真号码、电子邮箱地址、社保号码、病例编号、医疗保险号码、银行账户号码、证件或证书号码、车辆登记号码及车牌号码、设备标识符及序列号、URL[6]、IP 地址、指纹等生物标记信息、正面全脸照片和其他任何可用于识别的编码或特征。根据法案的规定，去除上述 18 项身份识别信息后，个人健康数据即完成脱敏，成为脱敏数据，适用主体可将脱敏后的个人数据提供给第三方以作他用。[7]

尽管保密性是 HIPAA 法案的一个核心概念，但根据 HIPAA 的隐私规则，健康信息在某些特定情形之下无须征得患者的同意即可以被披露、使用，包括：公共卫生活动、健康监管、司法和行政诉讼、法律的实施、政府卫生数据系统、银行付款、医学研究。[8]同时根据 HIPAA 隐私规则，出于公共卫生目的，适用

6 URL，Uniform Resource Locator，即统一资源定位符。

7 适用主体是指三种受到 HIPAA 约束的法律实体，分别是医疗健康服务提供者、健康数据处理和公司保险提供者。

8 David Baumer，Julia Brande Earp & Fay Cobb Payton，*Privacy of Medical Records：IT Implications of HIPAA*，Computers and Society，December 2000.

主体可在没有个体授权的情况下向三类主体提供公民的个人健康数据：第一类是经法律授权收集或接收此类信息以预防或控制疾病、伤害或残疾，包括但不限于报告疾病、伤害、出生或死亡等重大事件以及开展公共卫生监测、公共卫生调查和公共卫生干预的公共卫生机构；第二类是在美国公共卫生当局的指示披露下，与公共卫生当局合作行事的外国政府机构官员；第三类是适用主体或公共卫生当局，二者经法律授权在进行公共卫生干预或调查时，需要通知接触过传染源或可能面临感染或传播疾病风险的人的时候，则可以使用 PHI。

总的来说，HIPAA 法案吸收了基于侵权法概念的成本和收益平衡模型。尽管 HIPAA 法案由于未向受侵害一方提供充分的公力救济手段以及狭窄的适用主体范围而饱受诟病，但其在公民隐私保护和公共卫生保护之间寻求平衡的精神值得我们借鉴。

### （二）欧盟 GDPR 对算法规则的规制

基于算法技术的迭代更新以及数据主体对其合法利益的呼声，欧盟于 2016 年通过《一般数据保护条例》（简称 GDPR）。GDPR 并非欧盟第一部对算法进行规制的条例，早在 1995 年，欧盟通过了《数据保护指令》（以下简称《指令》），旨在整个欧洲建立起个人数据保护体系，《指令》虽然明确了公众对算法具有知情权以及知情权的例外情形，但并未对知情的范围以及例外情形作出具体的解释，导致公众实际上无法阻止算法的自动化决策对自身造成的影响。[9] 技术的发展日新月异，《指令》再也无法规制不断发展的算法技术，因此 GDPR 也对算法的规制作出了调整，以替代《指令》的规定。GDPR 一方面强化了数据主体本身所拥有的数据权利，另一方面也赋予了数据主体额外的保障措施以确保其权利得到充分的实现。

首先，GDPR 明确了数据主体的三大权利。其一是知情权，数据主体有权得知算法的存在以及该算法系统正在运用他的个人信息，同时，数据主体还有权得知有意义的算法逻辑信息以及有意义的算法结果信息，值得注意的是，GDPR 强调数据主体有权得知有意义的算法逻辑信息，一方面赋予数据主体对算法的知情权，另一方面也表达出要求信息主体或信息控制者必须以数据主体所能理解的方式公布算法逻辑，欧盟数据保护机构 WP29 工作组也强调，信息控制者不能以保护商业秘密为由拒绝向数据主体提供信息；其二是纠正与消除权，算法的推演具有一定的预测性，其输出结果的准确性依赖于输入数据的准确性，数据具有时效性，随时会有变化，因此 GDPR 赋予数据主体对其个人数据进行

9 杜小奇：《多元协作框架下算法的规制》，载《河北法学》2019 年第 12 期。

纠正和消除的权利，以确保数据主体免受错误算法结果的影响，当出现收集和处理数据已不再必要、数据主体撤销同意、数据主体行使拒绝权、个人数据被非法处理、基于法定义务需要删除等情形时，数据主体有权要求数据控制者立即删除其个人数据；其三是免受自动化决策影响权，数据主体有权不受仅基于自动化决策得出的决定的制约，以避免对个人产生法律影响或类似影响。

其次，GDPR 规定了数据主体不受自动化决策制约的权利的三个例外情形。其一是合同的履行，信息主体出于某些合同目的会希望使用纯粹的自动化决策的方法，毕竟要人工介入海量的数据处理并不现实，因此 GDPR 要求信息主体以履行合同为由而使用自动化决策方法时必须证明这种使用是必需的且是对隐私的最低限度的侵入；其二是欧盟或成员国国内法授权的决定，当自动决策是欧盟或其成员国法律的明确授权的结果时，该自动化决策才可构成数据主体不受自动化决策制约的例外情形；其三是明确合意，数据主体在清楚了解算法的存在以及算法可能带来的后果之后达成的明确合意。[10]

最后，GDPR 赋予数据主体以额外的保障的措施。信息主体必须保障数据主体的三个权利：获得人为干预的权利、对所涉数据表达自己观点的权利和对决定提出异议的权利。人为干预是个比较关键性的因素，必须要确保进行审查和干预的人员是有适当权力和资质的。

GDPR 被称为“史上最严格的数据保护条例”，但欧盟此举的目的并不在于限制数据的流动，而是在于打击信息主体日渐猖狂的信息泄露行为，从而保护数据主体的权利。2020 年 4 月 21 日，欧盟数据保护委员会通过了《Covid-19 疫情背景下为科学研究目的使用健康数据指南》，明确了 GDPR 在疫情背景下的地位，GDPR 并不是抗击新冠病毒大流行的阻碍，相反，GDPR 是在疫情大流行背景下必须被遵守的原则性立法。

### （三）英国的统一公民健康数据平台

2020 年 3 月 28 日，英国健康和社会保障部门在其官方网站发布了一篇题为《疫情大流行下数据的力量》的文章，介绍了英国政府在抗疫过程中是如何运用数字信息为疫情的防控提供有力的数据支撑。具有启发意义的一点是，英国政府委托了英国国家医疗服务系统（简称 NHS）、医疗服务提升与发展中心（NHS Improvement）和国家医疗服务改革小组（简称 NHSX）开发了一个专门的数据平台，为协调国家组织间的响应提供安全、可靠、及时的数据，在保护公民隐

10 Céline Castets-Renard, *Accountability Of Algorithms In The GDPR And Beyond: A European Legal Frramework On Automated Decision-making*, Fordham Intellectual Property, Media & Entertainment Law 2018.

私的前提下，帮助其作出明智、有效的决策：第一，NHS 与 NHSX 创建的数据库是一个单一的、安全的后端或初始存储数据库，能把多个数据源集中在一起。这些数据来自国民医疗服务系统、其他社会服务机构以及合作组织，包括：NHS 数字中心的 111 在线呼叫数据、来自英国公共卫生局的核酸检测数据等。第二，为了解疫情快速发展的确切、真实情况，数据将被整合、清洗、调整，处理后的数据结果将以两个版本的数据仪表板形式展示出来，详略版的可视化数据变化视图将被提供给政府，以方便其作出相应、及时的反应，而另一版的数据表板将会提供给民众，以方便民众实时查看疫情情况。

英国政府强调，即便在疫情期间数据的流通速度极大提升，但在处理个人数据的时候仍然不能摒弃其一直坚守的程序规则以及公开、透明原则。信息处理机构仍然需要遵守欧盟 GDPR 规则，保护数据主体的合法权益。在具体措施层面上，首先，数据库中的所有数据必须采用匿名模式，且受到严格的控制，确保不能重新识别出个人；其次，数据仅用于抗击疫情，不用于任何其他目的，并且仅收集相关信息；最后，任何访问数据的请求都将通过一个单独的流程进行审核，该流程仅由英国国家医疗服务系统和医疗服务提升与发展中心控制。

英国政府也提出了在疫情结束之后对个人数据的处理措施。当疫情得到控制，政府将关闭为疫情建立的数据库，在建立数据库之初，政府便与科技公司签订协议，针对数据善后作出了约定：一旦公共卫生紧急情况结束，需要采取哪些步骤来停止处理和销毁数据或将数据返还给英格兰国家医疗服务系统和医疗服务提升与发展中心。即通过协议约束科技公司，保护公民的个人健康数据。

## 三、数字信息运用于公共卫生应急管理的完善

我国接下来应思考在面对未来的公共卫生应急管理方面，如何平衡数字采集和管理与个人健康数据保护的冲突，实现个人权利与公共利益的协调。

### （一）规范信息采集程序

规范信息采集程序，一方面能提高公民对于个人数据的安全感，自觉提供个人数据；另一方面能更好地发挥出数字信息规模化的集合效益，达到个人数据保护与维护公共安全之间的平衡。

1. 紧急公共卫生事件下数字信息的经济性

在信息时代，个人信息本来就具有经济性。从个人信息的功能来看，信息主体能够通过个人信息识别他人，通过这种识别功能，信息主体便能对个人实现精准的“打击”，实现其经济目的；从信息的获取手段来看，一般来说，信息主体需要付出一定的对价才能获取数据并将其转化成信息，信息主体经常利用

一定的功能诱使数据主体自觉输入个人数据，获取的数据容量也取决于其功能的应用覆盖面与用户的个人意愿，越多人使用某个信息产品，则该信息主体能获取的数据容量就会越大；从个人信息的流通性来说，其可转让性也是个人信息经济性的来源，单个的个人数据不具备转让的价值，其所蕴含的信息量少，社会效益不明显，只有当多个数据结合成并转化成信息资源时，转让才具有经济性的价值。[11]

在紧急公共卫生事件的条件下，凸显了信息的经济性。首先，抗疫精准化要求定位到个人，因此为了达到这个目标，用以抗疫的个人数据的可识别性非常高，姓名、身份证号码、电话、实时定位、出行记录甚至健康数据会同时集合在一起，识别程度会更高；其次，为了实现疫情的实时追踪和全面监控，需要海量的数据样本，同时群众为了配合抗疫，也会自觉披露个人数据，因此，信息主体甚至不需要诱使群众输入个人数据，便能在极短的时间内获取极大数量的个人信息；最后，在紧急状态下，要求非常高效迅速的信息共享，才能保证信息价值的实时性，第一时间掌握动态、作出判断、挽救生命，因此，个人信息的流通性大大提高。同时，运用于本次抗击新冠疫情的个人数据样本容量非常巨大，因此通过流通产生的经济价值也大大提高。因此在紧急公共卫生事件下，凸显了数字信息的经济价值。

2. 统一操作平台

在为实现公共卫生目的而搜集个人数据的情形下，应该统一操作平台。上文提到，本次新冠疫情期间的个人数据搜集平台繁杂且分散，并不由同一个主体进行管理，杂乱的个人数据搜集程序并不利于数据的迅速流通，因此应该建立一个统一的电子平台用以搜集个人数据，在完成平台的统一后，也需要制定统一的“用户协议”或“隐私规则”，避免出现无协议可供同意的情况。同时，相关协议要处于随时可被查看的状态，重点条文应作明显提示。疫情之下个人数据的经济价值凸显，统一的操作平台显然更有利于管理公民的个人健康数据，降低数据安全的风险系数。

3. 对健康数据进行分级管理

数据的泄露会对个人隐私权造成损害，归根到底是因为数据与个人被联系在了一起，解决这个问题的关键就在于对数据进行分级管理。首先应当明确，何种信息属于个人信息，何种个人信息应该成为法律的保护对象，不同级别的信息分别对应不同级别的管理措施。[12] 在此可采纳美国 HIPAA 法案列明的公民

---

11　周斯佳：《个人数据权与个人信息权关系的厘清》，载《华东政法大学学报》2020 年第 2 期。

12　时诚：《疫情防控中个人信息使用的合法性基础》，载《图书馆建设》2020 年第 3 期。

个人健康数据的18项身份识别信息，将公民的个人健康数据分为受保护的个人信息和脱敏信息。当出于公共卫生目的的需要，必须定位到个人的时候，经授权的主体可使用具有识别性的个人数据，当不需要定位到个人，数据只作统计之用时，信息主体可不经授权使用脱敏后的健康数据。在个人隐私保护和个人信息利用都亟待强化的需求格局下，就必须以一定标准实现对个人信息的区别保护和利用，从而实现“大数据”之下个人信息保护与利用的多赢。[13]

### （二）合理规制算法规则

对算法的规制，主要是针对信息主体而言。毫无疑问，算法在突发公共卫生事件中发挥了无可替代的重要作用，为决策者提供了重要的数据支撑，但同样也不可忽视算法对公民的合法权益造成的损害。[14]因此，要对算法进行合理的规制。一方面，对算法的规制不能妨碍算法充分发挥其应有作用；另一方面，要保障数据主体合理的知情权。

1. 公布算法的存在

要保障数据主体知情权，首先应当让其知晓算法的存在。根据欧盟GDPR条例，对算法的知情权包括两个层面：一是知晓算法的存在，二是知晓该算法系统正在运用个人信息。由于在数据主体和信息主体之间存在巨大的技术鸿沟，在信息主体未披露算法的情况下，数据主体无法通过自身的行为主动去查探算法。因此要保障数据主体的知情权，应强化信息主体的责任意识，加强第三方信息处理机构与用户之间的联系，第三方机构应当主动向用户披露信息处理状况及提供控制机制，让数据主体知晓算法的存在并会受自动化决策结果的影响，以此来平衡数据主体和信息主体之间信息获取不对称的情况。

2. 公布算法的规则

GDPR条例对信息主体公布算法信息有一个特殊的要求，即必须公布有意义的算法逻辑信息。算法本身非常复杂，只有专业的技术人员才能完整地理解算法的计算逻辑，一个完整的算法逻辑信息仅对专业的技术人员来讲才是有意义的。而欧盟的GDPR条例所要求的有意义的逻辑信息，并非针对专业人士而言的，而是针对普罗大众而言的。因此，在要求信息主体公布算法规则时，并不需要其公布完整的算法规则，因为不仅这样的要求会侵犯其商业秘密，而且完整的算法逻辑信息对一般人而言是没有意义与价值的，其具有不可理解性。尽

13 张新宝：《从隐私到个人信息：利益再衡量的理论与制度安排》，载《中国法学》2015年第3期。

14 Don Tapscott & Alex Tapscott, *Blockchain revolution*, London: Portfolio, 2016, p. 47.

管欧盟 GDPR 条例并未明确定义何为"有意义的逻辑信息"，但合理的信息公开仍然是有意义的。应当要求信息主体向公众披露简化的、可理解的算法逻辑，这有助于群众在理解算法的基础上积极配合政府和其他单位的应急措施。

3. 对错误算法的纠正

算法的强大得益于其处理海量信息的功能，而这个功能来源于设定好的算法规则，但算法的高效性也伴随着僵硬性。算法的运算逻辑为输入数据、算法运算、输出结果，当输入数据有变或算法运算有误时，会出现计算错误的情况，算法的计算结果并不一定总是准确的，在这个时候就必须人为介入，修改错误的算法结果。[15] 要实现这个目标，首先，要赋予数据主体知情权，让其知晓算法的逻辑，才能发现算法的输出结果有误；其次，要赋予数据主体纠正权，当由于输入的数据有变化而产生错误的输出结果时，应当允许数据主体修改输入数据，当算法运算有误时，应当允许数据主体向信息主体申请人为干预，修改算法结果。

### （三）优化信息管理手段

在突发公共卫生应急管理的前提下，寻求更好的将数字信息运用于公共卫生应急管理的手段方为最优解，个人信息保护应当根据不同行为所可能侵犯个体与社会的权益而进行不同程度的规制。[16] 同时，在信息收集和管理出现泄露或侵权时，应采取救济方式以实现制度保障。

1. 紧急公共卫生事件下公权的扩张与私权的保护

公权与私权之间的摇摆，在不同的情况下会有不同的倾斜：在和平时期，基于个人意识的逐步觉醒，人们注重对私权的保护，保障个人的利益，强调"将权力关在笼子里"；而在紧急时期，公民的部分权利会受到某种必要的限制，借助公权的力量，用部分的个人权益换取社会的稳定与安全，"将权利关在笼子里"。[17] 一般情况下，人们对于他人的健康管理的注意度是有限的，这时人们对于自身的健康管理是一种"自律行为"，与他人的生活并无太多的联系。但在公共卫生事件的背景下，群众人心惶惶，在不自觉中提高了对他人健康管理的注意程度，人们的健康管理行为不再是单纯的自律行为，而是变成一种社会道德的要求，当这种社会道德缺失的时候，便需要借助公权力的介入。举个简单的例子，当一个人得了感冒，此时佩戴口罩出门的行为是他的一种"自律行为"，

---

15 梅傲、郑宇豪：《人工智能作品的困境及求解——以人工智能写作领域第一案为考察中心》，载《出版发行研究》2020 年第 12 期。

16 丁晓东：《个人信息的双从属性与行为主义规制》，载《法学家》2020 年第 1 期。

17 Henery J Abraham, *Judicial Process*, New York: Oxford University Press, 1998, p. 1.

基于其不想传染他人的想法而主动戴上口罩，但人们并未要求这位得了感冒的人必须戴口罩出门，即使他不戴口罩，也并不会造成他自由出行的障碍。但当新冠病毒火速蔓延的时候，戴口罩行为便成为一种社会公共道德行为，人们必须遵守。当这种社会公共道德并未得到完全遵守的时候，政府便需要介入，强制人们在公共场所佩戴口罩。个人信息的强制获取亦是如此，当主动提供数据变成一种不得不为之行为之时，此时公权便发生了扩张。当这种强制性的健康检查变成了社会中部分人的特权的时候，私权的保护便显得尤为重要。公权与私权在相互抗衡之中才能得以平衡，倘若公民对私权的保护一再退让，只会让公权一再伸展，挤压私权，最终打破社会平衡，衍生出更深层次的社会问题，因此即使在公共卫生事件突发的情况下，仍然要强调对公权进行限制，给予私权救济手段，对私权进行保护。

2. 数据泄露面临的法律风险

在微观层面，公民面临着无处不在的隐私泄露的数据侵权风险。一方面，由于防疫的需要，公民的个人数据、健康数据以及位置数据会被持续、大范围地采集，且采集的过程具有多环节、多平台、多主体的特点，一旦监控不到位，公民的隐私数据便面临着极高的泄露风险。另一方面，感染者隐私侵权事件频发，出于对新冠病毒的恐惧，一旦有人确认为感染者，其身份信息、家庭信息等敏感个人数据时常在非官方途径中被公布且大肆传播，不仅感染者的社会地位受到严重打击，而且人们容易将对病毒的恐惧与愤怒传递到感染者身上，将其视为“行走的病毒”。因此，感染者也时常会遭受网络暴力。在宏观层面，大规模的数据侵权会造成社会公共权益的受损。集合了大量公民健康数据的平台可以视作特殊时期的公共基础设施，倘若大量的公民健康数据遭遇泄露危机，则可能对国家的数据安全造成严重的打击。

3. 以保护公民健康数据为目的的法律保障

要解决上述的问题，化解风险危机，就需要优化信息管理手段，提供法律保障。首先，要强化数据主体的数据权利地位，基于数据自决权保护个人数据。关于数据自决权的定义，国内学者给出的定义大致如下：自然人对于个人数据被他人收集、储存、转让和使用的过程中的自主决定的权益。数据自决权的保护客体是个人数据，尽管其带有一定的隐私性和经济性，但其与隐私权相互区别，也与经济权相互区别。关于数据自决权的性质，出现了两种相反的意见：一部分学者认为，数据自决权是消极的权利，是对数据侵权行为的被动防御；[18] 另一部分学者认为，数据自决权是积极的权利，是个人自主自决的权利，不仅仅限于对

18 程啸：《论大数据时代的个人数据权利》，载《中国社会科学》2018年第3期。

侵权行为的被动防御，更是对个人数据的主动掌握，甚至是主动利用，即“我有权决定何时、何地以何种方式传递有关我的信息”。[19] 在大数据时代，数据的流通已成不可抵挡的趋势，对数据进行合理有序的规制，更有利于数据治理。同样，在数字信息必然运用于公共卫生应急管理的前提下，数据自决权具有正当性，对数据掌握主动权，一方面能帮助更好地处理突发公共卫生事件，另一方面能更好地对个人数据进行全方位的保护。关于数据自决权，我国的法律法规有明确的规定，信息主体必须得到数据主体的同意才能获取他们的个人数据。从制度层面来说，我国立法体现出保护公民数据自决权的立法者意图，但从实践层面来说，对于数据自决权的保护并没有得到很好的落实。

其次，必要时对大规模的数据侵权予以行政干预。2007 年《突发事件应对法》的出台，为我国处理突发事件提供了一个宏观的框架，目的在于提高我国对突发事件的应对能力，重点在于其中对最大程度保护原则的强调。《突发事件应对法》总则第一条明确表明立法目的之一是“规范突发事件应对活动”，表明了我国对规范化突发事件处理的决心。本次新冠疫情的抗疫工作的展开主要依据《突发事件应对法》，该法从对预防、管理、责任三个方面规定了行政机关、社会各单位以及个人应该完成的措施和行为，各主体需遵循该法所设计的应对框架，结合规则与原则，积极主动开展抗疫工作。该法强调了应对措施的相称性原则及最大保护原则，从主体层面看，信息收集主体并不仅仅是科技企业，人民政府及其部门与科技企业合作收集公民个人数据以作抗疫之用，人民政府起领导作用，因此信息主体的收集行为应该受该条所规定的原则限制；从目的层面看，信息主体的行为需要满足有利于最大程度保护公民的要求，更多地体现最大程度保护原则。[20] 虽然《突发事件应对法》第 11 条具有原则性和间接性的特点，但是反映了在处理突发事件的情境下国家对公民最大程度保护的强调，为信息主体规范化处理公民个人数据提供了法理基础。同时，我国《数据安全法》的问世，也为规范数据处理行为、保障国家数据安全提供了强有力的保障。针对危害我国数据安全的行为，《数据安全法》明确了组织以及个人的法律责任。

最后，要建立专门的数据委员会。疫情期间，政府更加重视对数据的运用，而忽视了对信息主体的监管。疫情期间的数据管理有其特殊之处，因此应当建立专门的数据委员会，对掌控公民健康数据的信息主体的行为进行监督。一方

---

19 杨芳：《个人信息自决权理论及其检讨——兼论个人信息保护法之保护客体》，载《比较法研究》2015 年第 6 期。

20 张海波：《应急管理的全过程均衡：一个新议题》，载《中国行政管理》2020 年第 3 期。

面，专门的数据委员会有利于数据实现更高程度的集合；另一方面，专门的数据委员会可以对信息主体的行为进行更强而有力的监督，保证其合法合理地使用公民的个人健康数据。既应重视及时纠正违反隐私政策、侵害用户个人信息的行为，也应重视对隐私政策的长期、持续监管。[21]尽管在疫情期间加大了对健康数据的搜集力度，却没有相匹配的信息侵权的救济途径。传统的维权途径，不仅时间和金钱成本较高，而且对于数据主体而言，其与信息侵权主体的证据搜集能力也极度不平衡。应当在突发公共卫生事件期间增加专门事项的投诉渠道，增加公民快速、低成本的维权渠道，以增强对信息主体的制衡效果。同时要打击违法泄露公民个人信息的行为，既要严格监督信息源头如医疗机构的数据管理手段，建立问责制度，从源头上遏制信息泄露，又要明确违法公开公民个人数据行为的法律责任，针对网络暴力以及人肉搜索等行为，若达到一定的侵害程度，则要依法承担民事责任。

### （四）明晰信息善后路径

当疫情结束，我们必须考虑疫情期间被搜集的大量个人信息该如何处理。这其中涉及两个问题：第一，用以搜集数据的软件，是否继续使用？第二，被搜集的个人信息，是否继续留存？不应仅局限在突发公共卫生当时的数据包问题，还需要考虑信息的善后，避免出现不妥当的二次使用。

1. 软件的退役

用以搜集数据的软件，是否继续使用？首先，应当考虑软件的性质，软件的开发并非由政府独立完成，而是由科技公司完成，软件的创始本身就带有公私结合的性质，倘若要继续使用，则必须保证其公益性质；其次，应当考虑继续使用的目的，倘若是以疫情防控常态化为目标，则该软件有正当理由继续存在，倘若在疫情结束后，软件发展成为纯粹的商业软件，则公民有权选择不使用该软件；最后，应当考虑不继续使用的后续处理，软件开发的成本并不低，要实现软件的退役，必要时应当赋予信息主体有权获得补偿的权利。

2. 信息的退役

英国政府在与科技企业签订开发协议之初，就数据善后的问题进行了约定。约定了应当予以销毁的数据和应当返还给政府的数据，以保护公民的合法权益。从保护公民的数据权益的角度而言，数据应当予以销毁，但从维护公共卫生的角度而言，数据仍然具有作用。因此，不能一味地要求删除数据，而是应当根

---

21 王叶刚：《网络隐私政策法律调整与个人信息保护：美国实践及其启示》，载《环球法律评论》2020年第2期。

据不同的使用目的而对不同的数据进行处理。在一般情况下，公民的个人健康数据并不会大量集中，倘若搜集的数据能为科学研究之用，则返利于民，实现价值的最大化，而对无关的数据应当予以销毁。

## 结语

在可以预见的未来，人类可能会面对各种公共卫生导致的危机，国家和政府也面临着如何有效应对紧急公共卫生带来的各种挑战。我国对于此次新冠疫情的应对无疑是高效且成功的，但也暴露了数字信息运用于突发公共卫生应急管理中，数据管理主体与信息主体利益失衡的问题。而这些问题，与利用数字信息造福人民的初衷相背离，亟须以问题为导向，寻解决之方案。因此，应深入贯彻落实习近平总书记对新型冠状病毒肺炎疫情的重要指示和中央政治局常委会会议精神，积极构建运用于公共卫生应急管理的数据保护体系，从数据搜集、算法规则、信息管理、信息善后四个层面保障公民权益，形成信息主体与数据管理主体共同、主动致力于发挥数字信息运用于公共卫生应急管理时的强大作用。

# 城市基层安全治理现状与趋向

魏　勇　周　滢*

【内容提要】城市安全治理是国家治理体系的重要领域，城市基层安全治理是城市治理的基础和保障。未来城市基层安全治理将呈现治理观念更加务实精细、治理组织方式更加平台化、治理标准更加格式化、治理场域更加转向网络空间、治理重心更加注重人的安全、治理格局更加重视系统性、治理焦点更加注重数据安全、治理动因更加依赖数据变量、治理手段更加韧性文明、治理决策机制更加民主的趋势。

【关键词】城市　基层　安全　治理　趋向

党的十九届五中全会指出，统筹发展和安全建设更高水平的平安中国。《中共中央关于制定国民经济和社会发展第十四个五年规划和 2035 年远景目标的建议》（以下简称“十四五”《规划》）从加强国家安全体系和能力建设，确保国家经济安全，保障人民生命安全，维护社会稳定和安全四个方面提出了具体的要求。城市是人类文明的结晶，承载着人们对美好生活的向往。城市安全状况直接关系到人民群众的获得感、幸福感、安全感。习近平总书记 2020 年 11 月 12 日在浦东开发开放 30 周年庆祝大会上的讲话指出，要提高城市治理水平，推动治理手段、治理模式、治理理念创新，加快建设智慧城市，率先构建经济治理、社会治理、城市治理统筹推进和有机衔接的治理体系。城市治理处于国家治理体系的重要组成部分，其治理水平是国家治理能力的重要体现。城市安全是城市运行的基础和保障，没有安全，城市治理措施就不会有序推进，城市也难以持续发展。城市安全治理是城市治理体系的重要内容，事关国家治理基础，

* 魏勇——广州市公安局南沙区分局副局长；周滢——广州市公安局南沙区分局民警。

事关市民切身权益。经过长时间探索，我国虽然积累了不少城市安全的治理经验，但这些经验多停留在宏观、中观层面，对城市基层安全治理的关注并不充分，难以有效回应城市基层安全治理中的现实需求。“十四五”《规划》在我国全面建成小康社会，迈向社会主义现代化国家的发展阶段，对安全治理提出了新要求。本研究对当前城市基层安全治理现状进行了梳理，着眼于未来城市规律，对城市基层安全的治理趋向进行前瞻，以期对推进城市治理体系和治理能力现代化有所裨益。

## 一、城市的本质及其安全治理

### （一）城市及其治理

治理城市首先应理解城市。城市是人类生活创造与发展的中心，是国家或地域的各种经济结构、社会文明及意识形态的交织与凝结。作为空间地理和社会组织单元，城市有自身的特性。城市产生与发展的基本动力是社会生产力的发展。城市含义中的“城”为空间概念，即人口的集聚地，“市”为商业概念，即商品交换的场所。历史上早期的城市就是商品的集聚区、交易地。城市是为商品交换变得更为便利而形成的，后期的城市是一种随着工业城市的出现而产生的一种商业变革。城市有五种特性，一是城市人口的高度聚集性，二是城市劳动分工的复杂性，三是城市集体消费品占有的差异性，四是城市空间的社会性，五是城市公共服务的可达性。[1]城市中，人们在聚集中交往互动，相互影响。其中个人并非作为一个完整的人而为人所知，这就意味着至少一些相互作用是在并不真正相识的人中间发生的，因此城市要求有一种超越家庭或家族之上的社会力量进行治理。治理是一个政府、社会与公众多元治理主体民主协商、平等对话、互动合作与共同协作的动态过程。治理是公共或私人的个体与组织处理其公共事务的多种方式的总和。城市是人群聚居区域，是一个典型的复杂系统，包含多样化的组成部分，人口、建筑物、活动，以及许多不同的时间尺度和空间尺度。城市治理是以城市为主体，以城市要素为对象，对其进行的综合性、系统性的治理，既包括经济治理、管理治理、文化治理、环境治理等，也包括安全治理等，是一个复杂的治理体系。

### （二）城市基层治理

城市是一个复杂社会，从不同的角度，对城市有不同分类。有按照城市规

1　参见李怀：《转型期中国城市社会分层与流动的新趋势》，载《广东社会科学》2020 年第 4 期。

模分类如超大城市、特大城市、大城市；有按照城市影响力进行分类，如全球城市、中心城市等。我国的城市为行政建制区域，城市是一个行政单位。在国家治理体系的纵向结构中，国家处在宏观顶层位置，承担着总领性、根本性和全局性的治理作用。市域处在中观的枢纽位置，承担着治理地位具有中心性、协调性、纽带性作用。城市基层处于城市治理的最底端。城市基层治理是城市社会分层治理区域，是从国家治理延伸至地方治理的省域治理、市域治理、县（区）域的治理。本文将县级市、设区市的区纳入基层政区范畴。我国历史上最为稳定的是县建制，古代有“皇权不下县”的传统，县级政区自古至今仍是最接近百姓的历史悠久的地域行政区，在中国历史上行政区划层级曾有过十分繁复的变化，统观2500年的历程，行政区划的层级大致可分为省、市、县三层，根据其所处管理层位，我们将基层定义为在基层的县级政区，统辖县级政区的统县政区以及在统县政区之上的高层政区。城市基层治理是在国家治理场域下进行的基层政府、社会与公众等多主体参与、自主性选择的，是为基层可持续发展进行的实践性治理。基层治理中，政策制定、选择与执行过程中充满了多元治理主体之间的利益博弈、交流合作、协同共治的互动。

### （三）城市基层安全治理

基层是上层、中层的底端，是黎民百姓的居住生活区域，是民生福祉所在。基层治理不仅直接关乎公众的切身利益，而且成为观察国家治理效度的窗口，基层安全具有本固邦宁的意义。汉语中“安”字在许多场合下与“危”对称，“君子安而不忘危，存而不忘亡，治而不忘乱，是以身安而国家，可保也”。[2]“安”是与“危”相对的，“危”表达了现代汉语的“危险”，“安”所表达的就是“安全”的概念。“无危则安，无缺则全。”安全意味着“没有危险且尽善尽美”。《现代汉语词典》对“安”字的第4个释义是“平安；安全（跟‘危险’相对）”，安全是“没有危险；不受威胁；不出事故”。日语中的“安全”主要指客观状态，指“人身没有危险、物没有损伤、损害之虞的状态”。英语中“安全”通常用secure，security，safe，safety表示，含义是免于恐惧担心和危险的状态。法语中“安全”通常用securite和surete表示，指安全的感觉和状态。

安全作为一种状态，在城市结构中是一种体系性存在。城市迅猛发展，几乎在方方面面改变了城市既有的生产、生活形态与城市的社会结构。分化、多元、异质、流动构造了城市社会生活复杂性的基本面，从资源信息禀赋、人口构成状况、社会分层结构、利益分配关系到社会维系纽带、价值观认同、共同

2　参见《易·系辞下》。

体行动规则都发生着变化，在城市权力集中与趋向多样化之间，追求自由与维持秩序之间，重建个体、群体与组织关系、维护权利与履行责任、遵从法律规章与拘泥于人情关系之间，种种内在张力所显现出的城市问题，让城市面对来自寻求治理改革创新、弥合需求增长与制度供给差距的压力和挑战。城市安全治理是围绕城市安全的主体、对象、体制、机制、原则、任务、方法、目标等方面进行的专门性社会治理。城市上层安全决定城市发展战略与方向，中层安全承接着维护城市上下级安全运行，基层安全是基石。基层安全是发展的屏障，没有安全发展就难以维系。随着城市的发展，当前，城市安全的内涵和外延比历史上任何时期都要丰富，时空领域比历史上任何时期都要宽广，内外因素比历史上任何时候都要复杂，城市基层安全治理是聚焦城市基层领域，围绕城市基层的安全状况、安全要素、安全结构、安全变量等，以安全内容为主体进行的治理。

## 二、治理现代化视域下的城市基层安全治理体系与能力

围绕城市安全，基于不同的安全观和安全测评角度，形成了不同的治理评价体系。党的十八届三中全会明确提出："全面深化改革的总目标是完善和发展中国特色社会主义制度，推进国家治理体系和治理能力现代化。"作为国家治理体系与治理能力现代化的操作终端与实践样态，城市基层安全治理应是国家治理现代化的重要内容与集中体现。由此，我们须在此视域对当前的城市基层安全治理进行考察。

### （一）安全共同体意识脆弱

人民的安全感知和风险意识，往往决定着社会稳定与治理的有效性。城市是人的聚集区，人在社会分工上利益相连、相互依赖。城市的复杂环境反映了人类行为以及深层次需求，如心理精神方面的复杂需求，体现了城市的文化价值。但由于城市基层人员结构的多元化，居住空间的隐私化，人与人之间的沟通交流却日益减少，形成"群体性孤独"。在安全问题上，由于个体价值观的差异，对于安全的要求也有巨大的差异性，加之城市的流动性，不安则避之，难以形成具体的安全共识。事不关己高高挂起，将安全事务推向政府等狭隘观念在城市基层时常被提及。人与人关系的疏远，导致共同体观念的淡漠，共同体观念的淡漠，在城市基层难以形成安全共同体观念。在某些时段，具体领域即使就安全问题达成了短暂共同意见，在具体安全项目的建设推进过程中，又会产生新的观念分裂。

### （二）安全结构要素复杂

我国城市结构多样，安全要素中的人、车、事、物、网等安全要素差异大，要素的变化影响结构变化。不同城市基层要素差异巨大，有些是安全要素简单的社区组合，有的是要素错综复杂的商业枢纽或交通枢纽区域，结构特殊；即使是同一城市的不同基层其结构也可能差异巨大。城市结构的差异导致安全结构的差异性和复杂性。基层不仅是安全风险源头所在，外源性的生态安全、资源安全、核安全，国土安全、社会安全、信息安全、网络安全等安全诸要素也会在不同基层有不同的体现，随着风险的不断积累，处于不同领域的安全问题，往往具有交互影响与转化的可能。各地区的安全重心不相同，交错关联程度也不相同。不同的安全结构导致不同的安全态势，对基础安全治理提出了不同的要求。

### （三）安全治理主体的简单分散

基层社会总体上是一个整体性的社会，各种要素纵横交错，汇聚其间，而且由于安全要素的彼此关联，很难有一个部门可以单独解决一类安全问题。在当前的多数城市治理体系中，成立了安全委员会，对城市安全治理起到了一个综合协调作用，较好地破解了安全多头管理、推诿扯皮、责任不清等问题。但安全委员会处理的安全事务范围仅仅限于安全生产类的社会安全。对于公共安全领域等更广泛的安全领域，由于隶属不同的部门，往往没有得到太多的治理关注。在治理主体中，主导部门的社会动员力不足，社会主体的参与广度不够，程度不高，与共建共治共享的治理理念还有较大的差距，然而安全的事件是不分专业、不分部门的，安全事件需要多部门进行问题联治、工作联动、平安联创。

### （四）个体安全需求的差异大

安全的治理本质上来说是对安全要素的治理，安全要素的主体是人，因此，对安全的产生主体进行的治理显得尤为重要。城市的主要特征在于复杂的人口结构。城市社会中，由于市民的知识、经济、素养、习俗等方面的巨大差异，导致个体的安全观不同。不同的安全观念导致不同的安全行为，不同的安全方法。有人对数据安全非常漠视，这造成了数据安全风险及其滥用，有人对特定消防安全知识的匮乏，造成了消防隐患；有人对生活安全的不重视，造成了生态安全隐患；等等。这些要素潜伏在城市基层，综合影响社会的运行，对社会造成不同的安全隐患。安全需求的差异，会直接影响到安全的治理方式和路径。

### （五）安全风险识别困难

风险的预测与识别对安全治理意义重大。现代社会主要是风险社会，由于多元素的介入，城市风险的错综复杂，尤其是在风险的初级阶段，通常处于不经意、不显现、难觉察的状态。除了特定部门的固有风险以外，非特定风险也会出现在似乎毫无征兆的要素或者场景之中，常态的街市可能潜藏公共安全个人极端的潜在嫌疑人；在平静运行的社会管理系统中，可能埋伏着非同寻常的逻辑炸弹，影响网络安全；正常的交友交往平台，有可能成为危害国家安全的间谍的围猎场；等等。加之现代社会的高度流动性，造成风险的输入、交织、叠加、蔓延等迹象尤为突出。这些风险源本身具有非传统性和极高的专业性，对于专业知识匮乏、经验较少、视野较为狭窄、治理工具较少的基层安全治理者来说，识别显得更为困难，更难以预警预防。

### （六）发展与安全矛盾突出

当前我国仍处在重要的发展机遇期，城市竞争激烈。习近平总书记2020年4月10日在中央财经委员会第七次会议上的讲话指出，城市发展不能只考虑规模经济效益，必须把生态和安全放在更加突出的位置，统筹城市布局的经济需要、生活需要、生态需要、安全需要。发展是第一要务，发展是硬道理。为了追求发展，城市上层决策部门将发展的压力通过指标层层传导，压实到基层，基层承担着整个治理体系的每一个层级逐级传导的政策性压力。另外，基层直接面对着市民，人民对美好生活的向往也通过各种方式传导推送至基层治理部门。基层面临着上级部门和人民群众的双重考核。既有综合考核，也有专项考核，各个环节设置了评价和考核体系。对发展的追求，往往忽视效率和质量、发展和安全之间的关系。积累沉淀了不少发展的风险和隐患。这些固有的、长期的、沉淀的、综合性的风险，非一朝一夕可以化解清除。

### （七）安全治理体系未健全

安全风险的产生方式多样，主体多元性，错综复杂的特性需要有体系化的方案，采用多元的方式进行针对性治理。“十四五”《规划》提出，在治理中要坚持以人民为中心的发展思想，坚持从社会全面进步和人的全面发展出发，在生态文明思想和总体国家安全观指导下制定城市发展规划，打造宜居城市、韧性城市、智能城市，建立高质量的城市生态系统和安全系统。当前的基层安全治理存在治理主体单一、自上而下的治理单向度治理；社会自身发展缺乏升级活力，治理中的缺席和越位现象时有发生；习惯用管理的方式代替治理；与社会力量之间合作的关系脆弱，社会力量参与积极性的低下；治理手段非专业的方法；专业治理手段之间缺乏治理手段排序；部门之间协调性不足；治理方法同质性多一致性少，治理行为干预多宽容少，治理目标要求过多共享较少等。当出现综合性的较大的安全风险时，会出现组织乏力、章法凌乱、应对失效的问题。

### （八）安全治理能力参差不齐

治理能力是治理主体所具有的组织力、执行力、协商力的综合体现。治理能力是以治理体系健全作为前提条件的，由于基层治理体系的不健全，专业治理方法的不足，加之城市安全要素的复杂性、基层治理主体综合素质的差异，导致在基层安全治理能力的差异。能力不足主要体现在基层治理力量不足，缺乏专业治理能力和执法力量；治理工作衔接不足，上下脱节、各自为战；治理任务指令重复交叉，令出多门；风险辨识、应急自救常识匮乏。能力不足时，为应付上级指令，就会出现象征性治理、选择性治理、替换性治理和规避性治理，基层治理的局部空转等问题。

## 三、未来城市基层安全治理的主要趋向

城市的发展是一个复杂的过程，要进行城市基层治理，首先要读懂城市、读懂基层，唯在此基础上方可作出有效的治理，实现善治。城市作为一个复杂的自适应系统，有其自身的发展规律。我们要基于对发展中城市及其安全要素的全域分析，精心解构，对城市的复杂与共性、交互与独立进行认真研究，方可探寻其治理规律及其趋向。我们认为未来城市基层安全治理主要趋向为：

### （一）治理观念更加务实精细

城市基层安全治理，虽然都属于安全治理体系的重要组成部分，推言之，也属于国家治理体系的重要部分，但其重心在于基层。其主要任务和做法均要实事求是因地制宜进行治理，宏观的号召、宏大的理念、原则性的提倡虽然有指导意义，但是无法回应基层的复杂性和差异性的治理要求。因此基层安全治理与宏观的国家安全观应该具有不同的格局定位和理念。我们认为基层安全治理的任务主要是：一是防患于未然。基层处于治理的末端，其主要任务是通过敏锐的感知发现安全的隐患，尽可能将风险排除在萌芽状态，当风险升级时，为中观、宏观的治理提供基础和保障。二是见微知著，以安全强基础。基层安全的另外一个重要作用在于，通过细微的风险识别预测其发展变化蔓延的趋势，防止小风险变成大风险、局部风险变成全局风险、个别风险变成复合性风险。

这意味着基层的安全治理需要更加务实、更加精准，通过精细而精细的方法，夯实安全的根基。这些任务与职能与中观治理的承上启下，宏观治理的战略统筹在理念和方法上有显著不同。

### （二）治理组织方式更加平台化

安全的另一要素在于“全”，要全面地感知安全。城市基层是一个局域系统，是相对独立的社会空间。城市的各方面因素都是安全的因变量，与城市的规划、城市的设计、城市的建设以及城市的运营管理密切相关。任何环节的故障和问题，最终都会通过安全反映出来。“当前城市公共安全除了具有突发性、破坏性、不确定性等传统特征外，系统性、扩散性、连锁性、衍生性等跨界特征日益突出，跨界成为当前城市公共安全的基本属性。”[3]因此要从更高层面和更大、更广范围进行安全治理。对城市基层进行全面的感知，需要有一个综合性的平台来进行安全要素收集、安全态势呈现。城市数字化的发展为安全要素的汇聚提供了重要的技术前提。

人工智能以及信息技术的发展，对于安全要素的可计算以及动态化的呈现，提供了技术的支撑。当前在新一轮技术浪潮的推动下，智慧城市已经进入城市大脑3.0时代，人工智能城市综合体（智能体）通过广泛的链接、深度人工智能、高效协同，数据智能被贯穿应用于政务、应急、公安、城管、财政和产业的方方面面，赋能城市具有优政、感知、洞察、预警、决策、新产业等不同的能力。城市大脑、城市运营中心等与城市相关的治理平台，不断涌现、不断优化，安全态势作为城市安全平台的重要构成部分，应该进行同步建设、同步发展。如广州市应急管理局已组织编制完成的《广州市应急管理信息化发展规划与实施方案（2019—2022年）》，提出将数据挖掘和分析技术应用于安全生产业务，通过全市“一张图一张网”将监管与应急整合为一体，建立重点区域、重点行业领域城市安全风险数据库，用地理信息系统实施城市安全风险监控和预警。通过综合感知的安全态势平台，对多元安全进行统筹治理。以移动互联网、物联网、云计算、大数据、GIS、网格化、监测预警等新一代信息技术为基础构建的智慧城市公共安全管理平台，为公共安全提供全方位、全过程的数据服务和应用支撑已经成为大势所趋。

### （三）治理标准更加格式化

城市安全涉及面广，安全种类繁多。行业安全与治安安全、公共安全与人

---

3　参见于张玉磊：《城市公共安全的跨界治理：属性特征、治理困境与模式构建》，载《湘潭大学学报》（哲学社会科学版）2020年第6期。

身安全、财产安全与经济安全、国家安全与网络安全，以及生态安全、交通安全等。对这些安全，不同的行业有不同的安全治理标准。在实践中，标准冲突、安全位阶不清问题时有出现。要进行系统的安全治理，就需要对这些类型的安全设定等级，进行体系化构建。并对城市基层安全的技术体系、应用功能、业务流程等进行规范，用以指导其整体建设和应用。有些城市和研究机构提出了建立“智慧城市公共安全管理平台标准体系”的构想。该体系基础与通用标准包含智慧城市公共安全管理平台建设所涉及的总体架构标准、基础术语标准。智慧城市公共安全管理平台总体架构标准涵盖平台的逻辑架构、部署架构以及应用架构标准和数据治理、要素管理、分析监测、管控处置、共享服务、系统管理、应急指挥等功能要求。通过对公共安全管理的整体规划为公共安全管理平台的设计和建设明确方向并确定纲领性意见。[4]虽然该类平台的构建有理论不足、实践中运行机制构建难等问题，但这种一体化趋势是方向所在。

### （四）治理场域更多转向网络空间

传统的城市治理，侧重点在于现实空间的治理。随着网络信息技术的发展和应用人类的生活越来越受互联网的主导，个人、企业、政府、国家方面都已经通过互联网技术迁移或者链接在互联网空间，形成新的空间互动。人们在互联网和信息技术所塑造的网络虚拟空间内成为网络化、数字化存在。根据中国互联网络信息中心2021年2月发布的第47次《中国互联网络发展状况统计报告》，截至2020年12月，我国网民规模达9.89亿，互联网普及率达70.4%，网民人均每周上网时长为26.2小时。可见，社会主流生活很大程度上实现了网上迁移。

城市治理迁移到网络后，各种新型网络犯罪也向网络迁移。网络也成为犯罪分子的犯罪对象、犯罪工具、犯罪空间，网络空间的安全就成了重要的安全治理领域。网络犯罪的蔓延不仅会对公民的人身、财产造成损害，而且会对公共安全造成严重威胁。在信息网络时代，刑法上“公共安全”的含义发生了重大变化。除了传统意义上的公共安全以外，网络安全事实上已经成为一种重要的公共安全，成为事关国家安全的重大战略问题。习近平总书记2018年4月在全国网络安全和信息化工作会议上的讲话指出：“没有网络安全就没有国家安全，就没有经济社会稳定运行，广大人民群众利益也难以得到保障。”网络安全与国家管理和社会运行的关键领域，如交通、金融、医疗等直接相关，网络犯

---

4　参见林立南、李童、蔡跃华：《智慧城市公共安全管理平台与标准体系的构建》，载《标准科学》2020年第8期。

罪对这些关键领域的网络安全的威胁必然构成对公共安全的威胁。当今，网络黑产呈现跨平台对接，团队化操作，专业化作案的特征。网络黑产已经形成成熟的商业运作模式，有技术提供商架设服务器并开放软件，宣传服务商提供大量社交账号。网络黑产寄生于互联网平台，侵入平台和私人领域。在当今的网络时代，没有网络安全，就没有公共安全。多数基层政府虽然不具有打击网络犯罪的专业能力，但作为安全的感知者，在治理任务中行使积极预防职能，加强社会动员，以此参与打击网络犯罪、捍卫网络安全的系统治理，方可维护市民与人民群众息息相关的网络领域的公共安全。

### （五）治理重心更加注重人的安全

城市安全本质在于人民安全，人民是城市的中心。随着国家经济、政治等各方面制度的发展健全，安全保障制度也将日益体系化、现代化，基层安全治理的重心将不可避免地转到对市民个人的权益保护上。新时代人民对美好生活的期望，主要表现在对民主、法治、公平、正义、环境、安全的需求增加。安全的范围也日益从人身安全、财产安全转到人格权的安全。人格权是社会和个体生存发展的基础，属于整个法律体系中的一种基础性权利。《民法典》第990条规定，人格权是民事主体享有的生命权、身体权、健康权、姓名权、名称权、肖像权、名誉权、荣誉权、隐私权等权利。除这些人格权外，自然人享有基于人身自由、人格尊严产生的其他人格权益。虽然侵犯人格权的行为大多数属于民法的侵权行为，可以通过司法救济来解决。但安全治理的本质是对人的安全的维护，既注重对人民这一集体性权益的维护，也更应注重对个体权益的维护。随着社会的发展，当基层发生侵犯市民人格安全的时候，作为城市基层安全的治理部门自然有进行保护的义务。

### （六）治理格局更加重视系统性

现代城市是一个复杂的系统，系统的发展有非线性、动态性、混沌性的特点，系统的治理必须有系统的方法。“十四五”《规划》把“坚持系统观念”作为未来我国经济和社会发展的指导原则之一，系统观念对城市基层安全治理尤为重要。习近平总书记指出：“系统观念是具有基础性的思想和工作方法”“唯物辩证法认为，事物是普遍联系的，事物及事物各要素相互影响、相互制约，整个世界是相互联系的整体，也是相互作用的系统。坚持唯物辩证法，就要从客观事物的内在联系去把握事物，去认识问题、处理问题。”当前，我国发展环境面临着深刻复杂变化，安全是应对这些变化的重要保障。就安全治理而言，坚持系统观念，即要统筹好发展与安全。安全是发展的前提，发展是安全的支撑。在安全方面，基层与上层、地方与国家虽处于不同的行政权限，但风险要素贯穿期间，动态多变。在当前和今后一个时期，是我国各类矛盾和风险易发期，必须统筹发展和安全，风险意识，树立底线思维，在安全治理方面着力固根基、扬优势、补短板、强弱项，未雨绸缪，见微知著，防微杜渐，准备好应对任何形式的矛盾风险挑战的准备，做好在经济、政治、文化、社会多领域的治理工具，层层负责、人人担当，有效防范化解各种重大风险。

（七）治理焦点更加注重数据安全

安全与发展是伴生关系，发展所到之处，安全保护也应该抵达。随着信息技术和人类生产生活交汇融合，各类数据迅猛增长、海量聚集，对经济发展、社会治理、人民生活都产生了重大而深刻的影响。尤其是大数据、云计算、物联网、人工智能的到来，各个行业发生巨大的改变，各行业对数据整合及利用，以互联网为载体进行服务模式转变的同时，数据安全已成为事关国家安全与经济社会发展的重大问题。当前数据已经成为信息时代的“石油”。在基层安全治理中，数据安全领域将会是一个重要的安全领域；2020年4月9日，《中共中央、国务院关于构建更加完善的要素市场化配置体制机制的意见》，将数据与土地、劳动力、资本、技术等传统要素一道列为生产要素。数据要素、数据开放、数据产权、数据保护、数据流动等是当前国际经济发展的前沿领域。国际方面，2019年1月，美国通过《开放数据法案》；2020年11月25日，欧盟通过《欧盟数据治理法》，对数据安全进行保护将是重要安全内容。2020年7月3日我国《数据安全法》草案公布，该草案确立数据分级分类管理以及风险评估、监测预警和应急处置等数据安全管理各项基本制度；明确开展数据活动的组织、个人的数据安全保护义务，落实数据安全保护责任；坚持安全与发展并重，规定支持促进数据安全与发展的措施；建立保障政务数据安全和推动政务数据开放的制度措施。

（八）治理动因更加依赖数据变量

随着社会的不断数字化，各类的安全要素也将不断通过数字化形式存储于城市，数字城市将不断涌现。未来城市各领域的数据将会汇集，海量的数据为大数据技术提供了丰富的应用场景。随着大数据技术的迅猛发展，运用大数据技术处理巨量城市信息资料能够为安全治理提供适当风险治理的政策建议和工具选择。

以往的安全治理是事后式治理，预测、预警能力较弱，往往是事件发生后方启动相关预案进行行动。数据驱动的治理是在收集城市安全大数据的基础上，对数据化的安全要素进行结构化处理后，通过建立模型、参数分析、态势展现等方法构建辅助决策系统，为治理提供定性分析和定量依据的决策信息。数据驱动是实现安全治理的“用数据说话”“用数据决策”“用数据管理”。通过全面把握安全数据和实质，分析和处理各种来源的传感器数据流以及其他来源的数据量，评估和预测城市风险存在的问题、挑战、机遇和应对方法。加强城市安全的循数管理意识和技能，能够提升对城市安全的掌控、整合和使用能力，从而将降低化解城市风险。

### （九）治理手段更加韧性文明

动态风险特征造成了城市安全的敏感性和脆弱性，如何使城市在安全事件发生后提升承受冲击，快速应对、恢复，保持城市功能正常运行，并通过适应来更好地应对未来的灾害风险？对于这一问题，国际社会提出韧性城市的概念。这是对以往过于集中式、线性化、权威化的治理模式难以适应复杂社会系统的分散化、多样性、分布式的运行的一种回应。在安全治理方面，提升复杂社会的系统韧性就尤为重要。“十四五”《规划》首次提出：“建设海绵城市、韧性城市。提高城市治理水平，加强特大城市治理中的风险防控。”韧性城市具有以下特性：可恢复性，当灾难和安全事故发生后，城市能在灾后较短的时间恢复到一定的功能水平；冗余性，当城市部分设施功能受损时，备用的模块可以及时补充，整个系统仍能发挥一定水平的功能，而不至于彻底瘫痪；智慧性，有合理的调配资源的能力，能够在有限的资源下优化决策，最大化资源效益；适应性，城市能够从过往的灾害事故中学习，提升对灾害的适应能力。韧性城市的要求对城市的治理能力提出了更高的要求，是对以往城市治理中的刚性的、滞后的、被动治理的方式的一种方向性纠偏，这对于城市的活力提升、动力提升，具有积极的指导意义。城市基层面对着极为丰富的治理要素、动态鲜活的治理场景，在治理手段上需要更加务实灵活，使城市的治安基础充满张力。

### （十）治理决策机制更加民主

城市基层是各类社会矛盾最集中，市民感受最直观、最关切的领域。刚性的安全要求在实践过程中往往会触碰到不少基层市民的现实利益。在上、中、下层级进行的各项治理中，如何通过协调实现“平安联创”是体现治理动员能力的关键。人民参与在社会治理的各个领域都不能缺席，在安全治理方面也概莫能外。习近平总书记强调，发展社会主义民主政治是推进国家治理体系和治理能力现代化的题中应有之义。

在基层安全治理中，坚持党权总揽全局、协调各方的领导核心作用，提高科学执政、民主执政、依法执政水平，保证党领导人民有效治理国家。坚持国家一切权力属于人民，保障人民依法实行民主决策、民主管理、民主监督，加强社会各种力量的合作协调。从中央到地方，基层中的协商民主的实现程度就是国家治理现代化的实现程度，中国国家治理过程中的全方位民主、全过程民主、全包容民主，是中国开创出来的民主之路。完全由政府单一主导的城市管理模式，不可能适合增大的城市密度和扩充的城市场景所导致的对公共服务的需求，参与主体和供给方式的多元化是智慧城市建设模式变迁的必然趋势。“城市基层治理转型是一种双向压力下的选择，转型的关键在于居民和社会主体地位的获得。”[5]民主化在安全治理中的落实，对于培育城市治理的共同体观念、建设人人共享、满足差别化社会需要、维系社会团结、推进城市公共价值、提升社会治理能力具有重要作用。

## 结语

城市是现代文明的集中展现，基层安全是城市安全的基石，基层的安全治理质量会直接影响城市的运行，体现城市的治理能力和效能，正所谓“基层不牢，地动山摇”。在发展环境深刻复杂，未来城市数字化的趋势下，我们预测了未来的城市基层安全的治理趋势。这些趋势是否会实现，需要时间的检验，对于未来城市安全的治理，我们的基本结论是：一是要始终清醒地认识到，城市安全是一个复杂系统，应当在专业的基础上超出专业，通过系统的思维、系统的方法进行治理。二是城市系统是一个动态系统，处在不停止的变化之中。社会安全蕴含在社会运行中，社会安全治理作为社会价值与社会实践结合的产物，需要随着社会的发展进行动态调适，安全不是绝对的，而是动态的；风险是与城市运行伴生的，是不能全部消灭的。三是城市安全的核心永远是人，安全治理中坚持以人民为中心的安全，需兼顾国家、社会、个人的利益。在未来的发展过程中，安全与发展之间的结构关系不会一成不变，也将会动态调整，但面向美好未来进行积极建设、治理的远景不会改变。

---

5　参见吴晓林、谢伊云：《城市基层治理转型的凭借机制》，载《中国行政管理》2020 年第 5 期。

# 广州垃圾分类执法的困境与破局之道

## ——一种共建共治共享的社会治理立法思路

肖宝玭*

【内容提要】近年来全国主要城市开始密集研究制定垃圾分类的地方立法，广州作为全国较早开展垃圾分类试点的城市，其立法和执法的探索经验可以为其他地区提供借鉴。在垃圾分类的执法中存在着举证难问题，处罚难落实，面临选择性执法的指责以及对国家机关的处罚存在争议等执法困境，难以通过加大执法力量来解决，亟待转变治理思路。《广州市生活垃圾分类管理条例》在通过正向激励机制促进市民参与、有条件地引入私人执法、强调社区自治等方面作出了大胆尝试，力图打造共建共治共享的垃圾治理格局。对于垃圾分类这类从道德要求上升到法律义务的行为来说，需要转变以威慑为主的传统立法和执法理念，通过创新共建共治共享的治理机制，挖掘出社会和市场本身的合作潜能，实现良法善治。

【关键词】垃圾分类　选择性执法　私人执法　共建共治共享

2016 年 12 月，习近平总书记在中央财经领导小组第十四次会议上要求加快建立分类投放、分类收集、分类运输、分类处理的垃圾处理系统，形成以法治为基础，政府推动、全民参与、城乡统筹、因地制宜的垃圾分类制度。2017 年 3 月国务院办公厅转发了《生活垃圾分类制度实施方案》，方案要求在 2020 年年底前，在部分城市的城区范围内实施生活垃圾强制分类。全国人大常委会法制工作委员会要求各地结合自身情况，开展生活垃圾分类的地方立法工作。在此背景下，各地在 2017 年开始密集研究制定垃圾分类的地方立法。广州市垃圾

---

* 肖宝玭——广东外语外贸大学博士，广州市人大常委会法制工委主任科员。

分类工作从 1992 年开展以来一直走在全国前列，成功创建全国第一批生活垃圾分类示范城市，率先出台全国第一部规范生活垃圾分类的政府规章，积累了大量经验，同时也发现了一些执法难题。《广州市生活垃圾分类管理条例》（以下简称《条例》）于 2018 年 7 月 1 日起施行，总结了广州的有益经验，同时直面治理难题完善了相关制度措施，创新了体制机制，力求通过加强立法的实效性解决垃圾分类管理执法中的一些困境。

## 一、垃圾分类管理执法中的困境

与近年来垃圾分类宣传、教育以及法规政策制定如火如荼的形势形成鲜明对比的是，市民的垃圾分类热情始终没有被带动，垃圾分类叫好不叫座问题突出。2017 年广州市人大法工委委托广州社情民意研究中心对广州市民就垃圾分类管理及其立法开展了民意调查，调查结果显示 71% 的受访市民表示自己家附近的人不分类投放垃圾，按要求投放的仅为 21% 。与此同时，有 88% 的市民认为应该通过地方立法把垃圾分类投放作为每个人的义务，72% 的受访公民支持不分类投放垃圾要罚款。与市民广泛支持垃圾分类及立法截然不同的是，市民对政府部门推进垃圾分类工作的评价较低，民调显示，对政府部门推进垃圾分类工作，表示满意和比较满意的受访市民合计比例不足三成，为 26% 。对执法方面的“日常巡查、检查”与“对不按要求分类投放、收集、运输等处罚”，认为力度不足的分别多至 75% 与 66% 。面对市民的指责，执法部门则认为市民对生活垃圾分类的认识还不到位，存在普遍不分类的情况，执法条件不成熟，目前垃圾分类的执法困境较大，主要有以下几个方面。

### （一）举证难，处罚难落实

城管执法部门发现违法情况主要有三种方式：一是由城管执法队员在巡查过程中发现；二是由生活垃圾分类管理责任人[1]发现后报告城管执法部门；三是由市民群众举报。城管执法队员人员有限且肩负多项执法任务，难以做到全天候、全方位监控不按规定分类投放垃圾的行为，分类管理责任人和市民群众等非专业执法人员，在发现违法行为后难以固定相关证据，即便城管执法部门收到其投诉后即时到达现场，对于乱扔垃圾这种瞬间行为的认定也难以收集有效的证据，且扔垃圾的地点多是在住所楼道、小区等相对私密的环境里，进一步

1 管理责任人的划定可参见《广东省城乡生活垃圾处理条例》第 9 条。从该条规定来看，物业管理单位、单位自身、经营管理单位、公共场所的所有权人或实际管理人、村民委员会等都是管理责任人。

增加了调查取证的难度。而城管执法中行政处罚的实施必须依据严格的法定程序，需要取证、询问，甚至责令改正等，最后才可以处罚，在证据不足的情况下城管执法部门无法作出处罚。

### （二）面临选择性执法的指责

广州市早在2011年实施的《广州市城市生活垃圾分类管理暂行规定》中就规定了对不按规定分类投放城市生活垃圾的单位和个人进行处罚，但迟迟没有开出罚单。2017年3月，国务院发文要求实施生活垃圾强制分类之后，广州市城管委开始加强执法，当年10月中旬，就“对489个垃圾分类强制实施单位进行了执法检查，发出责令改正通知书31份，仅天河区就被责令整改20宗”。[2]其他城市也面临同样问题，如2014年5月1日起施行的《上海市促进生活垃圾分类减量办法》也对未按照规定投放生活垃圾的行为明确规定了相关罚则，直到2017年8月2日，上海市城管局执法总队才开出首张责令改正通知书[3]。这些运动式执法虽然可以在短期内收到良好的执法效果，但一旦运动期一过，执法力量减弱，很容易让群众误解政府对该项违法行为的负面评价已解除，从而引发违法行为反弹，其存在本身也大大损害了被执行法规的权威，也会备受行政相对人对垃圾分类选择性执法的指责。

所谓选择性执法，是指“根据情势需要，什么时候严格执行哪部法律，采取什么执法手段，什么时候放松哪部法律的执行，什么时候严格执行哪个具体的案件，采取什么执法手段，什么时候对哪个案件执行特别对待的视具体情况而定的执法方式”。[4]由于垃圾分类执法条件的特殊性以及执法资源的有限性，执法者信息不对称或者没能及时保留证据，客观上不可能对所有违法事实进行处理，难免导致相同情况下的不同对待。尤其是按照《生活垃圾分类制度实施方案》的要求，在垃圾分类活动上存在着强制实施的单位和鼓励实施的单位，在有些城市存在试点小区，对这些强制单位和试点区域先开展执法，这必然会造成选择性执法。

### （三）对国家机关的处罚存在争议

1996年出台《行政处罚法》时，全国人大常委会在行政处罚法的立法释义

---

2 《广州正式实施生活垃圾强制分类试点》，载中国网，http：//www. china. com. cn/cppcc/2017－11/04/content_ 41844568. htm，最后访问于2017年12月7日。

3 《热点丨生活垃圾强制分类进入执法时代，上海和广州开始动真格了》，载微信公众号“固废观察”，最后访问于2017年12月7日。

4 戴治勇、杨晓维：《间接执法成本、间接损害与选择性执法》，载《经济研究》2006年第9期。

中明确指出行政处罚的对象不能是其他国家机关。对于国家机关的罚款更是引起争议，有意见认为，国家机关缴纳的罚款来自税收，且无法经过预算程序，对审计制度也会有冲击，罚款的实质也只是财政资金从一个国家机关转移到另一个国家机关。在国家立法上也能看到此种观点的实践，如2009年修订前的《统计法》第27条规定，统计调查对象虚报、瞒报、伪造、篡改、拒报或屡次迟报统计资料的，对企事业单位和个体工商户可处以罚款。但对国家行政机关同样的违法行为规定了责令改正、通报批评和行政处分。2009年修订之后的《统计法》第41条第1款规定，对国家机关的相关违法行为由统计机构责令改正，予以通报批评，以及处分其直接负责的国家工作人员。该条第2款规定，对其他单位的前款行为，除上述处罚外，还可以并处罚款。从统计法的修订内容来看，全国人大常委会对国家机关和其他企事业单位或组织一样处以罚款仍然有所顾虑。

随着依法治国的深入实践，立法上有意避免出现突出国家机关与其他企事业单位和组织差异的条文。垃圾分类立法的上位法依据《固体废弃物污染环境防治法》中对固体废弃物的“产生者”和“使用者”，概称为“单位”和“个人”。地方立法也沿用了单位和个人的主体概念，回避了国家机关、企事业单位的用语。然而，在执法上，截至目前还没有出现对国家机关未进行垃圾分类而处罚的先例。

## 二、垃圾分类管理执法困境的原因分析

深入探讨上述执法困境产生的缘由，是有针对性地解决困境的必经程序。本文认为，上述执法困境产生的原因，不仅仅是执法力量不足，执法队伍素质不高等表象因素，更多的还是一些较深层次的因素，而这些因素也恰好是目前我国行政执法中普遍存在的情况，亟待正视。

### （一）治理理念的僵化

传统的以执法为中心的行政规制治理体系，具有两大特性，一是强调执法的公权性，认为政府是运用公权力的唯一主体，将政府以外的其他主体视为管理对象；二是强调执法的强制性，通过增加执法威慑来促使行为人遵守法律。然而由于信息掌握不完全和执法资源的有限性，以执法为中心的行政规制手段注定存在局限性，其制度缺陷不可避免。尤其对垃圾分类、控烟、市容环境卫生等这类从道德要求上升到法律义务的行为来说，执法者面临的是存在已久、习以为常甚至形成习惯的执法环境。虽然采取威慑方式，加大执法力度，在短期内能够起到一定效果，但由于此类型违法行为本身的社会危害性不大，处罚

力度不可能很大，不可能靠加大威慑维持执法力度。在这种情况下，执法资源必然不足，选择性执法就不可避免，但是一旦人们感觉到执法力度降低，则这类违法行为就会反弹。经济学已经证明，即使能够不断加大执法力度，也必然会出现执法效果的递减效应，不能实现最优执法。[5]要达到理想的治理效果，只能寻求治理思路的转换。然而，我国目前普遍存在的治理思路仍然是强调以执法为中心的行政规制治理体系，这不仅体现在各项行政政策中，在立法上也有突出表现。我国立法往往强调赋予主管部门强制性的执法手段，强调对违法行为法律责任的设定。在执法中更是奉行一罚了事，部门普遍认为只要进行了执法，即积极履行了职责。广大群众也都认为，能不能落实法律就看有没有处罚，处罚严不严。

### （二）创新社会治理的能力不足

社会发展日新月异，人们的生产生活方式、交互方式及其平台载体都发生了巨大变化。特别是我国迈入新时代后，面临全方位的社会变革，要达成奋斗目标，任务十分艰巨，必须推进国家治理体系和治理能力现代化，这就要求社会治理的手段方式紧跟社会的发展而不断创新。然而，受限于治理理念的僵化，我国目前的社会治理创新能力严重不足，这表现在：一是过于依赖行政干预手段，强调“堵塞”而不是“疏导”，强调加大违法成本进行威慑而不是降低守法成本进行激励，缺乏正向激励的治理思路及治理手段；二是强调行政执法地域分割性和行业分割性，无法有效应对地域贯通与跨界融合的互联网时代特点；[6]三是基层治理有效性不足，自治组织无法实现有效的自我管理和服务；四是社会活力不足，人民群众参与社会治理的责任感和使命感欠缺。垃圾治理工作虽是社会治理的一个微小方面，却能以小见大，折射出当前社会治理能力的不足及社会治理格局的弊端。目前垃圾分类工作推行不力，很大程度上在于群众没能积极响应，而群众的责任感和使命感的欠缺反映出基层治理，特别是社区治理上出现了治理能力不足的情况。

### （三）地方立法与执法的断裂

前文所述垃圾分类执法中的困境，部分也源于立法与执法的冲突与脱节，存在着立法超前、立法的规定不具备实施条件、实施需求没有反映在立法里、

5 杨晓维、张云辉：《从威慑到最优执法理论：经济学的视角》，载《南京社会科学》2010 年第 12 期。

6 郑智航：《网络社会法律治理与技术治理的二元共治》，载《中国法学》2018 年第 2 期。

实施手段缺失等问题。之所以会出现地方立法与执法之间的断裂，原因在于政策制定中各类社会组织和广大人民群众有效参与机制的缺失，更深层的原因还在于有限的法治资源与人民群众不断增长的法治需求之间的矛盾。目前我国已经迈开从法律体系到法治体系建设的步伐，一方面，人民群众对法律的期盼和要求已经提升，要求法律切实解决问题。[7]这就要求立法工作的重心从增加立法数量转向提高立法质量。另一方面，已经制定的法律制定必须得到有效实施。这就要求立法工作与法律实施工作协调推进，进一步增强法律实施工作。[8]特别是对于地方立法而言，由于大部分立法是为了执行上位法的规定，而根据本行政区域的实际情况作出的具体规定，是地方治理的具体依据，故更应该关注立法的实施问题。地方立法应该准确把握自身定位，强调地方立法的针对性、可操作性和实效性，在国家的大政方针与人民群众实际需求之间架起有效沟通的桥梁。然而，基于我国中央和地方分权仍不明确等原因，中央立法未对地方立法留下太多空间，地方立法中省级地方立法与设区的市一级地方立法也未明确分工，地方立法特别是设区的市一级地方立法难以有效发挥积极作用，重复上位法现象严重。

## 三、走出垃圾分类管理执法困境的可能方案

### （一）立法与执法理念的更新

立法与执法理念的僵化会直接导致制度设计与选择的偏失，因此，理念的更新是治本之策。党的十九大报告提出打造共建共治共享的社会治理格局的目标要求，这是自党的十八大以来对我国社会治理实践的提炼，是党和全国人民对社会治理探索的集体智慧的升华。“共建共治共享”理念首先强调了“共”，即在社会治理上强调社会成员共同参与，突出主体的多元性。这克服了传统行政规制治理体系单一权力主体的弊端，充分重视社会成员的力量，充分肯定社会成员在社会治理中的重要地位。其次强调了“建”，即强调社会成员参与的责任，大家的事要大家齐抓共管，大家都要积极贡献智识和力量。这解决了政府信息不全、政策制定不能完全符合实际需要的短板。再次强调了“治”，这就要求政府要通过法规和政策安排，为社会成员发挥作用创造更好的条件和机会，要保障社会各界参与治理的空间。此外，“治”也强调了共同治理的秩序价值，

---

7　参见《走进法律体系“2.0时代”——怎样推进科学民主立法》，载人民网，http://theory.people.com.cn/n/2015/0209/c40531-26529763.html，最后访问于2018年3月3日。

8　参见《中国法治建设重点转移从“有法可依”向“有法必依”》，载中新网，http://www.chinanews.com/gn/2011/02-17/2849967.shtml，最后访问于2018年3月3日。

要形成各治理主体相互关系与互动的有序性、和谐性与有效性。“共治”可以有效弥补行政执法资源有限的短板。最后，强调了“享”，即强调要保障和改善民生水平，让人民群众能公平公正地分享改革成果，有更多获得感。“共享”保障了“共建共治”的可持续性。对于如何落实“共建共治共享”，十九大报告也提出了具体的、有针对性的思路，如“加强社会治理制度建设，完善党委领导、政府负责、社会协同、公众参与、法治保障的社会治理体制，提高社会治理社会化、法治化、智能化、专业化水平”“加强社区治理体系建设，推动社会治理重心向基层下移，发挥社会组织作用，实现政府治理和社会调节、居民自治良性互动”；等等。

党和国家近年来提出的从社会管理到社会治理，从强化政府治理到加强和创新社会治理的思路转变，为解决新时代新问题提供了根本的解决路径。垃圾分类工作正是属于社会治理领域需要全体社会成员共建共治共享才能取得成效的工作，在立法中就应树立“共建共治共享”的思路，一是要采取正向激励的治理思路，促进社会成员共同参与垃圾分类治理事业；二是要保障社区自治的空间，赋予社会成员共治的手段；三是要采取措施降低守法成本，同时加强反馈机制，增加守法者的参与感和获得感。只有转变传统行政规制治理的方式，创新思路促进和激励社会成员共同参与共同维护，才能使社会成员共享绿色美丽的生活环境。此外，基于多元共治的思路，合作治理所适用的规则可能包含私法规则，包含有融合政府与社会、市场多方主体协商达成的合意性规则。应允许存在对应社会治理复合性的复合治理规则体系。该体系包含不同效力层级，体现规制与引导，是一种软法与硬法规范相结合的混合法模式。[9]

### （二）解决举证难，处罚难落实的可能方案

在行政处罚中，行政机关承担举证责任，负责查明违法事实，这是《行政处罚法》规定的一般原则。目前针对未进行垃圾分类处罚的法规、规章基本都是对乱投混投的行为进行处罚，然而由于垃圾投放行为具有即时性的特点，且难以区分违法投放的垃圾的所有者，除非能当场发现违法行为，否则很难固定证据，导致无从处罚。“法不在严而在必行”，若处罚无法有效落实，则会损耗法律法规的权威。法律规定的有效落实，不仅是一个执法问题，也是立法本身必须要考虑的问题。

广州市在垃圾分类立法中以“打造共建共治共享的社会治理格局”为指导思想作出了一些尝试。如《条例》第 13 条规定产生生活垃圾的单位向收集单位

9　石佑启、杨治坤：《中国政府治理的法治路径》，载《中国社会科学》2018 年第 1 期。

交付的生活垃圾应当符合分类标准。第 56 条规定了违反第 13 条的单位的法律责任。这实际上是将单位看作一个整体，单位中的个人作为单位的内部细胞，其行为后果由单位承担，将单位交付生活垃圾的行为视为投放行为，由单位承担投放人的责任。据此，主管部门无须再举证单位具有未按规定投放垃圾的行为，可直接根据交付的结果进行执法，这也就大大便利了主管部门的执法。对于个人未分类投放生活垃圾的行为如何加强执法，第 15 条规定了分类管理责任人制度。管理责任人有义务监督责任区内生活垃圾分类投放活动，劝阻不符合要求的行为并要求其改正；拒不改正的，报告有关部门处理。第 21 条规定生活垃圾分类管理责任人发现投放人不符合分类要求的生活垃圾投放行为，可以要求投放人改正后再投放；投放人拒不改正的，责任人可以拒绝其投放。这实际上加强了单位和社区这些最基层组织的参与责任，要求它们发挥自己的能动性，共同推动垃圾分类治理。

另外，《条例》注意加强正面激励和引导。一是建立生活垃圾分类和源头减量的引导和激励机制。《条例》规定了物质奖励、对成绩突出者给予表彰奖励，对流动人口奖励积分入户等多种方式激励方式。二是建立分类指导员制度。《条例》规定基层政府组织可以在居住区设立生活垃圾分类指导员，指导、帮助和督促居民开展生活垃圾分类投放。三是鼓励社会资本参与。要求市政府制定相应政策措施，鼓励和引导社会资本参与生活垃圾分类和减量的各个环节，推动形成市场化机制，建立可持续的相关产业。四是建立社会监督员制度。通过公开公正方式推选出在市民中具有较高威信的社会监督员，赋予他们了解情况和提出意见的权利，并规定有关部门和单位必须对其履职予以配合和协助。《条例》通过这些举措促进群众参与垃圾分类治理的责任感和获得感，保障社会组织参与共建的空间。

还有意见认为，应该设立有奖举报制度，发动群众举报乱投放的行为。有奖举报制度通过物质奖励刺激群众积极参与、踊跃提供违法行为线索，能弥补执法力量的有限性，在短时间内有效遏制违法行为。然而，有奖举报也有负面影响，如催生职业举报者、发生恶意举报、引发邻里矛盾等道德危机，广州和深圳的交通违法有奖举报就因为各种负面影响无疾而终。考虑到未分类投放垃圾是一种社会危害不大的违法行为，各区可以因地制宜设立不一样的垃圾投放模式，且投放地点也多为住宅附近等属于较为私人的场所，广州垃圾分类立法未规定有奖举报制度。

### （三）限制选择性执法的可能方案

全面执法是一种最优的执法状态，然而却很难实现。由于受到执法资源和条件的刚性约束，执法机关不可能查处所有的违法行为。有学者认为，选择性执法的存在具有合理性：选择性执法可以节约执法成本，可以通过部分执法威慑类似违法者，能起到很强的警戒作用。[10] 美国学者戴维斯也认为存在必要的选择性执法，选择性执法的存在是不可避免的。[11] 然而，相同情况相同对待是行政法遵循的基本原则，也是最基本的法律价值，应该最大限度予以遵守。因此，应在必要的限度内对选择性执法加以限制。

有学者从经济学的角度来探讨执法的最优状态，认为在社会福利尺度下，那些消耗较少执法资源及造成较大违法损失的案件应该有更高概率被查处。这种较为理想的状态就是选择性执法的“正向选择”。[12] 要做到“正向选择”可以从以下几方面做起：一是确定选择的标准应符合执法目的。合目的性控制要求执法人员在执法时必须进行理由说明，可以有效避免徇私枉法的情况。[13] 二是提升执法的智能化水平。在垃圾分类执法中，可利用智能化的执法设备和技术提高执法效率。如通过大数据对垃圾成分及分类情况进行调查摸底，确定分类情况等级，将分类情况较差及有害垃圾成分多的区域作为重点执法区域，加强执法频率，对其他地区进行更科学的随即抽检。同时还可以利用电子执法的方式，减少执法在时间和空间上的盲点。这也要求加强治理的专业化水平，加强新型专业人才队伍建设。三是强化对行政相对人的司法救济。现阶段对于行政相对人选择性执法的控诉，法院多以“非本案审查对象”作为不予考虑的裁判理由，这不仅不利于保护行政相对人的合法权益，也不利用鞭策执法机关提高执法能力和素质。对于选择性执法的控诉，应加强个案分析，对执法的合目的性及是否符合比例原则进行审查。[14] 四是加强对执法人员的管理和教育。通过提高执法队伍素质，避免因执法人员的主观偏好及利益衡量而导致的选择性执法，通过增加执法透明度，严格执法责任追究机制等措施控制人为造成的选择性执法。

### （四）进一步的方案——公共执法与私人执法的配合

在广州垃圾分类立法中，建立了分类管理责任人制度和单位对其产生的生

---

10 叶小兰：《选择性执法的内在悖论与消解机制》，载《甘肃政法学院学报》2011 年第 4 期。

11 K. C. Davis, *Discretionary Justice, A Preliminary Inquiry*, University of Illinois Press, 1971: 162 – 180.

12 田源：《“普遍性违法”与“选择性执法”——中小企业资本监管的困境、改革和遗留问题》，山东大学 2017 年博士学位论文，第 41 页。

13 参见章剑生：《“选择性执法”与平等原则的可适用性》，载《苏州大学学报》2014 年第 4 期。

14 同上。

活垃圾分类结果负责的制度，这些制度要求管理责任人和单位承担一些义务，如制止不符合要求的垃圾投放行为等，并对履行义务不力的情况规定了法律责任。这就意味着除非单位能完美地监督它管理范围内的人员，并且都能做到正确分类，否则单位就要进行二次分拣，以避免因监管不力遭到行政处罚。这样一来，单位很可能从法规实施一开始就实行二次分拣制度，而不将重点放在对其管理范围内的人员尽管理责任人的宣传、教育、督导和劝阻的义务上，从而偏离了立法想要确立的节约资源、爱护环境的文明理念和行为的目标。再者，管理责任人大部分都是私立企业，法规对他们责任的规定有义务过大、责任过重、权责不对等诟病。特别是对于物业管理企业，它与所在小区居民之间是合同上的服务关系，不存在像单位与其内部职工之间的管理关系，让它要求小区居民改正不符合要求的投放行为，以及制止混合已分类投放的生活垃圾的行为等这些类似行政命令和行政强制措施的行为，似乎有要求过高之嫌，加上《广东省城乡生活垃圾处理条例》对管理责任人的义务规定了罚则，由于管理责任人要求投放人改正或制止混合投放，并不必然导致分类结果符合分类标准，这有可能引发执法机关贪图执法便宜而依据分类结果认定管理责任人没有履行好义务，只是一味处罚主体为单位的管理责任人，而不愿处罚具体违法的行为人。

本文认为，转移管理责任给单位只是迈开社会共治的第一步，目前的尝试只是增加单位义务而没有给予相应的权益，本质上是传统的行政管理的另一种表现形式，长远来看，既达不到立法目的，也会引发系列社会问题。随着社会的发展，社会治理环境将越来越庞大复杂，传统管理方式因其治理无效、决策不民主、规则制定程序僵化、执行不力等弱点正遭遇重大危机。危机的解决，需要从国家治理的本源入手。有学者提出国家应该坚守"'国家基础能力的基础'——对基础性信息和数据能力与设施的建立、保障与维护。而对于实施法律、实现秩序所需的'执行'活动，则可批量转交给其他社会主体，借助声誉机制和其他信息机制分散执行。"[15] 私人执法因其具有动力充足、信息优势、耐腐蚀等特点，[16] 能够提高法律执行的效率，甚至激励制度创新，使其可以成为公共执法的补充。还有学者提出用私法上的侵权禁令的方式补充甚至替代行政执法，呼吁发展私力救济，使其成为风险社会公共治理的新动力。他认为："萨维尔的研究早已表明，侵权禁令（injunction）与行政管制（regulation）的功能

15 参见戴昕、申欣旺：《规范如何"落地"——法律实施的未来与互联网平台治理的现实》，载《中国法律评论》2016年第4期。

16 参加张效羽：《论公私协作执法》，载《行政与法》2014年第5期。

相近，损害赔偿（liability）与行政罚款（fine）的角色类似，前者相当于财产规则，后者相当于责任规则。就控制风险而言，前者较后者更有优势。”[17] 侵权禁令的思路恰好能有效弥补单位（私人）责任重、权责不对等的情况，赋予了单位私法上的手段和利益，并能解决公共执法问题。尤其在环境污染、食品安全、网络侵权等私人有利害关系的情形中，赋予私人提出侵权禁令的权利，能大大提高公共执法效率。当然，这一来自国外的制度如何在我国的环境中生根发芽，还需要进一步加强研究，目前首要的是在国家中央立法层面上以共建共治共享的社会治理思路指导顶层设计，承认私人执法的合法性，赋予私人执法一定权益，同时规范私人执法行为，避免私人执法可能出现的过度执法等弊端，以充分利用私人执法资源。

### （五）平等原则的坚守

法律面前人人平等是基本的法治原则，如今，在国家赔偿都实践无阻的情况下，对国家机关的违法行为进行行政处罚早已没有理论障碍。对因罚款造成国家财政的损失和不便，可以通过向违法投放人追偿的方式得到解决。在垃圾分类事业上，国家机关应该体现带头作用，更应该成为推动垃圾分类事业前进的表率。当然，对国家机关违法投放的罚款处罚是否是促进其带动其所管理的人员积极守法的最优方式，还值得探讨。对于国家机关违法行为，根据其性质和危害程序制定适宜的处罚手段还需要进一步研究。《条例》考虑到对国家机关处罚的有效性问题，特别在第56条规定对单位除罚款外，还应在市政府电子政务信息平台公布处罚结果。

---

17 参见杨彪：《侵权禁令与执法替代：风险社会公共治理的新思路》，载《法制与社会发展（双月刊）》2017年第4期。

# 粤港澳大湾区公共卫生治理研究

## ——以制度优势与治理效能的辩证关系为视角

任 颖*

【内容提要】粤港澳大湾区公共卫生治理是湾区治理体系建设的重要议题，充分发挥“一国两制”制度优势是破解粤港澳大湾区公共卫生治理困境的决定性力量。在非单一制度与三法系背景下，聚焦地理区域而非行政区域的粤港澳大湾区公共卫生治理效能发挥面临困境，粤港澳大湾区公共卫生治理存在区际法律冲突问题，跨区域突发公共卫生事件应急管理及信息共享缺乏协同机制保障。以制度优势与治理效能的辩证关系为视角，以人类卫生健康共同体与粤港澳大湾区公共健康促进为指引，以湾区公共卫生治理协作为基本路径，推动粤港澳大湾区公共卫生治理协同机制建设，形成粤港澳大湾区公共卫生治理的法律冲突协调机制、跨区域突发公共卫生事件应急管理机制、公共卫生信息处置与共享机制，成为当前公共卫生治理体系建设的重要任务。

【关键词】粤港澳大湾区 公共卫生治理 制度优势

粤港澳大湾区公共卫生治理是一个密不可分的整体，但粤港澳三地的地理区域与行政区划并不一致，由此给区域性的公共卫生治理带来了新的课题。习近平

* 任颖——广东外语外贸大学法学院副教授，法学博士，主要研究领域：法学理论、卫生法。本文系教育部哲学社会科学研究重大课题攻关项目“粤港澳大湾区法律建设研究”（20JZD019）、国家社科后期资助项目“中国公共卫生立法研究”（20FFXB043）、广东省哲学社会科学规划专项项目“党的领导根本制度优势转化为治理效能的规范保障与路径创新研究”（GD20ZD06）和教育部特别委托项目“宪法和基本法在澳门特别行政区宣传推广成效的实证研究与优化路径”（JBF202003）阶段性成果。

总书记强调要“构建起强大的公共卫生体系”[1]“强化公共卫生法治保障”。[2] 这一战略部署成为“一国两制”下推进粤港澳大湾区公共卫生治理的重要纲领。[3] 在非单一制度与三法系背景下，抓住制度优势与治理效能辩证关系这一脉络，解决粤港澳大湾区公共卫生治理效能发挥所面临的困境，以及非单一制度下粤港澳大湾区公共卫生治理的区际法律冲突问题，为跨区域突发公共卫生事件应急管理及信息共享提供协同机制保障，成为粤港澳三地公共卫生治理深度合作的重要基石。

## 一、粤港澳大湾区公共卫生治理面临的主要问题

粤港澳大湾区公共卫生治理不仅面临不同行政区域公共卫生管理机构的协调配合问题，更面临“一国两制”背景下三法系的法律冲突，聚焦地理区域而非行政区域的粤港澳大湾区公共卫生治理效能发挥面临困境，跨区域突发公共卫生事件应急管理及信息共享缺乏协同机制保障，直接影响跨区域突发公共卫生事件处置的整体效能。

### （一）聚焦地理区域而非行政区域的粤港澳大湾区公共卫生治理效能发挥面临困境

粤港澳大湾区公共卫生治理效能的发挥超越了传统的地理范围，在粤港澳三地之间形成“多层次的区域间关系”。[4] 粤港澳大湾区公共卫生治理不是行政区域公共卫生治理的简单叠加，而是建立在湾区公共健康维护基础上的三地公共卫生治理深度合作。相较于单一制度下的区域公共卫生治理，粤港澳大湾区公共卫生治理面临三法系的法律冲突、跨界公共卫生信息处置与地域差异的矛盾。在这一背景下，如何在“一国两制”、三法系的粤港澳大湾区开展有效的公共卫生治理，成为跨区域公共卫生治理机制创新的重要任务，也成为破解粤港澳大湾区公共卫生治理困境的重心所在。

与聚焦行政区域的公共卫生协同治理不同，粤港澳大湾区公共卫生治理效能的发挥以地理区域为基础，具有鲜明的区际性特征。从地理属性上看，粤港澳大湾区公共健康保护是一个整体，粤港澳三地的公共健康利益维护唇齿相依。

---

1　《构建起强大的公共卫生体系》，载《人民日报》2020 年 6 月 4 日第 1 版。

2　习近平：《完善重大疫情防控体制机制，健全国家公共卫生应急管理体系》，载《人民日报》2020 年 2 月 15 日，第 1 版。

3　习近平：《推进全面依法治国，发挥法治在国家治理体系和治理能力现代化中的积极作用》，载《求是》2020 年第 22 期。

4　殷为华著：《新区域主义理论 中国区域规划新视角》，东南大学出版社 2013 年版，第 65 页。

这决定了以行政区划为边界推动各自为政的公共卫生治理，不能满足维护湾区公共健康的现实需求。从社会属性上看，由粤港澳大湾区特殊的政治制度与法律环境所决定，粤港澳三地的公共卫生治理体制存在差异，广东的公共卫生治理管理体制与港澳公共卫生治理体制并不兼容。广东公共卫生治理遵循统一的治理体制设置；香港公共卫生治理遵循特别行政区自治体制，并与公共健康保护公民诉讼相结合，在实践中得到系统的推进；澳门公共卫生治理在自治体制的基础上，形成了以大陆法系为背景的公共卫生治理路径。粤港澳大湾区公共卫生治理与各自为政或自上而下的公共卫生治理最大的差异，即在于粤港澳三地公共卫生治理体制的区别。粤港澳大湾区公共卫生协同治理属于非单一制度下的协同治理。推动湾区公共卫生治理机制创新，促进粤港澳大湾区公共卫生治理深度合作，成为地理系统理论的重要实践拓展。

### （二）非单一制度下粤港澳大湾区公共卫生治理存在区际法律冲突问题

粤港澳大湾区公共卫生治理区际法律冲突的根源在于粤港澳三地法系背景的不一致。在不同法系背景下，粤港澳大湾区公共卫生治理没有统一的规定可以遵循，跨法系的粤港澳大湾区公共卫生协同治理面临的立法冲突明显。粤港澳三地分别适用不同的公共卫生法律规范，采用不同的公共卫生治理模式，粤港澳三地公共卫生治理规则的有效对接存在难度。在这一背景下，粤港澳大湾区公共卫生治理创新合作的前提和基础，是破解跨区域公共卫生治理的区际法律冲突。粤港澳大湾区公共卫生治理所面临的区际法律冲突与湾区公共卫生法律规制结构紧密相连。一是中央全面管治权与高度自治权的基本架构。香港和澳门享有高度自治权。落实中央对于香港和澳门地区的全面管治权，对于港澳融入国家发展战略，提升粤港澳大湾区公共卫生治理效能具有重要的基础性意义，也为破解区际公共卫生治理法律困境带来重要契机。二是湾区公共健康保护府际合作与社会治理问题。在深入推进粤港澳公共卫生治理的过程中，不仅要强化湾区公共健康保护府际合作，而且要提升港澳居民对湾区公共卫生治理的参与度，推动共建共治共享的粤港澳大湾区公共卫生治理创新。粤港澳大湾区公共卫生治理所面临区际法律冲突的解决，是提升粤港澳三地公共卫生治理协同度，解决粤港澳三地公共卫生管理衔接问题的关键环节。

区际法律冲突是粤港澳大湾区公共卫生治理面临的主要问题。一方面，由三地特殊的法源与制度背景所决定，粤港澳大湾区区际法律冲突的解决不应停留在政策层面，而需要制定具体的规范，在规范化、程序化的轨道上推动粤港澳大湾区公共卫生协同治理进程；另一方面，需要对粤港澳大湾区公共卫生协同治理的主体、程序、监督、追责进行系统的规制，为粤港澳三地公共卫生协同治理提供规范支持。在此基础上，适应监督体系建设的要求，通过粤港澳三地公共卫生保障义务条款设置推进非单一制度下的跨区域公共卫生协同治理，切实保护粤港澳大湾区公共健康，促进粤港澳三地公共卫生治理的协调发展，避免跨区域公共卫生协同治理规范相互重叠，推动公共卫生立法制定和修改满足跨区域协同治理与整体性改革要求。服务于打造健康湾区目标，粤港澳大湾区公共卫生区际法律冲突亟待有效解决。

### （三）跨区域突发公共卫生事件应急管理及信息共享缺乏协同机制保障

粤港澳大湾区突发公共卫生事件信息处置存在地域差异与信息鸿沟，湾区跨界公共卫生信息共享机制建设存在结构性失衡。粤港澳三地存在地域差异，在不同的公共卫生治理体制下，跨区域突发公共卫生事件信息共享尚未真正实现协调一致。跨区域突发公共卫生事件信息处置的不一致，跨区域突发公共卫生事件应急管理与信息共享的协同机制保障缺位，直接影响到粤港澳大湾区公共卫生治理的实际效能，现有治理机制仍存在较大的漏洞，跨区域突发公共卫生事件信息处置与地域差异之间的矛盾和冲突亟待有效解决。粤港澳大湾区突发公共卫生治理的重要前提和基础，即公共卫生治理信息共享。以精准匹配需求为基础，推动跨区域突发公共卫生事件信息处置中的数据信息共享，成为解决跨区域突发公共卫生事件应急管理分散化问题的重要着力点。

粤港澳大湾区的突发公共卫生事件应对缺乏协同机制保障，在跨区域突发公共卫生事件处置及公共卫生治理运行过程中，粤港澳三地公共卫生治理运行机制存在差异。以人类卫生健康共同体价值目标、湾区公共卫生立法与公共卫生政策制定为视角，对跨区域突发公共卫生事件应急管理及信息共享面临的问题进行系统分析，存在原则、规则、政策三个方面的原因。[5]在原则方面，粤港澳三地公共卫生治理运行机制，尚未在人类卫生健康共同体的价值确认层面形成相应的协同机制；在规则方面，由粤港澳大湾区公共卫生治理法律制度所涉及内容的广泛性所决定，湾区公共卫生规则对接仍然面临现实的困境，并且，社会治理在粤港澳三地公共卫生治理体系的地位和作用亦有差异，粤港澳大湾区公共卫生治理整体效能的提升需要系统的规范支持；在政策方面，粤港澳大湾区公共卫生政策的制定尚无系统的机制保障，直接影响粤港澳大湾区公共卫生治理合力的形成。这些问题的解决，需要从制度优势与治理效能的辩证关系

---

5 中国法制出版社编：《中华人民共和国卫生健康法律法规全书》，中国法制出版社 2019 年版，第 522 页。

出发，科学选择粤港澳大湾区公共卫生治理路径，推动粤港澳大湾区公共卫生治理协同机制建设。

## 二、制度优势与治理效能辩证关系视阈的粤港澳大湾区公共卫生治理路径选择

“一国两制”制度优势是凝聚疫情防控强大合力的坚强保障，也是弥补粤港澳大湾区公共卫生治理短板与不足，为湾区居民生命健康保护提供有力支撑的决定性力量。“一国两制”制度优势向粤港澳大湾区公共卫生治理效能转化遵循湾区公共健康促进原则。以人类卫生健康共同体理念为指引，明确粤港澳大湾区公共卫生治理路径，成为有效防范湾区公共卫生风险的必由之路。

### （一）充分发挥制度优势是提升粤港澳大湾区公共卫生治理效能的决定要素

“一国两制”制度优势是取得疫情防控阻击战决定性胜利的坚强后盾，更是从根本上解决粤港澳大湾区公共卫生治理分散化问题的决定性力量。[6]“一国两制”是中国的创举，也为解决粤港澳大湾区公共卫生治理区际法律冲突问题奠定了制度基础。[7]在“一国两制”下，粤港澳三地有不同的法源，三地的公共卫生治理分别适用不同的法律规范。与自治权问题相交织，跨区域公共卫生治理问题错综复杂，面临诸多冲突。其中最为棘手的，即利用三地法源不一致而进行的规避行为。在这种情况下，“封境抗疫”单一路径难以满足粤港澳大湾区公共健康保护需求。充分发挥制度优势，从根本上解决粤港澳大湾区公共卫生治理困境，推动跨区域公共卫生合作治理与规则对接的重要性凸显。通过明确跨区域公共卫生协议的法律效力，使粤港澳大湾区公共卫生治理朝着程序化、规范化的方向发展。充分发挥“一国两制”制度优势，解决跨区域突发公共卫生事件处置问题，不仅是一种具有实施性、可操作性的保障系统，更成为推动粤港澳大湾区公共卫生协同治理具体化、精细化，提升粤港澳三地公共卫生协同治理深度与广度的重要基石。

在粤港澳大湾区公共卫生治理进程中，“一国两制”制度优势的充分发挥以尊重港澳自治权为前提。粤港澳大湾区承载了三个具有不同法源背景的地区的合作，粤港澳三地突发公共卫生事件处置与高度自治权问题相交织，增大了跨区域公共卫生治理的复杂程度。这要求从维护宪法和基本法权威出发，破解跨区域公共卫生治理困境，推动泛珠三角区域合作向粤港澳大湾区协同治理格局

---

6　国世平著：《粤港澳大湾区规划和全球定位》，广东人民出版社2018年版，第101页。

7　徐光春主编：《马克思主义大辞典》，崇文书局2018年版，第1210页。

的升级。《“一国两制”在香港特别行政区的实践》白皮书对中央直接行使的权力及中央对高度自治权的监督权力进行了界定。全国人大常委会在基本法实施二十周年座谈会上，进一步强调、细化属于中央的权力，落实中央具有全面管治权，为粤港澳大湾区公共卫生协同治理奠定了制度基础。在粤港澳大湾区公共卫生协同治理进程中，以“一国两制”制度优势的充分发挥为基础，提升粤港澳深度合作效能，化解非单一制度与跨法系背景下湾区公共卫生治理困境，以法治为基础推动粤港澳三地公共卫生治理融合发展，成为立足新时代国家与区域实际，破解内地与港澳公共卫生治理衔接协调困境的重要路径。

### （二）“一国两制”制度优势向粤港澳大湾区公共卫生治理效能转化的基本原则

人类卫生健康共同体理念引领下粤港澳大湾区公共健康促进原则的确立，成为“一国两制”制度优势向粤港澳大湾区公共卫生治理效能转化的基本原则。粤港澳大湾区公共卫生治理以人类卫生健康共同体理念为指引，遵循湾区公共健康促进原则。[8] 2020 年暴发的新冠肺炎疫情是一场全球性的公共卫生危机，仅依靠某一行政区划的防控不足以达到维护公共健康的目的，需要从“外防输入、内防反弹”出发，贯彻落实人类卫生健康共同体与湾区公共健康促进原则，切实提升粤港澳大湾区公共卫生治理的协同性与有效性。[9] 粤港澳大湾区公共卫生治理将地理区域的公共健康保护作为一个整体，将人类卫生健康共同体理念作为区域治理的主要指引，为提升粤港澳大湾区公共卫生治理的整体效能提供原则性指引。在人类卫生健康共同体理念与湾区公共健康促进原则的指引下，粤港澳大湾区公共卫生治理以湾区公共健康保护规律为依据，以湾区公共健康利益维护为主要内容，以湾区协调发展与公共健康利益的平衡为支撑，形成科学的粤港澳大湾区公共卫生治理结构。在这一方面，湾区公共健康保护与地理系统理论亦奠定了粤港澳大湾区公共卫生治理的重要基础。人类卫生健康共同体理念与湾区公共健康促进原则构成了粤港澳大湾区公共卫生治理的价值基础与原则性依据。

公共健康促进原则是国际法与国内法确认的重要原则。在粤港澳大湾区公共卫生治理进程中，对于这一原则的确认反映了公共健康促进国家义务、政府责任、社会责任的有机统一。公共健康促进的国家义务，强调粤港澳大湾区公

8　和音：《加强抗疫合作 构建卫生健康共同体》，载《人民日报》2020 年 11 月 11 日，第 5 版。

9　杨守明等：《构建人类卫生健康共同体的现实路径》，载《中国社会科学报》2020 年 9 月 15 日，第 8 版。

共卫生治理是国家治理体系建设的重要组成部分，以保障湾区公共健康为目标，防范粤港澳大湾区公共卫生风险，成为国家粤港澳大湾区发展规划的重要内容。公共健康促进的政府责任从区际、府际合作出发，对于侵害湾区公共健康的行为采取防控措施，为粤港澳大湾区公共卫生治理的健全和完善提供支撑。公共健康促进的社会责任，是充分发挥湾区公共卫生治理功能的重要现实基础。以粤港澳大湾区公共健康保护为根本价值目标，以“健康湾区”为粤港澳大湾区公共卫生治理的出发点和落脚点，将公共卫生治理目标与区域公共健康保护紧密联系起来，成为不同经济社会背景下，粤港澳三地公共卫生治理深度合作的重要进路与发展方向。以粤港澳居民健康利益保障为终极目标的公共卫生治理合作机制的确立，是贯彻落实国家区域发展战略的重要实践，也是粤港澳大湾区公共卫生治理协同机制形成、确立、巩固的基本路径。

### （三）粤港澳大湾区公共卫生治理的基本路径

湾区公共卫生治理协作是粤港澳大湾区公共卫生治理的基本路径。湾区公共卫生治理协作以粤港澳三地合作协议的不断完善为脉络。《粤港合作框架协议》《粤澳合作框架协议》下的公共卫生治理协作以粤港、粤澳合作的深度推进为特征。在粤港澳大湾区框架协议出台之前，粤港澳三地公共卫生治理主要在粤港与粤澳合作层面分区域、分阶段推进。2011年，《粤澳合作框架协议》签署，就区域发展目标作出了规定，提出加强区域协调，推动澳珠协同发展重要目标。《深化粤港澳合作　推进大湾区建设框架协议》《粤港澳大湾区发展规划纲要》下的公共卫生协同治理进入全面发展阶段。[10] 2016年，国家“十三五”规划强调粤港澳大湾区建设在推动泛珠三角区域合作方面具有重要作用；2017年，《深化粤港澳合作　推进大湾区建设框架协议》正式签署，确立粤港澳大湾区发展的宜居生活目标；2019年，《粤港澳大湾区发展规划纲要》为粤港澳大湾区公共卫生协同治理奠定了坚实基础。

从粤港澳公共卫生共享共建、平等发展、包容联动、互惠共赢出发，推动共商共建共享理念下的公共卫生治理体系建设，为粤港澳大湾区公共卫生协同治理及区域稳定与繁荣发展提供了有力支持。解决粤港澳三地公共卫生治理的规范冲突，形成体系化的程序设置，明确公共卫生管理职权划分，防止单兵突进甚至是相互割裂现象的发生，成为解决粤港澳大湾区公共卫生法定程序缺失、问责标准不一等问题的重要前提。粤港澳大湾区公共卫生治理协作路径，在区域协同层面形成优势互补的公共卫生治理格局，推动粤港澳大湾区公共卫生治

10　国世平著：《粤港澳大湾区规划和全球定位》，广东人民出版社2018年版，第4页。

理监督、调查、处置等环节的深度合作。与此同时，还需完善粤港澳大湾区公共卫生治理配套制度设计，有效整合治理力量，有针对性地细化、优化相关资源的配置和投入，优化跨区域公共卫生治理结构，实现公共卫生治理总体效应的最大化。以改善珠三角区域的公共卫生治理为目标，推动广东省公共健康保护规划、香港公共卫生规划、澳门公共健康保障计划的协同发展，在粤港澳大湾区公共卫生协同治理层面形成相互衔接、相互协调的有效机制，成为粤港澳大湾区区域合作的重中之重。粤港澳大湾区公共健康保护力量的整合与公共卫生治理的协同机制建设，成为打造具有国际竞争力的世界级城市群的必由之路。

## 三、粤港澳大湾区公共卫生治理的协同机制

粤港澳大湾区公共卫生治理的协同机制建设，是区域协同治理的重中之重。至2018年年底，粤港澳大湾区的人口规模达到7116.3万人，人口容量居于世界四大湾区之首。粤港澳大湾区所面临的公共卫生风险防范压力与矛盾十分突出。抓住其中带有根本性的公共卫生治理深度合作问题，形成粤港澳大湾区公共卫生法律冲突协调机制、跨区域突发公共卫生事件应急管理机制、公共卫生信息处置与共享机制，成为破解湾区公共卫生治理困境的题中应有之义。

### （一）法律冲突协调机制：粤港澳大湾区公共卫生区域合作立法

在应对区际法律冲突方面，主要有三种主张：一是主张以区际冲突法推动粤港澳三地法律冲突的解决，强调粤港澳大湾区法律冲突与国际法律冲突及单一制度背景下的法律冲突存在差异，因此应当通过制定区际冲突法来解决区际性的法律冲突；二是主张应当制定区域合作法，即以粤港澳大湾区合作协议的方式，推动粤港澳三地公共治理的规范化、程序化发展；三是主张以区域规划法促进粤港澳大湾区政策的落实，通过粤港澳大湾区规划的制定奠定粤港澳三地深度合作的基础。事实上，区际冲突法主要适用于国际私法领域，《澳门民法典》第13条至第62条即设定了区际冲突法律条款，[11] 而公共卫生治理的调整范围涉及公权力行使及其法律规制，因此区际冲突法在粤港澳大湾区公共卫生协同治理领域的作用有限。区域规划法是将区域发展规划以法律形式加以巩固、保障与落实的重要方式，但在粤港澳大湾区特殊的三法系背景下，粤港澳大湾区区域规划法的制定面临不同法源及体制差异等问题，即便区域规划法在国家立法层面得到认可，但由于其不属于基本法附件三规定的在香港特别行政区、澳门特别行政区适用的法律范围，其可行性与可操作性亦受到较大的制约。通

11 秦瑞亭主编：《国际私法》，南开大学出版社2014版，第381页。

过粤港澳大湾区合作协议的形式推动区域合作立法的主张则避免了上述困境。通过区域合作立法解决粤港澳三地公共卫生治理法律冲突，形成推进粤港澳大湾区公共卫生协同治理的系统规范支持，以此推动粤港澳三地公共卫生规则内在矛盾的解决，确立粤港澳大湾区公共卫生协同立法结构，形成体系完备、内在协调的有机整体，为粤港澳大湾区公共卫生治理奠定规范基础。

粤港澳大湾区公共卫生治理法律冲突协调机制建设的核心，是以共商共建为原则，形成新型合作参与治理的法律冲突协调程序。通过制定湾区公共卫生区域合作立法，推动粤港澳大湾区公共卫生治理法律冲突及纠纷的有效解决。建议制定跨区域公共卫生协同治理协议，分别以行政法规与行政协议形式，从公共卫生行政监督和公共卫生社会治理两个方面，为粤港澳大湾区公共卫生协同治理的深入推进奠定基础，并健全相应的配套体系。以监督体系建设为引领，对粤港澳大湾区公共卫生治理的法律冲突进行协调，为粤港澳大湾区公共卫生协同治理提供系统的、完善的法律支撑。在解决跨法系公共卫生协同治理问题的过程中，针对既有粤港澳大湾区公共卫生治理法律体系建设中的结构性问题，协调粤港澳三地公共卫生法律冲突，从根本上为湾区公共健康提供有力保障。[12] 粤港澳大湾区公共卫生区域合作立法充分尊重港澳的自治权，在监督管理层面推动粤港澳深度合作转型升级，对跨区域发展战略对接和公共卫生规则对接具有重要意义。

### （二）跨区域突发公共卫生事件应急管理机制：粤港澳大湾区公共卫生执法协调

跨区域突发公共卫生事件应急管理，是粤港澳大湾区公共卫生治理的重要组成部分。突发公共卫生事件应急处置是公共卫生管理机构的重要职责，也是风险社会背景下粤港澳大湾区公共卫生治理的目标和依归。不同于传统风险影响范围的局部性、表现形式的单一性，公共卫生风险呈现出复合性、跨时空性特征。[13] 粤港澳大湾区公共卫生治理需要改变跨区域突发公共卫生事件应急管理的碎片化状况，建立跨区域公共卫生风险研判、评估、决策、防控协同机制，推动各环节之间的有效衔接，促进卫生健康、市场监督管理、海关、检验检疫等部门之间的协同，推动跨区域突发公共卫生事件应急管理协调发展。粤港澳大湾区公共卫生治理在有效应对跨区域突发公共卫生事件、防范湾区公共卫生风险、有效保障湾区公共健康方面发挥着重要作用。基于粤港澳大湾区突发公

12　求是杂志社编：《治国理政新理念新思想新战略》，学习出版社2018年版，第735页。

13　［德］乌尔里希・贝克著：《风险社会》，何博闻译，译林出版社2004年版，第3－4页。

共卫生事件应急管理社会需求，跨区域公共卫生风险防控可借鉴美国联邦应急管理局负责的三级响应与综合性管理、日本危机管理准则、英国快速危机沟通机制建设中的有益经验。根据跨区域突发公共卫生事件应急管理的内在规律，建立粤港澳大湾区突发公共卫生事件应急管理的三地沟通机制，解决粤港澳三地突发公共卫生事件应急管理响应级别设置的冲突，推动跨区域突发公共卫生事件应急管理评估、决策、防控的一体化。立足粤港澳大湾区公共卫生治理的特殊性，规定跨区域突发公共卫生事件应急响应级别、应急处置程序、应急管理指标，提升粤港澳大湾区突发公共卫生事件应急处置能力。

粤港澳大湾区突发公共卫生事件应急管理应当从分级管理出发，形成开放式、参与式的决策结构，建立多利益相关者沟通平台，提升跨区域突发公共卫生事件应急管理快速响应与风险沟通研判的科学性，进一步深度挖掘粤港澳大湾区突发公共卫生事件应急管理评估与防控诉求，制定跨区域突发公共卫生事件应急管理指南，对粤港澳大湾区突发公共卫生事件发生概率、可能的损害程度等作出科学研判，拟定跨区域突发公共卫生事件应急管理整体性策略。从综合统筹出发，形成粤港澳大湾区突发公共卫生事件应急管理计划，建立与跨区域突发公共卫生事件风险等级相对应的应急处置与决策规程。以跨区域突发公共卫生事件应急管理快速评估为先导，以粤港澳大湾区突发公共卫生事件应急管理防控机制建设为核心，建立以风险沟通为保障的跨区域突发公共卫生事件应急管理框架。不仅从行政和数据分析层面，而且从法治体系层面构建跨区域突发公共卫生事件应急管理的耦合机制，确立跨区域突发公共卫生事件应急管理准则，推动不同程序之间的功能协同互补，通过不同机制间的耦合提升粤港澳大湾区突发公共卫生事件应急管理制度合力。

### （三）公共卫生信息处置与共享机制：粤港澳大湾区公共卫生合作

湾区公共卫生信息处置与共享机制建设是建设宜居、安全的世界级城市群的重要前提。公共卫生信息处置与共享是保障粤港澳大湾区公共卫生治理法律制度设计得到有效实施的关键环节。粤港澳大湾区公共卫生治理离不开准确有效的信息处置与共享机制支撑。在《内地与港澳关于建立更紧密经贸关系的安排》先行先试综合示范区推进过程中，便利港澳居民的政策措施及相关改革创新成果不断推出，对符合要求的商品实施口岸快放，缩短口岸监管流程，提升通关效率，为常态化疫情防控中的物资保障提供了重要支持。随着《深化粤港澳合作　推进大湾区建设框架协议》的签署，从原有《内地与港澳关于建立更紧密经贸关系的安排》框架向湾区深度合作升级，不仅是表现为粤港澳三地合作战略的升级，更意味着从侧重经济合作向更为全面的深度合作的转变。在这一转变的过程中，粤港澳大湾区公共卫生治理成为粤港澳深度合作与协同治理的重心所在。粤港澳大湾区公共卫生信息处置与共享机制建设是其中的关键环节。离开了公共卫生信息的共享，粤港澳大湾区公共卫生治理即失去了常态化的体制机制支持。《“一国两制”在香港特别行政区的实践》白皮书指出，特别行政区的稳定与安全离不开国家支持，粤港澳大湾区公共卫生治理需要常态化、法治化、规范化的体制机制保障，促进内地与港澳的深度融合。健全和完善粤港澳大湾区公共卫生信息处置与共享机制，成为有效防范湾区公共卫生风险、切实维护粤港澳三地居民健康的重要任务，也成为内地与港澳深度合作的重要契机。

粤港澳大湾区公共卫生信息处置与共享机制建设，以公共卫生信息处置集成共享系统与公共卫生信息通报体系建设为重要基础。与公共卫生信息共享平台建设相结合，形成公共卫生管理部门之间、公共卫生管理部门与第三方检测机构之间的公共卫生信息通报体系，整合粤港澳大湾区公共卫生资源，提升粤港澳大湾区公共卫生监督管理的实效性与权威性，对于跨区域尤其是跨法系背景下粤港澳大湾区公共卫生协同治理具有重要作用。加强粤港澳大湾区公共卫生信息处置与共享机制建设，明确粤港澳大湾区公共卫生信息处置与共享机制建设的主体责任，对推进粤港澳大湾区公共卫生治理具有基础性意义。在粤港澳大湾区公共卫生信息处置与共享机制建设过程中，主体责任清单直接影响到粤港澳大湾区公共卫生信息处置的实际效能。这要求健全监督执行机制，建设有效的粤港澳大湾区公共卫生信息处置协作机制，为相关部门提供便捷查询、监督湾区公共卫生状况的渠道，促进粤港澳大湾区公共卫生管理部门及跨区域相关部门之间的协调，提升粤港澳大湾区公共卫生治理的凝聚力、科学性，为粤港澳大湾区公共健康与人民生命安全提供坚实保障。

# 行政性失信惩戒的法律控制

蒋都都　封星琦*

**【内容提要】**行政性失信惩戒是治理失信行为的中国探索，但实践中呈现出泛化态势，其法治化迫在眉睫。概念之界定是其法治化之前提。行政性失信惩戒概念之界定应关注行政与失信两个维度，并抽象其外延。性质之辨识是其法治化之关键。概括而言，行政性失信惩戒是不利行政行为，实践中典型的八种惩戒措施的性质，可以分为行政处罚、行政强制执行和不利行政确认。权力之控制是其法治化之保障。惩戒设定应受法律位阶控制；惩戒范围应受法律原则控制；惩戒实施应受程序控制；惩戒结果应接受事后法律审查，并确保救济的可获得性。

**【关键词】**失信　失信惩戒　行政处罚　社会信用法　法律控制

失信惩戒是当下社会与学界的热点议题。实践中，中央和地方不断出台各类规范性文件，逐步构建我国失信惩戒机制，试图建立起一个使失信者“一步失信、寸步难行”的社会信用体系。信用建设取得成效的同时，失信惩戒的推进也陷入了合法性困境，问题突出表现在行政性失信惩戒方面。目前，行政性失信惩戒的实施呈现出“四不”的特点：一是违法行为与失信行为的不区分导致了惩戒的滥用；二是惩戒对象的无限制引发了对于“株连”惩戒的质疑；三是惩戒主体的不确定产生了“人人都是执法者”的状况；四是惩戒措施的不适当造成了对失信主体权益的过度侵害。如此，致使失信惩戒泛化和滥用。与此

---

*　蒋都都——湘潭大学信用风险管理学院讲师，主要研究领域：行政法学、宪法学、信用法学；封星琦——湘潭大学信用立法研究中心研究人员，主要研究领域：行政法、信用法。本文是2019年度湖南省哲学社会科学基金青年项目（19YBQ098）、2019年湖南省教育厅科学研究优秀青年项目（19B545）阶段性成果。

同时，当前的社会诚信危机形势依然严峻，我国社会信用治理、失信惩戒建设仍然任重道远。

为此，需要探析失信惩戒的基本概念和法律性质，并对其进行法律控制，拟解决当前失信惩戒中最为突出的合法性问题，为失信惩戒的有效运行和法治建设提供法理支撑和适用建议。需要说明的是，本文的研究对象仅限于行政性失信惩戒，涉及商务诚信和社会诚信，也即有学者所指的信用立法的“中观层面”。[1]

## 一、行政性失信惩戒概念之厘清

行政性失信惩戒的实施旨在实现信用法治的效果，故文章基于行政性失信惩戒的实践现状与信用的发展趋势，通过规范分析的方法，论析行政性失信惩戒的概念。

### （一）内涵分析

“概念之意义设定为：概念所欲描述之对象的特征已经被穷尽地列举……它所列举的特征属于在该概念之涵摄上所不可缺少、不可替代的特征。”[2] 文章试通过论析行政性失信惩戒与其相关概念的关系来探究其不可缺少、不可替代的特征，探寻其应有的重要内涵。

1. 横向界分：行政性

《社会信用体系建设规划纲要（2014—2020 年）》将失信惩戒分为行政性失信惩戒、市场性失信惩戒、行业性失信惩戒和社会性失信惩戒四种。相较于其他三种失信惩戒类型，行政性失信惩戒是一种行政行为，其显著特征在于行政性。

行政性意味着以行政管理为目的。与其他失信惩戒相比，行政性失信惩戒是行政机关和法律法规授权的组织在履行行政管理职能时，对失信主体实施的惩戒，具有高度的强制力。其他失信惩戒虽然对失信主体具有一定威慑力，但是其强制力不可保证。因而，行政性失信惩戒是以行使行政权力进行行政管理为实施过程。行政性还意味着具有公权力性质。公权力的行使要遵循法无授权即禁止的原则。因此，行政性失信惩戒必须要有法定的职权或法律法规的授权，实施主体应当是以行政机关和法律法规授权的组织为实施主体。

2. 纵向界分：失信

根据行政法原理，只有行为主体违反了行政法律规范，行政性失信惩戒才

---

1 肖卫兵：《我国社会信用立法若干问题探析》，载《电子政务》2017 年第 6 期。

2 黄茂荣著：《法学方法与现代民法》，中国政法大学出版社 2001 年版，第 39 页。

有合法依据，才符合法律保留原则。[3]因而，行政性失信惩戒所惩戒的行为必须违反行政法律规范，但同时又必须是失信行为。易言之，“失信”是行政性失信惩戒区分其他行政惩戒的关键因素。但问题在于何为失信行为？当前实证法和理论界对于失信行为的构成并没有清晰统一的结论，故本文试在此论析失信行为基本构成。

主体上，失信主体应当是具有行为能力的公民、法人和其他组织。公民、法人和其他组织都可在商务和社会领域作出失信行为，故都可以作为失信行为的主体。但是，一个不能辨认自己行为的人所作出的失信行为难以评价为失信，故而失信主体必须要具有相应的认识和判断能力。

客体上，失信行为危害了社会信用。当今社会是一个信用社会，每一个社会主体都是信用主体。信用主体双方需要平等地诚信相待，而信用主体失信将直接侵害对方的信用权益，危害社会信用。因而，失信应当定位为“行为犯”，只要作出失信行为并有损社会信用，就成立失信，不必要求失信行为对客体造成多大的危害。

主观上，失信主体应当具有主观上的过错，即故意或过失。过失是否可以成为失信之主观构成可能存在分歧。恪守诚信就意味着行为主体对其作出的行为负有诚信保证义务，要确保行为之真实、约定之兑现，如贷款之后应当如期还款。此时，信用（守信）与还款是互为保证的。当未能如期还款的结果发生之时，信用的保证就失效，信用就会丧失。至于行为人是故意抑或过失都会造成约定未兑现的客观结果。因而，过失行为也可构成失信，不必考虑行为主体的动机，对此《ICE8000 国际信用标准体系》也给予了认可。[4]

客观上，失信行为的方式是欺骗和违约。文章以为，“失信”一词中的“信”不是指“信用”，而是指“诚信”，即诚实守信。一是“信”一字，《古汉语常用字字典》解释为“言语真实；讲信用……”[5]《现代汉语词典》解释为“确实；信用……”[6]两者都包含了诚实的意思。二是诚实和守信本是一个行为共同体，不诚实者难成守信之人。三是考虑到诚实的严重缺失和规范的实际效果，理应将不诚实纳入失信的内涵范围。据此，失信的实质含义应当包括不诚实和不守信。对于不诚实，其行为方式即欺骗。对于不守信，其行为方式即违反约定。

---

3 黄学贤：《行政法中的法律保留原则研究》，载《中国法学》2004 年第 5 期。

4 《ICE8000 国际信用标准体系》第三章第 3.1 条规定：行为人过失（疏忽大意和过于自信属于过失）造成的失信行为，应鉴定为一般失信行为。

5 《古汉语常用字字典》（第 4 版），商务印书馆 2005 年版，第 425 页。

6 《现代汉语词典》（第 6 版），商务印书馆 2012 年版，第 1451 页。

至此，失信行为的构成基本清晰，而行政性失信惩戒所惩戒的是既违反行政法律规范又失信的行为。值得强调的是，违反行政法律规范的失信行为，在主体上必须具备责任能力，亦即失信惩戒必须针对能够独立承担因失信而导致的不利后果的行为主体，否则失信惩戒将失去其应有的守信矫正功能。于自然人而言，可参照现行行政法律法规的规定，应当年满十四周岁并具备相应的辨认和控制能力；[7] 于法人和其他组织而言，应当依法成立。[8] 在客体上，失信行为要危害社会信用秩序。早有学者提出过信用秩序，[9] 但是那仅指经济领域。信用法治，绝不仅仅指市场经济领域，它应该是全社会领域，故文章称社会信用秩序。

### （二）外延分析

由于符合内涵的惩戒措施具有多样性，其表现形式具有多变性。因此，文章以为，从惩戒原理的视角来分析，最能抽象和理解失信惩戒的外延。从当前的行政性失信惩戒来看，主要可分为五类。

其一，污名。信用制度是一种声誉机制，人与人的社会经济交往是诚信的客观语境，在此交往关系中会给彼此留下主观评价，即信誉。基于此，原理之一就是"污名"，指降低失信主体的信用评价，减损信誉，[10] 如列入并公布失信黑名单。

其二，限制失信基础行为再次实施。欺骗和违约只是失信的方式，其实施需以其基础行为为依托。例如，在投标中弄虚作假是欺骗，那么参与投标就是失信（实施欺骗）的基础行为；在高铁上霸座是违约，那么乘坐高铁（购买高铁票）就是失信（实施违约）的基础行为。其基本原理是限制失信基础行为再次实施，以预防失信行为的发生。

其三，促使履行义务。失信意味着失信主体没有履行其法定义务和约定义务，给另一方造成了损害后果。对此，采取惩戒措施直接促进失信主体履行义务，如对有能力偿还债务却不还的债务人限制高消费。此原理则是促进履行义务，帮助修复信用。

---

7　《行政处罚法》第30条规定："不满十四周岁的未成年人有违法行为的，不予行政处罚，责令监护人加以管教；已满十四周岁不满十八周岁的未成年人有违法行为的，应当从轻或者减轻行政处罚。"《治安管理处罚法》第12条规定："已满十四周岁不满十八周岁的人违反治安管理的，从轻或者减轻处罚；不满十四周岁的人违反治安管理的，不予处罚，但是应当责令其监护人严加管教。"

8　虽然非法人组织不具备法律上的人格，但是失信责任终究会落实到自然人身上。

9　参见谢渡扬：《我国信用秩序与法制保障》，载《管理世界》2000年第1期；薛峰：《新经济条件下的信用秩序与风险控制》，载《当代经济科学》2000年第6期。

10　门中敬：《失信联合惩戒之污名及其法律控制》，载《法学论坛》2019年第6期。

其四，对以诚信为条件成就的事项予以否定。当我们评价行为主体失信之后，就意味着“诚信”品质具有了可衡量性，也意味着“良好品行”标准也具有了可操作性。实践中，诸多惩戒“以信用状况具体化原行政处理构成要件要素”“在原行政处理构成要件中增设失信状况作为消极的构成要件要素”，[11] 如限制获得相关荣誉称号，基原理就是对以诚信为条件成就的事项予以否定。

综上所述，文章试将行政性失信惩戒的概念表述为：行政机关和法律法规授权的组织在行政管理活动中依据行政法律规范对失信主体采取的惩戒性措施。

## 二、行政性失信惩戒性质之辨识

概念规范分析后，可知行政性失信惩戒应属于不利行政行为，但行政性失信惩戒是何种不利行政行为应有待探究。

### （一）失信行为与违法行为关系之厘定

实践中，诸多规范性文件中都将违法视为失信，可见失信行为与违法行为交叉重叠。故有必要厘清失信行为与违法行为之关系。

“社会契约的现实表达，就是作为人们交往行为规范的法律。”[12]“法律是社会的最大公约数，是民众公共选择的结果，也是一份公民应当共同信守的契约。”[13] 从社会契约论的角度来讲，违法确实也是一种违约。但是如果由此将违法都视为失信，实有不妥。一是有悖于失信创设的初衷。失信行为之惩戒，都是意图将失信行为和一般违法行为相区分，若违法等同于失信，那所称失信之存在是否多此一举？二是有悖于人们对既存概念的共识。失信一词源于生活，源于道德。人们已普遍将失信和违法区分理解。如若违法等于失信，是否意味着可以将既存的“违法”都替换成“失信”来表达？三是有悖于“过罚相当”。将违法等同于失信，就意味着所有的违法主体将会承担比原本更多、更严厉的法律制裁。如此，易导致公权力之滥用，过度侵害私主体的合法权益。总之，此“约”非彼“约”，失信行为之违约乃是狭义层面的违约，并非等同于违法。

既然不能将违法等同于失信，那么就存在孰是孰非的难题。对此，关键在于明晰失信的根本特征：与诚信直接相关。结合第一部分论述，行政性失信惩

11 沈毅龙：《论失信的行政联合惩戒及其法律控制》，载《法学家》2019 年第 4 期。

12 谢晖：《论社会契约说从乌托邦到法律——制度修辞的一种证成根据》，载《法学论坛》2018 年第 5 期，第 33 页。

13 罗培新：《善治须用良法：社会信用立法论略》，载《法学》2016 年第 12 期。

戒则是指向既违法行政法规又构成失信的行为。基于此，文章将行政性失信惩戒通过下图表示：

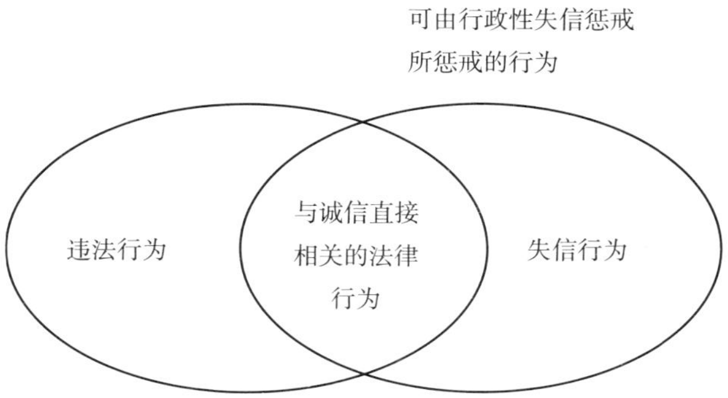


**失信行为与违法行为关系图**

（二）行政性失信惩戒典型措施之性质认定

根据惩戒原理，行政性失信惩戒可以衍生出多种惩戒措施，而惩戒措施的法律性质具有多样性和多变性，文章以当前实践中行政性失信惩戒的典型措施为例来重点分析其法律性质。

笔者根据现行的规范性文件和地方信用法规，[14] 总结出当前实践中行政机关采取的典型失信惩戒措施主要有：加强日常监管检查、限制参与政府采购和特许经营活动、限制取得政府支持、限制取得荣誉、限制任职资格、列入并公布失信黑名单、限制取得行政许可、限制高消费、限制出境。根据前文所述的概念界定，对以上九种惩戒措施进行检视后可知，加强日常监管检查只是将失信主体列为重点监管对象，并没有增加失信主体的法律负担，不应当视为惩戒。而对于限制参与政府采购和特许经营活动是否具有行政性或许存疑。该措施对失信主体的限制停留在签订采购协议和特许经营协议之前的阶段，并不涉及对协议的履行等内容。借鉴德国“二阶段理论”，在政府采购合同签订前，政府部门在招标、审标和决标过程中的行为性质为行政行为，[15] 在政府特许经营合同签订前，政府与项目提出部门、实施机构之间的法律关系属于行政关系，由行政法调整，而不是由特许经营协议的法律调整。[16] 因而，限制参与政府采购和

14　参考的文件主要有国家发展改革委员会牵头制定的系列联合奖惩备忘录，陕西、湖北、河北、浙江、上海、泰州、宿迁、厦门、河南、辽宁的关于信用的地方性法规。

15　陈又新：《政府采购行为的法律性质——基于对“两阶段理论”的借鉴》，载《行政法学研究》2015 年第 3 期。

16　陈阵香、陈乃新：《PPP 特许经营协议的法律性质》，载《法学》2015 年第 11 期。

特许经营活动具有行政性，应当属于行政性失信惩戒。鉴于政府特许经营行为是一种行政许可，[17]故文章将限制参与政府特许经营活动归入限制取得行政许可之中进一步分析。因而，当前实践中的行政性失信惩戒典型措施可归类为：限制取得政府支持、限制参与政府采购、限制取得荣誉、限制任职资格、列入并公布失信黑名单、限制取得行政许可、限制高消费、限制出境八种。

1. 限制取得政府支持等五种措施

在以上八种典型措施中，有五种较为相近，都是资格限制措施。一是限制取得政府支持，指限制失信主体取得政策支持、资金支持或取消其已经取得的政府支持。二是限制参与政府采购，指限制失信主体参与政府采购中的招投标等活动或取消其已经取得的参与资格。三是限制取得荣誉，指限制失信主体取得荣誉或取消其已经取得的荣誉。四是限制任职资格，指限制失信主体担任某种职位或取消其在任的职位。五是限制取得行政许可，指限制失信主体取得行政许可或取消其已经取得的行政许可。以上五种惩戒措施与暂扣或吊销许可证和执照相类似。暂扣或吊销许可证和执照是限制或剥夺行政相对人已经取得的从事特定活动的资格，在行政处罚理论中属于“资格罚”，那么这五种惩戒措施是否也属于行政处罚中的资格罚呢？

胡建淼教授曾提出行政处罚具有行政性、具体性、外部性、最终性、制裁性和一次性的特性。[18]文章对此持相同的观点。因而，作为行政处罚的资格罚同样具有这六种特性。同时，资格罚还要区别于其他行政处罚。首先，处罚内容是资格。所谓资格，就是作为所必须具备的条件，对此文章有如下理解：第一，“作为”的主要表现形式是从事特定行为和成为特定身份。第二，这种“作为”对人的能力、资质等有特别要求，所以要设置相关条件。第三，既然可以设置条件，那这种“作为”就不是“天然”的，而是“人为”的。其次，处罚的资格具有法定性，且是被行政法律规范所规定。行政处罚的前提是具有违法性，故资格必须是法定的。行政处罚必须有法律依据，故资格必须由行政法律规范规定。最后，资格罚的前提是相对人已经取得相应资格，这种资格是当下拥有的，既不是过去的资格，也不是将来的资格。过去的资格无法限制也不必限制，除非发现过去审核时发生错误，相对人在过去本来就不能取得该资格，那么此时取消相对人过去取得的资格不是行政处罚，而是具体行政行为的撤销。将来的资格就意味着相对人当前没有资格，何来以资格为处罚内容之说。况且限制相对人（还没有资格时）获得资格也是不适当的，对此分两种情况分析。

---

17 邢鸿飞：《政府特许经营协议的行政性》，载《中国法学》2004年第6期。

18 胡建淼：《“其他行政处罚”若干问题研究》，载《法学研究》2005年第1期。

一种是相对人因为前行为的实施，已经不满足“作为的条件”，自始不能获得该资格。这时候并没有资格可限制，导致限制措施的落空，也是多此一举，不具有制裁性。另一种是相对人实施前行为所导致的后果并不是“作为的条件”，这时候限制相对人不能获得该资格虽然处罚到相对人的痛点，但是违背了关联性原则。因此，资格罚的前提必须是已经取得相应资格，然后才能限制或剥夺此资格。

明确资格罚的含义和特征之后，再一一检视这五种惩戒措施。享受政府的政策或资金支持是一种特定身份，需要满足相应条件才能具备资格。但是限制失信主体取得政府支持意味着失信主体本就没有拥有相应资格，故不属于资格罚。失信主体因其失信行为而形成了失信的法定事实，这一事实的附随结果就是不符合享受政府支持的相应条件，因而，行政机关经过审查后决定限制失信主体取得政府支持是对法定事实的确认，属于不利行政确认。而取消失信主体已经取得的政府支持是对现有资格的剥夺，属于资格罚。同理，限制失信主体参与政府采购属于不利行政确认，而取消失信主体已经取得的参与资格属于资格罚。限制失信主体担任某种职位属于不利行政确认，而取消失信主体在任的职位属于资格罚。限制失信主体取得行政许可属于不利行政确认，取消失信主体已经取得的行政许可属于资格罚。限制失信主体获得荣誉属于不利行政确认，但是需要注意的是取消其已经取得的荣誉不是资格罚，荣誉不是现有的资格，是不应当被取消的。

2. 列入并公布失信黑名单

列入并公布失信黑名单分为“列入”和“公布”两个行为。“列入”行为不是过程性的或准备性的，而是最后的行政处理结果，是行政机关通过调查、整理和评价信息之后才作出具有价值判断和选择的行政意思表示，属于具体行政行为。列入的是“失信黑名单”，体现了行政机关对失信主体的负面评价，降低了失信主体的信誉，给失信主体带来精神压力。而行政机关对失信黑名单的“公布”则是执行法律法规规定（主动信息公开）的行为，其主观上不具备为当事人发生、消灭、变更、撤销权利与（或）义务的意思表示。[19] 因而，列入并公布失信黑名单同警告一样可归为申诫罚。

3. 限制高消费和限制出境

一种措施的实施效果是客观的和恒定的，而该措施的被选择使用是赋予主观的结果，因而一种行政措施具有何种法律性质与其行政目的有直接关系。比如，罚款既可以是一种行政处罚，也可以是一种行政强制执行。作为行政处罚的罚款是以处罚相对人为行政目的，而作为行政强制执行的罚款是以强制相对

19 范伟：《行政黑名单制度的法律属性及其控制——基于行政过程论视角的分析》，载《政治与法律》2018年第9期。

人执行行政决定，履行相应义务为行政目的。在此认识的指导下，定位限制高消费和限制出境的法律性质，要结合其具体的行政实践和目的。比如，《关于对重大税收违法案件当事人实施联合惩戒措施的合作备忘录》（发改财金〔2014〕3062 号）规定“对欠缴查补税款的当事人，在出境前未按照规定结清应纳税款、滞纳金或者提供纳税担保的，税务机关可以通知出入境管理机关阻止其出境”。不难发现，行政机关采取限制出境的措施是为了强制相对人执行前行政决定，履行其相应义务，而不是为了终局性的处罚。因而，限制高消费和限制出境应当属于行政强制执行。

综上，笔者将当前行政性失信惩戒典型措施的法律性质以下表总结：

**表 1　行政性失信惩戒典型措施法律性质**

| 惩戒措施 | 具体分类 | 法律性质 |
|---|---|---|
| 限制取得政府支持 | （未取得）不得取得政府支持 | 不利行政确认 |
| | （已取得）取消政府支持 | 行政处罚 |
| 限制参与政府采购 | （未取得）不得参与政府采购 | 不利行政确认 |
| | （已取得）取消参与政府采购 | 行政处罚 |
| 限制取得荣誉 | （未取得）不得取得荣誉 | 不利行政确认 |
| 限制任职资格 | （未在职）不得担任职位 | 不利行政确认 |
| | （已在职）取消担任职位 | 行政处罚 |
| 限制取得行政许可 | （未取得）不得取得行政许可 | 不利行政确认 |
| | （已取得）取消行政许可 | 行政处罚 |
| 列入并公布失信黑名单 | | 行政处罚 |
| 限制高消费 | | 行政强制执行 |
| 限制出境 | | 行政强制执行 |

## 三、行政性失信惩戒法律控制

文章拟从法律位阶、法律原则、程序和法律审查与救济四个层面对行政性失信惩戒权的设定、范围、实施和结果进行控制。

### （一）惩戒设定的法律位阶控制

《行政处罚法》在行政处罚中应当具有总则地位，是行政处罚的一般法。[20]

---

20　杨解君、蒋都都：《〈行政处罚法〉面临的挑战与新发展——特别行政领域行政处罚应用的分析》，载《行政法学研究》2017 年第 3 期。

前文述及，取消已取得的政府支持、取消已取得的政府采购参与资格、取消在任的职位、取消已取得的行政许可和列入并公布失信黑名单属于行政处罚，因而其设定应当遵循《行政处罚法》的规定和精神。由于吊销企业营业执照对相对人的损益程度更甚，因此，依据该法第 10 条、第 11 条、第 12 条的规定，取消已取得的政府支持、取消已取得的政府采购参与资格、取消在任的职位、取消已取得的行政许可（吊销企业营业执照除外）可以由法律、行政法规和地方性法规设定。列入并公布失信黑名单与警告同属申诫罚，故依据第 13 条和第 14 条的规定，列入并公布失信黑名单可以由法律、法规和规章设定。

限制高消费和限制出境属于行政强制执行，其设定应当遵循《行政强制法》的规定和精神。依据该法第 13 条的规定，应当由法律来明确限制高消费和限制出境可以作为一种行政强制执行。

限制失信主体不得取得政府支持、不得参与政府采购、不得取得荣誉、不得担任职位、不得取得行政许可都是不利行政确认，是失信主体因其失信而导致其不满足相关授益行政行为作为的条件，是失信的应然后果，是行政机关和法律法规授权的组织职权或授权范围内可裁量的事项，应当可以由其权限范围内的法律规范性文件设定。但是其中的不得取得行政许可还要遵循《行政许可法》的规定和原则。

同时，随着社会信用体系的推进和政府信用工具的深度使用，为确保相应的基本法能够有效实现对行政性失信惩戒的控制，应当对《行政处罚法》《行政许可法》《行政强制法》等法律进行相应修订，对政府使用行政措施惩戒失信作相应规定或与失信惩戒进行适当衔接。[21]

综上，文章将行政性失信惩戒典型措施的设定权限总结如下：

**表 2　行政性失信惩戒典型措施设定权限**

| 惩戒措施 | 具体分类 | 法律位阶 |
|---|---|---|
| 限制取得政府支持 | （未取得）不得取得政府支持 | 权限范围内的法律规范性文件 |
| | （已取得）取消政府支持 | 法律、行政法规和地方性法规 |
| 限制参与政府采购 | （未取得）不得参与政府采购 | 权限范围内的法律规范性文件 |
| | （已取得）取消参与政府采购 | 法律、行政法规和地方性法规 |
| 限制取得荣誉 | （未取得）不得获得荣誉 | 权限范围内的法律规范性文件 |

21　虽然 2021 年 1 月发布了修订的《行政处罚法》，但遗憾的是该修订案并未对此予以关注和衔接。因此，未来《行政处罚法》的进一步修订需要予以调适。

续表

| | | |
|---|---|---|
| 限制任职资格 | （未在职）不得担任职位 | 权限范围内的法律规范性文件 |
| | （已在职）取消担任职位 | 法律、行政法规和地方性法规 |
| 限制取得行政许可 | （未取得）不得取得行政许可 | 权限范围内的法律规范性文件并遵循《行政许可法》规定和精神 |
| | （已取得）取消行政许可 | 法律、行政法规和地方性法规（吊销企业营业执照除外） |
| 列入并公布失信黑名单 | | 法律、法规和规章 |
| 限制高消费 | | 法律 |
| 限制出境 | | 法律 |

### （二）惩戒范围的法律原则控制

1. 遵循不当联结禁止原则

不当联结禁止原则是指行政机关为了实现行政目的而针对相对人作出行政行为时，对相对人造成不利益所采取的手段必须与行政机关所追求的目的之间有合理的联结关系存在。[22] 具体而言，不当联结禁止原则要求行政性失信惩戒需要满足正当性和有效性。

正当性是指失信惩戒要与失信行为具有合理的关联性。一是指惩戒对象要与失信行为具有直接必然的联系，惩戒对象只能是失信主体。“在行为人失信的情况下，其近亲属等相关人不应因行为人的失信行为而受到不利影响”，[23] 因为相关人只是与失信行为人相关，而不与失信行为相关联。二是指惩戒事项要与失信行为具有直接实质的联系。当前正在推进的失信联合惩戒，不仅导致“一次失信，次次受限”，更导致“此处失信，他处受限”。但是行为主体在某一领域的失信并不当然及于其他领域，关键在于该领域是否对诚信品质有实质的要求。故失信联合惩戒亦“应当在与该失信行为密切关联的领域进行”。[24]

有效性是指失信惩戒要与促进信用的目的具有合理的关联性。在外延上只有采取符合前文四种惩戒原理的措施才与促进信用具有目的关联性。例如，对违反交通法规的人，限制招录为公职人员，此种惩戒与促进行为人守信难以具

22 郭庆珠：《论不当联结禁止原则对行政管理创新的规制——以创新的法律界限为归宿》，载《学术探索》2010 年第 6 期。

23 卢护锋：《失信惩戒措施设定与实施的理论图景》，载《学术研究》2019 年第 12 期。

24 袁文瀚：《信用监管的行政法解读》，载《行政法学研究》2019 年第 1 期。

有目的关联，是行政机关旨在缩小监管成本。[25]总之，具有惩戒性的措施多种多样，但只能在符合促进信用这一行政目的的前提下实施。[26]

2. 遵循比例原则

比例原则是行政法领域的“帝王条款”，行政性失信惩戒亦应遵循，该原则又分为适当性原则、必要性原则和均衡性原则三个子原则。

适当性原则要求行政性失信惩戒措施的实施要能够实现行政目的。行政性失信惩戒有利于打击失信行为，让失信主体付出相应代价，防止失信行为的再次发生或减轻失信行为的影响，弥补失信行为造成的损失，从而维护稳定的社会信用秩序。

必要性原则要求行政性失信惩戒措施应是所有能够实现目的的手段中对失信主体侵害最小的。以列入并公布失信黑名单、取消已取得的行政许可为例。列入并公布失信黑名单是申诫罚，取消已取得的行政许可是资格罚。资格罚对失信主体侵害厉于申诫罚。若“列入并公布失信黑名单”足以达到行政目的，则无须设定“取消已取得的行政许可”的惩戒措施。

均衡性原则要求行政性失信惩戒措施不能给失信主体的权益造成过度限制，惩戒力度要把握均衡。文章认为需要对行政性失信惩戒设置惩戒幅度。在期限上，一是要限定最长期限，不可无期限惩戒；二是要依据失信程度设置相应的期限梯度。在范围上，如限制取得行政许可要根据失信程度来决定限制的市场、行业的范围；限制高消费要根据失信程度来决定限制的消费的范围。

3. 遵循一事不再罚原则

该原则曾被考虑过写进《行政处罚法》的总则，并试图表述为“对当事人的同一违法行为，行政机关不得根据同一事实和同一理由进行两次以上的处罚”。[27]文章认为有必要从其目的理解其应有含义。对于其目的，有学者认为是行政法生活安定的需要；是对价和比例的要求；是诚实信用和信赖保护的需要。[28]易言之，限制公权力、保护私权益是一事不再罚原则的核心目的。在此目的下，文章认为一事不再罚原则还应包含不得以不同法律规范对同一违法行为进行两次以上同种的处罚。正如有学者所称“若多个规范对于违法行为规定的处罚种类相同，则一次处罚已经足以对行为人违反社会秩序的行为进行惩罚，因而应

25 王瑞雪：《政府规制中的信用工具研究》，载《中国法学》2017年第4期。

26 袁文瀚：《信用监管的行政法解读》，载《行政法学研究》2019年第1期。

27 胡锦光著：《行政处罚研究》，法律出版社1998年版，第130页。

28 朱新力：《论一事不再罚原则》，载《法学》2001年第11期。

选择一罚以符合成本最小原则”。[29] 如此一来，不仅能够实现行政管理的目的，而且能够使相对人的权益不受到过度减损。《行政处罚法》第 29 条规定的“对当事人的同一个违法行为，不得给予两次以上罚款的行政处罚”正是如上体现。因此，一事不再罚原则应包括两个要求：一是不得以同一法律规范对同一违法行为进行两次以上的任何处罚；二是不得以不同法律规范对同一违法行为进行两次以上的同种处罚。

行政性失信惩戒适用一事不再罚原则要分情况而论。当一个失信行为只违反一个法律规范时，那么行政机关就不得以同一法律规范对该失信行为进行两次以上的具有行政处罚性质的失信惩戒措施。当一个失信行为同时违反了多个法律规范时，行政机关就不得以不同的法律规范对该失信行为进行两次以上同种的具有行政处罚性质的失信惩戒措施。

### （三）惩戒实施的程序控制

前文已论述，取消已取得的政府支持、取消已取得的政府采购参与资格、取消在任的职位、取消取得的行政许可、列入并公布失信黑名单属于行政处罚，这些措施的实施应当符合行政处罚的相应程序。其中，《行政处罚法》第 51 条规定了作出警告可以适用当场作出的简易程序，那么列入并公布失信黑名单和警告都是申诫罚，是否也可以当场作出？文章认为不然。列入并公布失信黑名单具有责任附加效应和责任连锁效应，[30] 其对失信主体的不利影响远大于警告。基于此，列入并公布失信黑名单需要审慎行使，不宜采用当场作出的简易程序，并且在实践中也很难实现当场列入并公布失信黑名单。虽然列入并公布失信黑名单不宜当场作出，仍可为之创设新的简易程序。如摒弃一般逐一告知和送达的做法，以统一公告的方式进行告知，当事人有异议的可以进行申辩，并以公布失信黑名单作为处罚决定的送达。[31]《行政处罚法》第 63 条规定，行政机关拟作出较大数额罚款，没收较大数额违法所得、没收较大价值非法财物，降低资质等级、吊销许可证件，责令停产停业、责令关闭、限制从业，以及其他较重的行政处罚时，应当告知当事人有要求听证的权利，当事人要求听证的，行政机关应当组织听证。

限制高消费和限制出境属于行政强制执行，应当适用行政强制执行的相应

---

29 陈无风：《穿行于一罚和多罚之间——论“一事不再罚”原则之内涵》，载《行政法学研究》2006 年第 2 期。

30 徐晓明：《行政黑名单制度：性质定位、缺陷反思与法律规制》，载《浙江学刊》2018 年第 6 期。

31 张晓莹：《行政处罚视域下的失信惩戒规制》，载《行政法学研究》2019 年第 5 期。

程序。而其他行政性失信惩戒也是对失信主体的不利行为，其实施应当符合告知相对人事实、理由和根据，听取相对人的陈述和申辩等基本程序要求。

除此之外，对行政性失信惩戒的程序控制，还应设置启动程序。行政性失信惩戒所针对的失信行为，既是失信行为，也是行政违法行为。这些行为可以通过传统的行政措施予以惩戒，但目前实践中频频施以额外的失信惩戒。为此，必须为行政机关选择行政性失信惩戒设置启动程序，防止任意设置行政性失信惩戒。

### （四）惩戒结果的审查与救济

行政性失信惩戒是一种具体行政行为，应当将其纳入行政复议和行政诉讼的监督审查范围。有学者提出失信的法律后果是信用责任，它是一种新型的法律责任，信用责任的追究具有可诉性。[32]对此，《国务院关于建立完善守信联合激励和失信联合惩戒制度，加快推进社会诚信建设的指导意见》中提出支持有关主体通过行政复议、行政诉讼等方式维护自身合法权益。然而，实践中对行政性失信惩戒是否适用复议和诉讼的规定并不一致。有的是只提到相对人可以申请救济，却未提如何救济；有的是规定相对人可以向信用部门提出异议，若对信用部门的处理结果仍不服，可以向上级有关部门申请复核，但对具体程序缺乏规定；有的是明确规定相对人认为行政行为侵犯其合法权益的，可以依法申请行政复议或者提起行政诉讼，却未能与《行政诉讼法》等法律有效衔接，缺乏可操作性。[33]

对此，一是应明确将行政性失信惩戒纳入行政复议范围，确保行政机关的行政性失信惩戒受到复议机关的审查，并应规定与一般行政行为不同的审查标准和内容。具体而言，行政复议的审查维度应包括行政性失信惩戒的设定依据、必要性以及实施程序等方面。二是应明确将行政性失信惩戒纳入行政诉讼范围，为被惩戒人提供司法救济途径。鉴于目前势不可当的社会信用体系建设和不断被深度运用的失信惩戒，有必要就此规定专门诉讼类型，以满足司法机关对行政性失信惩戒审查的可操作性和公民权利保障之需。

---

32　刘俊海：《信用责任：正在生长中的第四大法律责任》，载《法学论坛》2019年第6期。

33　具体内容可分别参见《上海市社会信用条例》第25条、《浙江省公共信用信息管理条例》第30条、《厦门经济特区社会信用条例》第53条。

# 提升法律援助服务质量的实践与思考

张本上*

【内容提要】随着法律援助覆盖面的不断扩大和人民群众法律意识的提高，受援人不再仅仅满足于获得法律援助，还希望能够获得高质量的法律援助。笔者从长期的工作实践出发，围绕当前法律援助工作中群众最关心的服务质量问题，深入开展调查研究，找问题，找差距，深刻剖析制约律师办案质量的深层次原因，并提出整改问题的对策与建议，为探索如何更好地发挥法律援助作用提供了参考和借鉴。

【关键词】法律援助　服务质量　案件评核　监管　对策

法律援助是帮助弱势群体维护合法权益的重要手段和有效途径，近年来，随着法律援助覆盖面的不断扩大，越来越多的困难群众从中受益。据统计，仅在2020年，广州市市区两级法律援助机构就承办法律援助案件21183件，提供法律咨询32621人次，为人民群众挽回经济损失2.4亿元。随着法治社会进程的加快，人民群众的法律意识不断增强，受援人已经不满足于单纯获得法律援助，而是对法律援助的案件质量和服务水平有了更高期待。各级司法行政机关受理的涉及法律援助投诉案件逐年增多，就为广大法律援助工作者敲响了警钟，“质量问题日益成为中国法律援助管理者要着力解决的关键问题”，[1]如果不能准确把握法律援助的最新形势变化，进一步提升法律援助服务质量，就很难适应新时代人民群众的法律需求。

* 张本上——广州市委政法委政策研究室二级主任科员。

1 蒋建峰：《法律援助办案质量控制思考》，载《中国司法》2005年第7期。

## 一、当前法律援助服务中存在的主要问题

自法律援助制度在我国确立以来，在广大法律援助工作者的不断努力下，“初步形成了‘事前、事中、事后’的质量控制模式”，[2]法律援助服务质量有了很大的提升，但从案件办理结果、办案部门反馈和受援人投诉内容来看，当前的法律援助服务仍然存在五个比较突出的问题：

1. 法律援助服务体验较差。法律服务的好坏受主观感受影响较大，律师的服务方式和性格态度直接决定着法律服务的质量。有的律师疏于与受援人沟通，未尽到风险提示义务，一旦案件败诉，受援人的心理落差会非常大；有的律师忙于个人事务，对于法律援助案件的重要进展，不及时向受援人通报，给受援人留下一种办案不用心的印象；有的律师不懂得换位思考，工作缺乏耐心，态度不够温和，经常随意打断受援人的陈述，甚至斥责、嘲讽受援人的过错等。法律援助律师的这些行为，损伤了受援人的信任度和自尊心，加重了受援人的焦虑情绪，也降低了受援人的法律援助服务体验。

2. 法律咨询解答不够专业。针对受援人的同一个法律咨询问题，不同的律师作出的解答不尽相同，甚至截然相反，导致受援人无所适从；有的律师机械照搬法条，解答内容理论性过强，未充分考虑案情实际，提出的法律建议缺乏针对性和实操性；有的律师缺乏与受援人的沟通技巧，思维条理性不足，在不必要的细节上过多纠缠，虚耗大量时间，受援人却深感解答内容帮助不大；还有的律师执业时间不长，急于表现自己，对于非自己擅长领域的法律问题，强行作答，不仅没有解决问题，反而招致受援人的质疑。

3. 法律援助案件质量不高。在办理刑事案件过程中，有的律师不够勤勉尽责，只是抱着敷衍应付的态度完成会见、阅卷和庭审流程，对案情钻研不深，提交的辩护词切不中要害或者内容寥寥，根本实现不了有效辩护；在代理民事案件时，部分律师责任心不强，工作程序能简则简，即使受援人提供的证据不完善，也不愿意协助加强或者补正，导致本来很有胜诉希望的案件被法院直接驳回；在承办行政案件时，有的律师法学功底不够扎实，准备代理词时习惯于从网络上复制套用，甚至将民事诉讼中的“诉讼时效”与行政诉讼中的“起诉期限”混为一谈，代理效果可想而知。

4. 律师在办案中存在过错。在法律援助工作实践中，律师办案时出现过错的情形并不罕见，只是由于绝大多数受援人缺乏专业法律知识，很难及时识别

---

2　李燕丽、王正航、董红民、麻伟静：《提高法律援助案件质量的杭州实践》，载《中国司法》2017年第7期。

发现，即使事后有所察觉也不知道如何处理，只能自认倒霉。例如，某律师在代理一起信用卡被盗刷案件时，一时不慎，主动承认受援人有持该卡“套现”经历，而这一事实明显对己方不利且对方缺乏证据指证，最终导致法院直接援引律师的表述作出对受援人不利的判决结果；在代理劳动争议案件时，也有部分律师粗心大意，犯下遗漏受援人诉讼请求的低级错误，明显损害了劳动者的合法权益。

5. 律师在办案时违法违纪。尽管《律师法》《法律援助条例》等法律法规明确规定，律师在执业时应当遵守法律和执业纪律，但仍有少数律师抱有侥幸心理，在履行法律援助义务时触碰规则的底线。例如，有的律师对指派的法律援助案件挑三拣四，简单容易的就接，复杂棘手的就拒绝；有的律师接受案件指派后，无故不到庭参加庭审或者出庭迟到，导致受援人的案件被撤诉或者缺席判决；还有的律师认为法律援助办案补贴标准低，与自己的办案付出不匹配，擅自违规收取受援人给予的财物或者暗示受援人额外补偿自己等。

## 二、制约法律援助服务质量的原因分析

1. 法律援助律师的整体业务能力不强。在法律援助律师队伍中，确实有一些在刑事辩护、劳动争议、婚姻家事、人身损害等领域颇有建树的业务专家，执业能力和服务态度都无可挑剔，但这部分律师在队伍中的占比较小，大部分法律援助案件还是由执业 5 年以下的年轻律师承办。律师是一个需要长期积累的特殊职业，受个人阅历、办案经验、知识储备、沟通能力等条件限制，绝大部分年轻律师在执业技能上与资深律师差距较大。部分年轻律师案源较少，缺乏历练机会，还抱着一种“办点法律援助案子练练手”的心态参与法律援助工作。与各个执业领域的资深律师相比，法律援助律师的整体业务能力不强，这也是由法律援助律师队伍的结构特点决定的。

2. 受援人的综合能力相对较低。法律援助是政府对符合特定条件的群体作出的行政给付行为，帮助的对象主要是残疾人、老年人、未成年人、低收入者、刑事被告人、外来务工人员等弱势群体。从实践来看，这些群体的文化水平和法律素养普遍不高，大部分受援人在语言表达、逻辑思维、证据意识等方面比较有限，在寻求法律援助时，案件态势往往已经非常不利。即使法律援助律师介入后，受制于受援人的认知水平、沟通能力和案件现状，其案件的承办难度也普遍超过同等类型的社会案件，这些因素也在很大程度上左右着法律援助的案件质量和服务水平。

3. 法律援助服务质量监管难度大。一方面，法律服务是非常个性化的专业服务，对于同一个案件，不同律师可能有不同的办案思路与策略，服务标准难

以完全量化统一。目前，部分地区也出台了法律援助服务标准，但其内容主要是承办法律援助案件的流程指引和工作要求，可操作性不强，很难作为评价律师工作成效的标准依据。此外，在现行法律援助机制下，每个案件专管员指派管理的法律援助案件多达数百件，如果对每一件法律援助案件的承办流程都实时监督、实时纠偏，在技术和成本上难以实现，目前的听庭、案件评核、受援人回访等监督方式还是以事后监督为主。

4. 案件专管员专业化程度不够。从各地法律援助机构编制配备和人员配置来看，案件专管员的整体专业化水平不高，相当比例的案件专管员甚至不具备法律职业资格。案件专管员业务能力不强，使其既无法像律师事务所中的资深律师一样，以团队核心的角色去指导年轻法律援助律师规范办案，也难以甄别发现法律援助案件承办中的问题，发挥不了监督法律援助服务质量的作用。实践中，法律援助机构工作人员都承担了大量行政性事务，即使是具有律师工作证的案件专管员，如果不刻意选取少数法律实务领域倾心钻研，对于疑难复杂案件的质量监督也力不从心。

5. 法律援助律师办案积极性不高。在现有法律援助机制下，律师承办法律援助的积极性难以完全调动起来，原因有三点：一是与办理收费的社会案件相比，律师承办法律援助案件的补贴标准偏低，所付出的辛勤劳动与经济回报完全不成正比；二是律师协会的职务评选并没有与履行法律援助义务挂钩，律师积极参与法律援助工作，对于提升个人社会声誉帮助不大；三是许多法律援助案件的复杂程度、办理难度和责任风险并不比社会案件低，由此带来的直接影响就是资深律师不愿意承办，年轻律师愿意承办却又难以完全驾驭。这些因素的存在，使得律师在承办法律援助案件时顾虑较多，积极性不高，最终影响了办案效果。

6. 法律援助案件缺少受援人家属支持。由于法律援助服务对象的特定性，律师在承办法律援助案件尤其是刑事法律援助案件时，经常得不到受援人家属的支持，在证据搜集、刑事和解等方面存在天然劣势。例如，在刑事案件中，刑事和解的作用非常大，如果犯罪嫌疑人、被告人家属能够积极赔偿受害人，司法机关往往会从轻、减轻刑事处罚甚至免于追究刑事责任，但由于刑事法律援助案件的受援人家庭状况普遍较差，大多数受援人都是屡教不改的累犯、惯犯，其家属已经身心俱疲，积极赔偿受害人并取得谅解书的能力和意愿都不强，这也在一定程度上制约了法律援助案件的办理结果。

## 三、提升法律援助服务质量的对策与建议

1. 把好法律援助律师招募关口。律师是提供法律援助服务的主体，律师的业务水平和责任意识与法律援助服务质量密切相关。因此，法律援助机构要严

把法律援助律师入口，可以结合本地律师资源和案件特点，灵活设置招募条件和方式，优先选择执业年限较长、社会阅历丰富、业务专长突出、性格温和耐心的优秀律师。有的区县法律援助机构在招募法律援助律师时会增加面谈交流环节，进一步了解律师的综合情况和业务专长，这种择优招募的方法值得借鉴和推广。

2. 合理控制法律援助律师数量。一般而言，每个法律援助机构每年受理的法律援助案件数量是相对固定的，如果法律援助律师过少，则案件根本承办不过来，但如果律师过多，轮派到每名法律援助律师的案件数量就会偏少，律师为了承办这少量法律援助案件，需要掌握大量办案规范和办案要求，耗费的精力也很大。因此，法律援助机构应当结合本地案件数量，合理控制法律援助律师人员规模，确保每名律师每年都能轮派一定数量的法律援助案件。

3. 强化法律援助律师技能培训。一方面，针对受援人的群体特点，组织开展法律援助律师岗前培训，重点讲解法律援助办案规范和要求，进一步提升法律援助律师的沟通能力，不断改善受援人的服务体验；另一方面，根据法律援助机构的主要案件类型，定期组织开展法律援助律师业务轮训，邀请相关领域的资深律师或者业务专家前来授课，着重培养律师解决常见类型案件或者疑难复杂案件的综合能力，努力提高案件胜诉率和受援人满意度。

4. 科学制定法律援助服务标准。要切实纠正“一个药方包治百病”的错误想法，不能把案件办理的全部要求和细节事项都放在一份服务标准中去，否则，洋洋洒洒几十页、上百页，律师根本读不进去，可操作性很差。可以针对沟通交流、文书送达、材料交接等律师容易出现纰漏的环节，制定简单而实用的办案规则，如“十不准”“六必须”等，再结合不同类型法律援助案件的承办注意事项适时调整补充，最终形成既符合工作实际又具有指导意义的地方法律援助服务规范。

5. 重视案件专管员配备与培养。“专门的法律援助管理机构或管理人员，是法律援助的监督主体”。[3]案件专管员是监督法律援助服务质量的核心岗位，其工作内容不应该局限于受理、审查、指派案件，还应当承担起对法律援助律师和案件质量的监管责任。为此，案件专管员要专业化，具备深厚的法律功底，经常参与一些典型法律援助案件的承办，始终保持对业务流程和法律知识的熟悉度，“律师只有不断学习，才能使法律服务工作在更广的范围和更深的层次上开拓和发展”。[4]同时，法律援助机构还应当鼓励案件专管员细化专业领域，培

3 冯希：《刑事法律援助问题研究》，西南政法大学 2009 年硕士学位论文，第 30 页。

4 王恒：《律师如何加强职业道德、规范执业纪律》，载《湖北经济学院学报（人文社会科学版）》2012 年第 10 期。

养业务专长，使其成为某类型法律援助案件的业务专家，让其有能力评估律师办案的优劣。

6. 提高法律援助案件评核比例。受人手和时间限制，目前，各地法律援助机构只能随机抽取一定比例的法律援助案件进行质量评核，从中发现、整改比较突出的共性问题，这种评核力度难以掌握全部案件的办理情况和所有律师的办案能力。因此，有条件的法律援助机构可以充分利用信息化手段，将法律援助案件卷宗电子化，分门别类，委托对口领域的资深律师或者第三方业务专家进行评核，实现对法律援助案件的质量评核全覆盖，摸清律师的真实办案水平，“为日后的指派和监督提供方向和依据”。[5]

7. 完善法律援助律师激励机制。一是根据本地经济发展状况及时调整提高法律援助案件补贴标准，并探索建立法律援助案件质量分级制，将案件质量等级与补贴标准档次挂钩，鼓励律师追求办案质量；二是定期开展优秀法律援助律师评选表彰活动，加强对法律援助优秀案例的宣传报道，提高法律援助律师的办案积极性和社会荣誉感；三是加强与律师协会的协调沟通，争取在律师评优优先、协会职务推荐等方面为热心法律援助公益事业的律师预留部分名额，提升法律援助工作对律师的吸引力。

8. 依法处理律师违规违纪行为。法律援助案件虽然不需要受援人支付律师费用，但并不意味着律师在办案中没有违规违纪行为，事实上，少数法律援助律师违反法律法规或者执业纪律的情况时有发生，如律师恶意引导受援人将符合法律援助条件的案件变更为有偿代理案件、发现受援人不易沟通就拒绝承办其案件、违规收受受援人的财物等。对于这些公然侵害受援人合法权益的法律援助律师，司法行政机关应当坚持零容忍，一经发现，应当从严处理，及时将其清理出法律援助律师队伍。

5 姜裕波：《沈阳市法律援助服务质量问题研究》，吉林大学 2011 年硕士学位论文，第 31－32 页。

# 实务研究

# 贯彻落实习近平法治思想建设法治广东

宋儒亮*

**【内容提要】** 习近平法治思想既是重大工作部署，又是重大战略思想，是推进全面依法治国的根本遵循和行动指南。贯彻落实习近平法治思想，开启法治现代化国家建设新征程，须对法治中国建设的提出、进展与前瞻有更清晰的认识；须深刻领悟“四个全面”战略布局，对占一席之地的全面依法治国有更全方位的认知；须学通弄懂法制到法治、法制中国到法治中国建设的重大推进，对其中展现的法治建设重大论述有更专业到位的认知；须与时俱进紧跟新变化，对广东续攀“四个走在全国前列”、当好“两个重要窗口”、努力“把广东建设成为全国最安全稳定、最公平正义、法治环境最好的地区之一”等具有示范导向重大论述有更深、更透的领悟，为当前和今后一个时期更好深化全面依法治国实践提供强大的思想指引、工作指导和实践遵循。

**【关键词】** 习近平法治思想 重大战略 重大部署 法治中国

随着中国特色社会主义进入新时代，习近平法治思想形成，在习近平法治思想的指引下，我国深化全面依法治国新实践，开创了依法执政新局面，开启了法治中国建设新篇章。

---

* 宋儒亮——广东省委党校（广东行政学院）法律学教授，法治广东研究中心主任，应急管理教研部书记、主任，循证医学博士，国家一级律师。

## 一、坚持习近平法治思想，尊重首创精神，不断提升依法执政的能力水平

2011年10月发布的《中国特色社会主义法律体系白皮书》提出："到2010年底，一个立足中国国情和实际、适应改革开放和社会主义现代化建设需要、集中体现中国共产党和中国人民意志，以宪法为统帅，以宪法相关法、民法商法等多个法律部门的法律为主干，由法律、行政法规、地方性法规等多个层次法律规范构成的中国特色社会主义法律体系已经形成，国家经济建设、政治建设、文化建设、社会建设以及生态文明建设的各个方面实现有法可依。"

2012年11月，党的十八大报告提出："推进科学立法、严格执法、公正司法、全民守法，坚持法律面前人人平等，保证有法必依、执法必严、违法必究。"

由法律体系白皮书到党的十八大报告，充分表明这样一个重大判断：一个制度的中国、体系的中国在法律上已经建成。[1]通过艰苦努力，我们在"五位一体"各个方面实现了有法可依，从党的十一届三中全会提出"有法可依、有法必依、执法必严、违法必究"到党的十八大删除"有法可依"，确立"有法必依、执法必严、违法必究"，中国法制建设已发生了重大转变，最大变化就在于中国已是法制中国了！"有法可依"一词的删除，标志着法制、法律和法治建设的重大跨越和伟大进步，揭开了由法律体系到法治体系的转变与提升的法治新时代。

2013年11月，十八届三中全会召开，通过了《中共中央关于全面深化改革若干重大问题的决定》，指出："建设法治中国，必须坚持依法治国、依法执政、依法行政共同推进，坚持法治国家、法治政府、法治社会一体建设。深化司法体制改革，加快建设公正高效权威的社会主义司法制度，维护人民权益，让人民群众在每一个司法案件中都感受到公平正义。""法治中国"一词在《中共中央关于全面深化改革若干重大问题的决定》中，首次被写入党的文献。[2]自此时起，法治中国与平安中国、健康中国、美丽中国、数字中国一道，自此成为我们现代国家建设的符号和标志。

2014年10月，党的十八届四中全会召开，通过了《中共中央关于全面推进依法治国若干重大问题的决定》，这是我党历史上首次以依法治国为关键词召开的历史上第一个会议。会议确定了全面推进依法治国，总目标是建设中国特色

1 陈岸明主编、宋儒亮执行主编：《广东法治史》，法律出版社2017年版，第12页。

2 《法治中国视野下的党内法规建设》，载《中国纪检监察报》2013年12月25日。

社会主义法治体系，建设社会主义法治国家。自此时起，中国特色社会主义法治体系就成为推进法治中国建设事业的总抓手，成为各方各界推动法治进步的牵引器。

党的十九大报告提出：“成立中央全面依法治国领导小组，加强对法治中国建设的统一领导。”2018年8月24日，中央全面依法治国委员会第一次会议召开。从中央全面依法治国领导小组到成立中央全面依法治国委员会，是全面依法治国的大事。中央全面依法治国委员会第一次会议中，提出了一系列全面依法治国、新理念、新思想、新战略，强调要坚持加强党对依法治国的领导，坚持人民主体地位，坚持中国特色社会主义法治道路，坚持建设中国特色社会主义法治体系，坚持依法治国、依法执政、依法行政共同推进，法治国家、法治政府、法治社会一体建设，坚持依宪治国、依宪执政，坚持全面推进科学立法、严格执法、公正司法、全民守法，坚持处理好全面依法治国的辩证关系，坚持建设德才兼备的高素质法治工作队伍，坚持抓住领导干部这个“关键少数”，称为“十个坚持”，科学阐明了习近平总书记全面依法治国新理念新思想新战略的核心要义。这是对十八大以来全面依法治国重要经验的全面总结和理论升华，既有顶层设计，又体现具体举措；既有正确的认识论，又包含科学的方法论，是一个有机统一的完整体系。

2020年11月，中央全面依法治国工作会议召开，首次提出了习近平法治思想，其核心要义概括为“十一个坚持”：坚持党对全面依法治国的领导；坚持以人民为中心；坚持中国特色社会主义法治道路；坚持依宪治国、依宪执政；坚持在法治轨道上推进国家治理体系和治理能力现代化；坚持建设中国特色社会主义法治体系；坚持依法治国、依法执政、依法行政共同推进，法治国家、法治政府、法治社会一体建设；坚持全面推进科学立法、严格执法、公正司法、全民守法；坚持统筹推进国内法治和涉外法治；坚持建设德才兼备的高素质法治工作队伍；坚持抓住领导干部这个“关键少数”。这“十一个坚持”，既是重大工作部署，又是重大战略思想，我们需要深入学习领会，认真贯彻落实。

思想理念战略在先行，更高水平法治中国建设在推进，倍感振奋，充满期待。其中，首次提出法治中国建设、首次召开以全面依法治国为关键词的大会、成立中央全面依法治国委员会、形成习近平总书记全面依法治国新理念新思想新战略、最新提出确立习近平法治思想，等等，这些具有首次意义、开创价值和时代新局的重大布局、重大论断和重大举措，犹如明灯，指引着我们不断提升依法执政能力，续攀法治高峰，开启法治中国建设新征程。

## 二、坚持习近平法治思想，提高站位，高起点进行法治布局

“四个全面战略”，是新时代提出的推进治国理政的一项事关全局的重大战略布局。2015 年 2 月 2 日，省部级主要领导干部学习贯彻十八届四中全会精神全面推进依法治国专题研讨班在中央党校开班，习近平总书记在开班仪式上讲话中集中论述了“四个全面”战略布局的逻辑关系，引发高度关注。习近平总书记首次将“四个全面”并提，是 2014 年 12 月在江苏调研考察期间。习近平总书记当时强调，“协调推进全面建成小康社会、全面深化改革、全面推进依法治国、全面从严治党，推动改革开放和社会主义现代化建设迈上新台阶”，在此前“三个全面”基础上，增加了“全面从严治党”。《中国共产党第十八届中央委员会第五次全体会议公报》全会公报提出我国发展的指导思想：“高举中国特色社会主义伟大旗帜，全面贯彻党的十八大和十八届三中、四中全会精神，以马克思列宁主义、毛泽东思想、邓小平理论、‘三个代表’重要思想、科学发展观为指导，深入贯彻习近平总书记系列重要讲话精神，坚持全面建成小康社会、全面深化改革、全面依法治国、全面从严治党的战略布局，坚持发展是第一要务，以提高发展质量和效益为中心，加快形成引领经济发展新常态的体制机制和发展方式，保持战略定力，坚持稳中求进，统筹推进经济建设、政治建设、文化建设、社会建设、生态文明建设和党的建设，确保如期全面建成小康社会，为实现第二个百年奋斗目标、实现中华民族伟大复兴的中国梦奠定更加坚实的基础。”

“四个全面战略”布局作为新时代新发展的新布局，其作用不言而喻，意义极为重大。其中，四席之中，“全面依法治国”占一席！回顾我党的执政历史，把全面依法治国建设推到执政的如此高度、摆上执政的如此位置、占据执政的如此分量，亘古未有；位置上，从来未有；建设上，前所未有。这是一个令世人瞩目的法治战略高起点，全面依法治国的践行，对尊重和保障人权、推进高质量发展和实现美好生活，尤其在法治制高点上深化全面依法治国实践，作用显著，功能强大，价值重大，意义深远。

## 三、坚持习近平法治思想，提升专业能力，提升法治运用

中国法治不是一天建成的！从“有法可依、有法必依、执法必严、违法必究”的提出到“有法必依、执法必严、违法必究”，再到“科学立法、严格执法、公正司法、全民守法”的实践过程中，由“法制”到“法治”的转变、“法制中国”到“法治中国”的建设阶段中，重大法治论断不断呈现，充分展

现了法治中国建设新进展，充分彰显了法治中国建设彰显新成就，对坚持在法治轨道上开启全面建设社会主义现代化国家新征程，更高水平推进法治中国建设，意义重大。

### （一）社会主义法治体系的提出，对以法治促进国家治理现代化建设的认知，又到了前所未有的新高度

《中共中央关于全面推进依法治国若干重大问题的决定》提出："全面推进依法治国，总目标是建设中国特色社会主义法治体系，建设社会主义法治国家。这就是，在中国共产党领导下，坚持中国特色社会主义制度，贯彻中国特色社会主义法治理论，形成完备的法律规范体系、高效的法治实施体系、严密的法治监督体系、有力的法治保障体系，形成完善的党内法规体系，坚持依法治国、依法执政、依法行政共同推进，坚持法治国家、法治政府、法治社会一体建设，实现科学立法、严格执法、公正司法、全民守法，促进国家治理体系和治理能力现代化。"众所周知，实现现代化，是国家的根本任务。法治现代化，既是治理现代化的重要内容，更是推进治理现代化的重要力量。作为推进全面依法治国的总抓手的社会主义法治体系，是习近平法治思想的重要组成部分，这要求我们更加从重大工作部署角度，坚持习近平法治思想，坚持建设社会主义法治体系，更好推进全面依法治国走向深入，更快推进治理现代化目标。这正是我们当前的重要工作，要持之以恒，抓紧落实。

### （二）法治是治国理政的基本方式重大论述的提出，让我们对良法善治才能长治久安的中国未来，更是充满希望，更加满怀期待

党的十八大报告提出："法治是治国理政的基本方式。"治国理政基本方式的抉择，关系一个国家的建设走向，事关一个民族民众的幸福未来。把法治选择为治国理政的基本方式，表明了我们的清醒、进步和将来。如此重大抉择，既深化了我们对国家建设方式的选择与优化，又提升了我们对实现美好生活、建设法治国的信心和期待。作为习近平法治思想组成部分，"坚持全面推进科学立法、严格执法、公正司法、全民守法"，是一项重大工作部署，其之践行，更要求我们必须坚持法律面前人人平等，保证有法必依、执法必严、违法必究。

### （三）坚定走中国特色社会主义法治道路，让道路自信有制度支持和法治保障

《中共中央关于全面推进依法治国若干重大问题的决定》报告提出："坚持

党的领导、人民当家作主、依法治国有机统一，坚定不移走中国特色社会主义法治道路，坚决维护宪法法律权威。”习近平总书记在《关于〈中共中央关于全面推进依法治国若干重大问题的决定〉的说明》中指出：“全面推进依法治国这件大事能不能办好，最关键的是方向是不是正确、政治保证是不是坚强有力，具体讲就是要坚持党的领导，坚持中国特色社会主义制度，贯彻中国特色社会主义法治理论……这三个方面实质上是中国特色社会主义法治道路的核心要义，规定和确保了中国特色社会主义法治体系的制度属性和前进方向。”据此，在“道路”前面加“法治”二字，保障加规范，对行进中的“道路”也给予法治保证，如此制度卓见和远见，共同成就和一起壮大着中国特色社会主义法治道路的建设步伐。如此重大法治论述，既再次重申了中国不走计划经济的老路、不走西方“三权分立”的邪路，又旗帜鲜明地指出坚定走中国特色社会主义法治道路的自觉。

### （四）有关保证宪法实施、监督和解释的机制制度还不健全的重大论述，需要尽快运用合宪性审查机制深化依宪治国、依法执政实践

2012年，习近平总书记在首都各界纪念现行宪法公布施行30周年大会上的讲话指出：“在充分肯定成绩的同时，我们也要看到存在的不足，主要表现在：保证宪法实施的监督机制和具体制度还不健全，有法不依、执法不严、违法不究现象在一些地方和部门依然存在；关系人民群众切身利益的执法司法问题还比较突出；一些公职人员滥用职权、失职渎职、执法犯法甚至徇私枉法严重损害国家法制权威；公民包括一些领导干部的宪法意识还有待进一步提高。”显然，存在的不足不是小问题，恰是宪法实施面临的大难题。对此，我们高度重视，且已找到了途径和办法。习近平总书记指出：“全国人大及其常委会和国家有关监督机关要担负起宪法和法律监督职责，加强对宪法和法律实施情况的监督检查，健全监督机制和程序，坚决纠正违宪违法行为。”2017年党的十九大报告提出：“加强宪法实施和监督，推进合宪性审查工作，维护宪法权威。推进科学立法、民主立法、依法立法，以良法促进发展、保障善治。建设法治政府，推进依法行政，严格规范公正文明执法。”上述有关“坚决纠正违宪违法行为”“推进合宪性审查工作”的新论述，就是我们找到的化解不足的一些新途径新办法。这看似简单明了的两个论述，直接提升了推进全面依法治国的高度、深度和厚度，直接提升了法治建设的力度和热度，更随之抬高我们对依法治国、依法执政的新期待新憧憬。显然，路就在脚下，就在前方。下一步，就看我们如何运用合宪性审查机制，深入推进宪法实施、监督和解释行动。

### （五）人民美好生活需要日益广泛，法治更乃独立要素，且要求也更在日益增长

党的十九大报告提出：“中国特色社会主义进入新时代，我国社会主要矛盾已经转化为人民日益增长的美好生活需要和不平衡不充分的发展之间的矛盾……人民美好生活需要日益广泛，不仅对物质文化生活提出了更高要求，而且在民主、法治、公平、正义、安全、环境等方面的要求日益增长。”这其中，法治等要求日益增长的重大论断，深刻揭示了美好生活离不开法治。法治在，生活就美好，否则，生活就不好。坚持人民为中心，实现美好生活，难毕其功于一役，难一蹴而就，需久久为功。为此，坚持习近平法治思想，就要把习近平法治思想运用在实现美好生活实践实施实务的方方面面，须在学深悟透上多下功夫、须在实践推进上多措并举。比如，在法治建设导向上，更加通过贯彻领会“坚持依法治国首先要坚持依宪治国，坚持依法执政首先要坚持依宪执政”之精髓，更主动践行宪法实施、监督和解释，更注重提升法治中国建设能力，更积极推进法治现代化建设；在法治原则贯彻运用上，更好把握“依法治国和以德治国”之间的结合和衔接，践行德治、法治、自治、职治有机统一，绝不和稀泥，让好人做好事不担心不流泪；在纠纷方式方法选择上，更注重法治思维和法治方式的运用，更注重方式的组合、综合——调解、仲裁、行政裁决、行政复议、诉讼等——运用而非偏重、倚重某一纠纷化解的方式，不要把调解与信访混为一谈，不要让当事人必须在调解方式选择与其他纠纷方式中简单进行二选一，不要为了案结事了就不注重法律效果；在法治建设任务部署落实上，更把《法治中国建设五年规划（2020—2025年）》与地方法治建设规划有效衔接、科学对接，让法治建设更好、更快、更全部署落实到位，精准惠及当地民众，等等。

践行习近平法治思想，既要从重大战略思想层面，通盘统筹，整体推进，又要从重大工作部署角度，纵深挺进，张弛有度。在建设更高水平的法治中国建设大局中、在深化全面依法治国的实践上、在先行示范的广东法治建设上，更要知晓“有法可依、有法必依、执法必严、违法必究”到“科学立法、严格执法、公正司法、全民守法”之进展，在有更清楚的把握情况下不断推进法治建设攀高峰；更要知晓“法制”到“法治”之升华，在有更深刻领会的情况下不断推进法治建设上台阶；更要知晓“法制中国”到“法治中国”之飞跃，在有更清醒认知的情况下真正树立起维护法律的自觉、推进法制的自强和实现法治的自信。

## 四、坚持习近平法治思想，在法治轨道上开启新征程

新论述代表新要求，预示新导向。习近平法治思想，内涵丰富、论述深刻、逻辑严密、系统完备，既给出了直面法治建设重大工程推进指引，其中“重大改革要于法有据”更大彰治国理政之新、更大开良法善治之局，又具有与时俱进的品质，其中“强调坚持在法治轨道上推进国家治理体系和治理能力现代化”和“坚持统筹推进国内法治和涉外法治”更是适应新形势提出的崭新的、重大的法治论述，既传递出了在治理现代化建设上的态度导向、路径选择与责任担当，又传达出在推进人类命运共同体建设上的中国观、全局观，这些重大论断，尤应高度关注，特别重视。

这其中，重大改革要于法有据的重大论述，让改革与法治，比翼齐飞；让动力与轨道，相辅相成。《中共中央关于全面推进依法治国若干重大问题的决定》提出：“实现立法和改革决策相衔接，做到重大改革于法有据、立法主动适应改革和经济社会发展需要。实践证明行之有效的，要及时上升为法律。实践条件还不成熟、需要先行先试的，要按照法定程序作出授权。对不适应改革要求的法律法规，要及时修改和废止。”改革与法治，乃中国高质量新发展的动力与轨道。“重大改革要于法有据”，掷地有声的一句话，深刻揭示了改革与法治的辩证关系，让我们对改革决策充满信心、对法治运用充满信心、对改革与法治有机统一充满信心。从根本上讲，如此重大论述，对改与革、改革和改革者角色、定义和定位以及对彼此关系、类型划分和前途谋划的一次完美的厘清、揭示和解释[3]，既推进了它们有机统一，又实现了它们的共同发展，更让我们对今后中国的改革、中国的决策、中国的道路和中国的未来，信心满满。

这其中，旗帜鲜明指出了要推进高质量的治理现代化，只有走法治轨道这条道。“坚持在法治轨道上推进国家治理体系和治理能力现代化”的论述，思想冲击力巨大，影响深刻深远。众所周知，推进现代化是国家根本任务，推进治理现代化和治理能力现代化是在工业、农业、国防、科学技术现代化基础上的第五个现代化，是新时代要全面推进的现代化。治理现代化对中国来讲影响深远，意义重大，国家各层面要齐心合力、共同推进。目标一旦确定，方式路径就成了头等大事。采取什么途径路径方式予以推进，却不是一个轻松之选，业已成为一个重大抉择。坚持习近平法治思想，就要求我们在对推进治理化途径路径方式问题上要讲条件、要有抉择、要有导向，答案须坚持在法治轨道上推进。这更提醒我们，我们要的治理体系治理能力现代化一定是在法治轨道上推

3 陈岸明主编、宋儒亮执行主编：《广东法治史》，法律出版社2017年版，第2页。

进的取得的现代化；不是在法治轨道上推进取得的现代化，就不是按照习近平法治思想指引的、要求的、推进的治理体系和治理能力现代化。更进一层的是，这其实就是把推进中的治理体系治理能力现代化建设限定为只有法治轨道上才推进、才取得和才认可的治理体系和治理能力现代化。“自古华山一条道”。如果不是法治轨道上推进的治理体系和治理能力现代化，就不是我们说的治理体系和治理能力的现代化，也不是我们要的治理体系和治理能力现代化。法治轨道成为治理体系治理能力现代化建设推进的一个前提，一大要害，一项关键。正因为有了这点，要求党员领导干部提升和运用法治思维法治方式深化改革、推动发展、化解矛盾、维护稳定和应对风险能力，更有了现实针对性、重要性和紧迫性。毕竟，把提升法治思维和法治方式、运用法治思维和法治方式同治理现代化建设直接挂钩，是理论创新，更是思想破冰。没有法治思维、法治方式运用能力，上不了法治轨道，也实现不了治理现代化，要以是否在法治轨道上推进治理现代化建设作为唯一的推进路径、判断依据和认定标准，具有排他性和唯一性，如此论述，更具有科学性。也即，推进高质量的治理现代化，就要坚持法治轨道这条道、这个路。

这其中，坚持国内法治和涉外法治相统一，透露和传递的就是系统观、大局观、人类观。新冠疫情防治，就是最好的注脚。历史经验告诉我们，大疫之后有大灾。面对大疫，常规认识就是要求要仅把医学摆在前面，一方面，很多人可能会说，抗疫要医、要法？法又不能干什么。显然，这样的认识是片面的。2020 年 2 月 6 日，习近平总书记在中央全面依法治国委员会第三次中指出：“疫情防控越是到最吃劲的时候，越要坚持依法防控，在法治轨道上统筹推进各项防控工作，保障疫情防控工作顺利开展。”抗大疫，更要防大乱，否则，一旦大乱，大疫更丧失了防控可能。另一方面，面对国内抗疫，总有某些国家或者某些人士会横加指责，怎么办？习近平总书记的回答高屋建瓴，一锤定音。习近平总书记指出，中国走向世界，以负责任大国参与国际事务，必须善于运用法治。在对外斗争中，我们要拿起法律武器，占领法治制高点，敢于向破坏者、搅局者说不。全球治理体系正处于调整变革的关键时期，我们要积极参与国际规则制定，做全球治理变革进程的参与者、推动者、引领者。总之，中国抗疫更凸显了这样一个判断：只有坚持国内法治和涉外法治相统一，才能更好感受公平正义、实现美好生活、落实国泰民安。

面对 2035 年基本实现社会主义现代化远景目标中的“基本实现国家治理体系和治理能力现代化，人民平等参与、平等发展权利得到充分保障，基本建成法治国家、法治政府、法治社会”的承诺；担负落实“四个走在全国前列”、当好“两个重要窗口”，努力“把广东建设成为全国最安全稳定、最公平正义、法治环境最好的地区之一”的我们，享有着“经济特区40年改革开放、创新发展积累了十条宝贵经验（其中第七条是必须坚持科学立法、严格执法、公正司法、全民守法，使法治成为经济特区发展的重要保障）”的广东，更应当认真学习、领会和掌握习近平法治思想，更应当深刻领会人民幸福生活是最大的人权，[4]更应当善于运用法治思维和法治方式，更要在工作学习中加以领会，在领会中加以全面贯彻，为推动高质量发展提供有力法治服务保障，切实推动法治中国建设再上新台阶、再攀新高峰贡献广东智慧和广东方案。

其中，抓好“关键少数”，持续要求领导干部提高运用法治思维和方式能力，让有权就有责的权力运用更有了清醒而准确的法治指引。提高领导干部运用法治思维和法治方式只有进行时。2012年11月，党的十八大报告提出：“提高领导干部运用法治思维和法治方式深化改革、推动发展、化解矛盾、维护稳定能力。”2019年11月，《中共中央关于坚持和完善中国特色社会主义制度 推进国家治理体系和治理能力现代化若干重大问题的决定》又进一步提出：“各级党和国家机关以及领导干部要带头尊法学法守法用法，提高运用法治思维和法治方式深化改革、推动发展、化解矛盾、维护稳定、应对风险的能力。”显然，如此重大的论断一再提醒我们，面对“关键少数”的法治能力建设提升一直在路上，也即提升法治思维法治方式运用能力，没有止境，探寻更多的法治实践形式没有终点。比如，积极推动行政机关负责人出庭应诉工作，就是一剂法治运用良药。从以往的“告官不见官”到告官能见“一把手”[5]，无论是见到区长、市长还是厅长，都解决了官员“只开会不出庭”“出庭不出声”等问题，让官员更了解民情，更加接地气，也促进了行政争议的实质化解决，提高了政府依法行政水平，树立了法治政府担当的形象。

抓好“关键少数”，并不意味着对“关键少数”仅是法律惩罚，更要有政策保护法律保障。比如，建立容错纠错机制，就是法治要实现的建设任务之一。《中国共产党第十八届中央委员会第六次全体会议公报》提出：“建立容错纠错机制，宽容干部在工作中特别是改革创新中的失误。”以“留置”取代“两规”措施，也是其中之一，且更彰显了对法治的尊重。党的十九大报告提出：“深化国家监察体制改革，将试点工作在全国推开，组建国家、省、市、县监察委员会，同党的纪律检查机关合署办公，实现对所有行使公权力的公职人员监察全覆盖。制定国家监察法，依法赋予监察委员会职责权限和调查手段，用留置取

4 《习近平谈治国理政》（第三卷），外文出版社2020年版，第288页。

5 索有为、范贞：《广东高院宣判环保行政上诉案 区“一把手”出庭应诉》，载中国新闻网，http：//news. sina. com. cn/o/2017 - 02 - 28/doc - ifyavrsx5461064. shtml，最后访问于2021年3月2日。

代‘两规’措施。”比如，运用好普遍建立法律顾问制度，让“关键少数”在依法决策、科学决策上多了更科学掌握的机制、多了过程把握的抓手。《中共中央关于全面深化改革若干重大问题的决定》提出：“普遍建立法律顾问制度。”如此重大论断，既将法律顾问制度提到了全面深化改革的层面，也为进一步推进依法决策、更好推动党政主要负责人切实履行推进法治建设第一责任人职责落实提供了制度支撑、智力支持，这些法律顾问们是可依靠的智囊、参谋和助手。践行习近平法治思想，落实全面依法治国任务，就要抓早、抓小、抓细，就需要诸如法律顾问制度这类的基础性、细的基本性制度。只有他们都在起作用，法治中国建设才能大改变。正所谓“星星之火可以燎原”。

习近平法治思想根植国情，情系人民，厚积薄发，犹如灯塔，标志着中国法学、法律和法治建设更清晰、更明确的指导思想的确立，为开创法治的春天、法学人的春天、法治中国的春天，指明了方向，敞开了大门，提供了遵循。

习近平法治思想，高屋建瓴，内容丰富，博大精深，犹如火炬，照亮着中国法治，展现着真实、立体、全面的法治中国建设成就。这其中，具有更高水平的法治思维和法治方式运用能力，正成为习近平法治思想指引下，党政一把手工作的新特征。众人拾柴火焰高。我们要把火炬燃烧得更加明亮，传递给大家、大众，强大我们的国家，造福我们的民族。

推进全面依法治国是国家治理的一场深刻变革，必须以科学理论为指导，加强理论思维，不断从理论和实践的结合上取得新成果，总结好、运用好党关于新时代加强法治建设的思想理论成果，更好指导全面依法治国各项工作[6]。既是重大工作部署，又是重大战略思想，还是推进全面依法治国的根本遵循和行动指南的习近平法治思想，更要求我们在中国特色社会主义法治道路上，在法治轨道上开启全面建设社会主义现代化国家新征程中，占领法治制高点，更需要深化依法治国实践，更需要推动更高水平法治建设，更需要推进治理现代化建设，“关键少数”尤其是各级党政主要负责人，更要率先垂范，先行示范，敢于担当，切实履行推进法治建设第一责任人职责，切实提升运用法治思维和方式能力；“绝大多数”尤其是法治建设第一线的同志同道们，更要拿起法律武器，办事依法、遇事找法、解决问题用法、化解矛盾靠法，形成法治建设合力，切实把各项工作纳入法治轨道，万众一心，向着推进更高水平治理现代化目标奋勇迈进。

---

6　参见习近平：《坚定不移走中国特色社会主义法治道路，为全面建设社会主义现代化国家提供有力法治保障》，载《求是》2021 年第 5 期。

# 粤港澳大湾区廉政机制协同建设研究

柯　卫　刘炫廷*

**【内容提要】** 为了更好促进粤港澳大湾区的经济发展，习近平总书记对粤港澳三地廉政机制协同建设做了战略布局。习近平总书记指出，必须将党风廉政建设作为一项重大政治任务，推动党风廉政建设和反腐败斗争工作取得实效。粤港澳三地廉政机制协同建设是大湾区法治发展的必然要求，由于粤港澳三地法律制度上的差异而未能建立高效的协同发展机制，无法满足大湾区打击跨境职务犯罪的需要。本文提出了廉政机制协同建设的设想：组建粤港澳大湾区廉政协同发展委员会；构建统摄三地更高一级的立法机关，制定适用于粤港澳大湾区三地的区际刑事司法规定；构建和实施区域一体化的廉政协同机制，就廉政协同发展中可能遇到的障碍出谋划策。本文也阐述了粤港澳大湾区廉政机制协同建设的基本路径。

**【关键词】** 粤港澳大湾区　廉政机制　协同建设 协同发展　司法协助

粤港澳大湾区是习近平总书记亲自谋划、亲自部署、亲自推动的国家战略，是新时代推动全面深化改革开放的新措施，也是推动“一国两制”事业发展的新实践。2017年，在习近平总书记的见证之下，粤港澳三地共同签署《深化粤港澳合作推进大湾区建设框架协议》。党的十九大报告重申“要支持香港、澳门融入国家发展大格局，以粤港澳大湾区建设、粤港澳合作、泛珠三角区域合作

---

* 柯卫——广东财经大学法治与经济发展研究所、法学院教授，法学博士，硕士生导师，主要研究领域：法理学；刘炫廷——广东财经大学法学院2019级法理学专业硕士研究生，主要研究方向：法理学。本文是广东省2019年度普通高校人文社会科学重点研究项目“网络社会法治化治理研究”（项目批准号：2019WZDXM018）、广州市哲学社会科学发展“十三五”规划2019年度共建项目“粤港澳大湾区廉政机制协同建设研究”（项目批准号：2019GZGJ86）的阶段性研究成果。

等为重点，全面推进内地同香港、澳门互利合作”。2018 年，粤港澳大桥的开通为香港、澳门的社会经济发展提供更多资源，为粤港澳三地发展打开了广阔的发展空间，开启了经济社会发展的新里程。随着粤港澳大湾区一体化建设进程，跨境职务犯罪有逐步增长趋势。习近平总书记强调：“党风廉政建设和反腐败斗争是我们必须抓好的重大政治任务。腐败是社会毒瘤，如果任凭腐败问题愈演愈烈，最终必然亡党亡国。当前腐败现象多发，滋生腐败的土壤存在，党风廉政建设和反腐败斗争形势依然严峻复杂，必须加大惩治腐败力度，更加科学有效地防治腐败。”[1] 为了更好地促进粤港澳三地的经济发展，习近平总书记对粤港澳大湾区廉政机制协同建设进行了战略部署，其反腐倡廉的法治思想，为粤港澳大湾区廉政机制协同建设指明方向，党风廉政建设和反腐败斗争是推进大湾区建设的法治保障。因此，在大湾区发展的过程中，粤港澳三地要携手推进大湾区廉政机制协同建设，打造大湾区一流的法治环境，共同推动大湾区经济可持续发展。

## 一、问题的提出

粤港澳之间的关系是一个主权国家内三个不同法域间的关系。香港、澳门回归后，我国在坚持“一国”的前提下实行“两制”。即在内地实行社会主义制度，港澳地区继续保持资本主义制度五十年不变。在三个行政区之间形成了三种不同的法律制度。香港地区保留英美法系，澳门地区保留大陆法系，而内地实行社会主义法系。港澳回归后的二十余年，三地的人员、经济和文化往来日趋紧密，伴随而来的跨区域犯罪现象也普遍存在。[2] 大湾区建设过程中需要对此引起高度关注，而构建三地协同运作的法治机制成为现实的迫切需求。

据悉，我国已经与 30 多个国家和地区建立了反腐合作渠道，签署了《联合国反腐败合作协议》，同时和 40 多个国家签订了 50 多个司法协助协议。此外还与联合国、世界银行、透明国际等世界组织开展多方面的合作与交流，积极参与世界反腐活动。[3] 然而，港澳回归二十余年来，粤港澳三地间的法律事务几乎集中在民商事方面，与刑事司法合作相关的协议几乎为零。法律机制的缺失给内地的腐败分子有机可乘，利用港澳特别行政区的国际自由港、国际金融中心、

---

1 中共中央纪律检查委员会：《习近平关于党风廉政建设和反腐败斗争论述摘编》，载中国共产党新闻网，http：//fanfu. people. com. cn/n/2015/0113/c64371 - 26377071 - 3. html，最后访问于 2021 年 3 月 1 日。

2 李哲、权大国：《中国区际逮捕令签发程序之构建》，载《澳门法学》2016 年第 1 期。

3 阎群力主编：《国境外廉政建设与反腐败考察研究》，中国方正出版社 2007 年版，第 256 页。

发达博彩业的区位优势，将贪污受贿的赃款转移到境外。由于缺乏刑事司法互助的安排，在调查取证、送达法律文书、逃犯移交等方面困难重重，无疑给刑事司法机关带来巨大的办案压力。[4]在大湾区建设过程中，由于三地缺乏有效的违法犯罪信息共享平台，加之粤港澳三地协同的权力监督和制约缺失，必然会给手握权力者留下谋取非法利益的机会。

党的十九大报告要求以粤港澳大湾区建设为重点，全面推进内地同香港、澳门的互利合作。可见，粤港澳大湾区建设对新时期中国区域经济一体化发展的重要性不言而喻。经济社会的健康发展离不开制度保障，"协同建设"的重点在于强化制度和机制层面衔接，即通过协同建设税务、金融、贸易等方面的执法司法信息互换，防范不法分子利用境内外执法信息的不对称，隐匿、转移贪污受贿的非法所得。在惩治层面上，应该建立粤港澳三地惩治腐败的司法互信，并达成相互进行调查案件和移送逃犯的制度性安排。这要求新时期对于"一国两制"下的廉政机制协同建设模式必须作出调整。

## 二、粤港澳大湾区廉政机制协同建设的必要性

### （一）国家大湾区建设及发展规划的需要

粤港澳大湾区建设目的在于促进区域发展高度融合。党中央把"粤港澳大湾区"作为推动内地与港澳共同发展的新平台，意味着三地发展需要高度融合，包括法律制度、发展理念的融合，以达到区域协同发展目的。[5]粤港澳大湾区廉政协同机制作为一种制度性的保障，将推动粤港澳三地充分发挥地缘优势，不但在合作程序上高效快捷，行动上也能做到快议快办，以便准确、迅速打击跨境犯罪活动。

粤港澳大湾区发展离不开廉政机制协同建设。当前粤港澳大湾区在交通、经济、人才交往越来越密切，粤港澳互涉因素的法律关系越来越复杂，需要粤港澳三地相互进行执法司法合作的事项越来越频繁。不仅内地在廉政建设方面需要港澳的配合，港澳也需要内地在廉政建设对港澳的配合。由此表明，粤港澳三地互有需求，互相协助，唇齿相依，廉政机制协同建设对粤港澳大湾区发展意义重大。

---

4 陈雷：《我国区际刑事司法合作的实践与发展》，载《国家检察官学院学报》2013年第5期。

5 邹平学：《澳门"一国两制"成功经验与深层规律——基于港澳比较的研究视角》，载《人民论坛·学术前沿》2018年第21期。

### （二）区域司法协助的需要

我国宪法与港澳基本法并未明文规定内地与港澳司法协助的具体内容。第一，在司法实践中，内地与港澳的司法协助主要依据《香港特别行政区基本法》第95条和《澳门特别行政区基本法》第93条协商处理，而且协商的范围仅在民商事相互委托送达司法文书和调取证据等领域。[6]“协商”意味着粤港澳三地的司法协助无法通过中央统一的立法解决。第二，目前粤港澳三地的司法协助主要通过个案协查机制开展，贪腐案件侦破的成功率有所提升，但该方式在运行中常常面临调查取证审批程序烦琐、调取证人证言阻力大、境内外证据转化的标准不统一等问题。[7]第三，宪法赋予了港澳两地较大的自治权限，有权决定是否与内地开展司法协助。[8]广东只是内地一个普通的行政区域，宪法并未授予其与港澳两地相当的权限，无法单方面决定开展司法协助，这是当前内地积极探索区域性司法合作所面临的困境。

因此，构建粤港澳大湾区廉政机制协同发展，提升粤港澳三地司法互信互助，完善跨境法律服务机制，是进一步提升粤港澳大湾区协同发展活力的法治需求。

### （三）打击跨境犯罪的需要

打击跨境犯罪刻不容缓。随着粤港澳大湾区的深入发展，内地与港澳之间的交往日益密切，跨境犯罪也随之大量增加。由于目前粤港澳三地缺乏高效的协作机制，对三地的侦查、起诉和审判都是极大的挑战，严重者对国家司法权威造成影响。习近平总书记提出，“国际追逃工作要好好抓一抓，各有关部门要加大交涉力度，不管腐败分子跑到天涯海角，也要把他们绳之以法。要以零容忍态度惩治腐败，把追逃追赃工作纳入党风廉政建设和反腐败斗争总体部署，把反腐败斗争引向深入”。[9]习近平总书记的指示，为粤港澳三地建立高效的廉政协同机制指明方向，有力推进粤港澳大湾区打击跨境犯罪迈向新台阶。

内地与港澳警方多年的刑事警务合作模式未能解决当下跨境犯罪的问题。

---

6　陈雷：《我国区际刑事司法合作的实践与发展》，载《国家检察官学院学报》2013年第5期。

7　宋锡祥、王富世：《内地与澳门区际刑事司法协助问题新探》，载《学术交流》2019年第10期。

8　谢雯、丘概欣：《粤港澳大湾区建设中司法合作与司法保障的路径——以涉港澳民商事审判为视角》，载《法律适用》2019年第9期。

9　中共中央纪律检查委员会：《习近平关于党风廉政建设和反腐败斗争论述摘编》，载中国共产党新闻网，http：//fanfu. people. com. cn/n/2015/0113/c64371－26377071－3. html，最后访问于2021年3月1日。

第一，内地与港澳三地分别属于不同的法域，任何一方的警务执法人员都无法随时、自由前往对方境内进行调查取证活动。目前的警务合作渠道仅有调查涉案人员的身份信息、家庭状况、涉案文书真伪等，无法满足打击犯罪的需求。第二，刑事案件管辖移交冲突。由于粤港澳三地法律制度存在差异，跨境的刑事案件必然涉及管辖权的问题，直到目前，案件管辖移交仍然是比较难解决的一个问题。[10]第三，追缴和移交赃款赃物缺乏清晰的指引。赃款赃物一方面可以作为证据使用，另一方面可以弥补犯罪造成的损失。因此追缴赃款是刑事诉讼中一项比较重要的内容。目前的法律对于跨境犯罪的赃款赃物移交尚无明确的法律指引。第四，在司法实践中，港澳与内地进行了许多移交逃犯的合作，但存在移交效率低、成本高、不确定因素多等问题。

粤港澳三地需相互配合方能有效打击犯罪。粤港澳大湾区的发展为三地带来丰富的资源和便利交通的同时，由于不完善的法律制度、低效的协作渠道等问题，未能有效遏制犯罪，且近年来港澳两地一度成为跨区域、跨国际犯罪的重要案发地。[11]这既不利于粤港澳大湾区的发展，还有碍国家金融安全与稳定。对此，不仅内地在廉政建设方面需要港澳的配合，港澳也需要内地在廉政建设对港澳的配合。粤港澳三地互有需求，互相协助，才能保障三地廉政建设的可持续发展。

### （四）惩治和预防腐败的需要

粤港澳大湾区的长期繁荣需要严格的反腐败立法。包括我国在内的许多国家，官员必须申报收入和财产，这是减少腐败的一种方式。但上有政策下有对策，一些腐败的官员会将不义之财存到隐蔽的境外账户，使得国家机关难以查询。[12]2015年颁布的《刑法修正案（九）》加大了惩处腐败犯罪力度，进一步完善反腐败的制度规定。例如，对犯贪污罪被判处死刑缓期执行的，人民法院根据犯罪情节等情况可以同时决定在其死刑缓期执行二年期满依法减为无期徒刑后，终身监禁，不得减刑、假释。此外，《刑法修正案（九）》还加大了对行贿行为的处罚力度，严密了惩治行贿犯罪的法网。

廉政建设成效将影响我国的世界影响力。清廉不仅是政治文明的基本表现，还关系到一个国家的经济、文化和社会的和谐发展。惩治和预防腐败是粤港澳廉政协同建设的主要内容，也是我国对国际反腐败工作的积极回应。反腐倡廉

---

10 李松梅：《粤港澳刑事警务执法合作的内容与机制构建》，载《政法学刊》2011年第5期。

11 陈雷：《我国区际刑事司法合作的实践与发展》，载《国家检察官学院学报》2013年第5期。

12 ［澳］莱斯利·霍姆斯著：《牛津通识读本：腐败》，胡伍玄译，译林出版社2019年版，第75页。

工作建设，有利于建立优良的法治环境，提升国际商务活动的声誉，增强我国在国际上的影响力。

## 三、粤港澳大湾区廉政机制协同建设的障碍分析

### （一）法律传统的障碍

粤港澳三地由于“两制”的差异，导致了内地与港澳的法律冲突。当务之急是从法律层面上构建长效的预防和打击犯罪的合作机制，保障粤港澳大湾区可持续发展。

粤港澳三地决定逮捕的机关不同。根据我国《刑事诉讼法》第 80 条之规定，逮捕犯罪嫌疑人、被告人，必须经过人民检察院批准或者人民法院决定，由公安机关执行。而在司法实践中，逮捕多数由检察机关批准或决定，法官通常是在诉讼案件或者公诉案件的审判环节才有对被告人的逮捕决定权。香港地区没有专门的检察机关，由分属行政机关的律政司统一行使检察权。澳门地区则采取检察领导侦查的模式。港澳两地虽然分别属于两个不同的法系，但是对于限制人身自由的情况，均须由法官作出决定。[13] 由此可以看出，内地和港澳地区的逮捕令分别由检察院和法院签发，对于逃匿境外的犯罪分子，港澳地区对内地的逮捕令并非都予以认可，导致三地司法互信的不足，这是当前粤港澳三地跨境逮捕程序亟待解决的难题。

粤港澳三地对待死刑的态度不同。关于死刑保留与否的问题，一直在国际社会上存有争议。港澳两地在回归前已废除死刑，而内地则基于国情的考虑，暂时保留死刑，但坚持限制、慎重适用死刑的原则。自港澳回归以来，对跨境犯罪的管辖是内地与港澳自始无法回避的问题，尤其涉及可能会被判处死刑的犯罪案件。当前，对于内地与港澳共同犯罪的贪腐案件，在同等犯罪性质下，如果内地的犯罪人被判处死刑，将会导致同样的犯罪性质产生不同刑罚，一定程度上损害司法权威。跨区域犯罪的，可能判处死刑的案件管辖上坚持主权原则而排除“死刑不移交”原则的适用，则会影响到香港澳门的司法独立。然而，港澳过于强调司法独立权则会在一定程度上削弱国家主权。[14]

### （二）法系不同的障碍

法系不同导致粤港澳三地无法高效开展司法合作。首先，区际法律的冲突

---

13　李哲、权大国：《中国区际逮捕令签发程序之构建》，载《澳门法学》2016 年第 1 期。

14　卢建平：《“一国两制三法系四法域”语境下中国死刑废止前景展望》，载《法学杂志》2009 年第 10 期。

应由居于其上位的全国性法律甚至宪法进行协调。以美国为例，州际可以签订契约，经国会批准后该契约如同国家间订立的条约，具有司法上的法律效力，各方都需要遵守，如违约可诉诸法院。[15]粤港澳大湾区发展计划虽然制定了相关的行政协定，但不具有司法上的法律效力，三地间开展司法协助无法以此为由。其次，美国各州并不存在法系的差异，而粤港澳三地有着各自不同的法系，这也是粤港澳三地开展司法协助无法照搬美国经验的重要原因。

粤港澳大湾区需要一个统摄三地的立法机关。基本法规定港澳两地依法享有高度的自治权和司法独立权，非特殊情况中央政府无权干涉。粤港澳三地都无法通过行政命令或者司法指令要求对方作为或不作为，[16]因此需要一个统摄粤港澳三地的更高一级的立法机关，对三地司法冲突的情况作出合宪性解释。该立法机关的理想状态应该是既不削弱港澳享有的高度自治权，又有助于内地与港澳深化合作，有效打击跨境违法犯罪。

### （三）司法协助的障碍

粤港澳三地的司法协助有别于国际司法协助以及内地各省市间的司法互助。三地的区际司法协助涉及深层次的社会制度、法律传统差异等问题。因此，三地开展司法协助的前提需要充分尊重实行不同社会制度的港澳特别行政区享有高度的自治和司法独立权。现实中，由于协同机制的不成熟，粤港澳三地开展司法合作过程中仍然面临诸多障碍。

第一，粤港澳三地司法协助发展缓慢。港澳回归二十年，尽管两地的基本法都规定了与内地的司法协助，但规定的内容过于原则性，导致三地的司法协助局限于个案协查，具体操作中受到诸多法律因素影响，相当程度上影响打击跨境犯罪的有效性甚至削弱法律的威慑力。此外，在打击跨境犯罪的警务合作方面仍有难以解决的问题。例如，在内地具有作证义务的证人适用港澳法律中拒绝作证规则的问题，犯罪情报转化为请求方的证据标准问题，内地的通缉令在港澳的效力问题等，[17]对此类问题的处理恰当与否将会影响打击跨境犯罪的效果。

第二，粤港澳三地有关罪犯移交问题未能达成一致意见。实践中，粤港澳三地的罪犯移交一般参照国际引渡原则。首先需要明确的是，罪犯的引渡是指

---

15 王春业、丁楠：《论粤港澳大湾区合作中法治壁垒及其消解》，载《天津行政学院学报》2019年第3期。

16 马进保：《"一国两制"下的粤澳司法合作与机制构建》，载《学术研究》2008年第10期。

17 张秋波：《打击跨境有组织犯罪区际警务合作制度研究》，载《山东警察学院学报》2015年第3期。

发生在两个主权国家间的罪犯移交。而粤港澳三地的刑事冲突与合作是发生在“一国两制”的基础上进行的刑事司法合作，是在一个国家领域内不同法域的互助合作，因而发生在境内的罪犯转移属于移交而非引渡。在有关罪犯的管辖问题上，应尊重三地法律制度存在的差异，明确协作目的，使双方以积极的态度开展区际司法合作。一方面，不能片面追求双重犯罪原则。要从国家利益出发，把维护国家稳定放在首位，如果过分追求双重犯罪原则，将会放纵犯罪，引起不良的社会反应。另一方面，灵活处理死刑犯不移交的问题。我国与其他国家签订双边引渡条约时，通过保证不判死刑或者判死刑也不执行的表述换取引渡。[18] 在区际罪犯移交问题上可以借鉴该做法，以提升司法协作的效率。

第三，粤港澳三地司法协助范围受到限制。内地与港澳签订的司法文书送达安排仅限于司法文书，而将其他涉及案件的各类文档文件一律排除在外。非司法文书虽然与案件本身没有直接的关联，但往往涉及某个机关的介入，并产生相应的法律后果，具有实体法上的意义。[19] 将该类文件排除在外，不利于跨法域民商事纠纷的解决。

随着三地合作的不断深化，如果在跨法域的司法协助中，凡事均由内地最高司法机关与港澳终审司法机关进行协调，完全没有效率。故最高层面应当建立适用于三法域的司法协助协议，并授权内地各行政区域司法机关与港澳司法机关直接开展跨法域的司法合作，推动三地法治发展进入新阶段。

## 四、粤港澳大湾区廉政机制协同建设的基本原则

### （一）国家统一主权和一国两制原则

主权包含最高性和独立性两重属性。最高权是国家的统治权，它表现为一个国家对其领域内的一切人和事物所具有的管控能力；而独立权则表现为国家在对外的关系中独立自主地处理一切国内外事务的能力。另外，国家主权是可以进行自我限制的，即国家通过宪法或其他法律将其部分权力授予某个地方，剩余权力由中央政府统一行使而不损害国家主权的做法。[20] 我国在处理香港和澳门的问题上就属于这种情形，大陆地区作为国家主体部分实行社会主义制度，由全国人大统一行使国家权力；港澳地区作为国家不可分割的一部分保留原来的资本主义制度，享有高度的自治权和一定限度的对外事务。这样既维护了国

18 宋锡祥、王富世：《内地与澳门区际刑事司法协助问题新探》，载《学术交流》2019 年第 10 期。

19 慕亚平著：《区域经济一体化中的法律问题研究》，社会科学文献出版社 2017 年版，第 225 页。

20 江国青：《略谈主权与两岸关系》，载《法学评论》2001 年第 3 期。

家主权的统一，又实现了港澳两地的独立自治，保证了内地与港澳共同繁荣发展。

“一国两制”是解决我国不同法域间所有法律问题必须坚持的原则。“一国”是“两制”的前提和基础，体现了国家的主权属性；“两制”是两种不同的社会制度在同一主权之下共同繁荣发展的高度概括。[21] 内地与港澳在发展过程中应当始终坚持将国家利益和地区发展有机统一。因此，在研究粤港澳大湾区廉政协同机制的过程中应当把“一国”放在首要地位，同时维护“两制”并存的局面，尊重港澳两地所享有的高度自治权和司法独立权。当冲突发生时，应积极找到双方共性，兼顾各方利益，不应片面以“主权”为由而忽略双方制度的差异性，也不应该过分放大“两制”的特性而拒绝开展交流与合作。

### （二）平等互利原则

平等互利原则应该作为粤港澳大湾区合作发展的基本原则。内地和港澳实施不同的政治制度、经济制度和法律制度，由此导致了各自的价值追求和发展目标的差异。所以要推动粤港澳大湾区合作的持久深入，加快粤港澳三地在政治、经济、法治建设的协同发展，必须坚持平等互利的合作模式。

平等互利原则在内地与港澳的对等交流方面仍有不足。例如，在侦查合作上存在明显的不平等，深圳警方对港澳的侦查始终有求必应，在协办案件、调查取证、移交赃款赃物等方面给予了极大帮助；而香港警方在通缉犯遣返和赃款赃物处理等方面则多以法律没有相关规定为借口而拒绝。[22] 由此可见，在对等交流方面必须引起重视。平等互利意味着粤港澳大湾区之间的交流应该尊重彼此的社会制度和法律传统的差异，以平等互利方式解决争端。一方面，内地不能以维护主权为由强迫港澳改变立场和做法；另一方面，港澳应该积极寻求合作方案，并且在形成的一致意见中，最大限度地照顾和满足各自在基本利益上的要求。

### （三）尊重历史和现实原则

粤港澳大湾区廉政机制的协同建设是立足现实的新尝试。我国是一个单一制的社会主义国家，全国只有一个主权、一部宪法、一个中央政府。地方的权力均由中央授予，但是与一般的单一制国家相比又具有特殊性。[23] 为了解决历

---

21 马进保：《我国内地与港澳的区际司法协助与机制构建》，载《河北法学》2008年第3期。

22 钱伟：《论粤港澳跨境有组织犯罪区际侦查合作模式及原则》，载《中国人民公安大学学报》2007年第2期。

23 慕亚平著：《区域经济一体化中的法律问题研究》，社会科学文献出版社2017年版，第47页。

史遗留问题，在港澳回归后设立特别行政区，维持资本主义的社会制度不变，并通过宪法授予其高度的自治权。由于社会制度和法律传统的差异，粤港澳大湾区的发展建设有别于传统的同一法域内的区域合作，也与一国国内不同法域间的同级区域合作有所差别。内地与香港、澳门在法律制度方面各自独立，形成一个主权范围内的三个法域，部分不法分子利用税务、金融、贸易等方面的执法司法信息的不对称，跨境隐匿腐败的非法所得，为内地与港澳三地打击违法犯罪造成极大的挑战。制度的制约不应成为大湾区发展的瓶颈，粤港澳大湾区廉政协同建设过程中要本着立足现实，尊重历史的态度，怀着坚定的信心迎接未来的挑战。

### （四）有利于打击犯罪维护稳定原则

香港、澳门回归以后，其与内地的联系更为密切。在“一国两制”的政治格局下，粤港澳三地无论是在立法、执法还是司法上都存在较大的差异，无疑为跨境犯罪创造了有利的条件。相关的差异主要发生在刑事司法协助、警务操作、实体法和程序法等方面。例如，在刑事司法协作方面，情报交换、讯问嫌疑人、扣押、转交证据及文书等问题尚无具体的法律规定；在警务操作方面，主要存在两岸警方就情报共享机制、移交犯罪嫌疑人、跨境取证效率低等问题；在实体法和程序法方面，针对犯罪构成、罪名差异、量刑幅度以及犯罪管辖、诉讼模式、追诉时效期间和计算方式等问题都存在争议。[24] 在当前情况下，应该从有效打击跨境犯罪，维护区域安全与稳定为出发点，尽快完善法律机制，协调各方利益，提高协作效率，提升司法威慑力。

刑事管辖冲突应以有利于打击犯罪维护地区稳定的原则处理。严厉打击跨境犯罪是内地与港澳的共识。刑事管辖权是粤港澳三地在打击跨境犯罪中存有较大争议的点，尤其是跨境犯罪中有可能被判处死刑的案件。[25] 基于国情的种种考虑，内地尚未废除死刑，尽管对死刑的适用一直坚持慎杀、防止错杀的原则，但是成为内地与港澳在刑事管辖上难以调和的焦点。内地与港澳的刑事管辖冲突既有别于国际刑事管辖冲突，又不同于内地不同行政区间的刑事管辖冲突，而是发生在同一主权国家内部不同法域间的区际刑事管辖冲突。基于司法协助的目标是维护国家利益、打击跨境犯罪活动，保障三个法域的法治稳定，实现粤港澳三地正常而深入的交往关系的考虑，港澳与内地发生刑事管

---

24 叶琼元、王强、胡明磊：《我国大陆及港澳台地区跨境犯罪研究述评》，载《公安学刊》（浙江警察学院学报）2017 年第 5 期。

25 陈晖：《跨境犯罪中死刑问题研究》，载《甘肃政法学院学报》2007 年第 2 期。

辖冲突时，不应该坚持严格的犯罪嫌疑人移交条件，对可能判处死刑的犯罪嫌疑人采取灵活做法，“保证不判处死刑”或“判处死刑但不移交”[26] 作为犯罪嫌疑人移交的条件，以促进大湾区刑事司法协同发展，提升打击跨境职务犯罪的力度。

## 五、粤港澳大湾区廉政机制协同建设的构建模式

粤港澳大湾区廉政机制需要赋予新的时代内涵。作为一个国家、两种制度下的区域经济发展，“粤港澳大湾区”既要维持“一国两制”的政治架构，又要在“一国两制”的指导下实现不同法律、不同行政的有效协调，推进区域一体化发展，保持粤港澳长期繁荣。这就意味着，在新时期，对于“一国两制”下的廉政机制协同建设模式必须作出调整。

### （一）组建粤港澳大湾区廉政协同发展委员会

组建粤港澳大湾区廉政协同发展委员会。建议省政府提请中央设立国家层面的粤港澳大湾区廉政协同发展委员会，强化中央政府对粤港澳大湾区廉政建设和跨境治理的顶层设计，统筹指导大湾区廉政协同建设重点合作事项。

廉政协同发展委员会接受中央的领导和监督。构建更高层面的协调机制将有利于发挥中央政府的统筹协调作用，更加切实有效地推进大湾区廉政建设，也有利于克服廉政协同机制在一定程度上流于形式的弊病。第一，廉政协同发展委员会的成员应由来自粤港澳大湾区的公检法的公职人员、法律服务行业的知名律师以及法学家组成，从学术和实务的角度为廉政机制建设出谋划策，实现理论与实践的有机结合，使方案更具可行性。第二，廉政协同发展委员会设立多个小组，如司法协助小组、法律冲突协调小组、廉政文化交流小组等，每个小组十余人，任组长一名，负责协调小组内的工作分配，并把其小组所负责的重要事项提交委员会讨论和决策。委员会的主任则由港澳特别行政区行政长官和广东省省长轮流担任并定期主持会议。第三，委员会通过会议协商、投票方式对重大事项进行表决，表决采取一人一票制，经委员会 1/2 以上同意票通过。第四，委员会定期向社会公布工作报告，接受社会监督，委员长就发展中的重大问题向中央政府报告工作情况，接受中央指示。

粤港澳大湾区廉政协同发展委员会将有利于推动大湾区交流与合作。一方面，由于其委员组成上的专业性，极大提高决策质量。另一方面，由于廉政委

---

26　“判处死刑不移交”的设想，是指如果内地贪腐分子逃匿境外时在港澳地区被捕，人民法院依据刑事诉讼法缺席审判程序对被告人判处死刑的，由香港或澳门司法机关对其执行无期徒刑。

员会直接向中央负责，避免了层层上报的烦琐程序，强化了中央与地方的信息互通，降低了中央与地方信息不对称的程度，提升顶层决策的有效性，增强粤港澳大湾区城市的凝聚力。

### （二）构建统摄三地更高一级的联合立法机关

粤港澳大湾区有三个不同的法域，是产生内地与港澳协作冲突的主要原因。诚然，由于国情不同，加之历史的经验教训，照搬国外经验并不能消解当前困境。要促进粤港澳大湾区的深度合作，必须通过法治的手段，加强粤港澳三地法治协调，清理不合时宜的法律，为区域和谐创造优良的法治环境。因此，通过立法手段促进大湾区法治和谐是必要举措。

第一，构建统摄三地更高一级的联合立法机关是解决法律冲突的有效方式。联合立法机关的立法权由全国人大及其常委会通过特别授权的方式，直接赋予其特别的立法权；同时赋予其高于一般性地方立法的权威，在授权立法决定中明确其效力等级，但立法的权限范围应该严格限定在三地协同发展领域。[27] 联合立法机关的委员应由全国人大代表、港澳立法会的代表、法学家等人员组成，既体现民主，又体现对港澳高度自治权的尊重。

第二，联合立法机关可以就粤港澳大湾区的发展情况制定大湾区立法办法。该办法属于章程性的协议，规定大湾区立法的基本原则、基本要求、适用范围等，并随着大湾区的发展不断更新，粤港澳三地就大湾区发展的具体立法不得违反该办法的相关规定。例如，粤港澳大湾区协同立法可以在该办法的界限内，依照 2018 年出台的《国际刑事司法协助法》，制定适用于粤港澳大湾区的区际刑事司法规定。与单一区域内的立法相比，跨区域协同立法的基本立足点是以现有的政治体制为基础，符合宪法和立法法确定的立法权限，这构成了协同各方行使立法权的边界。

第三，联合立法机关有权对粤港澳大湾区协同发展的法律进行审查并宣告无效。联合立法机关的建立目的并不是转移粤港澳三地全部的立法权限，而是对三地涉及大湾区的立法进行协调。联合立法机关设立后，依然由粤港澳三地各自进行法域内的立法，立法完成后交由联合立法机关进行审查并指导修改。一方面，务求相应的立法既有各自的区域特点，又反映各自区域的利益诉求。另一方面，经过联合立法机关审查并完善后的法律，可确保法律在实施过程中相互衔接，保证粤港澳三地在刑事司法合作中极为重要的法律文书送达、相互移送逃犯、相互协助开展调查取证不会落空。

---

27 肖辉：《关于京津冀协同发展联合立法的构想》，载《河北学刊》2015 年第 6 期。

第四，粤港澳三地由于司法机关设置的差异性，各自的区际立法还应当建立对外联络机关。粤港澳三地的对外联络机关属于立法机关内的一个部门，共同接受联合立法机关的监督。对外联络机关定期举行会议，加强各地交流，汇报立法工作的情况，为大湾区深度合作商讨立法方向，相互提供指导性意见，减少立法冲突的情况，创造和谐的法治环境。

### (三) 构建和实施区域一体化的廉政协同机制

低效的合作方式为粤港澳三地带来巨大的反贪腐成本。当前粤港澳三地在廉政建设的合作方面，相互非司法性的日常交流较为紧密，但在涉及打击腐败的刑事司法合作方面，尚未形成高度的区际互信。三方之间有关移送逃犯、法律文书送达、刑事判决的承认与执行等没有形成适用三地的规范性文件，依然遵循个案协调的方式，该方式系建立在双方自愿性合作的基础上，并没有法律的强制性，所以不利于三地协同打击腐败犯罪。另外，在司法实践中，由于缺少司法合作协议，境外取证时常因其程序的合法性而受到质疑。[28]

构建和实施区域一体化的廉政协同机制是提升粤港澳廉政建设水平的保证。本文建议，考虑建立国家监察委与港澳廉政公署的长期合作关系。我国监察委是廉政建设和反腐败工作的主力，与港澳廉政公署强强联合，建立稳定的友好关系，有利于三地反腐工作的开展。第一，建立长期的对话和会晤机制。监察委与港澳廉政公署应进行定期会晤，就廉政协同发展中可能遇到的障碍提出解决方案；相互组织到对方办事机关就办案经验进行交流和培训，不但有利于三地关系的融洽，而且还能取长补短，在相互借鉴中提升反腐能力。第二，建立三地联合办案的大数据平台。监察委与港澳廉政公署建立大数据平台，通过互联网及时更新跨境的贪腐案情，便于三地收集、检索、共享犯罪情报，有利于及时控制犯罪嫌疑人。第三，与立法机关建立汇报机制。监察委、廉政公署向联合立法机关定期提交办案总结报告，使联合立法机关及时了解粤港澳三地的法治情况，更好地开展立法工作。第四，建立全国统一的追赃机制。内地贪腐分子通常利用港澳发达的金融体系进行洗钱活动。建议监察委与港澳廉政公署成立全国统一追赃部门，在境内外里应外合，高效打击腐败行为。

粤港澳大湾区廉政机制协同建设以三地合作为基础，充分发挥好重点城市的辐射引领和资源整合功能，带动大湾区各城市积极参与区域合作，打造粤港澳大湾区廉政格局，谋划大湾区法治发展大计，全面践行依法治国战略。

---

28 邹平学、覃源：《澳门地区廉政公署与内地监察委员会比较研究——兼论粤港澳大湾区背景下的廉政协同合作》，载《行政管理改革》2019年第10期。

## 六、粤港澳大湾区廉政机制协同建设的基本路径

### （一）区域协同发展的司法路径

粤港澳大湾区三法域的司法协助仍不全面。目前，内地与港澳已在司法文书送达、相互委托取证、仲裁裁决执行等民商事司法协助方面取得一定的进步，但是刑事司法协助方面除通过“个案协助”方式外，几乎停滞不前。[29]

第一，建议粤港澳三地订立刑事司法协助协议，直接开展跨法域的司法合作。可以由最高人民法院与香港、澳门特别行政区协商一致后，以司法解释的形式授权三法域直接开展跨法域的刑事司法合作。[30] 首先，以司法协议的形式开展合作不需要对当前的法制做大的调整，节省立法资源。其次，以协议的形式开展刑事司法协助，能充分尊重港澳两特别行政区的高度自治权，又弥补当前刑事司法协助的空白。最后，粤港澳三法域的司法机关更了解区域的违法犯罪情况，能因地制宜制订行动方案，直接开展跨法域的刑事司法合作，提高司法效率。

第二，司法协助协议的内容应该包括建立相互移交逃犯、送达法律文书、调查取证和承认司法决定的惩治腐败合作机制。一是在移交逃犯方面，可借鉴欧洲逮捕令签发制度，探索建立粤港澳三地基于高度司法互信的移送逃犯制度，即内地司法机关签发的区际逮捕令可以在一国之内的其他法域得到承认并由承认的法域司法机关进行执行，避免犯罪分子逍遥法外。二是粤港澳大湾区处于初级发展阶段，跨境的犯罪仍然猖獗，应加强司法合作打击犯罪活动。例如，可以在协议中约定，内地向港澳两地送达法律文书时，以内地司法机关直接送达为主，港澳司法机关协助送达为辅，以确保送达效率。三是建立内地与港澳证据互认机制，完善跨境调查取证的程序，提升跨境证据的合法性。四是构建海关、税务、金融等领域的预防腐败机制。内地与港澳的海关、税务、金融机构建立资源共享平台，可利用互联网、人工智能、大数据等技术，监测境内外的金钱流动，发现可疑交易及时追踪，相信在一定程度上能够震慑跨境犯罪活动。

### （二）区际协同发展的执法路径

粤港澳大湾区的执法协助体现为三法域的执法合作和协助。香港、澳门两

---

29　潘高峰：《构建加快推进粤港澳大湾区建设的法治保障》，载《湖北经济学院学报》2018年第10期。

30　赵家琪、付志刚：《“泛珠三角”区域合作框架下内地与港澳司法合作研究》，载《法学杂志》2008年第5期。

地有较大的执法权，内地执法机关无法直接在港澳两地执法，为打击跨境犯罪带来诸多不便。因此，粤港澳三地开展执法协助是推进粤港澳三地法治建设的重要保障。

刑事执法协助与刑事司法协助有一定的区别。刑事司法协助是指在刑事诉讼过程中对犯罪开展侦查、检察、执行强制措施、审查起诉的活动。而执法协助的范围则较为广泛，其包括在海关、金融、税务等领域执法活动的协助。执法协助可以加强三地执法人员的交流与合作，有利于相互了解彼此的法律制度以及现实情况，提升执法协助的效果。由于目前内地与港澳在执法协助方面还不够成熟，贪腐分子有机会利用内地与港澳执法信息不对称，把贪污受贿所得转移到港澳金融机构洗白后再转到海外账户，极大增加了查处难度。2002 年到 2011 年，中国内地外逃的贪腐官员接近 2 万人，流向境外的非法资金 1 万亿美元，腐败官员的外逃成为反腐败深入开展的障碍。[31] 党的十八大以来，党中央把反腐败追逃追赃提升到国家政治和外交层面，纳入反腐败工作总体部署。习近平总书记强调，“要加强反腐败综合执法国际协作，强化对腐败犯罪分子的震慑。”据统计，2014 年以来，截至 2017 年 10 月，共从 90 多个国家和地区追回外逃人员 3453 名，追赃 95.1 亿元。“百名红通人员”中已有 48 人落网。[32] 为打击腐败犯罪，粤港澳三地的执法机关非常有必要开展执法协助，加强信息互通，以便及时确定腐败分子的身份和行踪，并追踪其犯罪所得的财产流向，便于及时控制犯罪嫌疑人及扣押赃款赃物。

建议内地与港澳以签订协议的方式建立联合侦查机关，共同打击跨境贪腐犯罪。联合侦查机关是粤港澳三地为侦查、取证、控制犯罪分子而建立的联合调查机构，共同打击内地涉港澳的贪腐犯罪。第一，为抓捕内地逃匿到港澳的贪腐分子，可以让内地执法人员参与到境外联合侦查活动中。例如，内地的警务人员以成员身份参与到港澳警方的搜查、勘验、询问证人等活动中，既做到尊重港澳独立的执法权，又有利于执法人员相互了解不同法域的执法程序，使各方相互理解。第二，为加强粤港澳三地协同执法，联合侦查机关应该有粤港澳三地金融、税务、海关等部门参与进来，建立制度层面上的信息分析研判机制，开展粤港澳三地的执法信息互换，确保粤港澳三地对重大可疑金融信息、贸易信息和逃税信息的监管，防范国家工作人员隐匿境外存款、从事与其职务不相符合的营利性活动，形成防控腐败协同建设的重要机制。

---

31 楼伯坤：《APEC 成员合作反腐司法一体化机制构建》，载《中国法学》2016 年第 2 期。

32 过勇：《深化标本兼治，夺取反腐败斗争压倒性胜利》，载中国共产党新闻网，http://dangjian.people.com.cn/n1/2018/0206/c117092-29808082.html，最后访问于 2021 年 3 月 1 日。

（三）区际协同发展的监察路径

2018 年我国正式确立监察制度。习近平总书记指出，“监察委员会就是反腐败工作机构，监察法就是反腐败国家立法”。制定实施监察法，体现了习近平总书记深化国家监察体制改革的法治思想。依法建立国家监察制度，把党对反腐败工作的集中统一领导制度化和法治化，并将反腐败工作进一步纳入规范化的轨道，实现依规治党和依法治国、党内监督和国家监察的有机统一，从而促进和提高国家治理体系和治理能力的现代化。[33]《监察法》第 3 条和第 11 条规定，监察委员会依照本法对所有行使公权力的公职人员进行监察，对涉嫌职务犯罪的行为进行监督、调查和处置。这意味着，目前对于涉嫌职务犯罪的行为，先由监察委员会进行调查，然后检察机关对所移送案件审查是否符合起诉标准，对符合标准的案件提起公诉，最后由法院审查判定检察院的主张能否成立、予以支持。

监察委行使职权有规避刑事诉讼法之嫌。监察委的调查权和留置权虽不冠以“侦查”“逮捕”的称谓，但涉及刑事案件的查处时与刑事侦查权、逮捕权具有相同的实质，目前在学界中存在着争议。[34] 因此，当监察委调查的职务犯罪涉及港澳两地时，受到较大的阻力。一方面，由于港澳两特别行政区有高度的自治权，内地的公权力机关在港澳无法直接行使权力；另一方面，监察委的调查和留置既不是依据《刑事诉讼法》行使刑事拘留也不属于行政处罚范围。所以，监察委与港澳的司法和执法协助效果欠佳。

构建粤港澳协同的廉政机制是保障内地与港澳实现职务犯罪调查法治化的关键。对于涉及港澳的职务犯罪调查，建议国家监察委授权广东省监察委设立职务犯罪调查局，由广东省监察委与同级司法机关、行政机关的人员组成。职务犯罪调查局采用双重领导模式，司法机关与行政机关既接受同级监察委的组织领导，也接受各自上级的领导。在查办大湾区职务犯罪案件时，职务犯罪调查局可以请求司法机关和行政机关给予协助调查，在监察委的领导下，分别由司法机关和行政执法机关与港澳两地的对应机关根据三地各自的法律直接进行联络并协调办案，减少监察委直接联络港澳两地相应机关的阻力，以此模式推动粤港澳大湾区廉政机制协同化发展。

---

33　吴旭明：《习近平总书记关于深化国家监察体制改革重要论述的内在逻辑体系》，载《中国纪检监察报》2018 年 4 月 19 日。

34　马春晓：《监察委员会监督机制的比较研究》，载《河南社会科学》2019 年第 10 期。

## 结语

建设粤港澳大湾区是习近平总书记推动国家形成全面开放新格局的新举措，也是推进国家治理体系和“一国两制”事业发展的新实践。在快速发展的同时，由于三地的廉政协同机制远落后于社会的发展速度，腐败分子利用港澳两地发达的金融体系和博彩业转移犯罪所得。在打击跨境犯罪过程中，粤港澳三地开展司法与执法合作也因为政治制度、法律制度存在较大差异而效率极低。因此，推动三地构建廉政协同机制是当下迫切的法治需求。构建廉政协同机制应该在坚持一国两制、尊重历史和现实、平等互利等原则下进行。粤港澳三地互有需求、唇齿相依，在发展过程中要发挥好彼此优势，在廉政建设方面需要相互配合，共同推动粤港澳大湾区的繁荣和发展。

# 引公入私：环境民事公益诉讼的司法协同路径

## ——基于“排污标准”的二阶裁判构造

余煜刚　杨佩霞*

**【内容提要】**“引公入私”即将公法上的排污标准引入私法裁判中，是环境民事公益诉讼中司法裁判与行政执法协同的可行路径。法经济学的分析表明，环境污染风险的两种治理工具“行政管制”与“公益诉讼”在应然层面上的效率互补互契，在实然层面上却组合短缺。因此，以提高环境污染风险治理效率为目标，可建构基于“排污标准”的二阶裁判构造。在初阶的“等置”以及在进阶的“涵摄”中，“排污标准”均发挥重要的作用。循此裁判构造，可进一步生成环境民事公益诉讼的裁判逻辑。

**【关键词】**环境民事公益诉讼　排污标准　裁判构造

## 引言

面对日益严峻的生态环境问题，国家治理现代化要求环境法治对此给予充分回应，要同时发挥好“司法”与“执法”的规范作用。[1] 在环境法治领域，环境民事公益诉讼是为弥补行政执法不足而创制的特殊司法机制，具“民事诉讼”和“公益保护”双重性质，这为环境案件中“司法裁判”与“行政执法”

---

*　余煜刚——广州大学法学院教师，复旦大学法学理论博士生，研究方向：法学理论；杨佩霞——广州市海珠区人民法院二级法官。本文系作者所主持的2019年度教育部人文社会科学研究青年基金项目“法经济学视角下企业社会责任（CSR）法律化的规则体系建构研究”（项目编号：19YJC820068）以及2020年广东省普通高校青年创新人才类项目“突发公共事件背景下企业社会责任的制度化研究”（项目编号：2020WQNCX059）的阶段性研究成果。

1　陈一新：《加快推进社会治理现代化》，载《人民日报》2019年5月21日，第13版。

的有效协同预留了广阔的空间。此种协同亦可成为优化审判权运行机制的切入点、化解环境污染风险的着力点、实现社会治理现代化的创新点。

在环境民事公益诉讼中，常见的司法协同路径有行政机关向司法机关提供法律咨询、提交书面意见、协助调查取证等，本文意欲探讨的另一种司法协同路径则是：将公法上的标准如污染物排放标准（以下简称排污标准）引入私法裁判之中——可称为“引公入私”路径。此种“引公入私”在理论上是否可能、于实践中是否可行皆有待深究；其如何型塑实用的裁判构造、实现高效的司法协同也值得深思。

本文以司法方法论搭建分析框架、以实证数据铺陈分析素材、以法经济学理论作为分析工具，尝试回答上述“引公入私”的诸多难题，希冀以此回应如何有效化解环境污染风险的社会关切。

## 一、环境民事公益诉讼中的司法协同：在应然与实然之间

置于法经济学的框架，“引公入私”实际上涉及的是具公法属性的管制规则与具私法属性的责任规则能否互动，能否作为环境民事公益诉讼司法协同路径的问题，这须在应然与实然两个层面考察。

### （一）应然可能：“管制规则”与“责任规则”的效率互补

从法经济学的视角看，无论选择何种环境污染风险治理工具，都不可避免要对工具选择进行效率比较，以最优的工具（或组合）实现治理目标。法经济学耶鲁学派代表人物卡拉布雷西和梅拉米德提出的“卡—梅框架”[2]是基于法律后果对法律规则作出的逻辑分类，是规则效率比较的有益框架。“卡—梅框架”包括财产规则、责任规则、禁易规则三类规则，我国学者凌斌教授对其进行拓展，引入管制规则和无为规则两类新规则。[3]五类规则的逻辑关系如图1所示，其含义是：（1）财产规则：指的是要想从拥有者那里得到相应权益，必须通过自愿交易，也就是从拥有者那里以卖方同意的权益价格加以购买。（2）责任规则：指的是只要支付一个客观确定的价值，就可消灭一个初始权益，通常是由法院在具体案件的审判中适用，即通过司法定价促成“强制交易”。（3）禁易规则：在明确权益归属的同时，不允许在即使是自愿的买卖双方之间转让相应

2 See Guido Calabresi & Douglas Melamed, *Property Rules , Liability Rules and Inalienability: One View of the Cathedral*, 85 Harvard Law Review 1089 (1972).

3 凌斌：《法律救济的规则选择：财产规则、责任规则与卡梅框架的法律经济学重构》，载《中国法学》2012年第6期。

权益，旨在取缔特定市场。（4）管制规则：指的是要想成为特定权益的拥有者，必须符合法律限制的相应标准，一般为行政机关所制定。（5）无为规则：法律没有将相关权益赋予任何一方，没有提供权益保护的法律保护。

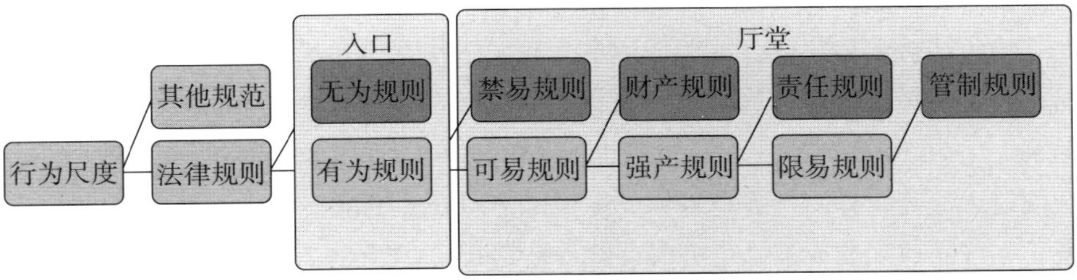


**图1 “卡—梅框架”及其拓展的“规则清单”之逻辑关系**

与该框架的“规则清单”一一对应，国家治理环境污染风险有五种策略选择：（1）无为规则——置之不理。（2）禁易规则——停产停业。（3）财产规则——排污交易。（4）责任规则——公益诉讼。（5）管制规则——行政管制。

置之不理的“无为规则”片面追求经济效益，牺牲环境权益，降低社会福利，且随着“用最严格制度、最严密法治保护生态环境”的政策落实，显然不合时宜。停产停业“一刀切”的“禁易规则”影响民生和经济发展，也应摒弃。至于“财产规则”，以排污权交易为例，主要包括排放总量控制、排污权初始分配、排污权交易三个过程。但该制度的问题如下：一是制定排放总量目标成本巨大；二是排污权初始分配给新进入者带来准入壁垒；三是排污者缺乏治污的内在动力；四是排污权在道德层面存在争议。[4]因此，前述三种规则并非当前主要的治理工具。

“管制规则”主要采取征收环保税、行政处罚等行政管制措施，因执行这些措施须建立在以一定的标准认定事实的基础上，也可称为“标准规制”。我国现行环保税具有以下显著特征：在不同地区、对不同污染物设置差异化税额标准，[5]故当污染物具有较强外溢性时（如大气污染物），这种差异将造成不同地区的不公平。此外，因环保税不考虑同类型企业间的成本异质性，[6]故当环保税额低于治污成本时，排污者将丧失清洁生产的内在动力。而在生态修复问题上，有最高额限制的行政罚款对排污者的威慑程度也有限，导致排污行为的“负外部性”

---

4　王清军：《环境治理中的信息工具》，载《法治研究》2013年第12期。

5　如大气污染物每千克的税额幅度为1.2－12元，水污染物则为1.4－14元。从环保税额标准看，北京采用最高税额标准，福建等11个地区采用最低税额标准，另有一些省份取中间值。

6　吴茵茵等：《不完全竞争市场中差异化环保税影响效应研究》，载《中国工业经济》2019年第5期。

无法完全消弭。此时引入“责任规则”，通过环境民事公益诉讼使“负外部性内部化”——由排污者承担治污成本便尤为必要。

“责任规则”通过公益诉讼可把外部成本转为排污者的内部成本，倒逼排污者采取有效预防措施。但公益诉讼也有成本：其一，因“侵权不确定性”给排污者带来的成本。环境侵权的过程可概括为：生产产生污染物→排放污染物→污染物进入环境要素（如大气、水体、土壤）→进入受害人领域→造成受害人损害。[7] 其中任一环节都具不确定性，导致侵权结果也具不可预测性，即在法院裁判前无法确定排污行为是否构成侵权，排污者若想杜绝侵权将付出巨额成本。其二，法院裁判的成本。司法权本质上是判断权。[8] 不同于立法和行政机关，法院不直接参与行为准则的制定，因此若无既定标准，法院的判断成本（如鉴定费）将十分昂贵。而在“责任规则”（公益诉讼）中引入“管制规则”（排污标准），一是可帮助排污者预判排污是否合法，降低侵权不确定性成本；二是法院的中立性要求其必须遵循既定裁判标准，通过权利重新配置建立新平衡，而“这种新的平衡必须是建立在已有平衡的基础上的，它不是也不可能是对已有秩序的彻底破坏”[9]。排污标准便是“已有的平衡”，旨在规定排污者的行为义务，而环境民事公益诉讼通过评价排污行为确定侵权责任，因此，排污标准作为行为规范就具备了衡量环境侵权责任的可能。

上述分析表明“管制规则”与“责任规则”各有效率的优劣得失，故能互补相契，为其在环境污染风险治理的组合运用奠定基础。

### （二）实然症结：“管制规则”与“责任规则”的组合短缺

由应然转入实然，“管制规则”和“责任规则”在实践中如何互动？法院审理环境民事公益诉讼是否会运用排污标准？因环境民事公益诉讼制度自 2013 年 1 月 1 日起施行，故以 2013 年 1 月 1 日至 2021 年 3 月 6 日为期间，在“法信网”分别检索环境民事公益诉讼以及一般环境侵权案件援引“排放标准”说理的情况。检索情况表明：第一，引用“排放标准”说理的环境侵权案件比例只有 8.24%，司法现状未与理论预设相契合。第二，噪声和放射性污染案件的引用比例明显较高，分别达到 25.47% 和 16.67%，这是因为《环境噪声污染防治法》《放射性污染防治法》均明确地将超过排放标准作为认定构成噪声和放射性污染的要件。第三，环境民事公益诉讼的引用比例有 13.42%，高于一般环境侵

7 张梓太著：《环境法律责任研究》，商务印书馆 2004 年版，第 67 页。

8 孙笑侠：《司法权的本质是判断权》，载《法学》1998 年第 8 期。

9 吕忠梅著：《环境法新视野》，中国政法大学出版社 2000 年版，第 133 页。

权案件对“排放标准”的引用比例，这与环境民事公益诉讼强调司法权与行政权相互支持的旨趣也不相匹配。由此可知，理论上可降低裁判成本的排污标准在实践中并未获得最优的运用。

### （三）引公入私：应然与实然的对接路径

“管制规则”与“责任规则”在实践中的组合短缺问题，实质上可能源于当前司法对二者如何有效接轨缺乏统一认知。为规范司法适用，有必要建立起如何在环境民事公益诉讼中运用排污标准的“等置—涵摄”二阶裁判构造。

裁判实际上是“确定法效果的三段论法”[10]，遵循的是“规范 + 事实→法效果”的裁判逻辑。其中“规范”和“事实”属于“要件判断”，“法效果”属于“效果判断”。裁判构造的初阶是要件判断，即让规范和事实“等置”。因为疑难案件中的规范和事实不对称，所以在通过涵摄得出判断前，先要将规范与事实进行等置：一方面将事实抽象化，将个案向规范提升；另一方面将规范具体化，使规范向个案下延，这是在两者之间来回审视，螺旋式向上发展的过程。[11]裁判构造的进阶是从要件判断到效果判断的“涵摄”，即通过三段论推导出法效果。简言之，所谓“等置—涵摄”二阶裁判构造就是以等置的方式重构大、小前提，让事实与规范相向靠近，为涵摄提供相互适应的“作为大前提的规范”与“作为小前提的事实”，再通过演绎推理获得结论（法效果）。

具体到环境民事公益诉讼中，“等置—涵摄”的二阶裁判构造是适切的，因诸多环境污染案件要么法律规定不明，要么事实认定不清，这导致在规范与事实之间不可避免须先等置，而后涵摄。在此之中，排污标准对型塑裁判构造的作用在于：第一，要件判断中，作为枢纽沟通事实与规范，实现等置；第二，效果判断中，根据排污者对排污标准的遵守程度确定如何承担责任。（如图 2 所示）

10 ［德］拉伦茨：《法学方法论》，陈爱娥译，商务印书馆 2005 年版，第 150 页。

11 郑永流：《法律判断形成的模式》，载《法学研究》2004 年第 1 期。

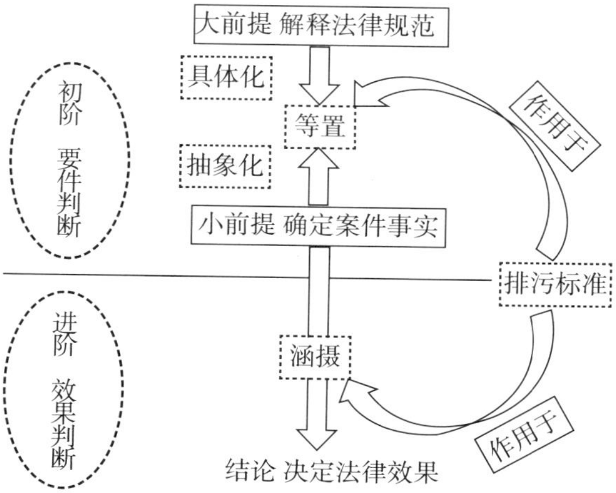


**图 2 在环境民事公益诉讼中运用排污标准的“等置—涵摄”二阶裁判构造**

这种将公法标准引入私法裁判而形成的裁判构造在司法方法论上逻辑自洽，在法经济学分析上也圆融通达，为环境民事公益诉讼司法协同的应然可能与实然症结之矛盾提供化解之策。

## 二、裁判构造之初阶：排污标准在“要件判断”等置中的运用

审判中，原告为追求一定的法效果，必须向法院主张符合规范的“构成性事实”，被告为阻止该法效果，也会提出“阻却性事实”，与此相应，法院在“要件判断”中就存在“构成性判断”和“阻却性判断”。无论是构成性判断还是阻却性判断，事实和规范如何等置以重构大小前提，都是法律运用的最困难之处。[12] 而运用排污标准将在一定程度上使该困难迎刃而解。

### （一）“超标排污”在“构成性判断”中的等置

#### 1. 法理基础

理论上，如果规范清晰到以客观量化标准为要件，法院则可直接适用推导出结论，如法律规定超标排放噪声构成噪声污染[13]。但也存在规范模糊情形，

12 郑永流：《法律判断形成的模式》，载《法学研究》2004 年第 1 期。

13 《放射性污染防治法》第 62 条第 1 项规定：“放射性污染，是指由于人类活动造成物料、人体、场所、环境介质表面或者内部出现超过国家标准的放射性物质或者射线。”《环境噪声污染防治法》第 2 条第 2 款规定：“本法所称环境噪声污染，是指所产生的环境噪声超过国家规定的环境噪声排放标准，并干扰他人正常生活、工作和学习的现象。”

如《水污染防治法》对水污染的定义是由概括性、描述性的要素组成，[14] 由于“人们无法将未经加工的案件涵摄于未经加工的规范之下”[15]，此时法院难以直接推理。

有鉴于此，在进行诸如是否构成水污染的判断时，有必要引入排污标准，实现事实与规范的等置，顺利推论出法效果。而排污标准之所以可作为构成性判断的等置媒介，有放射性及噪声污染的法律规定可资类比，本质上则是因为排污标准属于强制性环境标准[16]，其与环境民事公益诉讼控制环境污染风险的首要目标一致：坚持正义与公平，减少事故的成本。[17]

其一，排污标准和环境民事公益诉讼中的无过错归责原则均体现公平正义的理念。排污标准是在排污者和受害者之间初次分配环境污染风险的工具，系“分配正义”。而环境民事公益诉讼体现的则是恢复失衡法益的“矫正正义”。没有最初的“分配正义”就无后来的“矫正正义”，这种正义的内在阶层构造使以“超标排污”证成环境污染侵权具有理念正当基础。

其二，排污标准和环境民事公益诉讼均以寻求“负外部性内部化”为目标。排污标准是政府设置的第一道门槛，其可督促排污者采取措施减少生产带来的外部成本，但因排污标准给定的只是一个最低而非最高限度的安全阀，[18] 当排污者越过安全阀超标排污时就必然产生负外部性，这时环境民事公益诉讼可为环境保护加上第二道门槛。而第二道门槛可建立在第一道门槛基础之上的理由在于：第一道门槛设置的高低本身就隐含了行政机关的专业技术判断，而环境损害涉及大量技术问题，对于损害是否发生、损害达到何种程度等均须动用大量科学资源，以避免事实认定错误。在环境民事公益诉讼中，对于涉及复杂科学技术问题的环境损害，司法机关首先必须获取相应的科学技术支持，否则根本无法进行法律适用。[19]

2. 证立路径

在理论上，“超标排污”可证成环境侵权，但在实践中，这种证成必须借助具体规范的具体要件。通过检索相关案例，大致有三种证立路径：一是通过

---

14 《水污染防治法》第102条第1项规定：“水污染，是指水体因某种物质的介入，而导致其化学、物理、生物或者放射性等方面特性的改变，从而影响水的有效利用，危害人体健康或者破坏生态环境，造成水质恶化的现象。”

15 ［德］考夫曼著：《法律获取的程序》，雷磊译，中国政法大学出版社2015年版，第158页。

16 《生态环境标准管理办法》第5条。

17 ［美］卡拉布雷西著：《事故的成本：法律与经济的分析》，毕竟悦等译，北京大学出版社2008年版，第22页。

18 宋华琳：《论行政规则对司法的规范效应》，载《中国法学》2006年第6期。

19 王明远：《论我国环境公益诉讼的发展方向》，载《中国法学》2016年第1期。

“损害行为”要件，即只要超标排污即认定存在损害行为，如有法院认为：“企业事业单位和其他生产经营者超过污染物排放标准或者重点污染物排放总量控制指标排放污染物的行为可以视为具有损害社会公共利益重大风险的行为。”[20]二是通过“损害结果”要件，即超标排污可推定产生损害事实，如有法院认为：“长期处于噪声污染排放超标的环境下，身心健康势必受到一定程度损害也是公众所普遍认可的。”[21]三是通过“关联性”要件，即超标排污可推定污染结果同排污行为存在关联性，如有法院认为：“鱼塘中含磷远超标准，富养水的形成与水质污染有关。”[22]

而无论经由何种路径，引入排污标准主要是为了“打通事实与法律之间的屏障，解决案件事实能否归属于法律规则构成要件之下的说理难题”[23]。排污标准可为证明是否具有不利环境影响提供科学支撑，有助于认定环境侵权的损害行为和损害结果要件；排污标准的高低与污染的严重性总体也呈现正相关关系，因此超标排污更可能造成环境污染，超标程度越高，其损害结果也可能更严重。故基于环境污染风险规制目标的一致性，当排污者违反排污标准为其所设定的注意义务时，便可初步判断构成环境侵权。

### （二）“达标排污”在“阻却性判断”中的等置

理想情况下，如果排污标准能体现生态环境保护的终极目标，则是否遵守排污标准应与是否构成环境侵权处于一一映射的关系。但现实中，排污标准仅以阶段性控制为目标，且兼顾考虑执行成本，故其并非最优环境标准。因此，“达标排污”能否在阻却性判断中实现有效等置不能一概而论。

1. 实践迷思

关于“达标排污”是否构成环境侵权阻却性事由，实践中有三种情况：（1）基本在所有的水污染、土壤污染案件中，法院均认为达标排污不是阻却性事由。如对于水污染，有法院认为，达标并不等同于对周围环境必然不产生影响、必然不产生污染。[24]对于土壤污染，有法院认为，排污达标并不能免除其应承担的民事责任。[25]（2）在放射性污染案件中，法院认为达标排污是阻却性事由。如有法院认为：“所涉小灵通基站输出功率远远低于《电磁辐射防护标

---

20 山东省德州市中级人民法院（2015）德中环公民初字第 1 号一审民事判决书。

21 江苏省常熟市人民法院（2016）苏 0581 民初 5740 号一审民事判决书。

22 四川省高级人民法院（2014）川民申字第 286 号再审民事裁定书。

23 黄泽敏：《案件事实的归属论证》，载《法学研究》2017 年第 5 期。

24 江苏省徐州市中级人民法院（2017）苏 03 民终 3441 号二审民事裁定书。

25 广东省广州市中级人民法院（2016）粤 01 民终 12096 号二审民事判决书。

准》设定的安全标准，不会对人体造成损害。”[26]（3）在噪声、大气污染案件中，关于达标排污是否阻却性事由，出现了矛盾判决。对于噪声污染，有法院认为达标排污不构成噪声污染，[27]但也有法院认为：“高速公路管理中心辩称其噪声排放未超过国家标准，不应承担赔偿责任的意见不能成立，本院不予支持。”[28]对于大气污染，有法院认为：达标排污不能认定为污染行为，除非有相反证据可以证明。[29]然而也有法院持不同意见：即使低于国家标准的排放亦不免除赔偿责任。[30]

再观立法，也呈现出两种截然不同的态度，《环境噪声污染防治法》《放射性污染防治法》均规定达标排污不构成污染；而原国家环境保护局《关于确定环境污染损害赔偿责任问题的复函》和《最高人民法院关于审理环境侵权责任纠纷案件适用法律若干问题的解释》则认为排污达标与否不影响环境侵权成立。[31]

由上可知，达标排污能否阻却环境侵权，即能否作为阻却性判断的等置媒介，无论是在立法还是司法层面均未取得共识，甚至相互抵牾。鉴于此，有必要廓清认识迷雾，重筑理论基础，型塑“裁判构造”。

2. 区分适用

在回答前述问题之前，有必要首先引入德国法上“不可量物侵害”的概念。不可量物侵害指致害人以光、噪声、气味等无形介质为媒介对他人的财产或人身进行的侵害。[32]大气、噪声、放射性污染均可归入“不可量物污染”，而水、土壤、电子废物和固体废物污染可划入“可量物污染”。对于研究“达标排污是

26 贵州省贵阳市中级人民法院（2015）筑环保民终字第1号二审民事判决书。

27 广东省韶关市中级人民法院（2017）粤02民终442号二审民事判决书。

28 江苏省南京市中级人民法院（2016）苏01民终2715号二审民事判决书。

29 江苏省海门市人民法院（2014）门环民初字第00001号一审民事判决书。

30 辽宁省沈阳市中级人民法院（2015）沈中民一终字第1870号二审民事判决书。

31 《环境噪声污染防治法》第2条第2款规定：“本法所称环境噪声污染，是指所产生的环境噪声超过国家规定的环境噪声排放标准，并干扰他人正常生活、工作和学习的现象。”《放射性污染防治法》第62条第1项规定：“放射性污染，是指由于人类活动造成物料、人体、场所、环境介质表面或者内部出现超过国家标准的放射性物质或者射线。”与此对照的是，原国家环境保护局〔91〕环法函字第104号《关于确定环境污染损害赔偿责任问题的复函》规定：“现有法律法规并未将有无过错以及污染物的排放是否超过标准，作为确定排污单位是否承担赔偿责任的条件。至于国家或者地方规定的污染物排放标准，只是环保部门决定排污单位是否需要缴纳超标排污费和进行环境管理的依据，而不是确定排污单位是否承担赔偿责任的界限。”《最高人民法院关于审理环境侵权责任纠纷案件适用法律若干问题的解释》第1条规定：“因污染环境、破坏生态造成他人损害，不论侵权人有无过错，侵权人应当承担侵权责任。侵权人以排污符合国家或者地方污染物排放标准为由主张不承担责任的，人民法院不予支持。侵权人不承担责任或者减轻责任的情形，适用海洋环境保护法、水污染防治法、大气污染防治法等环境保护单行法的规定；相关环境保护单行法没有规定的，适用民法典的规定。”

32 张平华：《不可量物侵害的私法救济》，载《法学杂志》2006年第11期。

否构成环境侵权阻却性事由”的问题，如此区分污染类别具有法经济学意义。

针对“可量物污染”而言：首先，排污标准只是最低限度的安全阀，而并非将环境污染风险削减为零的边界线。违反排污标准当然被推定为忍受限度之外，却不能说只要遵守了排污标准就没有责任。基于“成本与收益相平衡”的风险管理原则，排污者仍应对遵守排污标准却产生“剩余风险”的行为埋单。其次，由于公法对达标排污的情形缺乏有效救济，如果承认达标排污可阻却环境污染侵权，则意味着“致害行为的环境成本由他人承担而又未通过市场得到补偿”[33]，排污者由于无须承担生产外部成本当然不会有实施清洁生产的内在动力，故唯有承认达标排污不是阻却事由才符合效率和激励原则。

针对“不可量物污染”而言，其具有三个特征：一是主观性，不同的人在不同的时间、地点可能会对是否造成侵害产生不同的感受；二是潜伏性，侵害结果往往不能及时显现，且受害人难以举证证明；三是不确定性，无论是当事人还是法院，均难以判断损害行为与侵害结果间的因果关系。在过去，通常是以“超出一般人的容忍义务程度”为标准来判断是否构成不可量物侵害，后来为了避免这种主观判断带来的侵权不确定性问题，《德国联邦污染防治法》第48条授权政府制定环境保护标准，并规定若遵守这些极限值或标准值的规定，则该侵害一般为非重大的妨害，推定不构成侵害，[34]即达标排污可阻却“不可量物污染”侵权。在“不可量物污染”领域，达标排污之所以阻却环境侵权，是因为该类型污染物的排放标准所设置的注意义务与侵权法上的注意义务大致相同，遵守排污标准往往被视为不会对环境造成损害。

综上，无论是承认还是否认“达标排污”的阻却性效力，关键在于评估环境污染风险（损失）的难易程度，这也是进行“阻却性判断”的脉门。排污标准并非各污染领域治理规制的最优标准，其无法整齐划一地与环境侵权画上等号，因此有必要在“达标排污的侵权阻却效力”问题上实施类型化的认定规则，并通过此认定规则将环境污染风险治理成本降到最低。具言之，现阶段因对“不可量物污染”带来的损害尚缺乏科学共识，且因果关系难以判断，此时尊重行政基准，推定“达标排污”不构成环境侵权应更为经济效率。而对“可量物污染”所造成的损失、与损害结果间的因果关系等的判断相对容易，此时认为“达标排污”不能阻却环境侵权也同样符合效率原则。易言之，在前一种情形下，“达标排污”可作为“阻却性判断”的等置媒介，在后一种情形下则不然。

---

33 汪劲著：《环境法学》，北京大学出版社2014年版，第10页。

34 ［德］鲍尔等著：《德国物权法（上）》，张双根译，法律出版社2004年版，第544页。

## 三、裁判构造之进阶：排污标准在“效果判断”涵摄中的运用

“等置—涵摄”裁判构造的进阶是从要件判断到效果判断的“涵摄”过程。环境侵权责任虽然适用无过错责任原则，但在环境民事公益诉讼中以是否遵守排污标准来讨论“过错”要件并非毫无意义，此种意义集中体现于“效果判断”中惩罚性赔偿责任的判定。

### （一）实证考察：“效果判断”涵摄中惩罚性赔偿的阙如

《民法典》第1232条规定，侵权人违反法律规定故意污染环境、破坏生态造成严重后果的，被侵权人有权请求相应的惩罚性赔偿。但在此之前，无论是立法还是司法，对于环境侵权案件能否适用惩罚性赔偿莫衷一是。例如，在“原告中华环保联合会与被告德州晶华集团振华有限公司大气环境污染责任纠纷公益诉讼”[35]中，关于中华环保联合会要求振华公司赔偿因超标排污造成的损失780万元的问题，法院认为：“环境民事公益诉讼司法解释中并未规定惩罚性赔偿，故原告中华环保联合会该项诉讼请求法律依据不足，本院不予支持。”[36]

### （二）模型建构：“排污标准”为适用惩罚性赔偿之判准

联合国统计委员会“环境和经济综合核算的附属体系”中，环境费用包括两部分：一是生产中为防止和消除对环境的负面影响而实际支付的环保费用；二是生产造成的资源耗减和环境降级的虚拟环境费用。[37]第一部分费用主要是环保税、清洁生产投入费用等，第二部分费用主要是生态损害赔偿费，这两部分费用都是排污者应负担的生产成本。针对同一类型企业而言，达标排污要比超标排污承担更多的第一部分费用，因此如果不论排污是否达标，对第二部分费用均采用同样的赔偿原则，则会陷入成本悖论——达标排污将比超标排污承担更多的环境成本。照此，现有的环境损害赔偿模式容易对排污者产生负向激励效果，且无法彻底实现排污成本内部化的目的。而生态环境补偿究其本质是环境成本问题，[38]为改善当前这种收益与成本不成比例的扭曲现象，应在环境民事公益诉讼中引入惩罚性赔偿，外部成本内部化是惩罚性赔偿在环境民事公

---

35 该案例被评为十大环境公益诉讼典型案例、2016年人民法院十大民事行政案件，具有代表性和典型性。

36 山东省德州市中级人民法院（2015）德中环公民初字第1号一审民事判决书。

37 杨翠红等：《综合环境费用的概念与计算方法研究》，载《系统工程理论与实践》2001年第6期。

38 袁广达：《我国工业行业生态环境成本补偿标准设计》，载《会计研究》2014年第8期。

益诉讼中实现威慑功能的根本运行机理。

惩罚性赔偿因具有高于受害人实际损害的赔偿标准和主观故意的主观归责特征，既具有补偿的功能，又具有制裁和预防的功能。对于主观上具有恶意的环境民事侵权案件，应该适用惩罚性赔偿。[39] 一方面，如何判断排污者主观上具有恶意是一个价值判断的问题，但为了尽可能减少侵权不确定性带来的负外部性，必须将价值判断尽可能客观化。另一方面，惩罚性赔偿是为了威慑、抑制污染行为，但过度威慑也可能抑制经济自由，导致威慑成本大于威慑收益，因此，合理可行的威慑应是适度的，即应努力探求成本与收益之间的最佳平衡，具体到环境民事公益诉讼中，这个最佳平衡点便是“排污标准”。

本文建构一个阐明“排污标准”与惩罚性赔偿适用关系的法经济学模型（如图3所示），其中X轴表示“注意义务程度”，Y轴表示“费用”，$L_1$表示“预防成本”，$L_2$表示“预期损失”。$L_1$及$L_2$的意义是：随着排污者的注意义务程度越来越高，其付出的治理环境污染的预防成本越来越高，而其预估的对环境造成的污染损失也随之越来越少。当排污者的注意义务达到“排污标准”的要求时，即国家为其预设的合法行为标准时，其预防成本与预期损失应当是相同的，即$L_1$与$L_2$的相交点C。从该模型可看出，在C点对应的“排污标准”左侧，即注意义务尚未达到排污标准时，预期损失高于预防成本，而在C点对应的“排污标准”右侧，即注意义务高于排污标准时，预期损失低于预防成本。

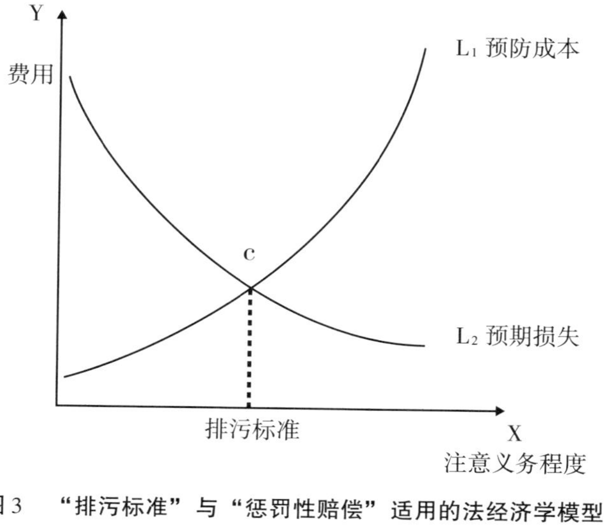


**图3　“排污标准”与“惩罚性赔偿”适用的法经济学模型**

39　高利红等：《环境民事侵权适用惩罚性赔偿原则之探究》，载《法学》2003年第3期。

因此可得出两个结论：第一，如果注意义务低于排污标准，排污者对环境污染的预防成本低于其对损失的预估，可以推定排污者主观上对损害结果具有过错，因此可对其施加惩罚性赔偿。第二，如果注意义务高于排污标准，即排污者通过提高预防成本降低造成环境污染的预期损失，其在主观上缺乏可责难性，此种情况便不应对其施加惩罚性赔偿。简言之，虽然环境侵权采取无过错归责原则，但对于是否有过错以及过错程度轻重有所不同的侵权人，在最终的责任承担方面应当区别对待。[40] 而通过分析，关于何时可以适用惩罚性赔偿的问题可以简化为：当排污者超标排污时视为恶意排污，应适用惩罚性赔偿。

至于惩罚性赔偿的适用范围，其除可以适用于单独侵权案件外，也可适用于在共同侵权案件中区分共同侵权行为人的责任大小，《最高人民法院关于审理环境侵权责任纠纷案件适用法律若干问题的解释》为此提供了法律依据。该解释第 4 条规定："两个以上侵权人污染环境、破坏生态，对侵权人承担责任的大小，人民法院应当根据污染物的种类、浓度排放量、危害性，有无排污许可证、是否超过污染物排放标准、是否超过重点污染物排放总量控制指标，破坏生态的方式、范围、程度，以及行为对损害后果所起的作用等因素确定。"由此可知，根据是否超标排污可以区分共同侵权行为人的责任大小，对共同侵权行为人区别适用惩罚性赔偿并不违背立法精神。另外须注意的是，在侵权连带赔偿责任中，连带责任的范围应仅限于补偿性赔偿，对超标排污单独判处的惩罚性赔偿不能连带，这也是惩罚性赔偿只惩罚故意为之之排污者的制度本意。

## 结语

行文至此，以"排污标准"型塑"等置—涵摄"的二阶裁判构造基本形成：在初阶的"等置"，超标排污可作为环境侵权构成性判断的媒介，但达标排污可否实现阻却性判断则需区分适用；在进阶的"涵摄"，根据建构的法经济学模型，"排污标准"可作为应否适用惩罚性赔偿的判准。此裁判构造能最大程度实现行政管制与公益诉讼的有机组合，形成消弭污染行为负外部性之合力。

理论上的裁判构造可生成实践中的裁判逻辑：首先判断排污行为是否符合排污标准，如果不符合，则可推定环境侵权成立，进而适用惩罚性赔偿；如果符合，在"可量物污染"领域，仍然推定环境侵权成立，但只能适用补偿性赔偿；在"不可量物污染"领域，推定环境侵权不成立，案件审理结束。（如图 4 所示）

---

40 杨立新等：《生态环境侵权惩罚性赔偿责任之构建》，载《河南财经政法大学学报》2019 年第 3 期。

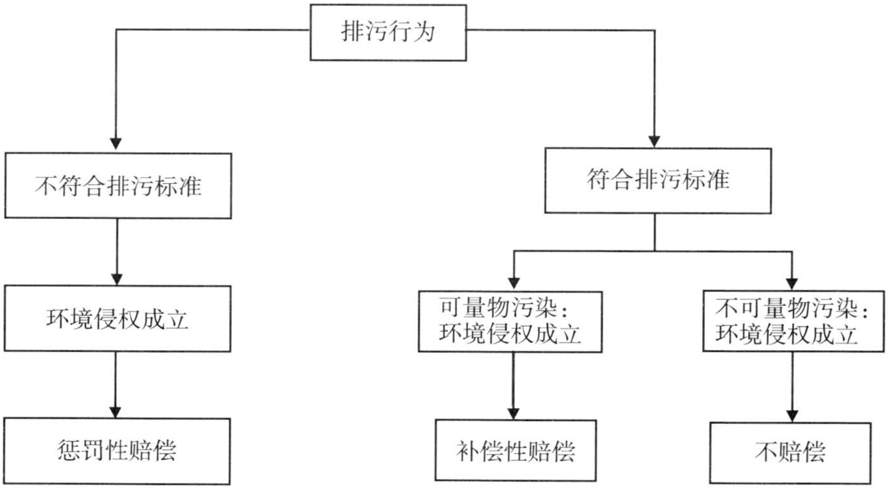


**图 4　运用“排污标准”认定环境民事公益诉讼侵权责任流程图**

在通往环境污染风险治理的正义之路上，行政管制和公益诉讼分别发挥了分配正义与矫正正义的制度功能。二者虽然分属正义的不同范畴，在治理效率上也各有优劣得失，但在最小化事故成本的目标上不谋而合，故可引公入私，将公法上的排污标准引入私法裁判之中，通过优化审判权运行机制形成环境民事公益诉讼的司法协同，通过编制最严格的生态环境保护制度，化解环境污染风险、打好污染防治攻坚战，以司法创新推动社会治理现代化。

# 我国水下文化遗产保护立法的回顾与前瞻

庄瑞银*

【内容提要】随着国际形势与国内经济社会的快速发展，现行水下文化遗产保护立法的完善已成为当前我国文化遗产法治领域的一大热点问题。这既涉及《水下文物保护管理条例》等相关立法的优化问题，也关乎国家水下文遗保护利益的维护。当前，水下文化遗产法律概念缺失，水下文化遗产保护立法的系统性规划和前瞻性设计不足，有的立法欠缺国际视野等现实问题亟待解决。对此，有必要确立并统一使用水下文化遗产法律概念，加强相关立法的系统性规划，坚持保护与利用统一的原则，通过地方立法先行先试以提高立法的前瞻性，并进一步加强相关国际法的研究和运用，准确理解和善用相关国际标准和国际经验，不断提高我国水下文化遗产保护与利用的立法质量。

【关键词】水下文化遗产　水下文物保护　立法　国内法与国际法

## 引言

随着科学技术的迅猛发展，人类勘探海底的能力日益提高，所发现的水下文化遗产（以下简称水下文遗）日益丰富。与此同时，水下文化遗产被掠夺和损害的风险也相应地增加了。[1] 现今，水下文遗保护的重要性和迫切性日渐成为

---

* 庄瑞银——广东省东莞理工学院讲师，法学博士，南方海洋科学与工程广东省实验室（珠海）研究团队成员，主要研究领域：涉外立法、国际法基本问题。本文为教育部人文社会科学重点研究基地重大项目“非遗保护的中国标准研究”（16JJD850016）、东莞理工学院课题“大数据与公共政策研究团队”（TDQN2019014）阶段性研究成果。

1 Tullio Scovazzi, *Underwater Cultural Heritage*, Max Plank Encyclopedia of Public International Law, Feb. 2009, para. 1.

人们的共识。就我国而言，悠久的航海历史、21世纪海上丝绸之路建设以及国家海洋战略的全面推进，水下文遗保护法制建设显得越来越重要。[2]这可以从以下三个方面观察得知。首先，近些年来，涉海工程大量增加，众多没有开展前期考古调查或者发掘的水域大型基建工程给水下文遗保护带来了巨大的风险。另外，水下文遗保护执法工作具有滞后性，执法机制不畅的问题日益凸显，难以有效打击水下文遗违法犯罪行为，一些地区盗捞、走私水下文遗的现象颇为猖獗。[3]其次，从国家发展战略层面来看，随着海洋强国战略的全面推进，海洋功能区划日臻完善。相应地，国家相关部门先后出台多项政策落实有关精神，如《水下文物保护管理条例》等，但水下文遗保护法制建设尚未取得实质性进展。最后，从国际层面来看，南海不仅是南海周边国家古代海洋文明的中心，同时也是该地区长期以来的国家间战略博弈首要事项。[4]我国基于全人类的共同利益在南海海域开展保护水下文遗的国家实践，但一些国家对我国的相关实践提出无端质疑，削弱了南海周边国家就水下文遗开展国际合作的积极性。[5]

遗憾的是，国内外水下文遗保护研究或聚焦于国际法、比较法领域，对水下文遗保护的国际法治、欧美和东南亚等国家的水下文遗保护国内法治进行研究，[6]或着重从国内法视角出发，围绕我国水下文遗保护的国内实践和法律依据

---

2 Yiran Fan, *Underwater Cultural Heritage Conservation and the Convention Practice in China*, http://www.themua.org/collections/files/original/748c7069c5d4151dcddadfb0918b8709.pdf, visited on 12 Jan. 2021, p. 1;《〈中华人民共和国水下文物保护管理条例修订草案〉（送审稿）起草说明》，载司法部网站，http://www.moj.gov.cn/news/content/2019-03/19/zlk_230968.html，最后访问于2021年1月12日。

3 《〈中华人民共和国水下文物保护管理条例修订草案〉（送审稿）起草说明》，载司法部网站，http://www.moj.gov.cn/news/content/2019-03/19/zlk_230968.html，最后访问于2021年1月12日；《〈中华人民共和国水下文物保护管理条例〉（征求意见稿）修订说明》，载国家文物局网站，http://www.ncha.gov.cn/art/2018/2/11/art_1966_146987.html，最后访问于2021年1月12日。

4 Yingying Jing & Juan Li, *Who Owns Underwater Cultural Heritage in the South China Sea*, Coastal Management, Vol. 47, Issue 1, 2019.

5 Hui Zhong, *Underwater Cultural Heritage and the Disputed South China Sea*, China Information, 2020 (2): 0920203X2090530.

6 有关研究可参阅 Sarah Dromgoole, *Underwater Cultural Heritage and International Law*, New York: Cambridge University Press, 2013; Sarah Dromgoole (ed.), *The Protection of the Underwater Cultural Heritage National Perspectives in Light of the UNESCO Convention* 2001 $2^{nd}$, Leiden: Martinus Nijhoff Publishers, 2006; Sarah Dromgoole (ed.), *Legal Protection of the Underwater Cultural Heritage: National and International Perspectives*, Hague: Kluwer Law International, 1999；傅崐成、宋玉祥著：《水下文化遗产的国际法保护：2001年联合国科教文组织〈保护水下文化遗产公约〉解析》，法律出版社2006年版；赵亚娟著：《联合国科教文组织〈保护水下文化遗产公约〉研究》，厦门大学出版社2007年版；郭玉军主编：《国际法与比较法视野下的文化遗产保护问题研究》，武汉大学出版社2011年版；孙雯著：《水下文化遗产国际法律问题研究》，南京大学出版社2019年版。

开展研究。[7] 从法理上讲，国家在制定国内法时应考虑到国际法的要求，而在参与制定国际法时也应考虑到国内法的立场。[8] 就文化遗产法而言，它不仅包括公法和私法，同时事关国内法与国际法。[9] 2019 年，我国司法部就《水下文化遗产管理条例（修订草案送审稿）》公开征求意见[10]。本文拟以该条例修订公开征求意见为契机，探讨我国如何从立法层面进一步改进水下文遗保护，并将以习近平法治思想为指导[11]，基于国际法与国内法相结合的视角，就加强我国水下文遗立法保护提出若干建议和意见。

## 一、我国水下文化遗产保护立法的三个发展阶段

我国水下文化遗产保护立法经历了初期阶段、转型阶段和进一步完善立法阶段三个发展时期，取得了重要的立法成就。

### （一）初期阶段

可以说，我国对水下文遗进行保护始于 1956 年。这一年，山东省梁山县松金河发掘出了一艘明代船只。为保护该船只，我国开展了保护水下文遗的工作。随着许多沉船在上海、江苏、福建和台湾的河口或附近水域被发现，20 世纪 70

---

7 有关研究可参阅刘丽娜著：《中国水下文化遗产的法律保护》，知识产权出版社 2015 年版；Yingying Jing, *Protection of Underwater Cultural Heritage in China: New Developments*, International Journal of Cultural Policy, Vol. 25, No. 6, 2019; *A Report on the Current State of Protection of Underwater Cultural Heritage in China*, http://www.cach.org.cn/tabid/76/InfoID/912/frtid/41/Default.aspx, visited on 12 Jan. 2021; Yiran Fan, *Underwater Cultural Heritage Conservation and the Convention Practice in China*, http://www.themua.org/collections/files/original/748c7069c5d4151dcddadfb0918b8709.pdf, visitedon12Jan.2021, p. 1; 赵亚娟、张亮：《从“南海一号”事件看我国水下文化遗产保护制度的完善》，载《法学》2007 年第 1 期；赵亚娟：《我国有关水下文化遗产保护的立法完善》，载《华南师范大学学报（社会科学版）》2007 年第 2 期。

8 黄瑶著：《国际法》，北京大学出版社 2007 年版，第 24 页。

9 参见 Sarah Dromgoole, *Underwater Cultural Heritage and International Law*, New York: Cambridge University Press, 2013, p. 16.

10 《司法部关于〈水下文物保护管理条例（修订草案送审稿）〉公开征求意见的通知》，载司法部网站，http://www.moj.gov.cn/government_public/content/2019-03/19/657_230969.html，最后访问于 2021 年 1 月 12 日。

11 习近平法治思想对加强水下文化遗产法律保护具有重要的指导意义。正如柳华文教授所指出的，习近平法治思想体现了国内法治与国际法治的有机联系，深刻诠释了国际法与国内法的密切关系；在全球化不断深入推进、国内国际两个大局密切相连的当下，任何法律的制定都应从国际法的角度予以考察。参见柳华文：《论习近平法治思想中的国际法要义》，载《比较法研究》2020 年第 6 期。

年代迎来了水下文遗保护活动的爆发期。[12] 随着经济社会的发展以及对文化遗产保护意识的逐渐提高，我国从立法层面日益重视文化遗产的保护。1982 年我国发布的《文物保护法》为水下文遗保护提供了基本法律框架，迄今仍是水下文遗保护立法的重要组成部分。从世界范围来看，由于陆上的文化遗产保护立法早于水下文遗，基于路径便利，水下文遗保护法律制度建设的初始阶段便沿用了陆上文化遗产的立法路径。[13] 我国的情况也不例外。

除了《文物保护法》之外，我国《海洋环境保护法》《专属经济区和大陆架法》《关于外商参与打捞中国沿海水域沉船沉物管理办法》《刑法》《治安管理处罚法》等法律法规，均有零散的条款对水下文遗保护作出了规定。

### （二）转型阶段

由于《文物保护法》以陆上的文化遗产统领文化遗产立法，而且该法仅第 4 条、第 5 条以及第 8 条涉及水下文遗保护，而没有针对水下文遗作出专门规定，因此该法对水下文遗保护的作用并不大。而其他法律法规基于自身的立法目的，重在调整其他事项而非水下文遗，故而它们的针对性并不强，甚至对水下文遗保护产生消极影响。例如，1986 年发生的歌德马尔森（Geldermalsen）事件[14]，当时我国因缺乏必要的法律支撑而遭受了沉重的教训。[15] 需指出的一点是，歌德马尔森事件不仅倒逼我国出台了《水下文物保护管理条例》，而且刺激

---

12 Kuen - chen Fu, Sarah Dromgoole (ed.), *The Protection of the Underwater Cultural Heritage National Perspectives in Light of the UNESCO Convention* 2001 $2^{nd}$, Leiden: Martinus Nijhoff Publishers, 2006, p. 18.

13 关于此问题的论述，可参阅 Sarah Dromgoole, *Underwater Cultural Heritage and International Law*, New York: Cambridge University Press, 2013, p. 47.

14 1985 年，世界闻名的南海文物大盗、荷兰职业寻宝人迈克尔·哈彻（Michael Hatcher）在中国南海海域盗捞到一艘清朝乾隆年间名为“歌德马尔森号”（Geldermalsen）的沉船，并从船上获得 15 万件“南京船货”（Nanking Cargo，这是当时西欧人对来自中国的商品的统称）、青花瓷器和上百块金锭。“歌德马尔森号”是归荷兰东印度公司所有的船舶，1751 年 12 月，该船承载着在中国购买的瓷器从中国广州港前往荷兰阿姆斯特丹。十六天后，它撞上一处礁石，在南海沉没。1986 年，当有关这艘沉船打捞的瓷器拍卖的信息公布时，中国认为该船是中国的文化遗产，因为沉船上的瓷器起源于中国。然而，在国家文物局想要制止这场拍卖会的时候，不仅无法在国际海洋法条约、各国海洋法中找出一条可行的法律依据，而且当时我国关于水下文遗保护方面的法律也是一片空白。参见郭玉军主编：《国际法与比较法视野下的文化遗产保护问题研究》，武汉大学出版社 2011 年版，第 301 页；Hongye Zhao, “Recent Developments in the Legal Protection of Historic Shipwrecks in China”, Ocean Development and International Law, Vol. 23, No. 4, 1992。

15 Kuen - chen Fu, Sarah Dromgoole (ed.), The Protection of the Underwater Cultural Heritage National Perspectives in Light of the UNESCO Convention 2001 2nd, Leiden: Martinus Nijhoff Publishers, 2006, p. 18; Yingying Jing, Protection of Underwater Cultural Heritage in China: New Developments, International Journal of Cultural Policy, Vol. 25, No. 6, 2019.

了南海周边国家积极立法，打击非法打捞水下文遗的活动。[16]

为有效应对有关水下文遗保护的挑战、提高国家保护水下文遗的制度能力，我国于1989年出台了第一部水下文遗保护的专门立法《水下文物保护管理条例》。该法所确立的有关水下文遗的保护原则、具体保护手段和措施等，在防范和应对诸如非法盗捞、沿海地区大型涉海建设项目缺乏必要的水下文遗保护措施等水下文物风险、加强和规范水下文物考古、优化水下文物保护管理等方面发挥着重大作用，有力地推动我国水下文遗保护事业的发展。虽然《水下文物保护管理条例》是根据《文物保护法》制定的，属于《文物保护法》的下位法，但该法是国际范围内较早的水下文物保护立法，并得到了一些西方学者高度赞誉，认为该法“是对其他国家所采取的行动进行仔细分析基础上制定的成果，为中国在水下文遗保护立法方面的领先地位奠定了基础”。[17]

（三）进一步完善相关立法阶段

这一阶段是指20世纪90年代至今，我国水下文化遗产保护立法所呈现出的中央立法与地方立法齐头并进的良好发展态势。

就中央立法而言，随着经济社会的发展以及国家战略的调整，有关水下文遗保护的法律法规越来越难以有效应对快速发展的水下文遗保护需要以及符合新时期水下文遗保护的理念。有鉴于此，为了发挥立法引领改革的作用，有关立法主体适时地对相关法律法规进行必要的修改。例如，《文物保护法》和《水下文物保护条例》分别经历了一次修订、五次修正和一次修订。目前，这两部法律法规皆处于修订状态。此外，为加强有关中央立法的可操作性，有关立法主体出台了一些配套的立法。以考古涉外工作为例。由于《文物保护法》和《海上交通安全法》存在着有关规定要么较为抽象和原则、可操作性不强，要么对诸如涉外考古工作管理等事项缺乏针对性等问题。为此，文物局于1991年出台了《考古涉外工作管理办法》，应水下文遗保护发展的需要，国务院分别在2011年和2016年对该办法进行必要的修订。

在地方立法层面，广东、浙江等拥有丰富水下文遗的省份因地制宜，积极出台具有地方特色的水下文遗保护地方立法。根据我国《宪法》《立法法》，地方立法具有多重功能，不仅有利于实现全面贯彻落实法律法规、管理地方事务

16 Zhen Lin, *Jurisdiction Over Underwater Cultural Heritage in the EEZ and on the Continental Shelf: A Perspective From the Practice of States Bordering the South China Sea*, Ocean Development & International Law, Vol. 50, Issue 2-3, 2019.

17 P. Hoagland, Sarah Dromgoole (ed.), *Legal Protection of the Underwater Cultural Heritage*: National and International Perspectives, Hague: Kluwer Law International, 1999, pp. 35-36.

的目标，而且也可通过先试先行，有效地解决地方治理难题并为中央立法积累立法经验。为贯彻落实《文物保护法》《水下文物保护管理条例》等法律法规，广东省、福建省、浙江省等地不仅出台了本省的文物保护管理条例或实施《文物保护法》的办法，同时因应上位法的修改，有关省份适时修改了相关地方立法，在保障法制统一的基础上实现地方有效治理。与中央立法相比，相关地方立法不仅增强了就地保护原则的可操作性，而且创设了有关部门合作机制以及水下文遗的调查机制。作为首部专门的水下文遗保护的地方立法，《福建省文物保护管理条例（2009修订）》将水下文遗保护中的就地保护原则、立即报告和与执法机构相互合作的三个方面纳入立法中，进一步完善水下文遗保护地方立法。[18]而《广东省实施〈中华人民共和国文物保护法〉办法》更是以要求保持水下文遗现场完整并立即报告以及实行重大文物安全事故制度为亮点，有效地增强了水下文遗的保护力度。[19]

我国水下文遗保护的立法经历了以上三个发展阶段，通过这种渐进式立法的发展，水下文遗工作的法治保障不断得以加强。

## 二、目前我国水下文化遗产立法保护存在的主要不足

随着国际与国内经济社会的不断发展，我国水下文遗保护立法中存在的新旧问题也日渐显现出来，下文聚焦论及三个主要的复杂问题。

### （一）“水下文化遗产”法律概念的缺失

虽然国际社会尚未就“文化遗产”一词形成普遍性定义，各有关国际条约和国际文件的建议均根据自身目的和宗旨对有关概念予以界定，但自20世纪70年代以来，有关国际条约或国际文件更加频繁地采用了文化遗产的措辞。[20]有鉴于此，2005年国务院发布了《关于加强文化遗产保护的通知》[21]，并在该通知中指出：文化遗产包括物质文化遗产和非物质文化遗产。其中，物质文化遗

---

18 Yingying Jing, *Protection of Underwater Cultural Heritage in China: New Developments*, International Journal of Cultural Policy, Vol. 25, No.6, 2019.；陈美华：《以地方特色成就一部法规》，载《中国人大》2009年第33期。

19 Yingying Jing, *Protection of Underwater Cultural Heritage in China: New Developments*, International Journal of Cultural Policy, Vol. 25, No.6, 2019.；谢浩然：《守护遗产，延续文明：解读〈广东省实施《中华人民共和国文物保护法》办法〉》，载《人民之声》2009年第4期。

20 张亮、赵亚娟：《“文化财产”与“文化遗产”辨：一个国际法的视角》，载《学术研究》2012年第4期。

21 《国务院关于加强文化遗产保护的通知》，载《国务院公报》2006年第5期。

产是“具有历史、艺术和科学价值的文物，包括不可移动文物和可移动文物，以及在建筑式样、分布均匀或与环境景色结合方面具有突出普遍价值的历史文化名城（街区、村镇）”。而非物质文化遗产则是指“各种以非物质形态存在的与群众生活密切相关、世代相承的传统文化表现形式，包括口头传统、传统表演艺术、民俗活动和礼仪与节庆、有关自然界和宇宙的民间传统知识和实践、传统手工艺技能等以及与上述传统文化表现形式相关的文化空间”。由此可见，上述通知有关文化遗产的界定仍然局限于文物的范畴。

水下文遗的法律概念是水下文遗保护立法的基本概念，尽管目前国际社会没有一个有关水下文遗的统一定义，但有关国际条约和国际文件就水下文遗所作的界定都囊括了水下文遗所处环境等。遗憾的是，迄今为止，我国水下文遗立法尚未建立水下文遗法律概念，仍然采用“水下文物”法律概念，这导致两个难题。其一，根据法制统一的要求以及《立法法》等有关不抵触原则的规定，《水下文物保护管理条例》作为《文物保护法》的下位法，不得突破文物概念的限定，这导致正在修订的《水下文物保护管理条例》难以对水下文遗概念作出进一步完善。根据《文物保护法》规定，文物包括“具有历史、艺术、科学价值的古文化遗址、古墓葬、古建筑、石窟寺和石刻、壁画”五类。正在修订的《文物保护法》丰富了文物的定义和类型，不仅明确提出了“文化遗产”的概念，增加了革命文物、文化景观等文物类型，而且提出了以国际通行的100年年代线认定可移动文物。[22]尽管如此，该法仍然没有将水下文遗所处环境纳入保护范围。其二，有关部门考虑到我国尚未加入《保护水下文化遗产公约》，在本次修订中没有对《水下文物保护管理条例》第2条关于水下文遗的外延作出修改。现行《水下文物保护管理条例》第2条针对水下文物的特殊性界定为：水下文物是指“遗存于下列水域的具有历史、艺术和科学价值的人类文化遗产……”，但不包括“1911年以后的与重大历史事件、革命运动以及著名人物无关的水下遗存。”[23]从上述法律概念的界定来看，水下文物虽然具有历史、艺术和科学价值，但没有对有关文物与其所处环境之间的密切关系给予应有的考

---

22 《关于〈中华人民共和国文物保护法（修订草案）〉（征求意见稿）》，载国务院网站，http://www.gov.cn/xinwen/2020-11/11/5560460/files/da4a699ed6294a96be75751247473bca.pdf，最后访问于2021年1月12日。

23 正在修订的《水下文物保护管理条例》并没有修改“水下文物”的概念。详见《〈中华人民共和国水下文物保护管理条例〉修订草案（送审稿）》，载司法部网站，http://www.moj.gov.cn/news/content/2019-03/19/zlk_230967.html，最后访问于2021年1月12日。

虑，因而有关概念并没有包含水下文遗所处的环境[24]。我国有关立法采用水下文物而非水下文遗的概念，不当地缩小了我国有关法律的调整范围，导致我国水下文遗保护利益受损。

此外，我国相关的正式文件中，对于诸如文物、水下文物等概念的中英文表述也存在差异。其中，中文表述为“文物”，而英文翻译采用的是“cultural heritage”，而非“cultural relics”。例如，《水下文物管理保护条例》英文版将“水下文物”翻译为“underwater cultural relics”而非“underwater cultural heritage”；国家文物局的官方翻译为“National Cultural Heritage Administration”。[25]

我国的规范性文件中不仅采用了水下文物、水下文化遗产等多个概念，而且除立法实践外，在诸如国家主管部门英文名称、最高国家行政机关国务院发布的有关通知都采用“underwater cultural heritage”的表述。将两个不同的概念在不同语境中混用，甚至在《水下文物保护条例》的官方英文翻译中采用不同的表述，这给我国带来多方面的不良影响：一是削弱国家立法权威，降低法律适用的实效，不利于国家对水下文遗保护实行有效治理；二是在文化遗产业已成为国际社会普遍适用的法律概念的情况下，制约了我国参与相关国际交流与合作的深度与广度，不利于我国在全球水下文遗保护治理中发挥应有的作用；三是不利于我国有效履行诸如《联合国海洋法公约》（以下简称《海洋法公约》）等对我国有法律拘束力的国际条约义务，同时也为我国将来加入公约埋下了制度隐患：一旦加入《保护水下文化遗产公约》，我国将面临国内立法与国际条约不一致的尴尬局面，这将不当地增加我国水下文遗保护法制建设的成本。

### （二）水下文化遗产保护立法的系统性规划和前瞻性设计不足

法律的相对稳定性不可避免地伴随着滞后性，这在水下文遗保护立法中得以印证，那就是，有关顶层设计的变化与发展未能及时地上升为水下文遗保护法律，水下文遗保护立法系统性规划与前瞻性设计不足的问题日益凸显。立法的滞后导致保护管理工作面临的传统问题与新兴问题并存，有关水下文遗保护的法律困境亟待消除。

我国已制定并多次修订《文物保护法》和《水下文物保护管理条例》，但有关立法是现实倒逼的结果，属于回应型立法。回应型立法能够在一定程度上

---

24　实际上，水下文遗具有历史、艺术和科学价值，同时与其所处环境具有密切关系，这主要是因为水下文遗长期处于水下，已经融入了周围的环境。对此，有关水下文遗的界定中应涵盖这一元素。

25　国家文物局的官方英文表述详见国家文物局网站，http：//www.ncha.gov.cn/，最后访问于2021年1月12日。

解决现实中的挑战，但面对日益复杂多元的水下文遗保护形势往往只能疲于应对，头痛医头脚痛医脚。回应型立法既无法系统性地应对有关挑战，更难以通过预先规划，充分发挥立法引领水下文遗保护发展的作用，以致水下文遗保护立法尚未建立系统化的法律框架。同时，有关立法呈现出效力层次多元化、具体法律制度分散化的特点。具体而言，既有类型各异、效力层级不同的中央立法，也有根据地方实际和需要制定的具有地方特色的地方立法。而且，有关规定分散于多个不同效力层级的法律法规当中，为有效适用有关法律带来了困难。[26]此外，由于各有关法律法规是基于各自的立法目的制定，水下文遗保护有关立法之间存在一定的张力或冲突。以影响航行的水下文遗管理为例。《海上交通安全法》聚焦海上交通管理，旨在保障船舶、设施和生命财产的安全，但其对水下文遗的特定关照不足。该法第八章第40条和第41条涉及沉船打捞清除及管理，有关条款规定侧重于清除阻碍航行的沉没物体，以消除其对安全航行、航道整治的不良影响。在新建成的航道上的沉没物体属于水下文遗，同时在这些水下文遗对航行造成负面影响的情况下，问题就变得颇为复杂：一方面根据该法规定，港口管理机构有权打捞或清除有关水下文遗，另一方面国家文物局基于《水下文物保护法》的规定负有保护这些水下文遗的职责。[27]此时，两个部门之间发生了管辖权竞合，而且有关管辖权行使的结果很可能是截然相反的。

同时，由于水下文遗保护立法遵循文物保护立法的路径，没有对水下文遗的特殊性作出充分的回应。《水下文物保护管理条例》虽然是水下文遗保护的专门立法，但该条例是《文物保护法》的下位法，不得与该法相抵触。换言之，从性质上看，该条例属于《文物保护法》的附属性立法[28]，因而该条例受制于《文物保护法》的规定，这在该法有关“文物”的概念界定以及整部法律所延续的侧重于陆上文物保护的制度设计理念中可见一斑。其结果是，水下文遗保护立法难以为业已发生重大变化和发展的水下文遗保护事业创设具有前瞻性的具体法律制度。

### （三）水下文化遗产保护立法的国际视野有所欠缺

正如柳华文教授所言，在我国法治建设过程中，国内法不可避免地为国际

---

26 有关我国涉及水下文遗保护的中央立法及其评述，可参阅刘丽娜著：《中国水下文化遗产的法律保护》，知识产权出版社2015年版，第12－38页。

27 Yingying Jing, *Protection of Underwater Cultural Heritage in China: New Developments*, International Journal of Cultural Policy, Vol. 25, No. 6, 2019.

28 Kuen－chen Fu, Sarah Dromgoole (ed.), *The Protection of the Underwater Cultural Heritage National Perspectives in Light of the UNESCO Convention* 2001 $2^{nd}$, Leiden: Martinus Nijhoff Publishers, 2006, p. 18.

法所影响，同时国内法也有必要与国际法沟通；中国立法首先是根据本国宪法、立足本国国情制定，同时也会更多地以国际视野考察、考虑国际经验和社会发展趋势。[29]从法理上讲，国家在制定国内法时应考虑到国际法的要求，而在参与制定国际法时也应考虑到国内法的立场。[30]就文化遗产法而言，它不仅包括公法和私法，同时事关国内法与国际法。[31]水下文遗所在的海洋区域或位置不同，所适用的海洋法律制度也有所不同。这在南海海域中的水下文遗保护中尤为凸显。遗憾的是，即便是近期开展的关于征集有关《水下文物保护管理条例(征求意见稿)》公众意见的实践中，也仍然将目光聚焦于国内法层面。我国水下文遗保护的现有立法对水下文遗保护涉及的国际法考虑并不足够，明显地体现在如下三点：一是对水下文遗概念的理解不全面，二是对就地保护原则的诠释欠精准，三是未能对水下文遗保护涉及的所有权和管辖权之外的其他权益予以顾及。对此，下文将予以分而述之。

就水下文遗概念用语而言，国际社会已普遍适用水下文遗的概念。而且，《海洋法公约》《保护水下文化遗产公约》等国际条约以及《关于在国家一级保护文化和自然遗产的建议》《关于蓄意破坏文化遗产问题的宣言》等国际文件有关水下文遗的界定范围都对水下文遗与其所处的环境之间的紧密关系给予充分考虑，将有关环境和自然环境包含在水下文遗保护当中。与此同时，尽管我国日益关注对《保护水下文化遗产公约》的加入问题，但却对《保护水下文化遗产公约》有关水下文遗概念的内涵与外延、就地保护原则等并未给予足够的重视。《保护水下文化遗产公约》采取发展的眼光看待水下文遗保护，在时间方面规定了100年以上的古物可纳入水下文遗保护范畴。与此相反的是，我国采取静止的眼光对待水下文遗保护，通过设定具体的起算时间点——“1911年以后”这样的静态立法技术，不当地缩小了我国对水下文遗保护的法定范围，亦即仅限于水下文物，而将水下文物所处的环境等排除在外，并将水下文遗的范围局限于现有的状态。我国对水下文遗保护的制度空间被不当地自我限缩，这种不全面地解读水下文遗概念的做法，不利于国家海洋强国战略的全面贯彻落实。

关于我国国内立法不精准地诠释水下文遗的就地保护原则。负责起草《保护水下文化遗产公约》的专家在公约草案起草报告中明确指出，保护水下文遗

---

29 柳华文：《论习近平法治思想中的国际法要义》，载《比较法研究》2020年第6期。

30 黄瑶著：《国际法》，北京大学出版社2007版，第24页。

31 Sarah Dromgoole, *Underwater Cultural Heritage and International Law*, *New York*: Cambridge University Press, 2013, p. 47.

的最佳方法是就地保护，除非为了科学或保护目的需要清除水下文遗。[32]《保护水下文化遗产公约》前秘书乌尔里克·格林进一步指出，就地保护是《保护水下文化遗产公约》有关水下文遗保护所设定的第一选择，但就地保护原则既非水下文遗保护的优先选择，也非水下文遗保护的唯一选择。在不同场合不同情形下，部分或者全部发掘可能会更可取。[33]我国有关水下文遗保护的地方立法创设了就地保护原则，加强了水下文遗的保护力度，但有关地方立法将就地保护作为水下文遗保护的优先原则。这不仅可能给水下文遗保护带来僵化处理的风险，而且也将不利于我国将来加入《保护水下文化遗产公约》之后国内法与国际条约的协调一致。

就水下文遗保护国内立法对水下文遗保护涉及的其他权益缺乏的必要关照而言，现有国内立法着重于水下文遗所有权和管辖权，而尚未就《保护水下文化遗产公约》所构建的除所有权和管辖权外的其他权益予以规定。[34]这一立法空白不当地减少了我国对水下文遗保护所享有的权益种类，限缩了我国对水下文遗保护所享有的权益空间，对我国国家利益的维护颇为不利。

## 三、国内法与国际法有机结合视角下完善水下文化遗产保护立法建议

针对当前我国水下文遗保护立法中存在的主要不足及问题，从统筹考察关涉水下文遗保护的国际法角度，本文提出如下三个方面的立法完善建议。

### （一）确立并统一使用水下文化遗产法律概念

2012年《全国人民代表大会常务委员会执法检查组关于检查〈中华人民共和国文物保护法〉实施情况的报告》已指出，《文物保护法》对水下文物保护的问题缺乏明确的规定。[35]然而，无论是业已完成的《文物保护法》（2015修

---

32 Patrick J. O’keefe & James A. R. Nafziger, *The draft convention on the protection of the Underwater Cultural Heritage*, Ocean Development and International Law, Vol. 25, No. 4, 1994.

33 乌尔里克·格林：《联合国教科文组织〈保护水下文化遗产公约〉与水下博物馆发展》，载《2010年水下文化遗产保护展示与利用国际学术研究研讨会论文集》，文物出版社2011年版，第13页、第208页。

34 有关公约所构建的除所有权外的其他权益的详细论述，可参阅 Sarah Dromgoole, *Underwater Cultural Heritage and International Law*, New York: Cambridge University Press, 2013, pp. 119－132.

35 《全国人民代表大会常务委员会执法检查组关于检查〈中华人民共和国文物保护法〉实施情况的报告》，载全国人大网站，http://www.npc.gov.cn/wxzl/gongbao/2012－11/08/content_1745213.htm，最后访问于2021年1月12日。

正）及《文物保护法》（2017修正），还是正在修订的《文物保护法》，都没有就此问题予以必要的立法回应。[36]正在修订的《文物保护法》虽然丰富了文物的定义并提出了“文化遗产”的表述，但该法仍然采用“文物”这一概念而非“文化遗产”的法律概念。此外，同一部法律同时使用文物、文化遗产等不同表述，是不符合立法实践中关于表述统一的立法技术要求的，容易产生不必要的混乱。统筹陆上文化遗产和水下文遗的文化遗产法律概念，既是体系化地构建并完善我国文化遗产保护立法的前提和基础，也是提升我国水下文遗保护制度化、规范化以及法制化水平的关键之所在。因此，有必要确立并统一使用文化遗产的法律概念。

需要指出的一点是，文物作为水下文物的上位概念，基于法制统一的要求，只有将文物的概念拓展为文化遗产，才能破解当前水下文遗、水下文物等概念混用、不统一的问题，以及解决与国际社会普遍适用的法律概念不一致所产生的水下文遗保护问题。同时，这也有助于拓展《文物保护法》《水下文物保护管理条例》的制度韧性，使其在我国加入《保护水下文化遗产公约》后仍然保有强大的生命力，发挥立法引领改革的作用。有鉴于此，有必要使用文化遗产的概念，为确立并统一使用水下文遗法律概念奠定基础。

在确立并统一使用水下文遗法律概念时，有必要借鉴《保护水下文化遗产公约》有关水下文遗的界定。毕竟，《保护水下文化遗产公约》作为全球第一部关于水下文遗保护的全球性专门公约，具有重要的示范作用，而且我国加入《保护水下文化遗产公约》的意愿日益强烈。但这并不意味着我国在加入该公约后，必须全盘接受《保护水下文化遗产公约》的规定。根据1969年《维也纳条约法公约》第19条的规定，缔约国有权对条约作出保留，但下列三种情况不得保留：条约本身禁止保留，条约仅准许特定的保留而有关保留不在其内，有关保留不符合条约的目的与宗旨。纵观《保护水下文化遗产公约》，其有关水下文遗的概念并不属于公约规定不得保留的事项，同时也不关涉公约的目的与宗旨之事项。因此，我国将来加入该公约时，可以对水下文遗的概念作出保留。

这里需特别指出一点，在确立与统一水下文遗概念时，应转变立法理念，

---

36 《全国人民代表大会常务委员会关于修改〈中华人民共和国文物保护法〉等十二部法律的决定》，载全国人大网站，http://www.npc.gov.cn/zgrdw/npc/lfzt/rlyw/2015-04/23/content_1934218.htm，最后访问于2021年1月12日；《全国人民代表大会常务委员会关于修改〈中华人民共和国会计法〉等十一部法律的决定》，载全国人大网站，http://www.npc.gov.cn/npc/c30834/201711/5a278a3852434db29cd8282272f73523.shtml，最后访问于2021年1月12日；《关于〈中华人民共和国文物保护法（修订草案）〉（征求意见稿）》，载国务院网站，http://www.gov.cn/xinwen/2020-11/11/5560460/files/da4a699ed6294a96be75751247473bca.pdf，最后访问于2021年1月12日。

以发展的眼光看待水下文遗保护的发展，摒弃静态调整的范式，积极运用动态调整的方式框定水下文遗的法定范围。由此，本文认为，有关部门以我国尚未加入《保护水下文化遗产公约》为由，不对《水下文物保护条例》第2条关于水下文遗的外延作出修改的做法是值得商榷的。《保护水下文化遗产公约》要求仅仅保护100年以上的水下文遗。对此，正如有学者所指出的，这从事务角度看可能是明智的，但从原则的角度看，这与现代遗产理念和一般国家实践的整体方法严重不符。[37] 基于此缘故，我们应立足本国国家利益和发展战略需要，借鉴他国立法中的有益经验，辩证地看待《保护水下文化遗产公约》有关“100年”时间的界定标准，将不足100年的水下文遗也纳入我国国内立法的保护范围，依法拓展我国立法的调整范围。由此观之，当前正在修订的《文物保护法》在丰富文物定义时提出以国际通行的100年年代线认定可保护的移动文物，是值得商榷的。事实上，有关国际做法和国际条约的规定固然可能具有参考价值，但对于我国不是缔约国的国际条约和不具有法律拘束力的国际做法，我国应立足于本国国情，从最低限度维护国家利益的角度制定政策或立法。

### （二）加强相关立法的系统性规划，坚持保护与利用统一的原则，通过地方立法先行先试以提高立法的前瞻性

首先，水下文遗保护立法的系统性规划应进一步加强。因水下文遗保护的主体、客体、内容和范围发生的新变化和发展，我国出台了多项政策，积极主动地迎接新时期水下文遗保护的挑战。诸如“一带一路”倡议和国家海洋强国战略等表明，水下文遗保护已被纳入国家经济发展计划，水下文遗的活动不再局限于保护，同时涉及结合经济发展需要的利用。正如2019年3月《〈中华人民共和国水下文物保护管理条例修订草案〉（送审稿）起草说明》所指出的，技术开发、资金投资、考古人才培训、国际交流、内陆水域和周围海域水下文遗调查、建立保护基地与海洋相关活动协调等共同形成了一个关于水下文遗保护与利用相互促进的系统。在此背景下，应通过提高对水下文遗保护的国内法和国际法的认识，善于将凝练了党和国家有关水下文遗保护顶层设计的政策上升为国家法律，加强水下文遗保护立法的系统性规划。系统论认为，系统是由要素组成的有机统一体。而整体性是系统最基本的特性。根据系统论原理，要加强水下文遗保护立法的整体性，有必要优化国家顶层设计，将正在修改的《文物保护法》修改为《文化遗产保护与利用法》，为文化遗产领域法治建设提

---

37 Sarah Dromgoole, *Underwater Cultural Heritage and International Law*, New York: Cambridge University Press, 2013, p. 95.

供基本法律框架。在此基础上，根据水下文遗特点，建议将正在修订的《水下文物保护管理条例》修改为《水下文化遗产保护管理条例》。有一点需指出的是，在制定上述两项法律法规的过程中应注意与其他涉海涉水领域相关法律法规相衔接，避免相互冲突或相互脱节等问题。

其次，凸显合理利用水下文遗的维度，全面贯彻落实党中央关于让文化遗产活起来的精神。党的十八大以来，习近平总书记对文化遗产保护高度重视，不仅多次前往文化遗产丰富的省市考察调研，还就文化遗产保护作出重要指示，特别是"活起来"三个字为文化遗产保护工作指明了方向。[38]"保护"和"利用"是文化遗产继承或传承的两个基本方面。为适应文化遗产保护利用的新形势，在修订有关立法过程中，应坚持水下文物保护与利用统一的原则，着重加强水下文化遗产保护专门举措成为立法者的必然选择。正在修订的《文物保护法》和《水下文物保护管理条例》都明确了这一点。[39]尽管如此，文化遗产保护立法，特别是水下文遗保护立法都没有突出"利用"的维度。这在有关立法的名称中可见一斑。法律法规的名称承载着该法律法规的立法使命，反映了凝结在有关立法中的党和国家的相关精神，同时向社会和公众传达着相关立法理念。从法律的功能来看，具体条款应承载着立法理念，彰显相关法律精神，在很大程度上发挥法律的规范、指引以及惩罚等作用。不可否认的是，立法者所秉持的合理利用水下文遗的理念，并非都能全面充分地为人们所知悉并及时转化为实际行动。鉴此，有必要在有关法律法规的名称中凸显利用的维度，以适应水下文遗保护利用新形势。

最后，发挥地方积极性，通过地方立法先试先行，提高水下文遗保护立法的前瞻性。未来前瞻性设计是水下文遗保护立法的基本原则，对水下文遗保护作出前瞻性和拓展性的规定是开展有关立法工作的必由之路。[40]在这方面，地

---

38 《习近平：建设社会主义文化强国，着力提高国家文化软实力》，载新华网，http://www.xinhuanet.com/politics/2013-12/31/c_118788013.htm，最后访问于2021年1月12日；单霁翔：《大家手笔：让文化遗产活起来》，载《人民日报》2019年5月17日，第13版。

39 《〈中华人民共和国水下文物保护管理条例修订草案〉（送审稿）起草说明》，载司法部网站，http://www.moj.gov.cn/news/content/2019-03/19/zlk_230968.html，最后访问于2021年1月12日；《〈中华人民共和国水下文物保护管理条例〉（征求意见稿）修订说明》，国家文物局网站，http://www.ncha.gov.cn/art/2018/2/11/art_1966_146987.html，最后访问于2021年1月12日。

40 《〈中华人民共和国水下文物保护管理条例修订草案〉（送审稿）起草说明》，载司法部网站，http://www.moj.gov.cn/news/content/2019-03/19/zlk_230968.html，最后访问于2021年1月12日；《〈中华人民共和国水下文物保护管理条例〉（征求意见稿）修订说明》，载国家文物局网站，http://www.ncha.gov.cn/art/2018/2/11/art_1966_146987.html，最后访问于2021年1月12日；《关于〈中华人民共和国文物保护法（修订草案）〉（征求意见稿）的起草说明》，载国务院网站，http://www.gov.cn/xinwen/2020-11/11/5560460/files/ed48fd002c09440e9bf436ad74a13314.pdf，最后访问于2021年1月12日。

方立法大有可为。地方立法的主要功能有三：一是通过创设具体的法律制度，将中央立法具体化，增强法律的可操作性；二是结合地方实际和需要，解决相关地方事务，实现有效治理；三是地方立法的先行先试权。就水下文遗保护和利用而言，可充分运用地方法规的先试先行立法权，作为进行前瞻性立法的重要抓手。中央立法牵一发而动全身，对水下文遗保护具有重大影响。与中央立法不同，地方立法的影响范围较低，仅在特定行政区域内具有法律拘束力。相应地，地方立法的试错成本远低于中央立法。应充分发挥地方积极性，制定先试性立法，为中央立法积累必要的立法经验，降低中央立法试错成本。与此同时，通过加强对省级地方性法规的备案审查以及强化省级人大对设区的市地方性法规的审批，防止地方受自身利益驱使，以地方立法之名危害水下文遗。

（三）进一步加强相关国际法的研究和运用，准确理解和善用相关国际标准和国际经验

如前所述，水下文遗保护涉及水下文遗的所有权及其他权益，所以其事关一国文化遗产保护的利益。而且，水下文遗保护亦与全人类共同利益密切相关，各国负有为全人类利益而保存或处置水下文遗的责任。目前唯一的水下文遗领域的专门普遍性国际条约《保护水下文化遗产公约》，其第 2 条“目标和总则”指出，缔约国应根据本公约的各项规定为全人类之利益保护水下文化遗产。再者，根据《海洋法公约》第 149 条以及第 303 条，缔约国对国际海底区域内的水下文遗负有为全人类利益进行合作的义务。我国作为海洋大国和负责任的大国，在开展水下文遗保护立法过程中，应基于水下文遗保护的国家利益和全球治理的需要，明确我国在国家主权、水下文遗的所有权及其他权益、基于一般国际法所享有的水下文遗权利、管辖权和所应承担的义务等。为此，很有必要加强对水下文遗保护方面的国际法研究，全面而准确地把握水下文遗保护的国际法。譬如，从文化遗产法来看，水下文遗所处的海域不同，其所适用的法律制度也不尽相同。由于现代海洋法将海洋划分为不同的海域，每个海域都有自己的具体法律制度，相应地，一国在内水、群岛水域、领海、毗连区、专属经济区、大陆架、国际海底区域和公海等不同海域中，对水下文遗享有的权利和承担的义务不尽相同。为此，我们需要进一步加强相关国际法的研究和运用，准确理解和善用相关国际标准和国际经验，不断提高我国水下文遗保护与利用的立法质量。

多年来，我国高度重视水下文遗保护的立法工作并取得了很大发展，随着我国海洋强国建设和从文化遗产大国迈向文化遗产强国战略的全面推进，我国水下文遗保护迎来了新的发展契机。针对目前我国水下文遗保护立法中存在的

若干主要问题，包括水下文遗法律概念的缺失，水下文遗保护立法系统性规划与前瞻性设计不足，有的立法规定欠缺国际视野等，有必要基于国际法与国内法的双重视角，在拓展文物概念内涵与外延的基础上确立并统一使用水下文遗法律概念，加强统性规划和前瞻性设计，改进立法技术，提高立法精细化程度，更好地实现水下文遗立法保护领域的治理体系和治理能力现代化。

# 我国海上风电项目审批法律问题及其应对

## ——以海域使用许可和跨界海洋环境影响评价为中心

卜凌嘉*

**【内容提要】** 发展海上风电已成为我国推动能源转型，促进大气污染防治的重要手段。随着海上风电建设向深海化和大型化发展，海上风电项目审批制度面临新问题：《海域使用管理法》缺乏对专属经济区的使用许可，海上风电场对该海域的使用申请无法可依。海上风电场存在跨界海洋环境影响风险，但我国现行环评法律对跨界环境影响评价监管缺失。为解决这些矛盾，应当对《海域使用管理法》和《环境影响评价法》及其相关法规进行修改完善，加强我国海洋法治建设，促进我国对海洋资源的可持续发展利用。

**【关键词】** 海上风电　海域使用审批　海洋环境影响评价

全球能源从化石能源向低碳能源转型为海上风电发展提供了重大机遇。在2020年9月22日举行的第75届联合国大会一般性辩论上，习近平主席提出中国二氧化碳排放力争于2030年前达到峰值，争取在2060年前实现“碳中和”。海上风电是我国推动能源结构转型升级、减少温室气体排放和解决大气污染问题的重要手段。我国发展海上风电既有能源转型的迫切要求，也有自然地理优势。我国沿海省份经济发达，总耗能约占全国的一半且用能仍以化石能源为主，

---

* 卜凌嘉——广东财经大学国际学院讲师、法学博士，主要研究领域：国际海洋法、国际人权法。本文为广东哲学社会科学规划项目“海上风力发电法律问题研究”（GD19CFX01）和2020年度教育部人文社会科学研究青年基金项目“军舰豁免权法律问题研究”（20YJC820003）以及南方海洋科学与工程广东省实验室（珠海）资助项目（项目批注号：SML－2020SP005）阶段性研究成果。

减排压力大，能源结构亟须调整。以广东省为例，其GDP约占全国的八分之一，而能源供应主要依赖化石能源，其中煤炭和石油占一次能源消费结构比例高达59%，不仅污染大，而且成本高，企业负担重。[1]沿海地区依靠丰富的海上风能资源，加速开发海上风电，可以有效推进这些地区的能源供给侧结构性改革。此外，我国海上风能资源丰富，且距离沿海电力负荷中心较近，有利于电力消纳，具有陆上风电所不具备的优势。

为推动海上风电的加速发展，国家出台一系列政策法规，如《海上风电开发建设管理办法》以及相关产业配套和电价补贴政策，重点推动江苏、浙江、福建和广东四省的海上风电建设。[2]在此背景之下，南方沿海各省迎来海上风电的高速发展。2020年12月底，广东海上风电并网接入总容量全年突破100万千瓦，较上年并网投产容量增长近两倍。广东海上风电在建装机达800多万千瓦，位居全国之首。[3]

随着海上风电项目建设的迅猛发展，相关法律问题逐步呈现，如海上风电项目存在“未批先建”和“边批边建”等违法违规用海行为的问题。[4]近年来，我国海上风电项目向大型化和深海化发展，引发一些新的法律问题，如专属经济区的使用审批制度缺位以及海上风电场跨界海洋环境影响评价监管缺失的问题。本文围绕这两个问题进行研究，并提出相应的解决思路。

## 一、我国海上风电事业的现状和发展趋势

相比欧洲，我国海上风电起步较晚，但发展速度惊人。1991年，丹麦建成全球首个海上风力发电场。2010年，我国第一个大型海上风电项目——上海东海大桥100兆瓦示范项目建成并网发电，从此拉开了我国海上风电产业规模化的序幕。从2010年开始，我国海上风电年均新增装机容量超过100兆瓦，2014年新增装机容量突破200兆瓦。[5]据全球风能委员会统计，2020年，我国海上风电新增装机超3000兆瓦，占全球新增装机的50.45%。目前，我国海上风电规

---

1 广东省发展和改革委员会：《广东省发展改革委关于印发〈广东省“十三五”能源结构调整实施方案〉的通知》（粤发改能电函〔2017〕6733号），2017年12月25日。

2 国家能源局：《国家能源局关于印发〈风电发展“十三五”规划〉的通知》（国能新能〔2016〕314号），2016年11月16日。

3 刘倩：《粤海上风电并网 接入总容量 去年突破100万千瓦》，载《南方日报》2021年2月5日，A06版。

4 张云等：《江苏省海上风电用海项目调查》，载《海洋开发与管理》2018年第10期。

5 文锋：《我国海上风电现状及分析》，载《新能源进展》2016年第2期。

模仅次于英国，位居世界第二。[6]

我国海上风电事业近年来呈现深海化和大型化的趋势。海上风资源具有离岸越远、风资源越丰富的规律。随着国内深远海漂浮式风电技术的发展，我国海上风电建设正从近海向远海方向发展。[7]比如，广东汕头海门海上风电场最远端距离陆岸45公里，已经进入远海深水区。[8]

为实现产业规模效应以降低海上发电成本，我国海上风力发电场无论是占用海域面积，还是发电机组的规模都在不断扩大。根据统计，全国10个沿海省级海洋功能区划共规划有22个海上风能区，总面积达10401.92平方公里。[9]海上风电机组除了装机总规模不断扩大之外，海上风机单机容量也在增加。2010年，上海东海大桥海上风电场建成使用，总装机容量约为102兆瓦，由34台3兆瓦的风电机构成。2019年并网发电的广东湛江外罗海上风电场，总装机容量为198兆瓦，由36台5.5兆瓦发电机组组成。2020年投产的福清兴化湾海上风电场二期项目总装机容量280兆瓦，首次采用10兆瓦发电机组。[10]现在我国建设中的海上风电场，往往采用6—8兆瓦的大型风电机组，机组轮毂中心高度距海平面达百米，风机叶片长度达60—80米左右。

## 二、我国海上风电场审批制度存在的法律问题

海上风电项目审批牵涉多个方面，审批程序复杂。海上风电项目的选址和建设涉及海洋规划、生态保护、航行安全、海底电缆管道铺设、军事设施、渔业生产等多方面因素，其审批涉及多个政府主管部门。海上风电项目审批直接影响项目建设和生产，是保障海上风电事业发展的重要法律基础。

随着海上风电场向远海发展，近年来风电场场区进入专属经济区，然而《海域使用管理法》对专属经济区使用许可存在空白。此外，海上风电场大规模发展增加了项目的海洋环境风险，特别是跨界海洋环境影响风险，但我国环评

---

6 Global Wind Energy Council, *China Installed Half of New Global Offshore Wind Capacity during 2020 in Record Year*, 25 February 2021，载全球风能委员会网站，https：//gwec.net/china - installed - half - of - new - global - offshore - wind - capacity - during - 2020 - in - record - year/，最后访问于2021年3月5日。

7 桑桑：《深远海正逐步成为风电产业新的“角斗场”》，载北极星风力发电网，http：//news.bjx.com.cn/html/20200513/1071902.shtml，最后访问于2021年3月5日。

8 广东省发展和改革委员会：《广东发展改革委关于印发〈广东省海上风电发展规划（2017—2030年）（修编）〉的通知》（粤发改能新〔2018〕193号，2018年4月11日）。

9 Ling Ou et al., *Offshore Wind Zoning in China: Method and Experience*, Ocean & Coastal Management 151（2018）99 - 108, p.107.

10 三峡新能源：《里程碑！国内首台10MW海上风电机组并网发电》，载北极星风力发电网，http：//news.bjx.com.cn/html/20200713/1088320.shtml，最后访问于2021年3月5日。

法律对跨界环境影响评价存在监管缺失。

### （一）专属经济区海域使用许可制度的缺失

我国是1982年《海洋法公约》的缔约国，因此我国对国家管辖海域的划分以《海洋法公约》的海域制度为基础，主要分为领海、毗连区、专属经济区和大陆架。

根据《海洋法公约》第3条和我国《领海及毗连区法》第3条和第5条，我国领海的宽度从领海基线量起为12海里（1海里为1.852公里，12海里约为22公里），我国对领海的水体、领海的上空及其海床和底土拥有主权。根据《海洋法公约》第55条、第56条和第76条以及我国《专属经济区和大陆架法》第2条、第3条和第4条的规定，我国领海以外并邻接领海的区域，从测算领海宽度的基线量起延至200海里的海域为我国专属经济区。我国拥有在专属经济区为勘查、开发、养护和管理海床上覆水域、海床及其底土自然资源为目的的主权权利，以及在该区内进行其他经济性开发和勘查，如利用海水、海流和风力生产能等其他活动的主权权利。我国拥有勘查和开发大陆架自然资源的主权权利，还拥有授权和管理为一切目的在大陆架上进行钻探的专属权利。由此可见，根据《海洋法公约》和国内法，我国拥有开发专属经济区内的海上风力资源的排他性权利。

海上风电场需要占用较大面积的海域，海上风电机基座需要长期占用海床，海上风电场的建设和运营对渔业、航运、海事和军事活动有一定影响。根据《海域使用管理法》（2002年）、《海域使用权管理规定》（国海发〔2006〕27号）、《海上风电开发建设管理办法》（国能新能〔2016〕394号），我国对海上风电建设项目需要使用的海域实行用海预审制度。海上风电项目经能源主管部门核准后，项目单位应向自然资源主管部门提出海域使用申请，依法取得海域使用权后方可开工建设。换言之，用海预审是海上风电项目前置审批事项之一。

我国海上风电场从近海向远海发展，海上风电场场址已经超出领海范围，进入专属经济区。2021年2月，江苏大丰H8－2#300MW海上风电场完成首台风机吊装，场区中心离岸距离约72公里，显然已经远超离岸22公里的领海区域，深入专属经济区。[11]深水海上风电场规划更是大规模挺进专属经济区，比如，《广东省海上风电发展规划（2017—2030年）（修编）》规划的8个深水区海上风电场，其场址几乎全部超出陆岸22公里，其中粤东深水区离岸最近的风

11 三峡上海院：《我国目前在建离岸最远海上风电项目首台风机吊装!》，载北极星风力发电网，http：//news.bjx.com.cn/html/20210202/1133837.shtml，最后访问于2021年3月5日。

电场址距离陆岸为25公里至40公里，而粤东深水区离岸最远的风电场址六距离陆岸为62公里至170公里。据测算，广东省深水区海上风电场规划装机容量88%位于专属经济区内。[12]

然而，我国海洋管理法律法规对专属经济区的使用许可存在空白。根据《海域使用管理法》第2条，该法所称海域“指中华人民共和国内水、领海的水面、水体、海床和底土”。在内水、领海持续使用特定海域三个月以上的排他性用海活动，适用该法。换言之，《海域使用管理法》适用范围为我国的内水和领海，领海以外的专属经济区和大陆架使用许可不属于该法适用范围。《专属经济区和大陆架法》宣示了我国对专属经济区和大陆架的主权权利，但我国尚未规定这两个海域的具体管理制度。因此，自然资源主管部门无权对海上风电场超出领海的海域使用申请进行审批。

现行《海域使用管理法》由全国人大常委会于2001年通过，2002年起生效。当时我国海洋开发技术和资源利用能力尚未充分发展，对海洋的开发利用活动还集中于近海浅水区域的捕捞、养殖、拆船、旅游和盐业等行业。对专属经济区和大陆架资源的开发利用活动较少，限于海洋石油和天然气勘探开发等少数活动。对于海洋油气资源的开发和环境保护问题，我国制定了《对外合作开采海洋石油资源条例》和《海洋石油勘探开发环境保护管理条例》等单行法规进行规范，因此《海域使用管理法》对专属经济区使用许可的缺失在当时及之后一段时期内并未构成明显的问题。随着我国海洋开发技术的发展，远海资源的勘探和开发活动逐渐增多，专属经济区和大陆架使用和管理无法可依的问题愈加显现。需要特别指出的是，不仅海上风电场对专属经济区的利用缺乏相应的法律依据，开展深海养殖活动的海洋牧场也同样面临专属经济区使用审批的问题。[13]我国学者还提出海上风电和海洋牧场融合发展的倡议，实现海上发电解决海上养殖业供电困难和集约使用海域资源的可持续发展模式。[14]由此可见，专属经济区海域使用审批制度缺失是我国远洋开发活动日渐增加与海洋管理法规相对滞后的一个现实矛盾。

---

12　裴爱国：《广东省海上风电3200万千瓦 目前正在建设24个风电项目500万千瓦》，2019年12月8日，载北极星风力发电网，http：//news. bjx. com. cn/html/20191208/1026711. shtml，最后访问于2021年3月5日。

13　李政：《领海以外离岸养殖的法理研究——以山东省黄海冷水团海洋牧场建设为例》，载中国海洋法法学会主办：《中国海洋法年刊（2019）》，知识产权出版社2019年版，第417－418页。

14　杨红生等：《海洋牧场与海上风电融合发展：理念与展望》，载《科技与社会》2019年第6期；莫爵亭、宋国炜、宋烺：《广东阳江“海上风电＋海洋牧场”生态发展可行性初探》，载《南方能源建设》2020年第2期。

## （二）跨界海洋环境影响评价监管缺失的问题

跨界海洋环境污染是海洋环境保护中常见的问题。由于海洋水体的高度流动性和连通性，一国管辖或控制下活动产生的海洋污染可迅速跨越海洋边界，传播至他国管辖海域，因此海洋资源利用和海洋环境保护具有内在的跨国性和跨界性。从海上风电场的规模、位置和环境影响的范围来看，我国海上风电场有可能产生跨界海洋环境影响。一是因为海洋环境良好的传导性，某些污染可迅速传播至他国海域，如海上风机水下噪声具有传播快、范围广的特性，对海洋生物会产生一定影响。[15] 对海上风机水下噪声的监控不当有可能造成跨界海洋环境污染。二是一些海洋生物的栖息地跨越各国海洋边界，海上风电场对这些海洋生物的影响构成跨界海洋环境影响。有一些动物如鸟类、鱼类或海洋哺乳动物移动能力强，具有洄游或迁徙习性，其栖息地面积广阔横跨相邻各国海域，海上风电场对这类海洋动物的影响构成跨界海洋环境影响。大型海上风电场建设和运营有可能对海洋环境产生严重不利的影响，主要包括对迁徙鸟类的影响、噪声影响、沉积物影响和电磁辐射影响。[16] 我国深水区海上风电场场址远离海岸，对本国海岸环境影响将会减小，但跨界海洋环境影响的风险增加。

跨界海洋环境影响评价是防治跨界海洋环境污染，平衡海洋资源开发与保护海洋生态环境的重要制度。跨界海洋影响评价指评估在一国国家管辖海域内的拟开展项目对其他国家海洋环境可能产生影响的程序。《海洋法公约》第206条规定："各国如有合理根据认为在其管辖或控制下的计划中的活动可能对海洋环境造成重大污染或重大和有害的变化，应在实际可行范围内就这种活动对海洋环境的可能影响作出评价，并应依照第205条规定的方式提送这些评价结果的报告。"我国作为《海洋法公约》的缔约国，有义务对可能给其他国家海洋环境造成重大污染的海洋工程项目进行跨界环境影响评价。

但是，我国现行法律法规对跨界海洋环境影响评价存在监管空白。按照《环境影响评价法》（2002年通过，2018年第二次修正）、《海洋环境保护法》（1982年通过，2017年第三次修正）、《海洋工程环境影响评价管理规定》（国海规范〔2017〕7号）和《防治海洋工程建设项目污染损害海洋环境管理

---

15 袁征、马丽、王金坑：《海上风机噪音对海洋生物的影响研究》，载《海洋开发与管理》2014年第10期；Helen Bailey et al., *Assessing Underwater Noise Level During Pile – driving at an Offshore Windfarm and Its Potential Effects on Marine Animals*, Marine Pollution Bulletin 60 (2010), pp. 888 – 897.

16 许莉、李锋、彭洪兵：《中国海上风电发展与环境问题研究》，载《中国人口·资源与环境》2015年第25卷第5期增刊。

条例》（2006年通过，2018年第二次修订），海上风电场开工之前必须进行海洋环境影响评价。换言之，海洋环境影响评价是海上风电项目建设的前置审批事项。但是，上述法律法规对环境影响评价内容的规定均没有说明评估的范围是否包括跨界环境影响。边永民教授等指出，我国相关实践仅对建设项目的域内影响进行评估，境外环境影响的评估不在执法部门所要求的评估范围之内。[17]从现有海上风电项目的环境影响评价实践来看，一些项目对国际珍稀濒危动物如中华白海豚、印太江豚和文昌鱼有一定的影响，但环评报告书没有直接说明项目是否存在跨界海洋环境影响。[18]因此，我国海上风电项目有可能产生严重跨界环境影响，却没有进行跨界环评。此外，由于我国法律缺乏对跨界海洋环境影响的要求，建设单位或受其委托的环评机构即便在环评过程中意识到跨界海洋环境影响，也无从了解跨界环评的法定要求和程序。由此可见，我国对跨界海洋环评规定的缺失是我国实施《海洋法公约》相关义务的现实障碍。

迄今，周边国家和地区尚未就我国海上风电场的跨界海洋环境影响提出异议。但是，我国内地与香港、澳门之间的跨区域海洋环境影响具有类似跨国界环境影响的特点。我国大陆、香港和澳门三地实施不同的环境影响评价制度，广东海上风电场对香港和澳门的环境影响类似国际法上的跨界环境影响。有研究指出，香港与内地之间的跨区域环境影响问题更接近于跨界环境问题而非一般的区域环境问题。[19]广东珠海桂山海上风电场的环评实践可以说明海上风电场的跨区域海洋环境影响。珠海桂山海上风电场选址位于珠江口海域，距离香港和中华白海豚的自然保护区较近。中华白海豚活动区域广泛，在东南亚国家和地区均有分布，属于濒危物种，不仅是我国一级重点保护动物，同时列入《濒临绝种野生动植物国际贸易公约》（CITES）附录Ⅰ和《保护迁徙野生动物物种公约》（CMS）附录Ⅱ。海上风电场的施工期的打桩产生的水下噪声可导致白海豚声音信号屏蔽、听觉受损甚至因无法辨别方位而发生碰撞。为充分预防和减少桂山海上风电场对中华白海豚的环境影响，从2014年至2016年，广东省海洋与渔业局先后多次召开对该风电场环境影响报告书的专家评审会或咨询会，按

---

17 边永民、陈刚：《跨界环境影响评价：中国在国际河流利用中的义务》，载《外交评论》2014年第3期。

18 中国科学院南海海洋研究所：《湛江徐闻海上风电场海洋环境影响评价报告书》，第496－507页，载广东省生态环境厅网站，http：//gdee. gd. gov. cn/spqgs3191/content/post_ 2471398. html，最后访问于2020年11月27日。

19 程雨燕：《粤港澳大湾区跨界环境影响评价制度适用研究》，载《华侨大学学报（哲学社会科学版）》2019年第5期。

专家意见把项目规模从200兆瓦减小至120兆瓦，环评报告书最终获得通过。[20] 在桂山海上风电场审批期间，有香港环保团体关注风电场对香港居民及白海豚的环境影响，并指出环评报告书内所附地图显示评估范围覆盖香港大屿山陆上及海上区域，但文内未提及香港。[21] 粤港澳大湾区经济发达，涉海工程项目数量众多，类似桂山海上风电场的跨界环评争议有可能再度发生。未来有必要在参考跨界环境影响评价制度的基础上，由内地相关部门与香港和澳门达成跨区域环评的具体制度安排。[22]

## 三、我国海上风电场审批制度法律问题的应对

专属经济区的使用审批制度缺位以及海上风电场跨界海洋环境影响评价监管缺失是我国海上风电建设发展过程中出现的新问题，仅依靠现有的法律制度已经无法应对。为确保海上风电事业依法有序开展，应当对海上风电审批制度进行改革，一方面修改《海域使用管理法》构建专属经济区使用管理制度，另一方面修改《环境影响评价法》和《海洋环境保护法》以及配套法律法规，建立跨界海洋环评制度。

### （一）构建专属经济区使用管理制度

#### 1. 修改《海域使用管理法》，将专属经济区纳入其适用范围

为解决我国远洋开发利用与海域使用管理法规相对滞后的矛盾，应当修改《海域使用管理法》及其相关法规，扩大其适用范围，增加对专属经济区和大陆架利用及管理的内容，从而形成一部涵盖各种管辖海域的海域使用管理法律。从协调规划和统一管理的角度来看，我国“海域”概念应指国家管辖下的所有海洋空间，既包括内水和领海，也包括专属经济区、大陆架及其他国家管辖的海域。我国一些涉海管理法律法规反映了这种不区分海域类型进行统一规范的立法思路。例如，《海洋环境保护法》第2条规定，该法适用于我国内水、领海、毗连区、专属经济区、大陆架以及我国管辖的其他海域。《渔业法》第2条规定，该法适用于我国的内水、滩涂、领海、专属经济区以及我国管辖的一切

---

20 详见上海勘测设计研究院公司：《珠海桂山海上风电场示范项目二期海洋环境影响报告书（报批公示稿）》，第63－66页，载广东省生态环境厅网站，http：//gdee. gd. gov. cn/spq5642/content/post_ 2476142. html，最后访问于2021年3月5日。

21 张利：《港媒称珠海风电站影响香港环境 呼吁粤港建立跨界环评机制》，载《环球时报》网站 https：//china. huanqiu. com/article/9CaKrnJTFOd，最后访问于2021年3月5日。

22 程雨燕：《粤港澳大湾区跨界环境影响评价制度适用研究》，载《华侨大学学报（哲学社会科学版）》2019年第5期。

其他海域从事养殖和捕捞水生动物、水生植物等渔业生产活动。《铺设海底电缆管道管理规定》（国务院令第27号，1989年通过）第2条说明该规定适用于在我国内海、领海及大陆架上铺设海底电缆、管道以及为铺设所进行的路由调查、勘测及其他有关活动。由此可见，修改《海域使用管理法》扩大海域使用许可范围，增加对专属经济区和大陆架利用和管理的规范内容，不仅可以使企业和个人在一部法律中查找和使用不同海域的使用管理规定，有利于促进海洋资源的整体开发利用，也符合我国已有涉海管理法律制度的实践。

2. 专属经济区使用许可不宜采用属地审批。

我国《海域使用管理法》和《海域使用权管理规定》对内水领海的用海申请实施属地制度。涉海项目向地方投资主管部门申请核准前，应向相应的自然资源主管部门提出用海预审申请，由后者出具项目用海预审意见。在实践中，由海域所在地县级或者不设区的地级市人民政府自然资源主管部门对涉海项目进行用海预审，由县级和不设区的地级市人民政府审批用海申请。然而，未来在构建专属经济区管理制度时，应注意专属经济区和大陆架的利用和管理有别于内水领海，其使用申请不宜采用属地制度。

第一，沿海国对专属经济区和大陆架的利用和管理具有独特性和复杂性，不宜采用属地管理。领海是沿海国领土的一部分，沿海国对领海的开发管理基本属于该国内政。[23]专属经济区和大陆架不构成沿海国领土，而是受沿海国管辖的特殊海洋空间，沿海国对专属经济区和大陆架的主权权利受到《海洋法公约》的规范和限制。《海洋法公约》第五部分（第55条至75条）对于专属经济区和第六部分（第76条至85条）对于大陆架规定了自成一体的复杂法律制度。根据这些规定，专属经济区内的资源开发利用具有许多不同于领海的特征，沿海国在行使对专属经济区和大陆架的管辖权时，须履行相关义务并尊重其他国家在该海域的权利。沿海国在专属经济区内的义务包括但不限于：（1）尊重航行权的义务。《海洋法公约》第60条第3款规定对已被放弃或不再使用的任何设施和结构有拆除的义务；第60条第4—6款规定沿海国在人工岛屿、设施和结构如海上风电机组及其配套设施周围设置安全地带以及采取措施确保航行以及人工设施安全；第60条第7款规定人工设施不得干扰国际航行必经的公认海道。（2）生物资源的养护和利用的义务。专属经济区内的跨界种群、高度洄游鱼种、海洋哺乳动物、源自沿海国河流的溯河产卵种群、在沿海国水域内度过大部分生命周期的降河产卵鱼种的养护和管理问题既涉及沿海国的权利，也涉

23 《海洋法公约》和习惯国际法对沿海国的领海主权存在一些限制，如领海的无害通过和领海内外国船舶的刑事管辖权和民事管辖权，具体参见《海洋法公约》第二章。

及其他国家的权利和利益。其中，《海洋法公约》第69—70条还对内陆国和地理不利国在专属经济区内的权利作出规定。由此可见，专属经济区制度具有不同于领海制度的复杂性和涉外性，更适合由国家相关主管部门进行管理和规制。

第二，为保持与已有相关制度的协调性和一致性，对专属经济区的使用许可不宜采用属地管理。根据我国一些涉海管理法规，由国家相关主管部门对专属经济区和大陆架内的涉海活动进行审批和监管，不下放至地方政府。例如，我国对大陆架上铺设海底电缆管道的审批由自然资源部负责，不实行属地制度。[24]《铺设海底电缆管道管理规定》第3条规定：在内海、领海及大陆架上铺设海底电缆、管道以及为铺设所进行的路由调查、勘测及其他有关活动的主管机关是国家海洋局（现为自然资源部）。根据《铺设海底电缆管道实施办法》（国家海洋局令第3号，1992年颁布）第4条，铺设海底电缆管道实施分级管理，地方海洋管理机构（现为地方自然资源主管部门）负责其管理海域内海底电缆、管道的审批与监督管理，国家海洋局分局（现为自然资源部各海区局）负责地方机构管理海域之外的海底电缆管道的审批与监督管理。在实践中，省、市、县自然资源主管部门负责其内水和领海海底电缆管道的审批，自然资源部各海区局负责专属经济区和大陆架内海底电缆管道的审批。自2017年起，根据国务院对行政审批事项改革的决定，自然资源部各海区局负责其海区内水领海、专属经济区和大陆架海底电缆管理的审批工作。[25]

再如，我国包括专属经济区和大陆架在内的海洋油气开发活动的环保管理工作由生态环境部负责，不实行属地管理。[26]《海洋石油勘探开发环境保护管理条例》（国发〔1983〕202号）第3条规定，海洋石油勘探开发环境保护管理主管部门是国家海洋局及其派出机构（现为生态环境部）。《海洋石油勘探开发环境保护管理条例实施办法》（1990年发布，2016年修正）第2条和第3条规定，该法适用于在内海、领海及其他管辖海域从事石油勘探开发的任何法人、自然人和其他经济实体，国家海洋局及其派出机构（现为生态环境部）是实施海洋石油勘探开发环境保护的主管部门。

根据上述已有的对专属经济区和大陆架涉海管理规定，由国家相关主管部

---

24 根据党的十九届三中全会审议通过的《中共中央深化党和国家机构改革方案》、第十三届全国人民代表大会第一次会议批准的《国务院机构改革方案》组建自然资源部，整合国家海洋局职责。

25 国家海洋局：《关于铺设海底电缆管道管理有关事项的通知》（国海规范〔2017〕8号，2017年5月2日）。

26 根据党的十九届三中全会审议通过的《中共中央深化党和国家机构改革方案》、第十三届全国人民代表大会第一次会议批准的《国务院机构改革方案》组建生态环境部，整合国家海洋局职责。

门对相关涉海活动进行审批和监管。为保持与已有管理制度的协调性和一致性，对专属经济区和大陆架的使用申请应由国家主管机关负责，不宜采用属地管理制度。

第三，一些国家规定由国家一级的海洋主管部门负责对专属经济区和大陆架的审批，相关制度可供我国参考。欧洲一些海洋国家对海域使用和管理积累了较为丰富的实践和成熟经验，其中英国和德国为欧洲海上风电强国，对海上风电项目的审批制度可为我国改革海域使用制度借鉴。在德国，领海内海上风电建设的审批由地方州政府审批，而专属经济区内的海上风电场由联邦海事与水道局（the Bundesamt fur Seeschiffahrt und Hydrographie，BSH）审批。英格兰专属经济区和大陆架内发电功率在 10 万千瓦以下海上风电场的审批由海洋管理机构（Marine Management Organization）负责，[27] 发电功率在 10 万千瓦以上的海上风电场属于“国家重要基础设施项目”，由能源与气候变化部部长负责审批。[28]

综上所述，根据专属经济区和大陆架制度的特殊性和复杂性、我国以往相关法规和外国的实践，如果将来对《海域使用管理法》进行修改，纳入对专属经济区和大陆架的使用许可，应由自然资源部负责较为适合，不宜将审批权下放至地方政府。

### （二）修改海洋环境保护法律建立跨界海洋环评制度：英国的实践

为实施跨界海洋环评义务，我国应当及时修改《环境影响评价法》和《海洋环境保护法》以及相关法律法规，建立跨界海洋环评制度。在这方面，我国可以参考英国的有关经验。英国是世界上海上风力发电事业最为发达的国家。截至 2020 年年底，英国共运营 40 个海上风电场，共有 2294 台并网海上风电机组，累计装机容量达到 1042. 8 万千瓦，占欧洲海上风电发电量的 42%。[29] 英国海上风电场的跨界海洋环评实践较为丰富。一方面，英国拥有多个海上邻国，且与一些海上邻国如法国、荷兰距离较近，较易发生跨界环境影响。另一方面，欧盟有关环境影响评价的指令较为完善，英国有义务落实这些指令。作为英国海上风电场审批的主管部门，英国能源与气候变化部曾多次就英国的海上风电

---

27 Anne Marine O' Hagan, *Regulation of Marine Renewable Energy*, in Robin Warner and Stuart Kaye (eds.) Routledge Handbook of Maritime Regulation and Enforcement , Routledge, 2016, pp. 308 – 310.

28 Planning Act 2008, Part 3, Section15，载英国法律官网，www. legislation. gov. uk/ukpga/2008/29/section/15，最后访问于 2021 年 3 月 5 日。

29 Wind Europe, *Offshore Wind in Europe: Key trends and Statistics* 2020，载欧洲风能网站，https://windeurope. org/data – and – analysis/product/offshore – wind – in – europe – key – trends – and – statistics – 2020/，最后访问于 2021 年 3 月 5 日。

场的跨界环境影响进行评价。比如，英国Hornsea海上风电场的跨界环评报告论证了丹麦、荷兰、挪威、德国、法国、比利时和冰岛的跨界环境影响，重点就该风电场对鼠海豚、斑海豹和灰海豹的环境影响进行评价。[30]

英国《2017年基础设施（环境影响评价）条例》第32条详细规定了跨界环评启动、信息交换、协商和告知结果的各项程序。[31]在拟建项目申请人提交申请资料后，由英国主管部门判断该项目是否可能对其他国家产生严重环境影响。如果主管部门存在跨界环境风险或者其他国家请求进行跨界环评，英国主管部门应向有关国家提供拟建项目信息、可能产生的环境影响的概述以及有关审批的性质，并要求有关国家在指定日期前答复是否参加项目环评程序，还应将这些信息刊登在指定的政府公报上。如果相关国家决定参与，英国主管部门将向其提供项目申请书、相关主管部门的信息和环境影响评价报告书等信息。在批准项目之前，有关国家在合理时限内有权向英国主管部门递交该国公众和主管部门就此项目的意见。英国主管部门应与有关国家就拟建项目对后者的环境影响和减轻及消除这些影响的措施进行协商，并且就协商期限达成一致。最后，英国主管部门应将对项目审批结果告知有关国家。

英国有关跨界环评的制度体现了本国主导和注重信息共享的特点，符合国际上跨界环境影响评价的主流实践，即由污染源方在环境影响评价中考虑跨界影响并将评价结果告知受影响国。[32]我国可以借鉴英国跨界环评制度，修改《环境影响评价法》及其相关法规，建立由我国主导、兼顾公平与效率的跨界环境影响评价制度。

## 结语

发展海上风电已成为我国推动能源转型，促进大气污染防治的重要手段。近年来，海上风力资源较为丰富的江苏、浙江、福建和广东纷纷加快海上风电建设。由于产业发展的需要，我国海上风电项目正在向深海化和大型化方向发展。我国海上风电场的规划和建设已经超出领海范围，进入专属经济区海域。

---

30 Department of Energy & Climate Change, *Environmental Assessment Report Comprising: Habitats Regulations Assessment*, Transboundary Assessment, Assessment of Impacts upon Gulls, pp. 49 – 55, National Infrastructure Planning，载英国能源与气候变化部网站，https://infrastructure.planninginspectorate.gov.uk/projects/yorkshire – and – the – humber/horsea – offshore – wind – farm – zone – 4 – project – one/? ipcsection = docs，最后访问于2021年3月5日。

31 The Infrastructure Planning (Environmental Impact Assessment) Regulations 2017, Regualtion32. https://www.legislation.gov.uk/uksi/2017/572/contents，最后访问于2021年3月5日。

32 张立：《完善我国跨界环境影响评价的国际经验》，载《环境保护》2012年第21期。

然而，我国《海域使用管理法》仅规定了内水和领海的海域使用审批，对专属经济区和大陆架的利用和管理存在空白。为解决这一矛盾，应当修改《海域使用管理法》及其相关法规，构建专属经济区使用管理制度。

从海上风电场的规模、位置和环境影响的范围来看，我国海上风电场有可能产生跨界海洋环境影响。根据《海洋法公约》第 206 条，我国有义务对海上风电场进行跨界海洋环境影响评价，防止跨界海洋环境污染。但是，我国法律法规缺乏对跨界环境影响评价的规定。实践中，我国海上风电场的海洋环境影响报告书没有对跨界海洋环境影响进行评价。我国可以参考英国有关跨界环境影响评价的规定，建立由我国主导、兼顾项目审批效率和程序保障的跨界环评制度，进一步实现我国海洋资源的可持续利用。

# 竞业限制纠纷与股权合同纠纷的冲突协调

高鹏飞　胡笑笑*

**【内容提要】** 股权激励往往伴随着竞业限制义务，当股权激励案件遇到竞业限制问题，同样的行为，在劳动争议和合同纠纷中，可能会产生截然相反、直接冲突的结果。为更好地协调这一冲突，一方面应当区分不同的法律关系按照不同的案由进行审理，避免一概而论；另一方面也应当考虑股权激励中授予的股票与竞业限制经济补偿性质的差异，在遇到股权激励中的竞业限制问题时，应按照劳动法的立法理念及劳动争议的程序处理，以实现真正意义上的司法公平。

**【关键词】** 股权激励　竞业限制　限制性股票　经济补偿

近年来，股权激励相关的案件数量呈现爆发式增长的态势，一方面说明，股权激励制度在企业中得到了越来越广泛的应用；另一方面也说明，员工作为股权激励的对象，与公司之间的矛盾也越发激烈。这其中，讨论最为激烈的当属涉及竞业限制问题的股权激励案件。这类案件应属于劳动争议纠纷还是普通的民商事合同纠纷？股票能不能作为竞业限制的经济补偿？劳动者从事竞业行为违反的是竞业限制协议还是股权激励协议？……这些问题不仅关系到案件的管辖，还可能与案件的结果息息相关，目前尚无定论，各裁审机关对此也莫衷一是。本文中，笔者将从两个实际案例出发，探讨关于涉及竞业限制的股权激励案件中可能出现的问题。

---

* 高鹏飞——广东胜伦律师事务所合伙人、广东省社会法学研究会理事、广东省劳动关系研究会理事、广州市律师协会劳动与社会保障法律专业委员会副主任；胡笑笑——广东胜伦律师事务所高级项目律师。

## 一、案情简介

**案例1**：A公司作为徐某的用人单位，与徐某签订竞业限制协议，约定由A公司的关联公司B公司授予徐某限制性股票，徐某则在离职后两年内不得从事与A公司或B公司相竞争的业务，否则需要支付违约金。徐某于2019年1月离职，六个月后，A公司发现徐某入职了竞争对手公司，随即申请劳动仲裁，要求徐某支付违反竞业限制义务的违约金。

经过劳动仲裁及法院审理，法院最终认定：B公司授予徐某的限制性股票并不是法定的竞业限制经济补偿，在A公司没有支付法定经济补偿的情况下，徐某无须遵守竞业限制义务，从而驳回了A公司的请求。

**案例2**：X公司与赵某签订股权激励协议，约定X公司授予赵某一定数量的限制性股票，同时约定，赵某作为X公司的关联公司Y公司的员工，不得违反赵某与Y公司签订的竞业限制协议，不得从事与X、Y公司竞争的业务，否则应当返还全部股票收益。赵某离职后八个月左右，X公司发现赵某入职了竞争对手公司，便以合同纠纷作为案由直接向法院起诉，要求赵某返还限制性股票收益。

经过一审和二审阶段审理，法院认为：本案属于股权合同纠纷而非劳动争议纠纷，赵某入职竞争对手公司的行为违反了关于不竞争的约定，进而违反了股权激励协议，应当按照约定返还股票收益，因此判决赵某需返还限制性股票收益。

不难看出，上述两个案例的基础事实几乎完全一致，同样是劳动者与用人单位签订竞业限制协议，同样是单位基于股权激励协议授予了限制性股票，同样是因为劳动者违反竞业限制义务，同样要求劳动者承担违约责任，但却因为当事人选择的案由不同，导致采用不同的程序进行审理，进而产生了大相径庭的结论。为什么会产生如此直接的冲突呢？笔者将从案由及限制性股票是否属于竞业限制的经济补偿这两个方面进行分析。

## 二、竞业限制遇到股权激励，属劳动争议纠纷还是民事合同纠纷

实践中，绝大部分的股权激励都是基于用人单位与劳动者之间存在劳动关系而产生，尽管双方通过签订股权激励协议建立了民事合同关系，但员工基于劳动合同和股权激励协议获得了劳动者和股东的双重身份，由此产生的纠纷究竟属于劳动争议还是民事合同纠纷，究竟是适用《劳动合同法》还是《民法

典》合同编处理，并没有定论。

可能有人会说，是劳动纠纷还是合同纠纷，仅仅是程序问题，并不影响案件的实体审查。但实际上，劳动纠纷与合同纠纷之间的差异，不仅在于劳动争议需要经过仲裁前置程序审理，更在于劳动法的立法理念和民商法的立法理念有很大差异，反映在具体案件的举证责任分配、法律适用上也会有很大差异，甚至可能导致完全相反的结果。比如说，用人单位向有一定资历和服务年限且表现优秀的劳动者提供一笔“无息借款”，并让劳动者签字确认必须继续服务满一定年限，否则应当如数返还。如适用《劳动合同法》审理，这笔借款可能被认定为用人单位向劳动者支付的劳动报酬，用人单位要求劳动者返还借款可能被认定为要求劳动者支付违约金，在用人单位没有提供专项培训的情况下，要求劳动者支付违约金没有法律依据，因此劳动者无须返还所谓的“无息借款”；但如适用《民法典》合同编审理，则可以直接认定双方之间成立的是借款合同关系，那么在劳动者服务未满约定年限离职的情况下，用人单位有权向其主张返还借款。上文列举的案例，正是因为案由不同，导致法官关注的焦点问题和审理的思路也不同，产生了完全相反的结果。可见，案由不仅仅关系到案件的审理程序，对于案件的结果也起着至关重要的影响。

此外，适用不同的案由也将适用相匹配的法院或仲裁管辖规则，如将案件统一纳入劳动争议案件审理，那么将按照《劳动争议调解仲裁法》的规则，由劳动合同履行地或用人单位所在地劳动仲裁委员会管辖；如将其纳入合同纠纷案件审理，那么原则上将尊重当事人双方关于管辖地的约定，此种情况下，案件可能在境外法院或仲裁机构进行审理，这也会在不同程度上影响案件的实体审理。

那么，竞业限制遇上股权激励，究竟应当适用何种程序呢？有观点认为，劳动者与用人单位之间虽然存在劳动关系，但这并不排斥双方之间同时建立其他合同关系。对基于劳动关系产生的纠纷，应当适用《劳动合同法》，对基于其他的民商事合同关系产生的纠纷，应当适用《民法典》合同编的规定。具体到这一问题中，竞业限制的问题基于劳动关系产生，应当通过劳动纠纷解决；而股权激励的问题基于股权激励协议产生，应当通过合同纠纷处理。也有观点认为，劳动者与用人单位之间产生的其他合同关系，都是基于双方之间的劳动关系而产生，不能完全从劳动关系中独立出来。因此，劳动者与用人单位之间产生的合同纠纷也同样属于劳动争议纠纷，应适用劳动法。这种观点一般认为，股权激励实质上是公司向员工提供的一种福利待遇，往往附加劳动法上的相关义务，与劳动隶属性密不可分，应当在劳动争议中处理。笔者认为，应当区分不同的法律关系，将案件归入不同的案由审理。允许劳资双方之间存在平等的民事合同关系，一方面符合法律规定和立法本意，另一方面也更贴近社会实际。理由在于：根据《最高人民法院关于印发修改后的〈民事案件案由规定〉的通知》（法〔2020〕347号），民事案件案由应当依据当事人诉争的民事法律关系的性质来确定。因此，无论诉讼请求如何提出，都需要回归到最根本的请求权基础判断，即根据案件涉及的主要民事法律关系进行区分，不能一概而论。

从法律性质上而言，劳动法属于“社会法”，劳动者与用人单位的地位天然不平等，劳动关系仍然需要国家进行强制性的干预，才能通过形式的不平等实现实质的平等，而不能完全交由当事人意思自治。而民法属于“私法”，当劳动关系双方基于意思自治，形成了平等的法律关系，且不违背劳动法立法原则时，应当允许适用民法进行调整。

从社会发展的客观进程来看，同样需要分开不同程序进行调整。一般理解，劳动者与用人单位之间的权利义务，应当适用《劳动法》和《劳动合同法》来调整。但是在《劳动法》和《劳动合同法》立法之初，社会关系相对比较简单，因此，立法者当时可能主要考虑的是对劳动者与用人单位之间的劳动合同关系进行调整。但随着社会经济的不断发展，用工形式越来越灵活多样，出现了立法时可能没有考虑到的情况。劳动者与用人单位之间可能基于双方的意思自治，建立平等主体之间的合同关系，如承揽关系、借贷关系、赠与关系、股权转让关系等。有时候，因为用人单位可能并不是上市主体，无法授予股票，这些合同关系甚至没有发生在劳动者与用人单位之间，而是由用人单位的关联公司签订协议并完成股票的授予。如果仍然坚持必须通过劳动案件审理因违反股权激励协议而引发的股票收益返还问题，考虑到授予股票的主体并非建立劳动关系的主体，可能导致授予股票的主体的请求因为主体不适格而直接被驳回，无法维护自身的合法权益。

因此，笔者认为，应当区分不同的法律关系按照不同的案由进行审理。如签订劳动合同和竞业限制协议的用人单位，可以根据竞业限制协议申请劳动仲裁，主张违反竞业限制义务的违约金，此时应当属于劳动争议案件的处理范围。但如果授予股票的公司，根据股权激励协议要求返还限制性股票所产生的收益，这时，请求权是基于平等主体间签订的股权激励协议产生，应当属于合同纠纷案件的处理范围。

## 三、限制性股票能否作为竞业限制的经济补偿

如上所述，公司与员工之间因竞业限制、股权激励等问题引发的争议，应视其仲裁或诉讼请求所依据的基础法律关系来判断案由。可能有人会说，文章开头两个案例同样是区分不同案由按照不同程序进行审理的，但结果却不一致，

这是否说明按照同一案由审理，更有利于保持判决的一致性呢？之所以导致两个案例结果不一致，除了案由有区别之外，还与一个关键的问题有关——限制性股票能否作为竞业限制经济补偿？

在案例1的劳动案件中，法院正是认为股票不能作为竞业限制经济补偿，从而认定劳动者不需要遵守竞业限制义务。而在案例2的合同纠纷中，法院直接认为，股票是作为员工履行股权激励协议的对价，只要员工违反协议约定，无论股票性质如何，都需要承担违约责任。可见，这一问题同样是引发冲突的关键因素。支持将限制性股票作为竞业限制经济补偿的观点认为，公司与员工通过协议形式对股票作为经济补偿进行约定，属于双方的真实意思表示，并没有违反法律的强制性规定，应属有效。同时，这种观点一般也认为，限制性股票不属于劳动报酬，是公司在工资之外额外给予员工的，与竞业限制经济补偿的作用一样，是员工遵守竞业限制义务的对价。反对的观点则认为，员工获得的限制性股票属于劳动报酬的一部分，不能在劳动报酬中约定包含竞业限制经济补偿，并且在多数情况下，限制性股票是在员工在职期间一次性授予的，也不符合法律关于经济补偿应在离职后按月支付的规定。

笔者认为，限制性股票既不能作为劳动报酬，也不能作为竞业限制的经济补偿。理由如下。

### （一）限制性股票不符合劳动报酬的特征

1. 劳动报酬应当以货币形式支付，限制性股票不是货币

严格意义上来说，“劳动报酬”与“工资”的内涵和外延都不尽相同，但为了表述的方便，本文中不作区分，指的是在建立劳动关系的前提下，劳动者因为提供劳动而从用人单位获取的报酬。

根据《劳动法》第50条规定，“工资应当以货币形式按月支付给劳动者本人”。另据《工资支付暂行规定》第5条规定，“工资应当以法定货币支付。不得以实物及有价证券替代货币支付”。国家统计局1990年颁布的《关于工资总额组成的规定》第11条第9项规定，“对购买本企业股票和债券的职工支付的股息（包括股金分红）和利息”不列入工资总额的范围。可见，限制性股票并不是以货币形式发放的，不属于劳动报酬。

2. 劳动报酬是劳动者提供劳动的对价，限制性股票不是提供劳动的对价

劳动报酬是劳动者提供劳动的对价，与劳动的数量和质量直接相关。而限制性股票是基于股权激励协议产生的，股权激励的目的是将被激励对象的个人利益与公司的利益联系在一起，体现的是公司与被激励对象之间的风险共担和利益共享。员工作为劳动者，在工作中提供的劳动，由用人单位通过劳动报酬

的形式支付对价；但限制性股票能否产生收益，取决于公司的经营状况、市场运营情况，甚至总体经济的走向，与劳动者提供劳动的数量和质量并无直接关系。因此，限制性股票并不属于劳动报酬。

（二）限制性股票不符合竞业限制经济补偿的特征

1. 竞业限制经济补偿的支付时间原则上应当是在劳动合同解除或终止后，而限制性股票的授予时间是在劳动合同解除或终止之前

根据《劳动合同法》第 23 条的规定，“对负有保密义务的劳动者，用人单位可以在劳动合同或者保密协议中与劳动者约定竞业限制条款，并约定在解除或者终止劳动合同后，在竞业限制期限内按月给予劳动者经济补偿”。由此可见，支付经济补偿的时间是在劳动合同解除或者终止后。而大多数情况下，限制性股票是在员工在职期间一次性授予、分批解锁的，从支付时间上来看并不符合法律规定。

2. 竞业限制经济补偿应当具有确定性，而限制性股票的获得及收益都是不确定的

与劳动报酬类似，竞业限制经济补偿的金额、发放形式、发放周期等同样应当是确定的，其目的是使劳动者在竞业限制期限内因择业权利受限而获得一种具体、确定、可预期的补偿。而通常情况下，被激励对象需要满足一定的条件，才可被授予限制性股票；授予之后，也需要满足一定的条件，才可解锁限制性股票；解锁之后，限制性股票才能够正常流通。授予条件和解锁条件通常又与公司的整体经营状况、部门业绩、员工个人业绩、服务年限等关联，被激励对象最终能否获得限制性股票、能够获得多少并不确定。解锁之后，限制性股票是否具有足够的流通性、能获得多少收益，同样也是不确定的，无法给劳动者确定的心理预期。由此可见，限制性股票的具体金额、变现周期等均处于不确定的状态，不符合经济补偿的特征。

3. 竞业限制经济补偿应当具有排他性，而限制性股票一般情况下会同时作为员工履行其他义务的对价

如前所述，竞业限制经济补偿是对劳动者在竞业限制期内因择业权利受到影响而造成的一定利益损失的补偿，它与劳动者在职期间的业绩表现、有无违纪行为等无关，具有排他性。而在实践中，绝大部分的股权激励协议一方面约定限制性股票作为员工遵守竞业限制义务的对价，另一方面又规定限制性股票是遵守规章制度、劳动纪律等的对价，甚至与服务年限、考核情况等进行关联，不符合竞业限制的经济补偿应具有排他性的特征。可见，无论从支付时间、确定性以及排他性等方面来看，限制性股票都不属于劳动法上的竞业限制经济补偿。

## 四、劳动者从事竞业行为 用人单位如何主张违约责任

### （一）劳动者从事竞业行为，用人单位能否依据竞业限制协议主张违约责任？

如上所述，限制性股票并不是劳动法意义上的竞业限制经济补偿，这是否意味着，如果已经将限制性股票约定为经济补偿，就完全否定竞业限制协议的效力，无法追究违约劳动者的违约责任呢？其实不然。

根据《最高人民法院关于审理劳动争议案件适用法律问题的解释（一）》第38条规定："当事人在劳动合同或者保密协议中约定了竞业限制和经济补偿，劳动合同解除或者终止后，因用人单位的原因导致三个月未支付经济补偿，劳动者请求解除竞业限制约定的，人民法院应予支持。"2020年7月人力资源和社会保障部与最高人民法院联合发布的第一批劳动人事争议典型案例中亦明确，用人单位未支付竞业限制经济补偿三个月及以上的，劳动者此后实施了竞业限制行为，应视为劳动者以其行为提出解除竞业限制约定，用人单位要求劳动者承担违反竞业限制违约责任的，不予支持。

由此可见，如果已经将限制性股票约定为竞业限制的经济补偿，公司发现劳动者在离职后三个月内从事竞业行为的，仍然可以要求其承担违约责任；如果劳动者超过三个月才开始从事竞业行为，则竞业限制协议可能被劳动者主动或被视为提出解除，用人单位较难依据竞业限制协议向劳动者主张违约责任。

### （二）劳动者从事竞业行为，用人单位能否依据股权激励协议主张违约责任？

有人可能会问，如果限制性股票不能作为竞业限制经济补偿，是否意味着，即便约定了竞业限制义务，被激励对象也从事了竞业行为，但是却完全不需要承担法律责任呢？答案是否定的。从案例2中不难看出，尽管在劳动案件中，法院以股票不属于经济补偿为由驳回了公司的主张，但在合同纠纷中，法院认为被激励对象从事了竞业行为，直接违反了股权激励协议的约定，因此应当承担违约责任。为什么会出现这种情况呢？归根到底，原因在于，合同纠纷的审判思维与劳动纠纷大相径庭。

在合同纠纷中，法官依据《民法典》合同编来认定竞业限制约定的效力，更多的是围绕股权激励协议本身是否存在效力瑕疵、公司是否已经授予股票、被激励对象是否存在竞业限制行为等问题进行审查，除此以外，并不会对《劳动合同法》中关于竞业限制经济补偿性质的规定多加考虑。因此，在合同纠纷

中，如被激励对象从事了竞业行为，则极有可能直接被认定为违反了股权激励协议，进而需要承担违约责任。

劳动者从事竞业行为，并非必然违反竞业限制协议。如果用人单位没有依法支付竞业限制经济补偿，尤其是长达三个月以上没有支付，那么劳动者可能并不负有竞业限制义务，当然也不构成对竞业限制协议的违反。也就是说，同样的行为，因为案由不同，在劳动争议和合同纠纷中，可能会产生截然相反、直接冲突的结果，不但损害司法权威，而且考虑到生效裁判的示范效应，也将让其他不特定的用人单位和劳动者无所适从。

## 五、解决建议

经过上文分析，当竞业限制遇到股权激励产生纠纷时，从程序的选择到实体的抗辩，涉及非常多的问题，那么我们应当如何应对呢？从律师实务的角度，笔者建议：

作为用人单位，在签订协议时，应当区分股权激励协议与竞业限制协议，避免将两者混为一谈，如果可行的话，也将股票授予主体与用人单位分开，以免混淆。在股权激励协议中，可以将限制性股票作为被激励对象不得从事竞业行为的对价之一，但需避免将股权激励协议直接关联到竞业限制协议，以免触发对竞业限制协议效力的审查。此外，由于限制性股票不符合竞业限制经济补偿的特征，因此，在竞业限制协议中，建议仍需对经济补偿进行约定，并在劳动者离职后按月支付，避免出现因未依法支付经济补偿导致竞业限制协议解除或者劳动者不负有竞业限制义务的情况。作为劳动者，除遵守协议约定，履行竞业限制义务外，还应及时督促用人单位依法支付经济补偿，一旦单位超过三个月未支付，则可以提出解除竞业限制协议，以此维护自身的合法权益。

需要说明的是，上述建议仅是站在不同立场提出的务实的解决方案，虽然可以尽量使当事人利益最大化，但是从客观中立的角度来说，并未从根本上解决上文提出的问题。

《民法典》合同编与《劳动合同法》相比，《民法典》合同编的规定属于一般法，《劳动合同法》属于特别法。根据《立法法》的规定，在发生法律适用冲突的时候，特别法应当优于一般法。换言之，属于特别法调整的法律关系，在特别法有规定的情况下，应当且只能适用特别法，而不能适用或者选择适用一般法。并且，这种适用原则不应当通过约定排除。

竞业限制涉及劳动者的择业自由，择业自由某种意义上来说也是劳动自由，毫无疑问应当属于劳动法调整的范畴。因此，凡是涉及竞业限制的问题，在劳动法有规定的情况下，都应当且只能通过劳动法调整。无论竞业限制的问题约定在竞业限制协议中，还是约定在股权激励协议抑或其他民商事合同中，都不能改变竞业限制问题的本质，都应当且只能通过劳动法调整。关于本文开头列举的两个案例，无论是用人单位根据竞业限制协议申请劳动仲裁，还是股票授予主体根据股权激励协议直接向法院起诉，都不能改变竞业限制问题的本质。如前所述，竞业限制的问题应当且只能通过劳动法调整，因此，即便在股权合同纠纷中，在涉及竞业限制的问题时，同样应当如此。司法实践中，有些不经常审理甚至从未审理过劳动争议案件的法官，在股权合同纠纷中直接适用民商法的规定处理竞业限制问题。看到劳动者从事了竞业行为，就径行认定劳动者违反了竞业限制义务，进而认定劳动者违反了股权激励协议。这种做法或许贯彻了民商法上“意思自治”“尊重文本”的理念，但是显然忽视了劳动法作为社会法的特殊属性。

需要特别说明的是，劳动纠纷遵循“仲裁前置，先裁后审”的程序，而合同纠纷不存在仲裁前置的问题。在合同纠纷中直接处理劳动法问题，实体上是否公正暂且不论，显然至少侵害了当事人“仲裁前置，先裁后审”的程序利益。

如何从根本上解决问题？笔者的建议是，无论是劳动纠纷还是合同纠纷，凡是涉及竞业限制的问题，都应当且只能适用劳动法调整。考虑到劳动法的特殊性和复杂性，如果合同纠纷中遇到竞业限制问题，建议合同纠纷中止审理，等待劳动纠纷的审理结果，然后再下定论。一方面保障了当事人在劳动法上“仲裁前置，先裁后审”的程序利益，另一方面也有利于维护司法裁判标准和法律适用的统一，避免“同案不同判”的尴尬和冲突。

# 浅议“一带一路”背景下国际商事和解协议的强制执行效力

孙志煜　沈　旦*

【内容提要】《新加坡调解公约》的生效给国际商事调解制度的适用展示了广阔空间。该公约规定经调解达成的国际商事和解协议具有直接的强制执行力。上述规定虽给各国国内商事调解制度提供了立法范本，但也给各国批准《新加坡调解公约》创设了制度障碍。中国目前对国际商事和解协议执行效力的赋予主要采间接说。从尊重私权自治、促进“一带一路”沿岸国的经贸合作关系以及强化国际法治与国际制度的衔接性考虑，中国宜采“两步走”策略。先在司法解释层面直接明确国际商事和解协议的强制执行力，其后在适宜时期从立法层面予以明确。

【关键词】国际商事和解协议　《新加坡调解公约》　强制执行力　私权自治

## 一、问题的提出

和解协议在不同国家、不同文本中具有不同含义。本文所指的国际商事和解协议，其定义取自《新加坡调解公约》第1条、第2条所规定的国际商事和

* 孙志煜——贵州大学法学院教授、法学博士、博士生导师，主要研究领域：国际民事诉讼法；沈旦——贵州大学法学院博士研究生，主要研究方向：比较民事诉讼法。本文是贵州省哲学社会科学规划一般课题《中国区域贸易争端解决的理论建构与实践应对研究》（批准号：16GZYB03）、贵州大学文科重点学科及特色学科重大科研项目《民商事纠纷解决的国内法与国际法互动研究》（批准号：GDZT201601）的阶段性研究成果。

解协议，即调解所产生的、当事人为解决商事争议而以书面形式订立的协议。[1]由于和解协议具有不同于一般意义上合同的特殊性，不同仲裁机构的裁决，也不是司法机关作出的司法文书，和解协议的执行力赋予存在多种路径可能和理论争议，[2]故经调解达成的国际商事和解协议是否具有执行力是商事调解制度最为重要的内容之一。2020年9月12日生效的《新加坡调解公约》规定国际商事和解协议具有直接的强制执行力。反观我国，不仅未制定国际商事调解的相关立法，已有的司法规范性文件也只赋予和解协议间接强制执行力，这与《新加坡调解公约》上述规定产生了冲突。近年来，国外学者主要对商事调解的优势、和解协议的效力问题进行了探讨，国内学者对《新加坡调解公约》的文本、适用问题以及如何与我国商事调解制度衔接等方面提出了诸多见解，但对和解协议是否应当具有强制执行力以及以何种方式赋予强制执行力尚未达成一致意见，这不仅制约了我国商事调解制度的发展，也阻碍了我国批准《新加坡调解公约》的进程。鉴于此，笔者拟以国际商事和解协议的强制执行力为出发点，通过梳理和解协议间接或直接被赋予强制执行力的理论分歧与实践情况，提出我国的应对之策。

## 二、理论争鸣：国际商事和解协议效力的差异表达

国际商事和解协议的效力问题是国际商事调解制度的核心问题。各国因国情以及调解制度发展程度不一，对和解协议的效力规定存在显著差异。我国目前商事调解立法相对滞后，仅有少量与之相关的司法规范性文件，且对和解协议效力的定义和内涵尚未作出明确界定。学界对国际商事和解协议效力概念的界定一般是参照法院判决效力的概念。按照大陆法系判决效力理论，判决的“原有效力”包括判决的既判力、执行力和形成力，且既判力是判决获得强制执行力的前提。因此，对和解协议强制力的探讨离不开对和解协议既判力的确定这一先决条件。国外学说中对国际商事和解协议是否具有既判力持三种观点。一是肯定说。此说认为和解协议可替代判决，法律上应赋予和解协议在解决纠纷上与法院判决具有同等的效力。二是否定说。此说认为既判力的实质是一种国家权力，在私人行为基础上形成的调解不能产生既判力。三是折中说，也可称为有限制的肯定说。即原则上承认和解有既判力，但这种既判力是附条件的，

1 为避免混淆，除引用的法律规范外，本文将商事调解（包括机构调解、行业调解、律师调解）、人民调解、仲裁调解、法院调解等达成的调解协议统称为和解协议，在名称上与《新加坡调解公约》中的和解协议保持一致，但其内涵有所差异。

2 尹力著：《中国调解机制研究》，知识产权出版社2009年版，第203－210页。

如内容违法、违反公共秩序等将受到限制。实践中，世界范围内大多数设置诉讼和解制度的国家采用的是有限制的肯定说。[3]从各国立法与实践观之，大多数国家都倾向赋予和解协议强制执行力，但赋予路径存在一定分歧。要么是间接赋予国际商事和解协议强制执行力，要么是直接赋予国际商事和解协议以强制执行力。

### （一）间接赋予国际商事和解协议强制执行力

间接赋予国际商事和解协议强制执行力认为和解协议仅具有民事合同的效力，可通过司法确认、公证等程序使和解协议获得强制执行。当前理论界、实务界的主流观点认为和解协议只能被赋予间接的强制执行力。有学者主张国家司法权与民间调解之间存在发生冲突的可能。虽然当事人主张“私权自治”原则，但是在调解的发展中始终存在一种脱离法律轨道的完全自治情形，并且这种自治会形成与国家司法权的对峙。[4]马克斯·韦伯认为：“在任何法的制度里，契约自由都不是毫无限制；对于某类协定的任何内容，法都准备提供强制的保证”。[5]该论断从另一方面揭示了私法自治精神的实质，即其不仅意味着权利和自由，同时也蕴含着义务和责任。因此，在二者关系中，国家权力一般居于主导地位，而民间调解不能僭越其范围。但另一种极端的情况是，在调解发展进程中，社会的价值取向与法治主义思潮导致对诉讼的推崇和对调解的轻视。这种思潮认为，在法治现代化的进程中需要优先解决的问题是建立健全正式的法律体系，而不是通过非诉讼程序（Alternative Dispute Resolution，ADR）进行交易、达成妥协。[6]因而，当事人的意思自治受到国家公权力的限制和监督，我国的商事和解协议只能通过司法确认或公证等途径间接获得强制执行。

间接赋予国际商事和解协议强制执行力是调解程序不够规范的产物。调解程序的规范性是和解协议效力的渊源之一。当前，商事调解发展存在多重困境，如调解员职业化起步缓慢、普遍缺乏专业培训等。这导致立法者对调解机制、调解员信心不足，这也是我国为何不直接赋予调解协议强制执行效力的重要因素。[7]就调解达成的和解协议而言，因其不是司法机关作出的司法文书，也不同于仲裁机构作出的仲裁裁决，故而一般不认为其具有直接的强制执行力。甚至

---

3 尹力著：《国际商事调解法律问题研究》，武汉大学出版社2007年版，第171页。

4 范愉著：《非诉讼纠纷解决机制研究》，中国人民大学出版社2000年版，第366页。

5 ［德］马克斯·韦伯著：《经济与社会卷》（下卷），林荣远译，商务印书馆1997年版，第21页。

6 范愉著：《非诉讼纠纷解决机制研究》，中国人民大学出版社2000年版，第69、366、610页。

7 廖永安等著：《中国调解的理念创新与机制重塑》，中国人民大学出版社2019年版，第56页。

学者认为，间接抑或直接赋予和解协议强制执行力的讨论并不重要，重要的是确保调解程序的正当性，并通过机制的设置赋予和解协议强制执行力。因此，间接赋予和解协议强制执行力这一理念体现在程序设置上偏向于保守和稳妥，对不规范的调解程序持审慎态度，一般不会触动本国当前的法律制度和社会政策，因而在世界范围内受到青睐。例如，德国受 2008 年《欧盟关于民商事调解若干问题的 2008/52/EC 指令》（以下简称《欧盟调解指令》）的影响，经调解达成和解协议的当事人可以按照《德国民事诉讼法》相关规定，履行一定的法院登记程序，该程序的实质是法院对该和解协议的司法确认，[8] 有助于规避不规范调解程序造成的权益损害。

间接赋予国际商事和解协议强制执行力有助于保留当事人的二次选择权。相较于从契约构成角度主张应当赋予调解协议法律约束力，有学者更倾向于从调解的性质、本质和基本原则出发认为不应该赋予和解协议法律约束力。因为调解区别于仲裁和审判的价值主要表现为调解程序的非严格性、非正式性及自愿性，其中就涵摄了调解达成的协议不应具有强制执行的法律效力。[9] 由于达成的商事和解协议不具有终局性和执行力，当事人可另选择仲裁或诉讼的方式解决纠纷。从该角度看，和解协议本身不具有强制执行力体现了对当事人处分私人权利的尊重，更能充分地保障当事人意思表达的真实性。

### （二）直接赋予国际商事和解协议强制执行力

不同于间接赋予和解协议强制执行力，直接赋予和解协议强制执行力可理解为国家在法律中明文规定和解协议本身具有强制执行力，而不需要借助司法机关的裁判。直接赋予国际商事和解协议强制执行力是多元化纠纷解决理念的内涵体现。有学者认为，正式的法律制度与非正式的法律制度各有自己的调整范围和领域，有适合于自己调整的社会关系，而许多社会关系的调整往往需要多种方法的相互配合才能奏效。不应片面追求法制的正规化，而应该把正式法律制度与非正式的其他社会控制相结合的道路。[10] 还有学者认为，ADR 与司法诉讼的关系中，无论是否持两者相对立的观点，都主张发挥两种纠纷解决机制的独特优势，形成机制互补。并且，凭借自愿原则以及司法审查权的存在和制

---

8　许晓俊：《国际商事和解协议与和解协议法律效力问题研究》，安徽大学 2011 年硕士学位论文，第 25 页。

9　史长青著：《现代调解制度——法制与自治》，上海三联书店 2015 年版，第 248 页。

10　朱景文、斯图尔特·马考利著：《关于比较法社会学的对话》，载《比较法研究》1998 年第 1 期。

约作用，使 ADR 不可能从根本上背离法治轨道[11]，故直接赋予和解协议强制执行力也无惧恣意风险。当代司法活动的社会化趋势并未弱化司法的权威性，而是借助司法的权威增强其他社会活动的司法权威的统摄性。[12] 如果法律赋予和解协议类似于仲裁裁决的直接强制执行力，根据《新加坡调解公约》第 4 条和第 5 条之规定，当事人寻求救济的途径以及被拒绝救济的事由则更明确，无须假道国内法。据此，我们认为和解协议本身具备强制执行力，更有利于诉调模式的完善。

赋予和解协议直接的强制执行力符合私权自治的要求。私权自治作为私法领域的基本理念和基本原则，其强调私权主体可通过自己的意愿自主地处分有关私权的各项事务，从而形成具有法律意义的权利与义务；在不违反公法强制性规范的前提下，私权主体自愿达成的协议“优先私法适用”。同时，为保证 ADR 实效和避免资源的浪费，促进当事人的自治和自律意识，应最大限度地保证和解协议的效力。[13] 甚至有学者认为，无论 ADR 本身的强制性程度如何，只要当事人自愿接受，即可产生与生效判决同等的终局效力。[14] 国外不少国家的商事调解立法体现了私权自治的原则。1996 年，印度以联合国贸易法委员会《调解规则》为基础制定《印度仲裁与调解法》，该法第 74 条规定，调解达成的和解协议的地位和效力视同仲裁庭根据《印度仲裁与调解法》第 30 条就争议的实质方面作出的基于商定条款的仲裁裁决。[15] 这可说明，《印度仲裁与调解法》赋予当事人达成的和解协议同仲裁裁决一样的强制执行力。受“诉讼大爆炸”影响，美国也认识到 ADR 在纠纷解决中的独特作用并大力发展调解。早在 2009 年，美国最大的 ADR 私营服务机构 JAMS 全球各地办事处平均处理案件达 3 万多件。在美国这样一个“好讼”的国家，当事人选择调解解决纠纷的案件高达 95%，其中一个重要的原因是美国私人调解达成的调解协议具有法律效力，可通过法院强制执行。他们认为私人调解达成的和解协议与法院判决的效力在本质上没有区别。[16]

赋予和解协议直接的强制执行力是效益理念的集中体现。经济效益主义程序理论的代表人物波斯纳认为所有法律活动和全部法律制度都是以有效利用自

---

11 范愉著：《非诉讼纠纷解决机制研究》，中国人民大学出版社 2000 年版，第 370 页。

12 张一博：《司法确认后诉外调解协议的法律效力》，载《法治论坛》2014 年第 3 辑。

13 范愉著：《非诉讼纠纷解决机制研究》，中国人民大学出版社 2000 年版，第 446 页。

14 范愉著：《非诉讼纠纷解决机制研究》，中国人民大学出版社 2000 年版，第 396 页。

15 《印度仲裁和调解法》，载北京仲裁委员会官网，https：//www. bjac. org. cn/news/view. asp?id = 1088，最后访问于 2020 年 10 月 13 日。

16 李政：《ADR 视野下私人调解的程序和效力》，载《法学杂志》2009 年第 11 期。

然资源、最大限度地增加社会财富为目的，并提出“正义的第二种意义就是效益”来回应对该理论的质疑。[17] 随着实践的突破，法学家和哲学家从理论的高度对ADR给予支持，经济分析法学家也从效益分析的角度为ADR作出了合理化论证。根据效益原理，法律制度的设计应该建立在有利于促成和解的目标之上。现代司法诉讼程序的本质建立在程序正义理念之上，而不是为获得实质正义和客观真实。[18] 类似的，日本学者棚濑孝雄倡导的交涉型调解也将功能上的重心置于成本的降低上，其目的不在于发现法律上的正确解决，而在于为那些把节约成本放在第一位并不惜以此降低达到法律上正确解决这一要求的当事者提供一种方便。[19] 在商事纠纷日益繁杂的今天，追求迅捷、低价、友好的合作关系无疑是当事人寻求商事调解解决纠纷的主要原因。

由上可知，对国际商事和解协议是否应当特别是以何种路径赋予强制执行力一直存在不同认识，我国也概莫能外。近年来，由于国际商事调解立法和实践的快速发展，商事调解理念和制度呈现出共通性的发展趋势，但也为各国国情所左右。

## 三、渐进性认识：国际商事和解协议效力的中国实践

我国的调解被西方称为纠纷解决的“东方经验”，然自近现代以降，我国的调解制度特别是商事调解未得到充分发展，调解的特有优势未得到有效发挥。我国调解制度虽立足于服务社会管理、经济发展的需要，但是总体带有较为强烈的司法干预色彩。当前，我国调解的专业化、职业化发展程度低，人民调解在我国的民间调解制度中仍然居于主体地位，商事调解发展还不够成熟，对国际商事和解协议效力的法律规定也处于模糊状态。

### （一）立法规定

我国尚未制定商事调解的相关法律，对国际商事和解协议效力的具体规定更未涉及。在实践中，有学者认为国家试图用“一元化”的人民调解法律规制模式统合所有社会调解类型，忽视了调解多元化发展的需求。[20] 这体现在立法实践中忽视了调解的不同种类，如人民调解、商事调解、律师调解等相互之间

17 陈瑞华著：《程序正义理论》，中国法制出版社2010年版，第66－69页。

18 范愉著：《非诉讼纠纷解决机制研究》，中国人民大学出版社2000年版，第628页。

19 ［日］棚濑孝雄著：《纠纷的解决与审判制度》，王亚新译，中国政法大学出版社2004年版，第60页。

20 廖永安、王聪：《人民调解泛化现象的反思与社会调解体系的重塑》，载《财经法学》2019年第5期。

的特性和差异，也低估了除人民调解外的其他调解在纠纷解决中的独特作用。《人民调解法》是我国唯一制定的与调解有关的专门性法律。该法第31条规定，关于经人民调解委员会调解达成的调解协议具有法律约束力；第33条进而规定，双方当事人认为有必要的，可以共同向人民法院申请对调解协议进行司法确认；一方当事人拒绝履行或未全部履行的，对方当事人可以向人民法院申请强制执行。《民事诉讼法》第194条也规定，双方当事人可以共同向调解组织所在地基层人民法院申请司法确认调解协议。但是，鉴于人民调解和商事调解在调解主体、调解范围上存在诸多差异，可知以《人民调解法》来指导和规范商事调解活动不甚合适。

随着近年来商事争议的案件日益复杂化，立法机关和最高人民法院均认识到必须充分发挥商事调解的作用，并积极推动经调解达成的商事和解协议获得强制执行。为此，最高人民法院于2016年发布了《关于人民法院进一步深化多元化纠纷解决机制改革的意见》（以下简称《多元化纠纷解决机制意见》）。该意见第19条提出推动律师调解制度建设，并在第31条规定完善司法确认程序的内容，即经商事调解组织等调解达成的具有民事合同性质的协议，当事人可以向人民法院或者人民法庭依法申请确认其效力。此后，最高人民法院于2018年发布的《最高人民法院国际商事法庭程序规则（试行）》第24条也提到，经指定的商事调解机构调解达成调解协议的，国际商事法庭依法审查后制发调解书；当事人要求发给判决书的，国际商事法庭可以制发判决书。以上可知，我国司法规范性文件通过规定当事人申请司法确认的方式间接赋予国际商事和解协议以强制执行力。虽然这在一定程度上为商事和解协议的执行指明了途径，但不可否认的是，商事调解依然处于附属于诉讼的地位，无法有效减轻法院的审判压力。

### （二）司法适用

商事和解协议的强制执行在我国的司法适用上尚处于混乱状态。如上文提到，由于我国尚未制定商事调解的相关立法，经商事调解达成的和解协议只能依据相关的司法规范性文件寻求救济，如依据《多元化纠纷解决机制意见》中对申请法院司法确认的规定。以“一带一路”国际商事调解中心处理的相关案件为例，在2019年10月发生的一起商事纠纷案件中，申请人S鞋店与被申请人A就合同货款支付问题产生了纠纷。虽然案情十分复杂，但在调解员的多番努力下，双方当事人达成了和解协议并进行了司法确认，实现案结事了。[21] 此案

---

21 《案例十五：哈萨克族调解员化解复杂买卖合同纠纷案》，载一带一路国际商事调解中心网站，http：//www.bnrmediation.com/Home/Article/detail/id/552.html，最后访问于2020年10月9日。

援引的相关规则来自“一带一路”国际调解中心于2016年10月发布的《调解规则》第15条15.4款，该款明确规定“调解中心可以协助当事人依法共同向有管辖权的法院申请司法确认”，故当事人是以《多元化纠纷解决机制意见》作为申请法院司法确认的法律依据。然而，《人民调解法》第31条、第33条明确规定调解协议具备法律效力或可申请法院强制执行，其前提是该协议是经人民调解委员会调解达成的。《民事诉讼法》第194条[22]中“人民调解法等法律”中的“等”被理解为特指全国人民代表大会及其常务委员会制定的法律，将当前司法程序的客体范围限制在人民调解协议。[23]因此，《多元化纠纷解决机制意见》关于当事人可以向法院申请确认商事和解协议效力的规定与《民事诉讼法》第194条关于仅限人民调解达成的和解协议申请司法确认的规定相冲突。在实践中，虽然当事人可以就商事和解协议向我国法院申请司法确认，但从法理来看，当事人能否向法院申请司法确认尚存合法性疑问。

### （三）中国实践与《新加坡调解公约》的比对

国内商事和解协议效力规定与《新加坡调解公约》之规定存在明显差异，其效力很大程度上依附于公权力确认。从国内角度看，近年来，国际商事和解协议执行力问题逐渐受到我国立法部门、司法部门的重视，但是在商事调解的立法实践和司法实践上尚存诸多缺漏。商事调解相关的专门性法律尚未制定，无法规范商事调解活动特别是商事和解协议的执行。即使参照《民事诉讼法》《多元化纠纷解决机制意见》的相关规定，由于商事和解协议在我国未被赋予直接强制执行力，其经法院司法确认等程序获得执行似乎又缺乏法律正当性基础。从国际角度看，《新加坡调解公约》第3条第1款规定：“本公约每一当事方应按照本国程序规则并根据本公约规定的条件执行和解协议。”这一规定可理解为，确定适用本公约的和解协议采用直接执行机制，即和解协议的当事人能够在执行地请求直接执行，而不要求和解协议来源国对和解协议进行审查。[24]该条款从草案二稿、草案三稿到现行条款，其显著的变化是定稿删除了语句“承认（be recognized）”和“赋予法律效力（be given legal effect）”。这无不体现了新近研究的一种看法：国际和解协议效力不依附于公权力的确认，一种直接执

---

22 《民事诉讼法》第194条规定：“申请司法确认调解协议，由双方当事人依照人民调解法等法律，自调解协议生效之日起三十日内，共同向调解组织所在地基层人民法院提出。”

23 刘加良：《非诉和解协议司法确认程序的实践误区及其矫正》，载《政治与法律》2018年第6期。

24 孙巍著：《〈联合国关于调解所产生的国际和解协议公约〉立法背景及条文释义》，法律出版社2018年版，第30页。

行机制得以大胆创设。某种意义上，《新加坡调解公约》的出台标志着国际商事调解自治形态的诞生。[25]

总之，我国有关商事和解协议效力问题在立法、司法适用上存在明显的缺漏，与《新加坡调解公约》的相关规定也存在分歧。但由于我国对法制观念的理解与商事调解发展趋势存在非均衡性，为此，当前国内的主流观点仍是倾向于间接赋予国际商事和解协议强制执行力。此种观点是否有利于国际商事调解活动在国内的进一步展开，仍值商榷。

## 四、从间接到直接：国际商事和解协议的效力伸张

各种调解理论体系和观点在价值取向和基本理念上呈现出明显的冲突和多元化状态。就基本立场而言，表现为对调解的积极推进、慎重发展和以限制、制约为中心的实践目标上的差异。随着时代的发展，这些理念也表现出一种从保守向开放而逐步变化推移的取向。[26]伴随着“私权自治”意识的觉醒，无论是国家层面还是个人层面都越来越重视对纠纷当事人合意的尊重。当前，明确赋予调解协议强制执行的效力，并配套法院对调解协议的适度审查或许是一种比较恰当的做法。[27]随着我国商事调解法律制度和调解实践的不断发展和规范，应该有意识地提高和解协议的强制执行力乃至直接赋予和解协议类似于仲裁裁决的强制执行力。

### （一）赋予国际和解协议以直接强制执行力具有相对合理性

第一，践行“共商共建共享”理念需要直接赋予和解协议强制执行力。习近平主席提出的“共商共建共享”的全球治理理念，为破解当今人类社会面临的共同难题提供了新原则、新思路。“共商”可以理解为各国共同协商解决矛盾纠纷；“共建”可以理解为各国共同参与、合作共建，扩大共同利益；“共享”体现在经济发展方面就是实现互惠互利、多赢共赢。可见，“共商共建共享”体现了当代中国在与各国友好交往中始终坚守的“和”文化，与国际商事调解的理念也完全吻合。相较于法院判决在“一带一路”沿线国家难以有效执行、仲裁“诉讼化”的发展趋势等不足，商事调解具有解纷迅捷、廉价、维护友好合作关系等价值理念不仅符合各方的需求，而且有利于落实互利共赢、和谐包容

25 参见傅攀峰在《新加坡调解公约》生效后中国商事调解发展研讨会上的发言节选，载中国法学网，http：//iolaw. cssn. cn/xshy/202009/t20200914_ 5182563. shtml，最后访问于2020年12月24日。

26 范愉著：《非诉讼纠纷解决机制研究》，中国人民大学出版社2000年版，第261页。

27 王钢著：《国际商事调解规则研究》，中国社会科学出版社2019年版，第192页。

的“一带一路”建设理念。2013年至2017年五年间，我国各级法院共审理涉外民商事案件20余万件，较过去五年增长一倍以上。特别是“一带一路”沿线国家间的国际贸易、国际工程承包等跨境商事纠纷呈现继续增加的态势。[28] 近些年来，经调解达成的和解协议可通过类似《纽约公约》这样的全球统一机制获得执行成为共同的愿望。国际调解组织在2014年开展的一项调查显示，90%的受访者认为和解协议缺乏国际性执行机制是阻碍调解发展的一大因素，并且93%的受访者指出他们更愿意同批准《新加坡调解公约》所在国家的当事人进行调解。[29] 鉴于“一带一路”沿线国家间解决复杂商事纠纷案件的需要，国际商事调解应在该领域甚至全球领域发挥更大的独立的作用，而不能只是依附于诉讼或者是仲裁机制。将商事调解独立出来的关键性措施在于赋予商事和解协议类似于仲裁裁决的直接强制执行力，从而促进调解与诉讼、仲裁形成国际商事纠纷解决的“三驾马车。”

第二，有利于我国国内法制与国际制度的相互衔接。在《新加坡调解公约》生效的背景下，我国若仍坚持拒绝直接赋予商事和解协议强制执行力，此种做法将与《公约》、主流商事调解制度的精神相背离。当前，促进型调解模式在世界范围受到推崇，该模式以当事人为中心，鼓励当事人自决，并支持以当事人利益为基础的协商。[30] 作为“一带一路”建设的首倡国，在国际商事调解日益为“一带一路”沿线国家所急需和青睐时，我国如继续持保守主义的立场，难免会遭受“一带一路”沿线国家和其他国家的非议。党的十八届四中全会通过的《关于全面推进依法治国若干重大问题的决定》提出要积极参与国际规则的制定，增强我国在国际法律事务中的话语权和影响力。如何提高我国的话语权和影响力，要综合考虑在现代国际社会良善完备的、具有竞争力的争议解决机制已经成为维护经济发展、彰显综合国力的重要因素。[31] 为此，我国应该积极抓住历史机遇，以发展商事调解为契机，在我国商事调解法律的制定中以《新加坡调解公约》为蓝本，完善我国的商事调解法律制度，促进国内法与国际法相接轨。申言之，在合适的时机从法律上赋予国际商事和解协议直接的强制执

---

28 《最高人民法院负责人就〈关于建立“一带一路”国际商事争端解决机制和机构的意见〉答记者问》，载新华网，http：//www. xinhuanet. com/2018 －06/28/c_ 1123046444. htm，最后访问于2020年10月9日。

29 Eunice Chua，*Enforcement of International Mediated Settlements without the Singapore Convention on Mediation*，Singapore Academy of Law Journal，Vol. 31，p. 574（2019）.

30 Nadja Alexander，*Ten Trends in International Mediation*，Singapore Academy of Law Journal，Vol. 31，p. 430（2019）.

31 何其生：《大国司法理念与中国国际民事诉讼制度的发展》，载《中国社会科学》2017年第5期。

行力，不仅有利于促进“一带一路”沿线各国的经贸合作，更有利于促进国内法制与国际制度的衔接。

### （二）赋予国际和解协议以直接强制执行力的可行路径

有学者认为，当 ADR 在时间中出现新的需求和问题时，可以通过制定发布新法规、修改现行法律、授权法院或主管机关通过内部或局部规则进行实验和探索等方式。在经过一段时间的经验积累之后，再以普通法形式进行确认和规范。[32] 考虑到商事调解立法的难度以及司法解释在我国法律体系中的独特地位和作用，在我国商事调解立法尚未出台的背景下，我们建议以“两步走”的路径来设计国际商事和解协议的执行力规则。

第一，通过司法解释赋予国际和解协议直接的执行力。最高人民法院发布的规范性文件包括司法解释和司法文件，司法文件又可以划分为司法解释性质文件和司法行政性质文件。[33] 司法解释可一般性理解为最高司法机关在适用法律法规过程中对如何具体应用法律法规问题所作的具有普遍效力的解释。[34] 司法文件则具有型塑司法理念、规范漏洞补充和统一裁判标准的功能。虽然司法文件不属于 2007 年《最高人民法院关于司法解释工作的规定》中司法解释的范畴，但仍可从功能和制定主体上认定为《宪法》第 127 条和第 132 条默示司法机关拥有制定包括抽象性司法解释在内的规范性文件的权力，[35] 其合法性业已得到相应支持。在此基础上，《多元化纠纷解决机制意见》等司法规范性文件的法律效力作为广义上的司法解释应予以承认。

考虑到目前商事和解协议在申请司法确认时无法可依或者出现所依据法律规定相互矛盾的状况，首先，可对《民事诉讼法》第 194 条“人民调解法等法律”中的“等”进行扩大解释，并规定，这里的“等”不仅包括狭义上的法律，还包括《多元化纠纷解决机制意见》等与商事和解协议申请司法确认有关的司法规范性文件，避免从文义解释上限制申请司法确认的和解协议种类的范围。其次，在合适的时机专门制定《新加坡调解公约》在我国适用的司法解释，明确规定“申请国际商事和解协议可在《新加坡调解公约》缔约国直接执行”，以与《新加坡调解公约》保持一致。制定相关的司法规范性文件可为明确国际和解协议执行力提供法律依据。在我国，司法规范性文件可在一些没有法律的

---

32 范愉著：《非诉讼纠纷解决机制研究》，中国人民大学出版社 2000 年版，第 423 页。

33 彭中礼：《最高人民法院司法解释性质文件的法律地位探究》，载《法律科学》2018 年第 3 期。

34 李相森：《论近代以来中国司法解释概念的变迁》，载《江苏社会科学》2019 年第 2 期。

35 黄金荣：《“规范性文件”的法律界定及其效力》，载《法学》2014 年第 7 期。

领域进行事实意义上的法律创制，为此，可充分发挥司法解释在《新加坡调解公约》适用中的"排头兵"作用。从此意义看，司法规范性文件可为当事人提供确定性和可预见性，满足"同案同判"的要求，能避免条约的随意性并建立一个相对柔性的条约适用制度。[36]例如，《最高人民法院关于人民法院处理与涉外仲裁及外国仲裁事项有关问题的通知》就对不予执行仲裁裁决案件起到重要的指导作用。因此，借鉴《纽约公约》在我国适用的国内立法应对，最高人民法院也应对《新加坡调解公约》在我国的适用制定配套的司法规范性文件。

第二，从立法上赋予和解协议直接的执行力。由于司法规范性文件法律效力的有限性，制定与商事调解相关的法律则成为最终目标。我国制定的《人民调解法》体现了人民调解单行立法的理念，商事调解与人民调解同属于社会调解的范畴，存在一些共同的属性和特征，《商事调解法》可借鉴《人民调解法》的立法模式。

具体来看，我国未来制定《商事调解法》应明确规定商事和解协议具有强制执行力，并将国内商事和解协议与国际商事和解协议的效力作等同处理。其原因在于：一是体现私权自治的要求。英美法系法学理论认为意思自治原则是保护国际法主体私权的基石。当事人的真实意图是和解协议效力的根据。[37]我国法学界也将意思自治列为涉外民商事法律的基本原则之一。基于意思自治达成的商事和解协议往往能自动履行，不需要当事人向法院申请强制执行。较小比例的和解协议才需要当事人申请法院救济，商事调解因此能赢得社会的青睐。所以，和解协议具备强制执行力更能体现对当事人意思自治的尊重。二是国外成功的立法范例。近些年随着《新加坡调解公约》的制定与顺利通过，亚洲著名的商事争议解决中心地——新加坡积极反应并制定了相关的国内法。2017年《新加坡调解法》第12条规定将经调解达成的和解协议记录为可立即执行的法庭指令，并且以类似于判决的方式来执行。此外，该条还规定了和解协议执行应满足的条件以及拒绝执行和解协议的理由。[38]2017年《新加坡调解法》在执行或拒绝执行和解协议的条件上与《新加坡调解公约》有诸多共性，体现了新加坡在执行和解协议上的积极态度。为促进《新加坡调解公约》在新加坡的适用，新加坡国会于2020年2月4日通过了《新加坡调解公约法》并获总统批

36 赵骏、张丹丹：《最高人民法院与条约司法适用机制的完善》，载《浙江大学学报（人文社会科学版）》2017年第2期。

37 覃斌武：《论和解协议不履行在法律上的效果》，载《湘潭大学学报（社会科学版）》2017年第4期。

38 Mediation Act 2017，Singapore Statutes Online，https：//sso. agc. gov. sg/Act/MA2017，最后访问于2020年10月7日。

准。随着《新加坡调解公约》的正式生效，将有越来越多的国家重视完善本国的商事调解立法，并有意识地提升和解协议的效力。

## 结语

《新加坡调解公约》的出台给国际商事调解制度的健康发展提供了更为广阔的平台，该公约赋予国际商事和解协议直接效力的做法也给各国国内立法提供了示范蓝本。我国作为《新加坡调解公约》的首批签署国，既要认识到承担国际义务之于中国国际形象之重要性，也要兼顾国内法制与国际制度之衔接性。唯有如此，才能在错综复杂的国际形势下进一步加强与“一带一路”沿岸各国的经贸关系，促使“共商共建共享”理念在国际商事调解领域得到较好践行。

# 民事诉讼中法官迟延不作为的救济方法

欧　丹*

**【内容提要】** 法官迟延不作为侵害当事人适时审判请求权。法官迟延不作为的救济并不以迟延实际发生乃至损害发生为要件或前提，而是以当事人适时请求权的侵害为要件。法官职务监督属于典型的内部监督程序，当事人并不享有请求法院履行职务监督义务上的主观权利。针对法官迟延不作为，我国诉讼程序中的上诉、再审、异议、复议等内容同样无法给予有效的救济。程序正义要求法官迟延不作为的救济方法应当坚持及时性与有效性两项基本原则。法官迟延不作为影响当事人对法官中立性的信任，允许当事人针对此类行为法官申请回避可以提升当事人对司法公正的信心。与迟延抗告不同，迟延异议程序与迟延赔偿责任更符合救济方法的及时性与实效性原则。

**【关键词】** 迟延不作为　诉讼行为　异议程序　迟延赔偿责任　适时审判请求权

## 引言

2018年9月13日，中国之声《新闻纵横》报道上海市金山区法院法官在审理一起民事案件中，被指多次折腾外地律师，主审法官三次临时取消开庭。最终，金山区法院党组决定，提请金山区人大常委会免去该案审判长奚某副庭长

* 欧丹——广东财经大学法治与经济发展研究所、法学院助理研究员，硕士生导师，主要研究领域：民事诉讼法及司法制度。本文为2018年国家社会科学基金后期资助“当事人程序主体权之救济论”（项目批准号：18FFX004）的阶段性研究成果。

职务，给予承办法官王某行政记大过处分。[1]根据报道，该事件起因是该法院法官随意取消开庭侵害当事人及代理律师的诉讼权利，经媒体报道以及在上级法院（最高人民法院及上海高级人民法院）高度重视之下，终通过内部监督/司法行政处分迅速得以解决。但是，该事件的处理方式仍有值得进一步检讨之处。该案件是在外部媒体监督之后才进入事件处理的“快车道”。可见，法院内部监督机制在该事件的处理过程中存在滞后。不仅如此，该案件最终通过对涉案法官进行司法行政处分的方式来解决，这是一种典型的事后救济且是一种诉讼程序之外的救济。对法官进行纪律处分方式能否成为救济法官迟延不作为的常用途径同样存在疑虑，因为此类救济方法的成本和效益与救济对象并不相称。

法官迟延不作为侵害了当事人适时审判请求权。不仅我国存在法官迟延不作为现象，德国等大陆法国家以及我国台湾地区都存在类似的情况。在德国，法官迟延不作为的情况表现得更加多样化，最极端的情况是从收案开始较长期间完全未进行案件（可能因为法官案件负担过大，也可能因为对该类案件不娴熟）；或者对当事人申请不予准许，也不为任何书面驳回的裁定，或者作出与当事人申请内容上不同的或者与当事人申请或其利益相抵触的裁定，如法官拒绝依当事人申请而定期；法官改期为一个较长时间间隔的日期，以致诉讼程序形同停止；法官无正当理由裁定停止诉讼程序；法官对于当事人申请诉讼救助不为任何准予或驳回表示；等等。[2]

正因如此，侵害当事人适时审判请求权的法官迟延不作为应当得到广泛关注。法官迟延不作为相比直接侵害当事人听审权与实体性权益的不作为更加隐蔽，更加难以直接救济。由于时间具有一维性，它在三维空间内是单向性和不可逆性的，法官迟延不作为所造成的结果是无法直接救济的。法官迟延不作为待裁判之后再行救济可能已经丧失救济的时效性。因此，本文拟分析我国实践中法官迟延不作为救济方法的局限，以期改进救济方法。

## 一、对职务监督救济法官迟延不作为的质疑

如引例所示，面对法官多次随意取消开庭的不当行为，当事人并没有直接得到有效救济，媒体监督之后法院内部才启动职务监督，最终实现正义。法官

---

1　参见《上海金山区法院通报“法官多次折腾外地律师”处理结果：相关责任人被提请免职、行政记大过》，载央广网，http：//www.cnr.cn/shanghai/tt/20180921/t20180921_524366993.shtml，最后访问于 2020 年 7 月 27 日。

2　吴从周：《民事法官懈怠案件之进行与当事人之权利救济》，载《台湾法学杂志》2007 年第 11 期。

职务监督是一种典型的事后救济途径，它无法提供有效的即时性救济。法官职务监督针对侵害适时审判请求权的法官迟延不作为则更显得力不从心。职务监督是对法官履行法定职责行为的监督，它主要是针对履行审判职责以及因履行司法职责而禁止从其他盈利活动或兼职行为进行监督。从监督主体来看，法官职务监督主要是由法院内部主体来负责实施。

（一）当事人没有请求法院法官启动职务监督的主观权利

有德国学者曾指出可以通过法官职务监督对法官迟延不作为进行救济。[3] 不过，法官职务监督程序并不是法官迟延不作为的常规救济方式。《德国法官法》第26条的核心内容就是授权法官职务监督者针对其不符合法院内部规定的行为进行指责/批评，并有权提醒法官以符合内部规定的方式，不迟延地完成工作。就迟延裁判行为而言，立法要求须法官“未符合法院内部规定，不迟延地完成工作”要件，当事人方可提出法官职务监督。然而，《德国法官法》第26条中规定的指责和提醒仅是对法官职务行为进行一种“要有责任心的呼吁”。如果法官职务监督者认为批评及劝告等措施不足以警示法官，其也可以依据规定启动惩戒程序。[4] 但是，职务监督程序与惩戒程序性质上完全不同，前者被定位为一种内部监督机制，这主要是基于最大限度保障法官审判的独立性。[5]

《德国法官法》第26条规定法官职务监督的措施都较为轻缓化和柔性化。其中，该条第1款首先明确规定“法官仅在不影响其独立审判的范围内受到职务监督”。这主要是因为《德国基本法》第97条已明确规定“法官应独立行使职权，并只服从法律”。从法律效果来看，《德国法官法》第26条所规定的法官职务监督与《德国基本法》第97条所确认的法官独立审判原则存在一定的紧张关系。在德国，法官独立是法治国家等宪法原则的核心要义，这在各界形成了广泛共识。因此，法官职务监督也不得有损法官审判的独立性。[6] 司法实践中，德国还将“回避理由的判定、证据收集、诉讼指挥权的行使以及法官在负担过重时自由安排开庭日期”等事项视为法官审判工作的“核心区域”，并且核心区

3 吴从周：《民事法官懈怠案件之进行与当事人之权利救济》，载《台湾法学杂志》2007年第11期。

4 孔祥承：《德国法官职务监督制度及其对我国的启示》，载《河南财经政法大学学报》2018年2期。

5 有关职务监督与法官独立性之间的关系，See Seibert – Fohr A.，*Judicial Independence in Germany*，In：Seibert – Fohr A.（eds），Judicial Independence in Transition，Springer，2012，pp. 485 – 486.

6 Vgl. Walter Zeiss/Klaus Scheriber，Zivilprozessrecht，10. Aufl.，Tübingen：Mohr Siebeck，2003，§7 Rn. 42.

域内的事项并不受法官职务监督。[7]不仅如此，欧洲人权法院更是认为，虽然依《德国法官法》第26条第2款规定要求受诉法院加速程序，但是当事人并不享有履行职务监督义务的主观权利，故它也并非有效的救济途径。[8]可见，由于法官职务监督的内部监督属性，当事人并没有被赋予请求法院法官启动职务监督的主观权利。在我国，法官职务监督同样属于内部监督行为。正因如此，当事人无法直接援引此项措施针对法官迟延不作为进行救济。

### （二）同质化的法官职务监督方式影响职务监督的效果

1. 职务监督的柔性监督措施供给不足

我国《法官法》及《人民法院工作人员处分条例》并未针对监督事项的性质不同设置不同类型的监督措施、主体及程序。这可能导致不同性质的法官行为适用“同质化”的处理程序。例如，法官枉法裁判（已构成犯罪）与法官迟延定期（仅为程序瑕疵）的职务行为则可能适用相同的监督措施和程序。但是，法官枉法裁判与法官迟延定期的职务监督两者在程度及程序保障上都存在明显差异。从结果意义上来看，我国立法仅规定两种监督形式，即惩戒和考核。惩戒具体包括警告、记过、记大过、降级、撤职、开除。虽然我国《法官法》也规定了处理结果较为缓和的警告，但是此处警告与《德国法官法》第26条所规定的批评与提醒在性质上完全不同。我国《法官法》中规定的警告属于惩戒措施，它既具有强制性也可以作为法官考评、晋升之依据，因为《人民法院工作人员处分条例》第7条、第8条规定警告处分的期间为6个月，且处分期内不得晋升职务。可见，《法官法》中的刚性监督措施适用范围过宽，而柔性监督措施供给不足。

2. 监督措施过重与监督门槛又过高并存

立法对不同性质和类型的法官行为采用“同质化”监督措施可能造成针对法官诉讼行为瑕疵等职务行为的监督措施过重而监督门槛又过高的“双高”现象。监督门槛过高与刚性监督措施过度之间存在密切关联。职务监督对法官负面影响较大可能是启动监督的门槛也相应较高的重要原因之一。不仅如此，实践中监督部门处理相应投诉还可能更加谨慎。换言之，除非法官行为产生较为严重的后果或者引起较为严重的社会关注，监督部门主动介入的可能性往往较低。这就不难解释本文示例中当事人案件为什么会是在外部媒体监督介入之后

---

7 但是，德国法院对核心区域的内容持较为开放的态度，它须根据案件的具体情况来判断。Vgl. LöweRosenberg, Die Strafprozeßordnung und das Gerichtsverfassungsgesetz, 25 Aufl., De Gruyter, 2003, § 1 GVG Rn. 25.

8 沈冠伶著：《程序保障与当事人》，元照出版有限公司2012年版，第76页。

才迅速通过职务监督/行政处分予以解决。不过，内部监督机制充分发挥作用才是提高司法质量的重要内容，它有利于“减少其他机构介入处理法院系统内部权力滥用和错误的需要”，有助于依法独立行使审判权。[9]过分依赖媒体监督、社会监督等外部监督在一定程度上会对司法权威形成产生负面影响。另外，未对监督对象进行分类处理，“一刀切式”的惩戒措施也不利于处理不同性质法官的不当行为。概言之，监督措施处分过重与门槛过高或许正是妨碍职务监督措施作为法官违反程序规则的诉讼行为瑕疵的救济途径。毕竟，监督措施应当“具备足够的延展性以便尽可能与每个案件的具体情况相调适”。[10]

3.“故意拖延办案”要件适用存在困难

针对法官迟延不作为的规范，我国《法官法》第46条明确规定法官不得故意“拖延办案，贻误工作”，如有违反，“应当给予处分；构成犯罪的，依法追究刑事责任”。另外，《人民法院工作人员处分条例》第47条进一步细化规定：“故意违反规定拖延办案的，给予警告、记过或者记大过处分；情节较重的，给予降级或者撤职处分；情节严重的，给予开除处分。”立法要求针对法官迟延不作为进行处分须符合故意要件。但是，如何认定“故意拖延办案”实践中仍缺乏实施细则，它的可操作性则存在一定疑虑。就引例案件而言，原承办法官多次无理由改期审理案件明显违反法律规定，即违反《民事诉讼法》第136条“人民法院审理民事案件，应当在开庭三日前通知当事人和其他诉讼参与人”的规定。可见，案件存在法定事由须延期开庭，法官也应当在开庭三日前通知当事人及其代理人。因此，原承办法官随意改期行为符合立法规定的“故意拖延办案”要件，这在认定上也并不存在困难。然而，如果某法官仍以相同或者不同理由多次延期审理案件，却每次都能在开庭前三日内通知涉案当事人及其代理人，那么法官此类行为是否构成《法官法》第46条及《人民法院工作人员处分条例》47条规定之“故意拖延办案”要件则存在认定上的困难。由于信息不对称等原因，实践中当事人及代理人很难证明法官诉讼行为是否存在“故意拖延”的情形。正因如此，该内部惩处规则在司法实践中往往被闲置。这进一步影响我国法官职务监督成为针对法官迟延不作为的常规救济途径。

### （三）检察机关外部监督存在滞后性与谦抑性的结构矛盾

检察机关外部监督同样无法应对法官迟延不作为。在我国，法官职务监督不仅存在法院系统内的职务监督主体及措施，而且还存在检察院对法官职务行

---

9 齐树洁著：《民事上诉制度研究》，法律出版社2006年版，第29页。

10 全亮：《域外法官惩戒制度基本架构比较》，载《社会科学家》2013年第11期。

为进行的监督。2012 年修正的《民事诉讼法》不仅扩充了检察监督的范围，而且扩大了检察监督的方式。以往，检察监督主要针对已生效的裁定、判决及调解书，属于典型的事后监督方式。现行《民事诉讼法》第 208 条第 3 款明确规定，检察院可以针对审判监督程序以外的其他审判程序中审判人员的违法行为向同级法院提出检察建议。不仅如此，2013 年《人民检察院民事诉讼监督规则（试行）》进一步细化提出检察建议的违法行为。就法官迟延不作为救济而言，该规则第 99 条第 8 项规定对于“违反法定审理期限的”行为可以提出检察建议，但其仍以“违反法定审理期限”为要件。可见，其仍以直接违反法律规定为提出检察建议的条件。

实践中，并不是所有的不当行为都具有直接纠错性。部分法官不作为行为可能就不具有直接纠错性的违法审判行为，如延长法定审理期限、超期裁判；还有部分行为的纠错程序需要符合时效性，如违法中止诉讼。检察措施应对后两种类型不当诉讼行为则存在一定局限。[11] 正如前文所示，部分法官迟延不作为可能并未直接违反法定程序，它或许仅仅存在程序瑕疵或许缺乏必要的直接证据等，现行制度下的检察建议可能仍无法提供及时有效的救济。不仅如此，当事人针对法官迟延不作为申请检察监督本身也需消耗诉讼成本（时间与金钱上的成本），因为检察院仍须根据相应规定对当事人申请进行审查后才可以作出是否提出检察建议的决定，其中当事人仍负有一定的证明责任。可见，通过法院此种法律监督方式能否及时有效救济当事人程序利益仍存在一定疑虑。此外，检察监督属于外部法律监督，它具有一定的“谦抑性”。毕竟，过度的外部监督可能会影响法院司法权威的形成。概言之，检察机关外部监督也无法针对法官迟延不作为提供即时性救济。

## 二、法官迟延不作为程序救济的反思与理念更新

### （一）法官迟延不作为程序救济的反思

如引例所示，法官随意更改开庭日期的迟延不作为最终是在外部媒体监督作用下通过法院职务监督进行事后救济实现实质正义。其中，它的主要原因还是我国诉讼程序内法官迟延不作为救济措施的错位与供给不足。

1. 审限制度无法提供直接救济措施

实际上，我国立法主要是通过审限制度对当事人适时审判请求权进行相应

---

11　胡思博：《论对民事违法审判行为的检察监督措施》，载《中州学刊》2015 年第 5 期。

保障。[12]但是，审限制度是通过诉讼进行是否违反诉讼期限这个标准来判断法院是否违反法定程序，它从行为结果上来判断法官诉讼行为的违法性问题。其中，该制度对法官在审理过程中诉讼行为是否存在侵害当事人权益则一概不论，也无法给予适当救济。可见，审限制度属于典型的结果型救济措施，当事人寻求救济必须符合特定条件。正如引例所示，只要法官不直接违反法定的审理期限，当事人都无法援引此项制度寻求救济，但当事人权益确实遭受了侵害。当法官违反法定审理期限规则时，当事人通常只能通过向法院申诉的方式寻求救济。

根据《最高人民法院审限管理规定》，法院对案件审理期限进行监督、管理和检查。对故意拖延办案，或者因过失延误办案，造成严重后果的，法院可以依照《人民法院工作人员处分条例》第47条规定予以处分。不过，该救济方式归根结底还是属于法官职务监督的范畴。对此，最高人民法院官员就曾指出上述方法“均为法院的管理与自身行政上处罚规定，事实上在没有外部监督约束的情况下，很少有审判人员因为案件超审限而受到相关处罚”。[13]换言之，当适时审判请求权遭受不利侵害时，当事人同样无法通过审限程序获得有效且及时的救济。

2. 诉讼程序内救济措施的缺乏

在我国，当事人在诉讼程序内通常可以直接援引的救济措施主要包括异议、复议、上诉、再审等程序。虽然异议、复议及上诉和再审都属于当事人声明不服权的内容，但是它们在功能和效果上还是存在较大差异。异议及复议主要是针对法院程序性事项的决定提出的，它们往往更注重程序的效率性；上诉与再审程序则主要是针对涉及当事人重要程序及实体事项的裁定与判决，它们往往更注重程序保障的周延性。就其目的而言，首先，上诉是“救济因裁判不当致使当事人不利益的制度”。[14]其中，上诉的首要任务是“为实现实体正义之诉讼目标而对原审裁判进行审查”。[15]正因如此，当事人通过民事诉讼程序内上诉程序针对法官迟延不作为进行救济会面临效率与效益双重困境。利用再审程序救济法官迟延不作为更是如此。在我国，再审程序本质上属于审判监督程序，它主要是针对原判决存在实体上的错误以及严重程序违法情形提供非常规救济途径。[16]我国立法也仅规定上诉及再审程序主要针对严重违反法定程序，侵害当

12 有关我国审限制度局限的讨论，参见任重：《民事迟延裁判治理转型》，载《国家检察官学院学报》2016年第3期。

13 柴靖静：《现行审限制度存在的问题及对策》，载《人民论坛》2013年第23期。

14 ［日］兼子一、竹下守夫著：《民事诉讼法》，白绿铉译，法律出版社1995年版，第223页。

15 ［日］松本博之著：《日本人事诉讼法》，郭美松译，厦门大学出版社2012年版，第164页。

16 参见宋朝武主编：《民事诉讼法学》，高等教育出版社2018年版，第244页。

事人听审请求权等情形给予发回重审救济。其次，上诉及再审程序都属于判决后的救济措施。作为监督法官诉讼行为瑕疵之措施，它们则存在救济措施的即时性和经济性与救济对象不相称的问题，并且它们还可能影响诉讼程序的安定性。

在德国，司法实践曾通过类推扩大解释《德国民事诉讼法》第567条实时抗告之适用范围，允许当事人针对法官迟延推进程序进行的懈怠不作为依据该法第252条之规定提起抗告。[17]具体而言，《德国民事诉讼法》第252条规定，“法院裁定中止诉讼程序，当事人可就此裁定提起实时抗告”进行救济。从立法目的来看，该条款主要保障当事人司法裁判请求权能够得到及时实现，它是当事人宪法上的有效权利保护请求权[18]在程序法上得到直接救济的具体形式。与此不同，我国立法未允许当事人针对裁定中止提起上诉，因此通过类推适用针对裁定中止的上诉同样缺乏法律基础。另外，我国立法也未授权当事人针对法官迟延不作为提出异议和复议；更未授权当事人针对迟延不作为提起上诉。概言之，我国现有诉讼程序无法给予当事人及时有效的救济。

### （二）基本程序权保护与法官迟延不作为救济理念的更新

法官迟延不作为救济是一个综合性治理工程，它不仅涉及程序性救济，也涉及司法行政救济与检察监督，还涉及实体性救济。法院内部的职务监督以及检察院外部监督乃至上诉、再审等程序都属于事后救济途径，它们无法针对瑕疵行为与轻微违法行为提供即时性救济措施。就法官迟延而言，法官不作为的救济并不以迟延实际发生乃至损害发生为要件或前提，而是以当事人适时审判请求权的侵害为要件。此外，法官迟延不作为还可能侵害当事人的公正审判请求权，影响当事人获得正当程序保障的机会。正因如此，法官迟延不作为救济方法也应当以适时审判请求权与公正审判请求权保护为核心理念。

1. 适时审判请求权保护的基础与理念

（1）适时审判请求权保护的宪法基础

就适时审判请求权而言，《欧洲人权公约》第6条第1项规定，“……任何人都有获得公正、公开且在适当期间内就其所涉事件（民事及刑事等）得独立、中立、依法组成的法院进行审判的权利……”不仅如此，《联合国关于公民权利与政治权利公约》在第14条第1项同样规定诉讼应当在合理的期间内进行。在

---

17 Volker Lipp, Rechtsschutz gegen Untätitgkeit des Richters, Annales U. Sci. Budapestinensis Rolando Eotvos Nominatae 52 (2011), 215, 235.

18 姜世明著：《民事程序法之发展与宪法原则》，元照出版有限公司2009年版，第31－34页。

德国，适时审判请求权被置于“权利有效保护请求权”之内，它主要是源于《德国基本法》第19条第4项。[19]在日本，适时审判请求权往往被解释为根植于《日本宪法》第32条接受裁判权之内。详言之，接受裁判权不仅保护当事人受规范且正确的裁判，也保护当事人受迅速且经济的裁判。[20]在我国台湾地区，适时审判请求权通常是求诸于人民主权以及宪法所保障的自由权、诉讼权、财产权等基本权。[21]世界上不少国家宪法中都有要求权利保障应当迅速进行的规范，如西班牙、土耳其、希腊以及部分南美洲国家；美国则可以从正当程序规范中得出加速程序的请求权。[22]民事诉讼当事人基本权和基本程序保障宪法化和国际化的现象已经相当普遍，它在弥合不同意识形态的差异和促进公众对基本权利的认识等方面都具有重要意义。[23]

（2）适时审判请求权保护的程序价值

尽管诉讼期间的延长并不会导致当事人获得一个“完全无用”的胜诉判决，但是诉讼迟延却会大大降低当事人获得的胜诉判决的价值。不仅如此，诉讼迟延还会影响当事人对司法公正的信心，进而损害民事司法的权威。从这个角度来看，诉讼时间过长则成为适时审判权保障的主要障碍。其之所以不正义，并不在于其方式的本身出了问题，而是在于其过程过于耗时造成延迟。一般而言，诉讼期间越长对经济上的弱者越不利。从这个角度来看，诉讼迟延会增大当事人诉讼机会之间的差距。如果诉讼久拖不决，其甚至可能妨碍与促进诉讼理念背反的实体正义裁判的实现。毕竟，当事人及证人的记忆会随时间的推移而淡忘，这样一来案件的某些争议点将有可能无法解明。因此，诉讼促进的要求则是法治国家原则之一。作为有效权利保护请求权的一部分，适时审判请求权就是要求权利请求在适时期间内实施裁判程序。[24]换言之，法官不得随意不作为、迟延诉讼。

（3）救济方法的及时性与有效性是适时审判请求权保护的内在要求

法谚有云，“迟来的正义非正义”。正当程序原则要求救济程序具有及时性。其中，及时性反对程序的极端拖延，受程序影响的人不应当被无理由地悬在空中。[25]

---

19 沈冠伶著：《诉讼权保障与裁判外纷争处理》，北京大学出版社2008年版，第8-9页。

20 许士宦：《民事诉讼上之适时审判请求权》，载《台大法学论丛》2005年第5期。

21 邱联恭著：《程序选择权论》，三民书局2000年版，第33页。

22 ［德］卡尔·海因·茨施瓦布、彼得·戈特瓦尔特、里根斯堡：《宪法与民事诉讼》，载［德］米夏埃尔·施蒂尔纳编：《德国民事诉讼法学文萃》，中国政法大学出版社2005年版，第176页。

23 参见［意］莫诺·卡佩莱蒂等著：《当事人基本程序保障权与未来的民事诉讼》，徐昕译，法律出版社2000年版，第60-64页。

24 许士宦：《民事诉讼上之适时审判请求权》，载《台大法学论丛》2005年第5期。

25 See Robert S. Summers, *Evaluating and Improving Legal Processes - A Plea for "Process Values"*, 60 *Cornell Law Review* (1974), p. 27.

程序正义要求针对法官迟延不作为的救济方法应当坚持及时性与有效性两项基本原则。其中，及时性原则不仅要求救济方法具有即时性而且要求救济方法具有高效性。有效性原则同样要求救济方法具有高效性。除此之外，有效性原则还要求处理结果上具有实效性。为保证救济的时效性，法官迟延不作为应当首先考虑在行为发生时进行即时性救济。所谓即时性就是指当事人遭受不当行为侵害之后可以立即寻求救济的方式，而不是附带性的救济方式，更不是附条件的救济方式。救济方法具有高效性则具有两层含义：其一，救济方法应当处理迅速，不会造成“二次”迟延；其二，救济方法应当成本适当，不会造成当事人因很难负担而无法获得“实质”救济。所谓处理结果的实效性有两个层面：救济方法针对法官迟延不作为能够制止损害的继续发生，以及救济方法能够对已产生的损害进行补偿。

2. 公正审判请求权保护的基础与理念

（1）公正审判请求权源于“自然正义”

公正审判请求权根植于“自然正义”及正当程序原则。柏拉图指出，正义根植于社会有机体之间的和谐关系。亚里士多德指出，“自然的正义的规则，在任何地方都具有同等效力，而不取决于我们是否接受它”。[26]“自然正义”首次作为规范性档被固定下来则可以追溯到1215年的《自由大宪章》（Magna Carta），其第29条规定，“任何人非经合法审判与非依国家法律，不得予以逮捕或监禁、没收财产、放逐、伤害，或不给予法律之保护”。根据英国丹宁勋爵的考察，“正当法律程序”这一概念第一次在成文法上出现，可能要追溯到1354年英王爱德华三世第28号法令，其第3章规定，“未经法律的正当程序进行答辩，对任何财产和身份的拥有者一律不得剥夺其土地或住所，不得逮捕或监禁，不得剥夺其继承权和生命”。[27]正因如此，公正审判请求权也被称为正当程序请求权。其中，正当程序原则已然成为“自然正义”的核心内容。

（2）公正审判请求权保护的程序价值与内在要求

正当的程序可以增加当事人对法院裁判产生实体结果的可接受程度。不仅如此，以正当程序为核心内容，程序性公正对“纠纷的审理和解决的实现方式有决定性影响”。[28]公正审判请求权根植于“自然正义”及正当程序原则，它不仅包含“自然正义”原则的基本要求而且在内容上有了相当的扩张。现代意义上的公正审判权主要包括五项基本要求：（1）独立、不偏不倚的法庭（组织要

---

26　［美］E. 博登海默著：《法理学：法律哲学与法律方法》，邓正来译，中国政法大学出版社1999年版，第11页。

27　［英］丹宁著：《法律的正当程序》，李克强等译，法律出版社1999年版，第1页。

28　［美］戈尔丁著：《法律哲学》，齐海斌译，三联书店1987年版，第235页。

求）；（2）公正的听审；（3）公开的听审；（4）合理期限的听审；（5）附理由的判决。[29]其中，公正审判请求权保护首先就要求审判组织的合法和中立性。其次公正程序或正当程序要求诉讼程序应当基于程序利益保护之观点，指向一个尽可能减轻当事人进行诉讼的负担（劳力、时间、费用）的程序。实际上，适时审判请求权是公正审判请求权的重要内容之一，它主要是从“时间”维度要求程序进行不得迟滞。除“时间”因素外，当事人在经济上（费用）及精神（劳力）的利益也应予以充分尊重和保护，避免额外的负担。

## 三、我国法官迟延不作为救济方法的完善

### （一）引入回避程序救济法官迟延不作为

正当程序首先就要求裁判者去除个人偏见，不得偏袒任何一方当事人。无偏私原则的核心内容就是裁判者不得有足以影响公正裁决的利益或偏见。[30]

1. 法官迟延不作为影响裁判的中立性

正当程序原则要求法官严守中立，而法官迟延不作为往往影响当事人对其中立性的信任。虽然法官迟延不作为通常都不会直接影响案件审理的实质结果，但是它同样会影响当事人对法官公正审理案件的质疑。一方面，法官因故意或无理由等主观原因造成裁判迟延是可以直接认定法官存在影响中立性的因素。另一方面，法官因案件过多等客观原因造成裁判迟延同样影响当事人对法官中立性的信任。裁判者恪守中立有利于缓解当事人在心理上对司法不公的敏感。正因如此，有德国学者曾主张当事人可以根据《德国民事诉讼法》第42条第2项内容（偏颇之虞）针对法官迟延推进诉讼程序等懈怠不作为行为申请法官回避。其中，法官不进行案件可以构成回避事由主要存在两个方面的原因。其一，它使当事人已经对法官的人格信赖降低；其二，法院迟迟不进行案件可能隐含着“普遍性的机构缺陷或者实质上的缺陷”，此时只有法院将案件移交其他法官或合议庭办理，才符合效率要求。[31]

---

29 Richard Clayton & Hugh Tomlinson, *Fair Trial Rights* ($2^{nd}$ edition), Oxford University Press, 2010, p. 44.

30 参见［美］迈克尔·D. 贝勒斯著：《序正义：向个人的分配》，邓海平译，高等教育出版社2005年版，第22-25页。

31 Vgl. Michael Stürner, Die Untätigkeitsbeschwerde im System der zivilprozessualen Rechtsbehelfe: Geltungsgrund, Inhalt und praktische Bedeutung (The inactivity complaint in the system of civil procedural remedies: Scope, content and practical significance), Wintersemester 2009/10，载https://www.studieren.org/wp-content/uploads/2012/09/Die-Unt%C3%A4tigkeitsbeschwerde-Hausarbeit.pdf，最后访问于2020年7月27日。

2. 引入回避程序不会造成迟延

虽然回避制度可以针对法官迟延不作为提供一定救济，但是也有学者对回避制度救济此类行为的效果表示怀疑。例如，当事人须就法官回避事由承担一定说明理由的义务[32]，这样可能造成他们因此承担额外的诉讼成本。况且，申请法官回避之后，案件则进入回避裁定程序，本案诉讼程序也将受到延滞。[33]正因如此，有人提出引入回避程序同样会存在德国法上回避本身产生迟延的情形。然而，在我国造成迟延这点可能并不是问题。我国《民事诉讼法》规定当事人不得针对回避决定提起上诉，且法院院长须在三日内作出回避决定，当事人提出复议时法院仍须三日内作出决定，整个程序进行时间都较短。这与德国法上允许当事人向上一级法院提出抗告略有不同。概言之，我国允许当事人针对法官懈怠不作为提出回避并不会出现诉讼程序迟滞的情形。这符合迟延型不作为救济方法的及时性与有效性的基本原则。

3. 法官迟延不作为构成回避事由的法律基础

在我国，通过申请回避程序救济法官懈怠不作为面临的挑战更为复杂。立法条文未明确规定当事人可以针对法官迟延不作为申请法官回避。我国《民事诉讼法》第44条第1款仍以“有利害关系”与“可能影响对案件公正审理”两个要件为基础规定法官自行回避和当事人申请回避事由。立法规定事由中法官与本案存在关系（直接利害关系或者一般关系）则是申请回避的必要要件。同时，“可能影响对案件公正审理”是“其他关系”的必要补充条件。概言之，立法中回避事由仅以法官与本案审理之间是否存在利益冲突为监督对象，法官诉讼行为瑕疵并不在回避事由之列。这与《德国民事诉讼法》第42条仅抽象性规定“偏颇之虞”要件之间还是存在较大差异。从这个角度而言，当事人很难直接援引我国《民事诉讼法》第44条针对法官迟延不作为申请法官回避进行救济。

尽管我国立法未直接将法官不当行为作为法官回避事由，但是2011年《最高人民法院关于审判人员在诉讼活动中执行回避制度若干问题的规定》（以下简称《回避规定》）第2条第6项规定（审判人员）：“有其他不正当行为，可能

32 当事人须就支持怀疑法官不公正性承担一定说明义务，参见《德国民事诉讼法》，丁启明译，厦门大学出版社2016年版，第9页。

33 吴从周：《民事法官懈怠案件之进行与当事人之权利救济》，载《台湾法学杂志》2007年第11期。

影响案件公正审理的”[34]，当事人可以申请回避。该条款从立法目的上来看仍符合立法精神，它以保障“案件公正审理”为最低限度。根据目的解释，当事人仍可以依据该款内容针对法官懈怠不作为行为申请法官回避。该款之要件仅要求法官“行为不当且可能影响公正审理”即可。在德国，司法实践同样承认当事人可以针对法官不当行为提出回避申请，诸如：法官存在任意的、缺乏法律基础的诉讼行为，法官不作为（对申请没有反应），在有特别紧急需要时不当拖延程序等。[35]

4. 法官迟延不作为构成回避事由的认定标准

从立法目的来看，申请法官回避之程序设计主要是针对法官主观上可能存在不公正之虞，它主要是审查法官主观上的行为。[36]因此，单纯的法官懈怠、不进行案件与法官存在不公正审判的可能这两者之间还是存在一定差异，并不足以将两者完全等同起来适用。[37]一般而言，认定要件的前半段“行为不当”要比直接认定“可能影响公正审理”更容易一些且更具可操作性。为此，曾有学者以法官行为是否直接违反法定程序为判断标准，“严重违反”诉讼程序则构成当事人申请法官回避之事由。其中，“严重违反”诉讼程序规则又以直接违反禁止性程序规则为判断标准。[38]另外，理论上个别法官诉讼行为并未直接违反法定程序规定而仅违反程序规范中的“倡议性”内容，其也可能产生影响公正审判的情形。正因如此，也有学者以法官行为是否违反基本程序原则为判断标准，如违反诚实信用原则“滥用”司法审判权则构成法官回避事由，它包括滥用诉讼程序指挥权、事实认定权和法律适用权等内容。[39]当然，如何认定“滥用”司法审判权同样面临裁量的尺度问题。

然而，并不是所有直接违反禁止性程序规则或基本程序原则的法官行为都需要通过法官回避来救济。追根溯源，法官回避制度是以保障法官中立性为核心要义。法官违反法定程序与中立性之间并无必然的联系。针对法官违反法定程序等违法行为提供救济途径并不是法官回避制度的核心价值。在引

---

34 虽然2012年《民事诉讼法》修正时未吸纳此部分的内容，但是2015年《最高人民法院关于适用〈中华人民共和国民事诉讼法〉的解释》再次确认这一规则。有学者曾指出，“最高人民法院发布的司法解释，在中国大陆属于广义的民事诉讼法、实质意义上的民事诉讼法”。参见李浩：《民事诉讼法适用中的证明责任》，载《中国法学》2018年第1期。

35 参见［德］罗森贝克、施瓦布、戈特瓦尔德：《德国民事诉讼法》，李大雪译，中国法制出版社2007年版，第151页。

36 Vgl. Daniel Schnabl, Die Anhörungsrüge nach §321a ZPO, Mohr Siebeck , 2007, S. 234.

37 Vgl. Kroppenberg, Rechtsschutz gegen den untätigen Zivilrichter, ZZP 119 (2006), 177, 188.

38 张晋红：《民事诉讼回避事由的立法完善》，载《广东商学院学报》2006年4期。

39 朱福勇：《试论民事程序瑕疵之救济》，载《法学论坛》2011年第8期。

例案件中，法官违反《民事诉讼法》程序规定随意取消开庭，最终遭受内部行政处分而被“回避”。实际上，该行为已符合“行为不当且可能影响公正审理”标准，即便法官未直接违反程序规定而随意取消开庭，该行为同样构成滥用诉讼程序指挥权。法官随意取消开庭构成回避事由的核心并不是因为该行为直接违反禁止性程序规范（开庭日期应提前三日通知当事人），而是因为该行为缺乏明显的法律依据并且存在任意性，此类行为足以影响当事人对法官中立性的怀疑。“不当行为可能影响案件公正审理”的认定不能仅以“不当行为”的违法性为标准，还是应当回归立法的本意，以“可能影响案件公正审理”为必要的裁量标准。其中，毫无根据或任意性的法官行为往往构成当事人对其中立性怀疑的重要因素。

### （二）引入针对法官迟延不作为的异议程序

#### 1. 奥地利与德国的不同立法经验

##### （1）奥地利迟延抗告立法的尝试

前文提到，法官迟延裁判行为并不是仅在我国存在，其他国家及地区也都存在类似情形。为应对法官可能的不作为行为，奥地利则直接规定当事人可以针对此种行为提出迟延抗告。具体而言，《奥地利法院组织法》91 条规定，如果法院迟延采取程序行为（例如，确定期日、听取鉴定意见、制作判决文书），当事人可以向上级法院提出迟延抗告，要求受诉法院在适当期限内采取相应诉讼行为。与此同时，受诉法院可以根据迟延抗告申请要求在四个星期内作出相应补救措施。然而，实践中当事人提出此项迟延抗告的申请非常少见。这主要存在两个方面的原因：其一，当事人会担心迟延抗告申请可能导致本案在审法官的不满；其二，迟延抗告的作用可能甚微，这主要是因为改法并未规定受诉法院违反上级法院设定的指示需要承担哪些责任。当事人申请迟延抗告的数量较少的另一个原因可能是当事人往往更倾向于选择非正式的方式进行救济。[40]

##### （2）德国迟延异议立法的历程与内容

与奥地利不同，德国立法并未直接授权当事人可以针对法官迟延不作为提出迟延抗告。有学者曾主张通过类推扩大解释《德国民事诉讼法》第 567 条实时抗告的适用范围，允许当事人针对法官迟延推进程序进行的懈怠不作为行为

40 See Andrea Wall, *Austria & Germany: A History of Successful Reforms*, In C. H. (Remco) van Rhee & Fu Yulin (Eds.), Civil Litigation in China and Europe: Essays on the Role of the Judge and the Parties, Springer, 2014, p. 151.

依据该法第252条规定提起抗告。[41] 从立法目的来看，该条款主要保障当事人的司法裁判请求权能够得到及时实现，它是当事人宪法上的有效权利保护请求权在程序法上得到直接救济的具体形式。法院作出中止诉讼程序裁定直接决定当事人享有的宪法上的司法保护请求权能否尽快实现，而诉讼程序无法继续进行则构成对当事人权利之侵害，造成对当事人权利保护之拒绝，因此法律有必要给予当事人权利保护与救济，使上级法院有审查该裁定正当性之机会。实际上，法官迟延不作为导致案件事实上的停滞，它与法院裁定中止诉讼程序的效果等同。[42] 正因如此，司法实践中德国部分法院也曾采用上述措施给予当事人救济。[43]

就立法而言，2011年《德国法院组织法》第198条最终引入迟延裁判异议程序并辅之以迟延裁判损害赔偿请求权对迟延裁判进行救济。该程序不仅适用于民事诉讼，而且适用于家事诉讼、民事非诉讼程序、刑事诉讼以及行政诉讼。[44] 实际上，上述条文的引入也是几经波折。2005年，德国联邦政府就曾提出《德国法院不作为抗告法》（草案），草案同样是在《德国法院组织法》第198条内引入相关抗告程序，共有6个条文。[45] 由于法官及律师等各方面争议非常大，该草案最终并未在联邦众议院得到通过。现行2011年《德国法院组织法》迟延裁判异议程序是以联邦政府2010年提出的《关于过长法院审判程序及刑事侦查程序的权利救济法》（草案）为基础。在德国，立法引入迟延裁判异议程序的直接原因则是受到欧洲人权法院判决的影响，它"并非基于严重的迟延裁判问题"。[46] 换言之，该条款主要是针对当事人适时审判请求权遭受侵害之后提供必要的救济途径。

该立法理由曾明确指出，根据欧洲人权法院的裁判，关于适时审判请求权的有效救济，一方面应促使受诉法尽速做成裁判；另一方面应对已产生的迟延给予适当的补偿，特别是包括非物质上的不利益；仅有预防性救济措施并不是最佳对策。[47] 从功能角度来看，迟延裁判异议程序主要具有"警告、预防迟延

---

41 具体而言，《德国民事诉讼法》第252条规定，"法院裁定中止诉讼程序，当事人可就此裁定提起实时抗告"进行救济。Vgl. Volker Lipp, Rechtsschutz gegen Untätitgkeit des Richters, Annales U. Sci. Budapestinensis Rolando Eotvos Nominatae 52（2011）, 215, 235.

42 Vgl. Ricarda – Charlotte Lorenz, Die Dogmatik des Entschädigungsanspruches aus § 198 GVG, Mohr Siebek, 2018, S. 40f.

43 德国大部分民事诉讼法注释书也都支持上述处理方式。参见吴从周：《民事法官懈怠案件之进行与当事人之权利救济》，载《台湾法学杂志》2007年第11期。

44 Vgl. Gesetzes über den Rechtsschutz bei überlangen Gerichtsverfahren und strafrechtlichen Ermittlungsverfahren vom 24. 11. 2011（BGBl. I S. 2302）.

45 实际上，该草案因各方争议较大最终未能得到通过。

46 参见任重：《民事迟延裁判治理转型》，载《国家检察官学院学报》2016年第3期。

47 See Sürmeli v. Germany,（GC）, 75529/01, ECHR 2006 – VI.

以促进程序之机能，并可避免赔偿请求权之滥用”。[48] 一般而言，立法规定当事人须在六个月之后方可针对迟延情形再次提出迟延异议。另外，可能受诉讼进行期间影响重大之事项应当在迟延异议时一并提出。如果利害关系人事先没有提出，那么请求损害赔偿时也不得再以此为理由提出。就提起的主体而言，立法并未将迟延裁判异议的主体仅限于本案当事人（原、被告），而是扩展到对所有与本诉存在利害关系之案外第三人进行救济。不过，立法也对利害关系人的适格进行了部分限制，它规定政府行政机关以及其他公共部门都不得提起上述异议程序及赔偿之诉。

2. 引入迟延异议程序的方式

（1）立法引入迟延异议程序的合理性

前文提到，我国民事诉讼程序内尚缺乏针对法官迟延不作为的有效救济措施。另外，我国《民事诉讼法》还缺乏针对法官诉讼指挥行为的异议程序[49]，通过扩大解释或类推适用普通异议程序都缺乏法律基础。法谚有云，“无救济则无权利”。基于当事人基本程序权保障要求，立法应当给予相应的程序救济。毕竟，上述权利的保障正是依法治国和人权保障等宪法理念的核心内容。因此，笔者认为我国亟待通过立法引入迟延异议程序针对法官不作为进行救济。相比而言，在诉讼程序中赋予当事人针对法官迟延不作为提出迟延异议更符合救济方法的及时性与有效性原则。迟延抗告属于实时上诉程序、具有强制性，它强调上级法院对下级法院诉讼行为的审查，其更易引发受诉法院法官对申请者的反感。与迟延抗告不同，迟延异议则属于一种柔性声明不服程序，它在促使受诉法官积极推进案件审理的同时赋予法官根据案件具体情况采取必要措施。这基本上可以促使受诉法官将因其疏忽或过失而造成迟延不作行为予以纠正。实践中，当事人针对法官迟延不作为可以直接提出程序异议，要求法院履行职责推行程序进行，当事人承担的成本也较低。另外，从《奥地利法院组织法》迟延抗告的应用情况和《德国法院组织法》在引入迟延抗告和迟延异议上的争议及最终立法选择来看，迟延异议程序的效果更佳、阻力更小。

（2）迟延异议程序立法的路径选择

就立法技术而言，我国有两条路径可以选择：其一，直接借鉴德国法上的迟延异议程序；其二，借鉴《德国民事诉讼法》第 295 条与《日本民事诉讼法》第 90 条的规定引入一般性异议程序，并允许当事人针对法官迟延不作为提出异议。笔者认为，我国目前引入一般性异议程序并允许当事人针对法官迟延不作

48 沈冠伶著：《程序保障与当事人》，元照出版有限公司 2012 年版，第 94 页。

49 参见占善刚：《民事诉讼中的程序异议权研究》，载《法学研究》2017 年第 2 期。

为提出异议较为合理。前文提到，德国引入专门性迟延异议程序的背景是在欧洲人权法院判例的直接影响之下，而非源于国内民事司法迟延的实际压力。与德国类似，我国民事司法案件审判时间整体上并不是特别长，我国民事普通案件审理期限为 180 天，简易案件审理期间为 90 天。以某市为例，2017 年全市民事案件收案 20618 件，结案 16614 件。其中，民事案件平均办理天数为 84.2 天。[50] 实践中，民事案件审理超过法定审理期限的情形并不太常见。根据笔者的观察，法官通常都会努力在审理期限内处理完案件。毕竟，如果某法官办理的案件存在迟延或超期，该承办法官会被院领导请去座谈，并须定期提交案情进展报告。[51] 在我国，迟延异议的核心价值在于针对法官不当迟延行为提供即时性救济途径。正因如此，我国立法并没有直接引入专门性迟延异议程序的急迫性。相反，立法引入一般性异议程序并授权当事人针对迟延不作为提出异议要比直接引入专门性迟延异议更为经济。

（3）迟延异议与法官回避事由的推定

或许，有人会质疑柔性迟延异议因缺乏强制性而无法实现救济效果。实际上，迟延异议本身是一项前置程序，它可与其他救济措施搭配形成具有强制性救济体系。在实践中，迟延异议甚至还可以与回避事由搭配适用，如当事人针对法官懈怠不作为行为提出异议后法官仍无任何处理或者虽有处理却无任何改进之处，其可以此为由直接申请法官回避，法院原则上应当直接准许。这主要是因为法院在当事人提出迟延异议之后仍无任何回应，可以推定法官对存在某种偏见，并且该偏见足以影响当事人怀疑其继续审理案件的公正性。当然，此种情况也要防止当事人滥用迟延异议的权利，避免当事人通过此类程序逆向选择法官。其中，裁判者处理迟疑异议推定作为回避事由的过程中同样需要考虑法官行为是否有违中立性标准。

### （三）引入迟延赔偿责任的必要性与方式

1. 引入迟延赔偿责任的必要性

法官迟延不作为不仅可能侵害当事人的适时审判请求权、公正程序请求权的基本程序权，而且可能损害当事人的实体利益。因法官迟延不作为（如多次无故临时取消开庭），当事人确实存在发生直接及间接损失的可能性，如引例案件中代理律师因法院随意取消开庭、变更开始日期而退订酒店与机票和不必要

---

50 湘潭市人大内务司法委员会：《关于市中级人民法院民事审判工作情况的调研报告》，载湘潭市人大网，http://www.xtrd.gov.cn/jdsc/tqhsy/2019-01-11/16552.html，最后访问于 2020 年 7 月 27 日。

51 笔者在南方某基层法院挂职锻炼期间观察得知上述情况。

的交通费支出都将产生实际损失，进而导致当事人诉讼费用支出损失。新时期司法工作的重点之一就是“让人民群众在每一个司法案件中都能感受到公平正义”。[52]其中，司法正义包括程序正义和实质正义。程序正义要求当事人遭受法官不当行为侵害之后获得及时救济，实质正义更是要求当事人遭受损害同样应当得到赔偿。从这个角度来讲，因法官迟延不作为而造成的损害，当事人有权获得相应赔偿。毕竟，“无救济则无权利”。其中，当事人适时审判请求权不仅根植于有效权利保护请求权等诉讼权之中，还根植于自由权、财产权之中。换言之，引入迟延赔偿责任具有现实的必要性。另外，柔性迟延异议程序同样需要具有强制效力的迟延赔偿责任作为支撑，保障迟延异议程序的预防功能。

2. 迟延赔偿责任的主体与性质

根据《德国民法典》第839条第2款第2句，法官裁判过程中有拒绝或者迟延情形时，该赔偿责任适用侵权责任法的一般原则。它属于过错责任，受害人需就损害事实与法官迟延不作为之间存在因果关系承担证明责任。[53]根据《德国基本法》第34条，国家对公务员职务责任同样需要承担赔偿义务。这主要是依据法治国家理念，国家有义务承担公职人员因职务行为产生的侵权责任。[54]实践中，损害事实与法官迟延不作为之间存在因果关系非常难以证明。[55]正因如此，当事人基于《德国民法典》第839条提出损害赔偿请求之诉寻求救济并非常规途径。最终，《德国法院组织法》在引入迟延异议程序的同时专门引入与迟延裁判损害赔偿责任共同构成完整的救济体系。其中，迟延赔偿责任属于国家赔偿责任，它还是一种无过错责任，但它须以迟延异议为前提条件。迟延国家赔偿制度并非单纯地为受害人提供赔偿金，其实质上是为了促进诉讼有效率地进行。[56]

在法国，当事人遭受“不合理的诉讼期限”可以援引《法国司法组织法典》第781条（781－1条）要求承担国家赔偿责任，而不是仅仅对法官不履行使命给以制裁，因为国家有对个人给予司法保护的义务。[57]2001年，意大利在

---

52 习近平著：《习近平谈治国理政》（第一卷），外文出版社2018年版，第135－140页。

53 参见［德］埃尔温·多伊奇、汉斯－于尔根·阿伦斯著：《德国侵权法》，叶名怡、温大军译，中国人民大学出版社2016年版，第163－164页。

54 See Andreas von Arnauld, *Damages for the Infringement of Human Rights in Germany*, in: Ewa Bagińska (ed.), Damages for Violations of Human Rights, Springer, 2016, p. 108.

55 Vgl. Christoph Bruenning, Staatshaftung bei ueberlanger Dauer von Gerichtsverfahren, Neue Juristische Wochenschrift, 2007, S. 1098. 转引自任重：《民事迟延裁判治理转型》，载《国家检察官学院学报》2016年第3期。

56 陶建国：《德国诉讼迟延国家赔偿法研究》，载《云南大学学报》（法学版）2016年第2期。

57 ［法］让·文森、塞尔日·金沙尔著：《法国民事诉讼法要义》（上），罗结珍译，中国法制出版社2001年版，第565－566页。

审判程序合理时间方面同样进行了专门立法，即 Legge Pinto（Pinto law）[58]，明确当事人遭受迟延审判有获得国家赔偿的权利，此种赔偿被称为“公平赔偿”。2016 年修订之后，该法要求当事人寻求公平赔偿前须根据该法第 2 条至第 3 条规定先寻求预防性救济措施，否则无法获得相应赔偿。[59] 可见，迟延赔偿责任呈现辅助性特征。

3. 迟延赔偿责任范围与限制的经验

根据《德国法院组织法》，利害关系人获得损害赔偿的不利益既包括财产上的不利益，还包括非财产上的不利益。其中，财产上的不利益主要是指利害关系人因诉讼迟延而增加的诉讼费用、律师费用以及其他实际发生的费用，它甚至还可以包括因诉讼迟延致使破产发生的费用。[60] 非财产上的不利益则是适用推定，只要原诉裁判迟延实际发生即推定发生非财产上的不利益。对于非财产性损失，立法规定原则上赔偿额为每年赔偿 1200 欧元。同时，该法还授权法官根据案件的具体情况对非财产性赔偿数额进行增减。不过，《德国法院组织法》在第 198 条第 2 款第 2 句中明确规定，如果能够以其他救济方式补偿损失，则不允许当事人提起第一句所规定的非物质损害。另外，2016 年意大利立法降低了迟延赔偿责任的赔偿标准，从原来的“最低不低于每年 1000 欧元，最高不高于 1500 欧元”，减少为“最低不低于每年 400 欧元，最高不高于每年 800 欧元”。[61] 可见，迟延赔偿责任并不是首要的救济方式。

由于迟延赔偿的辅助性地位，2011 年《德国法院组织法》对迟延赔偿的范围及内容进行了限制。立法对迟延裁判损害赔偿请求之诉的提出期限以及损害赔偿的范围与法律责任进行了明确的规定。利害关系人在提出迟延裁判异议三个月之后即可向原案系属法院所在地之邦高等法院提起损害赔偿请求之诉讼以及寻求其他救济方式。其中，其他救济方式包括邦高等法院免除了当事人的诉讼费用，在刑事诉讼中法院及检察院采取对被告人有利的措施等。其他救济措施的采用并不以当事人申请为前提。在裁判迟延严重的案件中，邦高等法院在确认原诉裁判迟延不适当的情况下可以同时采用其他救济方式和损害赔偿责任的方式对当事人进行救济，法院甚至可以在《德国法院组织法》第 198 条第 3

58 其中，意大利 2001 年颁行的“Pinto law”分别在 2012、2013 及 2016 年进行了修订。

59 Sachstand, Kompensations – und Beschwerdemöglichkeiten bei überlanger Verfahrensdauer in Frankreich, Italien und Spanien, Juli 2016, abgedruckt in: Wissenschaftliche Dienste WD 7 –3000 –057/16, S. 4.

60 Christoph Althammer, Daniel Schäuble, Effektiver Rechtsschutz bei überlanger Verfahrensdauer-Das neue Gesetz aus zivilrechtlicher Perspektive, Neue Juristische Wochenschrift（NJW），2012, S. 1f.

61 Legge Pinto: durata ragionevole del processo ed equa riparazione（Legge, 24/03/2001 n° 89, G. U. 03/04/2001），载 https: //www. altalex. com/documents/news/2013/10/25/legge – pinto – durata – ragionevole – del – processo – ed – equa – ri parazione，最后访问于 2020 年 7 月 27 日。

款部分构成要件未满足的情况下作出上述决定。为避免法院过分陷入迟延损害赔偿诉讼风险之中，该法还明确规定利害关系人须在原案判决确定或以其他方式终结程序后一年内提出迟延裁判损害赔偿，并且对损害赔偿的范围进行了必要的限定。

4. 类推适用国家赔偿法中民事司法赔偿责任

（1）类推适用国家赔偿法中民事司法赔偿责任的理由

我国《国家赔偿法》及司法解释确立的赔偿范围是以行政与刑事司法责任为主，民事司法责任也限于“妨害诉讼的强制措施、保全措施或者对判决、裁定及其他生效法律文书执行错误，造成损害的”。另外，我国《民法典》同样没有规定法官职务责任。针对当事人遭受迟延审判的损失，我国现行立法无法给予赔偿性救济。法谚有云，“如果法典未规定解决某一案件的方法，就出现了漏洞”。为弥补立法漏洞，我国同样存在两种路径：其一，借鉴德国、意大利对迟延审判进行专门立法，直接规定国家承担迟延赔偿责任。其二，借鉴法律漏洞填补方法，类推适用国家赔偿法中民事司法赔偿责任。

笔者认为，我国目前采用第二种路径更为可行，理由有四。第一，针对案件审理期限进行专门立法并赋予当事人获得赔偿的权利，德国主要是源于《欧洲人权公约》第6条的约束及欧洲人权法院依据第6条内容针对各国不利判决的外在压力。相比而言，我国目前尚缺乏针对迟延赔偿问题直接立法的外在动力和急迫的内在需求。第二，迟延赔偿责任本身属于一种辅助性补偿责任，它并不是针对法官不作为救济的首选措施。第三，迟延赔偿专门立法并非完美，德国专门立法几经周折，意大利专门立法颁行之后也已经历数次修订；从德国及意大利的立法经验来看，迟延赔偿专门立法的功效仍需进一步观察。第四，类推填补法律漏洞对我国法律完善具有重要价值，它可以为今后法律的制定提供方向和目标、能够为立法方案提供制度设计蓝本、实现法律的体系化。[62]

（2）类推适用国家赔偿法中民事司法赔偿责任的方法

类推属于法律体系内的填补，它是填补法律漏洞的首要方法。其中，类推的核心就在于类似规则的选择和类似性的判断。就赔偿责任而言，我国《国家赔偿法》第38条及2016年《最高人民法院关于审理民事、行政诉讼中司法赔偿案件适用法律若干问题的解释》（以下简称《民事行政司法赔偿解释》）第1条提供了类似规则。具体而言，类似规则为违法采取强制措施、保全措施、先予以执行等诉讼行侵害当事人合法权益造成损害，当事人可以请求国家赔偿。其中，核心内容可以抽象为“违法诉讼行为造成损害应承担国家赔偿”。如引例

---

62 王利明著：《法律解释学》，中国人民大学出版社2016年版，第348－349页。

所示，法官迟延不作为既直接违反强制性程序规范，侵害当事人的适时审判请求权，又造成当事人额外诉讼非常支出的损失。换言之，迟延不作为在诉讼行为的违法性、侵害当事人合法权益以及造成当事人实际损失三个方面与《国家赔偿法》第38条及2016年《民事行政司法赔偿解释》第1条确立的类似规则存在相似性。

从德国法的经验来看，就迟延型法官不作为的救济给予当事人实体上救济并不是首选措施，其仍以即时性异议措施为主，以实体性赔偿救济为辅。正因如此，当事人在寻求迟延赔偿之前须先针对法官迟延不作为提出异议或者尝试其他救济方式，避免或减轻迟延不作为产生实际性的损失。另外，类推适用国家赔偿程序应该首先针对造成实际损失的迟延行为给予赔偿，再扩大到产生实质迟延的精神性补偿。

## 结语

在诉讼法层面，法官迟延不作为不仅会直接侵害当事人听审请求权，而且会侵害其适时审判请求权。正如引例所示，法官多次取消开庭的不作为最终在媒体外部监督之下促使法院通过内部司法行政处罚予以处理。法官此类不作为对案件审理结果并不会直接造成负面影响，但是它严重影响当事人对法官判决结果的信赖。就其根源，此类不作为侵害了当事人适时审判请求权。不过，法院内部监督机制在处理该事件过程中仍存在滞后性问题。作为内部监督措施，法官职务监督属于典型的事后救济措施，它无法提供有效的即时性救济。这主要是因为当事人面对此类不作为行为无法直接援引此项救济措施对抗法官不当行为。换言之，当事人并不享有履行职务监督义务上的主观权利。实际上，法官迟延不作为的救济并不以迟延实际发生乃至损害发生为要件或前提，而是以当事人适时请求权的侵害为要件。程序正义更是要求针对法官迟延不作为的救济方法应当坚持及时性与有效性两项基本原则。在诉讼程序中，上诉及再审程序都属于裁决后的救济方式，它们并不符合救济措施及时性与有效性的基本原则。法官迟延不作为很大程度上足以影响当事人对法官中立性的怀疑，允许当事人针对法官此类行为申请回避可以提升当事人对司法公正的信心。相比而言，迟延异议程序辅之以迟延赔偿责任更符合救济方法的及时性与实效性原则。迟延异议程序可以较好地促进法官实时纠正因疏忽等原因造成的不当迟延行为。迟延赔偿责任则让当事人遭受实际损害之后有获得相应补偿的机会。这同样可以敦促法官纠正迟延不作为。

# 个人所得税反避税条款的解释困境与出路

刘　洁*

**【内容提要】** 个人所得税反避税条款的适用离不开税法解释，该条款目前面临三大解释困境：一是避税行为认定标准不唯一，双重标准直接致使税收法定与实质课税在解释上分道扬镳；二是行政机关的垄断性解释偏重于“国库主义”，加剧了纳税人税权与国家税权之间的紧张关系；三是解释失当极易引发权力扩张。在借鉴域外税法解释经验及我国解释惯例的基础上，应作如下回应：实质课税统合于税收法定之中，避税标准应遵从“客观优先+主观排除”的适用次序；行政解释权有其合理性，应以税权平衡作为一种新的解释立场浸润制度运行；防范解释权扩张需从谦抑性原则之恪守和税收权力限缩两个层面共同推进。

**【关键词】** 个人所得税　反避税条款　税法解释　税权平衡

## 一、问题的缘起

2018年《个人所得税法》（以下简称《个税法》）修改前，制度设计上并无个税反避税规则，个人独资企业、合伙企业游离于反避税规制。税务机关反避税执法只能从《企业所得税法》第六章“特别纳税调整”、《特别纳税调整实施办法（试行）》以及《企业所得税法实施条例》中寻找依据。制度的缺失催生了多样化的避税行为，个税纳税人利用改变身份、避税地、转换所得类型、转让股权、设立离案信托等方式减轻自身税负。2015—2019年，个税收入在税收

* 刘洁——上海财经大学法学院经济法专业博士研究生，主要研究方向：社会法、经济法。

总额中的占比为5.89%。[1]然而，根据经济合作与发展组织（OECD）2014—2018年的统计数据，这一比重在经济组织国家的平均值为23.8%，[2]数据的差距暴露出我国个人所得税收入流失率高的事实，也昭示着《个税法》漏洞易被规避的制度困境。

《个税法》增加反避税条款既是应对复杂化避税行为的客观需要，也为反避税执法提供法律支撑。个税反避税条款由一般反避税规则和特别反避税规则构成，这与《企业所得税法》的调整规则相似却又不同。相似之处在于，两法均存有大量“不确定法律概念”作为法律规范的共同构成要素。早在《企业所得税法》及其实施条例规定的反避税规则中，不确定概念就大量出现。[3]映射到个税反避税条款中，“关联方”“正当理由”“明显偏低”“合理经营需要”“合理商业目的”“不当税收利益”以及“合理方式进行调整”等不确定概念分布在相应的条款中。《个税法》之所以沿用不确定法律概念，可以从两个层面进行解释。一是不确定概念在内涵和外延上具有开放性，立法机关借助不确定法概念做抽象化的描述，能够舒缓滞后的法律规范与多样化避税方式之间的矛盾。二是不确定法律概念关乎法律规范的构成要件，调整征纳双方的权力（利）分配，如“合理方式调整”体现着公权与私权的分配关系。

无论是企业所得税，还是个人所得税都在其反避税条款中留有解释空间，这是因为税法本身是一张“疏而有漏”的“税网”，无法做到与现实生活一一对应，难以实现无障碍的税法调整。[4]为了更好地实施反避税规则，国务院调整了《个人所得税法实施条例》的部分规定，遗憾的是，正式文本仅保留了“纳税调整利息的计算方法”，删减了征求意见稿中关于细化不确定概念的规定。在具体实施细则缺失的情形下，解释主体需要借助“实质课税原则”[5]实现规范与适用之间的互动，这给以税收法定为中心的传统税法观念带来了冲击。一项超越税法文义的交易活动是否受到规制，取决于实质课税与税收法定原则之间的取舍。税法解释与个案适用时，还需考虑条文的价值偏向、纳税调整权及自由裁量权的正当性。《个税法》修改前，税务机关比照企业反避税规定进行穿透

1 数据经测算所得，数据来源为《中国税务年鉴》编委会：《中国税务年鉴》（2015—2019年），中国税务出版社。

2 数据为经计算所得，数据来源：OECD National Accounts Statistics，载OECD官网，https://doi.org/10.1787/94af18d7-en，最后访问于2020年10月15日。

3 《企业所得税法》第41条、第45条、第47条以及《企业所得税法实施条例》第111条、第120条均频繁出现“合理”这一不确定概念。

4 孙健波著：《税法解释研究：以利益平衡为中心》，法律出版社2007年版，第73页。

5 类似实质课税原则在我国税法中的表述，其他国家的表述还有“经济观察法”（德国理论与实践界的表述）“经济实质”“实质重于形式”（美国司法实践的表述）。

性执法，如“全国首例非居民个人间接转让中国境内企业股权反避税案”，[6]虽然突破了个税纳税人无以规制的弊端，但机械适用未经修正的概念和制度，违背了“法无明文不为税”的理论机理，也未辨明纳税主体在不同税法规则下的根本差别。因此，极易激化征纳双方的矛盾。

鉴于我国税法解释发展时间较短，法院就税法解释问题作出的判例远没有德国、日本那般丰富，取而代之的是行政机关反避税的主导地位。量能课税原则作为实质课税原则的理论依据，实际上巩固了税收行政解释的地位。为了避免税法解释失当致使执法行为陷入矫枉过正的异端，有必要解构个税反避税条款的三重冲突[7]并就如何权衡与取舍的问题进行分析。

## 二、个税反避税条款解释的三重困境

税法解释对于个税反避税条款的适用具有指导意义，解释者在斟酌个案是否达到法益平衡时，须基于法条的文义探究内嵌于个税反避税条款中的解释难题，寻求正义的解释结果。鉴于中西方关于反避税条款适用的法治背景不同，应当从相互并存且彼此关联的三重解释难题出发剖析个税反避税条款。

### （一）检视避税认定标准：税收法定与实质课税原则的冲突

税收法定原则在现代商业社会中的机能在于它给国民的经济生活带来了法的安定性和可预测性，[8]其注重的是形式上的公平以及对纳税人的整体利益保护。[9]具体到个税反避税条款的适用上，即使纳税人利用税法的文义漏洞规避《个税法》，也不应当遭受否定性评价。因为，税收法定原则要求解释主体进行漏洞填补时，不能作出超出文义的解释，纳税人的行为并不当然违反《个税法》文义。税收法定所主张的法定性、确定性与反避税条款中的不确定概念相冲突，而实质课税则旨在拨开不确定法概念的迷雾、防止税基侵蚀，并致力于实现实质公平。质言之，实质课税原则打破了形式主义的桎梏，更加注重实质层面的考量，作出不拘泥于文义的目的解释。运用实质课税原则解释个人应税事实，直接影响到纳税人的税法预期和权利保障，故有学者指出实质课税原则的正当

---

6　参见《深圳地税成功追征全国首例非居民个人间接转让境内股权税款》，载税屋网站，http：//www. shui5. cn/article/bd/49777. html，最后访问于2020年11月20日。

7　个税反避税条款的三重冲突，即税收法定与实质课税的冲突、纳税人主义抑或国库主义之间的抉择、执法权的扩张与纳税人权利保护和救济的失衡。

8　［日］金子宏著：《日本税法》，战宪斌等译，法律出版社2004年版，第59页。

9　张婉苏、卢庆亮：《特别纳税调整“一般条款”之法律解读——以税收法定主义和实质课税原则为视角》，载《苏州大学学报（哲学社会科学版）》2010年第4期。

性遭受到的最大诘难源自税收法定原则的批判。[10]个税特别反避税规则在性质上属于类型化的实质课税原则，也同时彰显着税收法定原则。与特别反避税规则相较，个税一般反避税条款是典型的实质课税原则，不仅肩负着税法的解释功能，还具有在个案中判定课税事实的功能。

税收法定与实质课税原则的关系协调均绕不开对避税标准的检视。《个税法》第8条“合理商业目的”的表述，虽然在立法上与企业所得税法律体系是一以贯之的，但鲜有人注意到在两法下“所得”意涵的差异。从收入的类型看，企业所得多为经营所得，以非经营所得谋划避税的空间极其有限，《企业所得税法》仅对纳税人的商事行为进行评价。个人所得语境下纳税人所得类型包含经营所得、劳动所得、投资所得、财产所得、偶然所得等，其并不局限于以营利为目的的商事行为，还可能从事非营利性的民事行为。[11]2018年修改后的《个税法》由分类转向分类综合所得税后，个税纳税义务的情形有所增加，所得者筹划甚至实施避税安排的可能有所增加。[12]将所有的交易行为不加区分地概括为商事行为，显然是草率的。在解释个税反避税规则时，解释主体即便借鉴《企业所得税法实施条例》第120条[13]关于“合理商业目的”的解释，仍无法回避商业目的的识别能力弱这一问题，照搬适用企业所得税相关法律规定不但在逻辑上无法对接非营利为目的的民事活动，反而招致更多以避税目的的商事行为民事化。实质课税原则弱化了合理商业目的这一符合税收法定而又长期占据主导地位的避税标准，除对转让定价、受控外国公司两种避税模式进行规制外，还有利于刺破隐藏在个税民商事二元融合特性背后的避税行为。

由于配套的《个人所得税法实施条例》未保留征求意见稿中有关“合理商业目的”的解释，现行制度中晦涩的表述缺乏理论支撑，增加了解释和适用难度。受企业所得税反避税条款解释的影响，“合理商业目的”被视为避税认定的主观标准，《特别纳税调整实施办法（试行)》所确定的“实质重于形式”“经济实质”[14]则作为客观标准存在。无论是主观标准还是客观标准，其适用对象并不包括个税纳税人。在理论层面，客观标准面临税收法定的非难；在实践层面，税务机关的执法惯性会将这一标准延伸至个税领域，以此穿透交易实质。这种实践先行的客观标准与“合理商业目的”的主观标准何以实现纳税人权利

10 闫海：《绳结与利剑：实质课税原则的事实解释功能论》，载《法学家》2013年第3期。

11 欧阳天健：《个人所得税一般反避税规则研究》，载《法律科学》2020年第5期。

12 叶姗：《个人所得税纳税义务之规避及其规制》，载《上海财经大学学报》2020年第5期。

13 《企业所得税法实施条例》第120条规定，《企业所得税法》第47条所称不具有合理商业目的，是指以减少、免除或者推迟缴纳税款为主要目的。

14 《特别纳税调整实施办法（试行)》第93条、第94条。

保障是值得深思的。当纳税人的交易行为满足《个税法》文义，却不符合立法者意图时，将交易活动纳入应税事实有使纳税人遭受不公平对待之虞。“商业目的”和“经济实质”判定的影响因素较多，无法为纳税人、执法机关提供确定性指引，其背后渗透的逻辑为税收法定与实质课税原则之间是否具有优先序位以及两者是否存有协调的空间。

### （二）不确定概念的内生冲突：解释主体、解释立场上的矛盾凸显

无论是隶属于个人所得税场域还是企业所得税场域，反避税条款中解释主体和解释立场的矛盾均备受瞩目。与西方“司法机关为主＋行政机关为辅”的解释格局不同，我国行政主体垄断性解释何以证立以及在解释立场上如何避免陷入唯“国库主义”的困顿作为第二重解释难题。

1. 税法解释主体受质疑

国税总局事实上垄断了税务行政领域税法规范的解释权，这一现象既不符合权力分立与制衡理论，也难以摆脱国税总局“集裁判员与运动员于一身”的体制质疑。[15] 国税总局的垄断性解释在性质上属于应用解释权，其权威性成为税法解释结果正当化的依据，社会各界对其最大的担忧在于“垄断性解释权”对纳税人权利的侵害。[16] 在我国税收法律实践中，税务执法多表现为对法律依据的援引，少有说理和论证的过程，机械的法律适用无法激活税务机关发挥价值补充功能，也无法为避税认定提供严丝合缝的证成。

与我国税法解释权主体不同，西方国家在反避税案件中既有行政机关，又有司法机关的参与，并且后者发挥决定性作用。司法机关作为解释主体时，解释者须在个案事实与法律规范之间“眼光往返流转”，探究合理的解释结果。[17] 反观我国税务行政解释权的突出特点，税务机关制定规范和解释规范的行为并不在司法审查之列，并且在税收立法、解释与执法之间形成了一条“闭合电路”。个人所得税反避税条款引入后，遗留在企业所得税领域中的相关问题再次浮现，在解释《个税法》时，需要直面的即解释主体问题。税法领域的解释权事实上配置给了国税总局，“强行政＋弱司法”的理念使得立法解释虚置，司法解释受限，税务机关的解释活动几乎游离于法律监督之外。[18]

---

15 叶金育：《国税总局解释权的证成与运行保障》，载《法学家》2016 年第 4 期。

16 林文生：《新〈企业所得税法〉中反避税一般条款法律适用的困境与对策》，载《税务研究》2008 年第 8 期。

17 ［德］卡尔·拉伦茨著：《法学方法论》，陈爱娥译，商务印书馆2004 年版，第162－163 页。

18 伍劲松：《我国税法行政解释制度之反思》，载《税务研究》2010 年第 3 期。

2. 纳税人主义与国库主义的解释立场矛盾

税法解释时常面临“国库主义”抑或“纳税人主义”的立场抉择，秉持不同的解释立场可能会得出大相径庭的解释结论。个税反避税条款也存在解释立场分歧，这种利益上的冲突并非横空出世，而是以往饱受争议的问题在个税领域的重现。

（1）“国库主义”立场的解释视角

税法释义语境下，国库主义是指解释主体秉持国库利益优于纳税人利益的价值考量，对税法条文作出的解释。政府职能的发挥离不开财政收入，国库主义作为政府实现公共利益、增进纳税人福利的必要条件已然深谙于纳税人心中。可以说，国库主义是政府行为具有可归因性的论据，国家税权与纳税人税权失衡也由此发生。受我国千百年来“皇粮国税”思想的影响，国库主义效用被发挥到极致。[19] 解释个税反避税条款时如若过度宣扬国库主义，反避税执法势必走向利维坦式。即便是纳税人利用税收优惠条款和政策客观上减轻了税负，也可能被认定为滥用契约自由。如此一来，以优化税制方式调整税负无的放矢，非但不利于激发市场活力还会压制纳税人的创新能力。

个税一般反避税条款的不确定性，为税法行政解释倚重国库主义立场留下了空间。在一定程度上，一般反避税条款的内涵和外延能够克服法律滞后的弊端，但“不具有合理商业目的”“不当税收利益”这类不确定概念似乎成了税务机关轻易怀疑纳税人交易行为的依据，甚至被理解为立法者对国库主义立场的支持。税务机关的纳税调整权、自由裁量权如若不加以限制，公权追求“国库主义”便会为税务机关所体认，征纳双方也将走向缓和的反面。特别是在当前我国税法解释不发达、解释规则不统一的情况下，宽松的解释空间直接导致了税法规范与应税事实的间隙。税务机关实施税法、解释税法时，可能突破条文的范围进行目的性扩张、目的性限缩甚至类推适用，这种重“国库主义”而轻“纳税人主义”的利益导向正蚕食着税收法治的根基。[20] 从广州德发案[21] 可以看出，法院认为公权力对私主体的交易安排应予以认可，同时也肯定了税务机关以国库利益为考量的避税判定。既然税法是中性之法，解释活动应当不偏不倚，在判定征税事实时，税务机关所秉持的亲“国库主义”立场是值得商榷的。

（2）“纳税人主义”立场的解释视角

在税法解释时，除“国库主义”外，还存在“纳税人主义”的立场。“纳

---

19 欧阳天健：《比较法视阈下的一般反避税规则再造》，载《法律科学》2018 年第 1 期。

20 刘珊：《税收法定视域下的税法解释规范化综述》，载《地方财政研究》2018 年第 10 期。

21 《广州德发房产建设有限公司与广东省广州市地方税务局第一稽查局再审行政判决书》（〔2015〕行提字第 13 号）。

税人主义”是指进行税法解释时，解释机关自觉或不自觉地将纳税人利益作为优先事项予以考虑，较少考虑国库利益。[22]解释结果的不唯一性，是纳税人主义解释立场适用的前提。纳税人主义这一解释立场应从税收法律关系的性质谈起，主要存在两种对立的学说，即“权力关系”和“债务关系”，[23]多年的论战和纷争逐步以“债务关系说”取代“权利关系说”。对税收法律关系进行整体定性时，大陆法系国家将税收实体法的重心放在债务关系上，如《德国租税通则》设立的“租税债法”专章。在承认税法为公法之债的基础上，“不利解释规则”在格式合同之债和税收之债领域才有分别适用的空间，进而推演出“纳税人主义”。

“纳税人主义”作为解释立场，其出发点在于通过法律概念、应税事实的解释和适用实现纳税人权益保护。遗憾的是，此种解释立场仍停留在理念倡导层面。《个税法》的修改在一定程度上消解了唯国库主义的立场预设，以部分劳动性收入转向综合征税、优化税率级距、修改免税范围、首次设立专项附加扣除[24]等内容对中低阶层纳税人的税负公平、生存权和发展权保障作出了实质性回应。税收利益作为纳税人交易安排的影响因素之一，其在个税反避税条款中的表述较企业反避税条款更具进步意义。立法者意识到纳税人全然抛弃税收利益是不切实际的，纳税人具有获取税收利益的客观需求，只要没有达到“不当”这一程度即符合合理限度。在举证责任方面，税务机关承担初步举证责任后，纳税人如若能证明其实施的民商行为、费用的扣除以及优惠政策的使用具有合理性，并且获取税收利益不是唯一目标，税务机关应作出有利于纳税人的推定。由于个人所得税覆盖面广、直接体现税负公平的特性，纳税人主义的需求和呼声会越来越高。

### （三）《个税法》解释失当加剧税务机关的权力扩张

我国税法解释和适用形成了以行政机关为主、司法机关为辅的格局。从

---

22 叶金育：《税法解释中纳税人主义的证立——一个债法的分析框架》，载《江西财经大学学报》2017 年第 4 期。

23 主张权利关系的代表人物为德国学者奥特·麦雅（Otto Mayer），他认为，应把税收法律关系理解为国民对国家课税权的服从关系。主张债务说的学者为德国法学家阿尔巴特·亨塞尔（Albert Hensel）把税收法律关系定性为国家对纳税人请求履行税收债务的关系，国家和纳税人之间的关系乃是法律上的债权人和债务人之间的对应关系。刘剑文、李刚：《税收法律关系新论》，载《法学研究》1999 年第 4 期。

24 新《个税法》第 2 条第 1—4 项劳动性所得规定为“综合所得”；第 4 条修改了免税的范围，增加了“退役金”并将以往的“退休工资、离休工资”的表述修改为“基本养老金或退休费、离休费”；新《个税法》第 6 条新增六项专项附加扣除，即“子女教育、继续教育、大病医疗、住房贷款利息或住房租金、赡养老人支出”。

2000—2018年一审税务收案数（见图1）的波动可知，真正进入司法程序的案件逐年递减，并且与税务稽查总数悬殊较大。仰赖税务机关对避税行为的判定和处罚呈主流态势，最高人民法院行政审判的典型案例——“德发案”[25]中“尊重行政机关长期执法活动中形成的专业判断和行政惯例”恰好证明了这一点。[26]正如孟德斯鸠所言：“一切权力的拥有者都有滥用权力的可能，这是一条不变的经验。”[27]传统税法强调纳税人的依法纳税义务，而税务机关的义务往往被忽视，如若对日益勃兴的权力不加控制，必然减损本就处于“洼地”的纳税人权利。

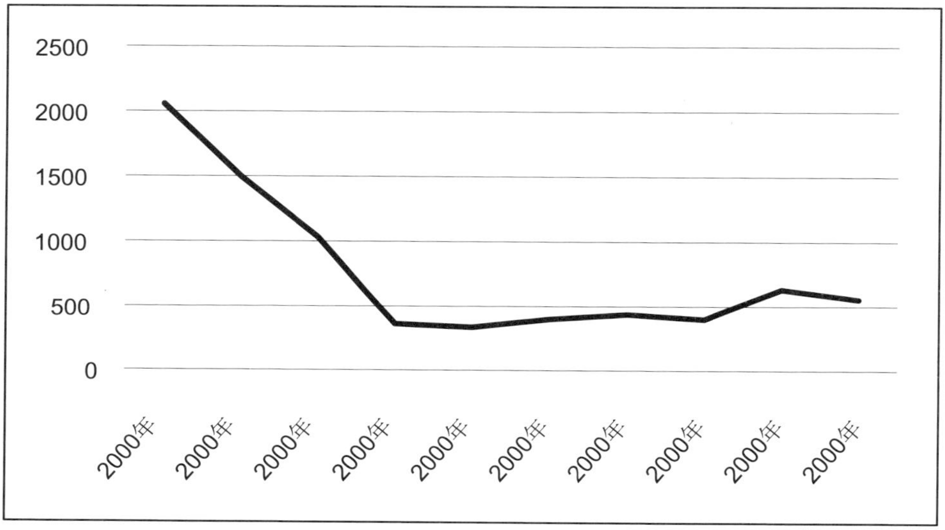


**图1　2000—2018年税务行政一审收案数（件）**

资料来源：《中国统计年鉴（2000—2018年）》

《个税法》第8条尚付阙如时，税收核定规则[28]被视为税务机关实施反避税的利器，但税收核定所发挥的功能极为有限，无法类推至除改变交易价格外的避税方式。《个税法》引入特别反避税规则作为类型化规整的依据，在制度上平移了《企业所得税法》兜底适用的一般反避税条款，替代了税收核定的反避税功能。无论是税收核定还是个税反避税条款的适用均有税务机关权力异化的可

25　《广州德发房产建设有限公司与广东省广州市地方税务局第一稽查局再审行政判决书》（〔2015〕行提字第13号）。

26　陈新民：《论行政管理的适用问题——评最高人民法院“广州德发房产建设有限公司诉广州市地方税务局第一稽查局税务处理决定案”判决》，载《法学评论》2018年第5期。

27　［法］孟德斯鸠著：《论法的精神（上）》，张雁深译，商务印书馆1961年版，第154页。

28　《税收征收管理法》第35条第1款第6项：“……计税依据明显偏低，又无正当理由……”

能，应将其归咎于解释主体对不确定概念和规范内容的解释失当。

具体来说，《个税法》引入了两款特别反避税规则，即“不符合独立交易规则且无正当理由”和“受控公司无合理经营需要”。其中，独立交易原则的适用对象包括合伙企业以及转换身份后实施关联交易的个体，通常要同没有关联关系的交易各方按照公平价格、营业惯例进行可比性分析。实践中的难题则是，在界定专利、著作权等无形资产时难以寻得相似的可比交易。由于程序法尚未修改，将《税收征收管理法》第 36 条直接用于个税纳税调整有悖于税收法定原则。与《企业所得税法》不同，独立交易原则增添了“且无正当理由”作为限定条件，这意味着个税特别反避税规则的解释和适用有例外调整的空间。对于“合理经营需要”的认定，则需穿透自然人的经济活动或交易安排，此时防范税务机关过度干预尤为重要。

在个税一般反避税条款中，“不具有合理商业目的”“不当税收利益”的表述过于抽象，无法为税务机关提供有效的认定思路和操作标准。个税反避税条款中，“税务机关有权按照合理方法进行纳税调整”蕴含着两层含义，一是立法上明确了税务机关享有纳税调整权和裁量权；二是税务机关的权力行使有其边界。在“合理方式”未得到充分解释和细化的情况下，权力行使的界限处于“灰色地带”。《个人所得税法实施条例》第 23 条中仅规定了利息的计算，缺乏对反避税执法权的控制与规范，照搬适用《企业所得税法实施条例》第 111 条[29]的规定未必与《个税法》完全契合，这给未来个税反避税执法留下了漏洞。

此外，我国尚未建立统一的反避税管理规程，在纳税评估、反避税、税务稽查等部门多头管理的格局下，各部门按照各自权限处理避税行为，不利于执法尺度的统一。[30]2012 年国家税务总局印发的《关于规范税务行政裁量权工作的指导意见》虽然规定了“建立税务裁量基准制度”，但尚未划定裁量界限，也未形成统一的标准。因此，各地制定的裁量基准各异并且裁量空间较大，这便增加了税务机关随意执法的可能。[31]

---

29 《企业所得税法实施条例》第 111 条：“企业所得税法第四十一条所称合理方法，包括：（一）可比非受控价格法……；（二）再销售价格法……；（三）成本加成法……；（四）交易净利润法……；（五）利润分割法……；（六）其他符合独立交易原则的方法。”

30 广州市国际税收研究会课题组：《我国一般反避税立法与管理：存在问题和经验借鉴》，载《国际税收》2014 年第 2 期。

31 秦隆伶：《税务行政处罚自由裁量权：存在问题与规范建议》，载《国际税收》2014 年第 5 期。

## 三、个税反避税条款三重解释困境之纾解

### （一）拨开税收法定与实质课税原则间的云雾：表层冲突与深层契合

1. 在理论层面

税收法定与实质课税原则之间的冲突表现在两个方面，一是前者侧重于形式，后者侧重于实质；二是前者体现了法的安定性、可预测性，后者则更强调执法过程的灵活性。虽然税收法定与实质课税两者存有冲突，但二者的矛盾是表层的，并非不可调和。税收法定背后的理论是通过控制国家征税权，实现私法确定的自由空间从而保障纳税人权利。[32] 实质课税原则的法理基础源自量能课税原则，量能课税作为税收公平的下位原则，从横向、纵向两个向度维护税负平等。简言之，在追寻的经济公平和社会正义这一宏观目标上，实质课税与税收法定具有明显的一致性，两者共同构筑起税收正义的“两翼”。[33]

税收法定与实质课税原则统一于税收正义理念，税收法治思维既包括形式法治，又包括实质法治。之所以税收法定体现了形式法治，在于该原则要求税务机关以文义内容作为解释准则，防止税务机关创设更多的纳税义务和规则。之所以实质课税体现了实质法治，在于其作为税法事实解释的具体原则，发挥着重新判定交易性质、交易内容并作出客观结论的作用。实质课税原则的事实解释功能具有灵活性，有助于防范税收法定陷入僵化的形式主义。除正面效应外，实质课税还可能带来负面效果，即成为税务机关权力滥用的工具。为了从源头上阻遏负面效应，实质课税原则必须在税收法定的框架下运行，充分发挥功能互补的特质。[34] 由此观之，税收法定原则与实质课税原则相辅相成、缺一不可。

2. 在解释和适用层面

（1）个税反避税条款中“避税”标准之解释

1918年德国设置了帝国财务法院，开启了税务司法的新纪元。次年施行的《帝国租税通则》，在第42条确立了一般反避税条款，以经济实质作为避税的认定标准，将商业目的作为认定交易活动是否符合经济实质的要件之一。[35] 美国

---

32 葛克昌著：《税法基本问题（财政宪法篇）》，北京大学出版社2004年版，第4－5页。

33 熊伟：《重申税收法定主义》，载《法学杂志》2014年第2期。

34 张婉苏、卢庆亮：《特别纳税调整“一般条款”之法律解读——以税收法定主义和实质课税原则为视角》，载《苏州大学学报（哲学社会科学版）》2010年第4期。

35 汤洁茵：《〈企业所得税法〉一般反避税条款适用要件的审思与确立——基于国外的经验与借鉴》，载《现代法学》2012年第5期。

主要依靠法院的解释及裁判经验，创设出许多反映国会立法意图的反避税原则，包括“实质重于形式、分步交易、商业目的、虚假交易和经济实质”。[36]美国联邦最高法院先后通过 Gregory 案[37]、Frank Lyon Co. 案[38]总结出“合理商业目的”以及“经济实质”两个标准。由于“商业目的”易生歧义，美国在立法上转向以“经济实质”为判定标准，更加客观地把握法律事实与税法规范之间的关系。

我国反避税规则中，立法者同时接纳了“合理商业目的”和“经济实质”两个标准。“经济实质”作为避税认定的客观标准，在印度最高院沃达丰案中更具实践意义，其认为“经济实质”的标准应从整体上确定交易安排和主要目的而非单独确认，不能轻易否定纳税人的交易形式。[39]经济实质的探寻应重点排查剔除税收利益后，纳税人能否获得其他经济利益，若答案是否定的，理应判定为避税行为。至于经济利益的衡量标准，国家税务总局应出台具体操作规程，明确最低税前回报率，增强该规则的可操作性。[40]作为主观认定标准的“合理商业目的”，在《企业所得税法实施条例》中的释义突出了商业行为，难以与涵盖民商事行为的《个税法》相契合。“合理商业目的”的概念仍需在《个人所得税法实施条例》中加以界定，否则以交易形式识别交易动机将导致税务机关作出有悖于税收公平的误判。例如，自然人采取的“转换身份”“捐赠”等民事行为，在《个税法》语境下难以评判其有无合理目的或合理目的的高低。质言之，个税避税行为的认定可借鉴美国法院的包容性观点，而非仅在立法层面拘泥于“合理商业目的”这一标准，未来避税认定标准的发展方向应当以客观标准为主要件，主观目的为排除要件。[41]

（2）“事物本质”与“立法意旨”之厘清

个人所得税应税事实的本质应以个案具体情况为准，而立法意图则是利用文本资料进行的推演。税法解释将立法意旨与解释方法相结合，能够消解立法意旨的复杂性。实质课税原则要求对个税反避税条款进行实质化解释，是一种对深藏条款背后的规范目的所进行的解释。当解释结果偏离客观而转向主观的情形下，实质课税与税收法治的观念相去甚远。因此，在解释和适用时仍应严

36 ［美］维克多·瑟仁伊著：《比较税法》，丁一译，北京大学出版社2006年版，第160页。

37 Gregory v. Helvering，293 U. S. 465（1935）.

38 Frank Lyon Co.，435 U. S. at 583－584.

39 Vodafone International Holdings B. V. v. Union of India & Anr. ［S. L. O. （C）］ No. 26529 of 2010.

40 欧阳天健：《比较法视阈下的一般反避税规则再造》，载《法律科学》2018年1期。

41 熊伟：《一般反避税立法思辨》，载《国际税收》2013年第4期。

格限定在税收法定的框架内。

个税反避税条款漏洞的解释仅仅是一种规则的表达，超出字面范围的漏洞填补都是税法的续造而非所谓的实质解释。[42] 当税法条文概念和内容不明时，税法解释方法的选择是有次序的，应以文义解释作为第一解释原则，同时可借助目的解释和体系解释。文义解释要求解释者对法律之字面含义不作任何形式的增减，保障税收法定的实质与形式。仅在文义无法涵摄规范目的或意旨而产生税法漏洞时，可以探求文义背后的立法意旨。不少国家在税法解释时，均认可税法的目的性解释，我国台湾地区“税捐稽征法”第 12 条第 1 款也承认了税法的目的解释。[43] 在解释个税反避税时，遵循税收法定的文义解释仍应作为解释方法的首选。当字面含义指向多重意义时，可以通过税法的整体脉络把握文义的内容，经文义解释不足以阐释立法意图时，目的性解释方可启用。

### （二）解释主体与解释立场之证立

#### 1. 税务总局作为解释主体之证成

在解释主体层面，美国和德国充分发挥了司法的解释功能。美国主要依靠法院对个案的裁判，积累各类解释和原则。[44] 德国在反避税方面坚持成文法与法官造法并重，由司法创设出对法律概念的解释，法官甚至不直接援引一般反避税条款。与美国、德国相比，我国司法机关税法释义的参与度较低，由财政部和国税总局享有的税法解释权遭到不少质疑和批评，集中体现在解释主体、解释限度、解释效力等几个方面。[45]

实际上，国税总局的税法解释权具有形式上的合法性。从 1981 年《全国人大常委会关于加强法律解释工作的决议》中可以推演出国税总局享有应用解释权。[46] 这种应用性解释，主要呈现为事前和事后解释两种形态。事前解释是解释主体在法律适用前对文本的解释，这类解释更多地作为执法依据；事后解释包括执法者对法律规范的解释以及执法者上级机关通过“回复”“答复”“批

---

42　汤洁茵：《形式与实质之争：税法视域的检讨》，载《中国法学》2018 年第 2 期。

43　在英美法系国家，法院解释税法时不拘泥于文义解释，而是以目的性解释探求立法意图；大陆法系国家，以德国为例，对目的解释的确定规定在《德国租税通则》第 4 条；我国台湾地区“税捐稽征法”第 12 条第 1 款：“设计租税事项之法律，其解释本应与租税法律之精神，依各该法律之立法目的，衡酌经济之意义及实质课税之公平原则为之。”

44　董学智：《论不确定法律概念与反避税规制——以“合理”一词为例》，载《烟台大学学报（哲学社会科学版）》2017 年第 3 期。

45　张弘、张刚著：《行政解释论：作为行政法之适用方法意义探究》，中国法制出版社 2007 年版，第 110 – 114 页。

46　上官丕亮：《论行政执法中的应用性法律解释》，载《行政法学研究》2014 年第 2 期。

复”等方式作出的解释，如“国税函〔2011〕14 号文”即专门针对自然人间接转让股权的个案批复。[47] 国税总局税法解释权不应成为横亘于税务部门与纳税人之间权力（利）分配的障碍，可以通过公众参与机制、听证制度、解释文件的公开制度削弱对税务机关解释权的疑虑，[48] 还可以加强司法机关对解释性文件的审查与监督。税务总局的行政解释权是法律解释开放性的体现，其与立法机关、司法机关的解释权之间不是“非此即彼”，毋宁是一种解释权的互动与制约。我国应倡导法律解释的开放性并诉诸论证方法的合理性，不同主体解释结果呈现多样性是正常的，关键在于规范解释权的运行，特别是关注解释质量和效率而非过度推崇域外以法院为中心的解释范式。[49]

2. 税权平衡——一个解释的新立场

纯粹的“国库主义”解释立场背后隐藏着国家税权，纯粹的“纳税人主义”解释立场暗含着纳税人权利。纳税人权利本位隐蔽着以个人主义为中心的价值理念，过度强调反而压缩国家税收权力。[50]《个税法》应当尊重客观事实，从“国库主义”与“纳税人主义”的对极选择迈向税权平衡这一新的解释立场。税权平衡起源于法权理论，是一种从宪法思维出发，将某一社会或国家中法律承认和保护的全部利益，以及作为其物质承担者的全部归属已定之财产，其表现形式为社会生活中的各种权利和权力。[51] 个税反避税条文中可寻得税权博弈的踪迹，纳税人税权与国家税权两者统合于宪法逻辑。

一方面，个税反避税条款体现着公民财产权与国家征税权的博弈。征税权构成国家权力谱系的核心构件，财产权则是宪法赋予的基本人权，作为两者勾连之征税及控制问题必须纳入宪法的逻辑与框架中考察。[52] 个税反避税条款的解释与适用时，以税收法定、量能课税原则为基础，实现税负公平是财产权保障的前提。国家税局、省级税务机关发布的解释性文件不得改变税收要素、扩大征税客体，否则来源于权利的国家税权可能踩压纳税人的基本权利。宪法上自然人财产权与国家税权的平衡可在个税反避税行动中得以落实，即便税务机关利用一般反避税规则穿透交易实质，也不应忽视“不确定概念”捍卫自然人财产权、抑制权力肆意行使的内在功能与价值。

---

47 王青斌：《论不确定法律概念与处罚法定原则的冲突和协调》，载《法学评论》2011 年第 1 期。

48 叶金育：《国税总局解释权的证成与运行保障》，载《法学家》2016 年第 4 期。

49 林文生：《新〈企业所得税法〉中反避税一般条款法律适用的困境与对策》，载《税务研究》2008 年第 8 期。

50 杨力、金泽刚：《论税权理念及其底线规则》，载《政治与法律》2007 年第 3 期。

51 童之伟：《法权中心主义要点及其法学应用》，载《东方法学》2011 年第 1 期。

52 王宗涛：《税法一般反避税条款的合宪性审查及改进》，载《中外法学》2018 年第 3 期。

另一方面，个税反避税条款蕴含着纳税人契约自由权与税收征管权之间的博弈。对契约自由的理解不但可以从私主体的意思自治层面理解，还可以从宪法层面理解。我国《宪法》虽未明文规定契约自由，但可从《宪法》第51条解读出这一内涵。在税收法律关系中，契约自由主要体现为纳税人的税务筹划与经济性安排。税收征管权通过调整纳税人行为，防止税收流失、维护税收征管秩序，其对纳税人的影响是直接且显著的。[53] 自然人的交易安排是否认定为避税，离不开个案中的解释和判断，税务机关对自然人交易活动的考察不应局限于交易价格和交易形式。例如，自然人将房产低于市场价转售亲友的行为，不应一概而论为非正常交易，否则税务机关凌驾于纳税人的契约自由、决策自由之上，不利于维护公平的市场交易秩序。

任何“权力与权利”关系都是对立统一的，两者之间既有冲突和互侵的可能，又有相互承让与互动的空间。征纳双方存在服从与命令关系，税权不对等是一种实然之态，这种不对等关系体现了税法的特殊性，即利益的非对称性。为了缓解或消除税法利益的非对等性，个税反避税条款的解释也不例外地肩负着税权平衡的使命。

### （三）解释失当的法律控制及税务机关的权力限缩

#### 1. 克服解释失当：谦抑性价值之恪守

法律解释是立法与执法之间的传导工具，直接影响着法律实施的效果和效率。个税反避税条款中概念的不确定性既是解释主体识别避税行为的契机，也是行权的挑战。其中，“税务机关有权按照合理方法调整”是税务机关行使纳税调整权而否认避税安排的权力控制，其作出的纳税调整决定须谨守谦抑之本分。[54] 为避免解释权的扩张，个税反避税条款的解释应当将税权平衡、比例原则、社会公允价值等列为必要的考量因素。价值层面的注入会引导税务机关谦抑的识别交易本质，处理好纳税人交易的形式与实质、权利使用与滥用之间的关系，避免仅依据某项不利因素就否认私法交易活动而启动一般反避税条款。

谦抑性价值的恪守还需明确税务机关依法征税的界限，该界限可理解为纳税人诚实推定的边界。[55] 国家税务总局2009年发布的《关于纳税人权利与义务的公告》未将诚实推定权列为纳税人权利范畴，但未来可增补这一权利。诚实推定权的确定有助于征纳双方的税权平衡，亦能倒逼税务机关谦抑执法。

---

53 闫晴：《纳税人税收筹划与税务机关反避税》，载《科学决策》2018年第4期。

54 叶姗：《一般反避税条款适用之关键问题分析》，载《法学》2013年第9期。

55 王桦宇：《论税法上的纳税人诚实推定权》，载《税务研究》2014年第1期。

2. 抑制解释失当的蝴蝶效应：税务机关的权力控制

解释性文本具有传导上的衰减性，个别条款的解释失范即可引发税务执法权扩张的蝴蝶效应。为了避免税法解释权的滥用，立法层面应同步推进与个税反避税条款相配套的规则，增强规则的可适用性与可预测性。其一，《税收征收管理法》具有临时性税收基本法的地位，待下次修法时应在第36条中增加规定自然人主体或将纳税主体统一为“纳税人”。为了修正税收征管实践中的国库主义导向，还应当增加纳税人权利保护条款。其二，有必要细化个税反避税条款中的不确定法律概念，提升制度的可操作性。《个税所得税法实施条例》再次修改或国务院财政、税务主管部门制定规范文件时，应参考《企业所得税实施条例》第111条的规定廓清何为“合理方法”。

除了加强立法层面的权力控制，还应从三个方面防范权力滥用，即建立类型化的个税反避税案例指导制度、对税务机关最具技术性的裁量权予以审查、强化纳税人的权利保障与救济。首先，避税案件类型化与指导制度的建立，能够约束税务机关的解释权和自由裁量权。《税务行政处罚裁量权行使规则》第23条明确了案例指导制度建构的必要性，从各省对案例指导制度的探索上观之，仍需国家税务总局发布的典型案例发挥示范效应。其次，强化税务机关裁量行为的审查监督，倒逼行政解释的精细化。《税务行政处罚裁量权行使规则》所列的28项内容原则性较强，各地制定和执行不同的裁量基准造成了不少执法乱象，亦无法实现《税收征管法》《个人所得税法实施条例》等规范间的衔接。未来应确定各地裁量基准的幅度空间，加强对《税务行政处罚裁量权行使规则》第26条实施过程的行政监督，落实司法机关对行政行为的审查。最后，纳税人权利的程序性保障是制约裁量权扭曲的良方。应当严格遵从《税务行政处罚裁量权行使规则》第16—23条的规定，充分发挥“告知、回避、陈述申辩、听证、重大处罚事项集体审议”等程序性规范的作用。个税纳税人对反避税执法行为、处罚行为、税款及滞纳金征收行为等有异议的，可以采取上述方式维权并要求税务机关证明其行为的合法性与合理性。

## 结语

反避税规则一直都是税法理论和实践关注的重点，准确的释义能够消弭反避税条款的不确定性，改变征纳双方权力（利）失衡的局面。《个税法》反避税条款的设置，弥补了以往个税纳税人避税行为无以规制的缺憾，但立法上的模糊与漏洞给税收征管秩序带来了难题。扫清个税反避税条款的解释障碍，才能增强规则的可适用性、避免征纳双方的“零和博弈”。

# 互联网不正当竞争认定中竞争关系地位的实证研究

卢纯昕　徐　驰*

【内容提要】在我国互联网不正当竞争案件裁判中，竞争关系仍被视为反不正当竞争法的适用基础，但为了回应互联网不正当竞争的规制需求，竞争关系的边界又一直被拓展。在互联网环境中，随着网络经营模式的多样化及不同用户群体的需求交织，市场竞争的界限日趋模糊。在互联网竞争跨界性与多元性的背景下，竞争关系不应再是竞争行为认定的前提，而应被竞争行为所吸收。竞争关系必要性的消解，既是对分工细化、业务交叉重合的互联网经济之回应，又是对反不正当竞争法保护经营者、消费者及社会公共利益立法宗旨的实质回归。

【关键词】互联网不正当竞争　跨界竞争　竞争关系　竞争行为

互联网经济的发展催生了网络商业模式的革新，与此相伴的是竞争行为的日益复杂化。互联网不正当竞争纠纷与日俱增，特别是无法纳入传统不正当竞争类型、不能借助类型化条款裁判的新型不正当竞争数量呈不断上升态势，这些案件涉及竞价排名、社交软件和工具软件、浏览器、网络游戏等多种服务，案情复杂且审理难度大。

在我国司法实践中，竞争关系一直被视为认定不正当竞争的前置性条件，竞争关系的界定也一直是互联网不正当竞争审判中面临的难题。然而，随着互

*　卢纯昕——广东外语外贸大学法学院副教授，主要研究领域：知识产权法，反不正当竞争法；徐驰——香港城市大学法学院硕士研究生，主要研究方向：反不正当竞争法、金融法。本文系广东外语外贸大学师生共研项目“司法标准化视野下新型不正当竞争的判定规则研究”（18SS03）的研究成果。

联网经济的发展，网络竞争关系出现的新特征使“竞争关系作为认定不正当行为的基础”这一论断不断受到挑战和质疑。对于竞争关系在互联网不正当竞争案件，尤其是在互联网新型不正当竞争案件中的地位和作用，当前的学术讨论和司法裁判尚未达成共识。有鉴于此，本文拟对2000年至2020年法院审结的122件互联网新型不正当竞争案进行统计和梳理，[1]聚焦于此类案件中竞争关系的界定，通过探寻互联网经济对竞争关系的影响，从而分析竞争关系在互联网不正当竞争纠纷案中的意义。

## 一、互联网不正当竞争案件中竞争关系的认定模式

虽然我国《反不正当竞争法》并未明确要求不正当竞争纠纷案中行为主体与受害主体之间具有竞争关系，但在理论和司法实践上容易望文生义地将不正当竞争限定于具有竞争关系的经营者之间。[2]传统的反不正当竞争法理论与司法实践长期以来将竞争关系作为认定不正当竞争的前提条件。在笔者所研究的122个互联网新型不正当竞争案中，绝大多数案件法院都认定原、被告之间具有竞争关系。通过对比分析发现，法院对竞争关系的认定模式大体可以分为认定直接竞争关系、认定间接竞争关系和忽略认定竞争关系三大类（如图1所示）：

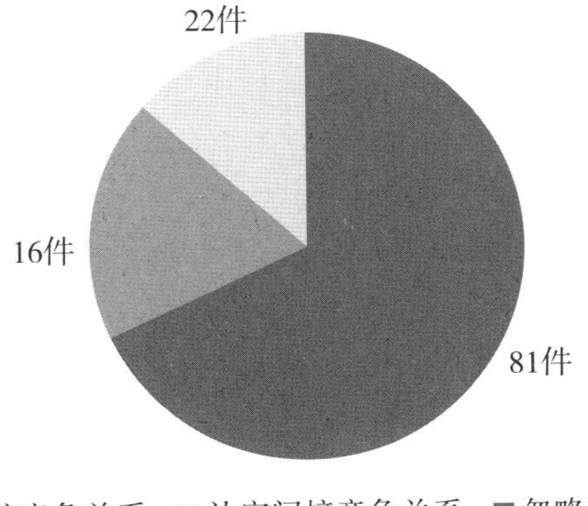


**图1　竞争关系认定模式**

1　本文在北大法宝输入关键词“反不正当竞争法”“第二条”与“互联网”/“网络”，检索结果中，“知识产权与其他不正当竞争纠纷”“竞争纠纷”案由分别有2568个案件与2039个案件，去除重复案件，提取终审审级后得案件989个，其中新型互联网不正当竞争案件共计122个。

2　参见王先林：《论反不正当竞争法调整范围的扩展——我国〈反不正当竞争法〉第2条的完善》，载《中国社会科学院研究生院学报》2010年第6期。

### （一）认定直接竞争关系

直接竞争关系是从狭义的角度将竞争关系解释为同业竞争关系，一般通过经营范围、经营内容来实现竞争关系的认定。例如，在晋江诉动景不正当竞争纠纷案中，法院认为原告和被告均属于从事互联网阅读服务的经营者，在互联网文学市场上存在直接竞争关系；[3]在搜狗诉百度不正当竞争纠纷案中，法院认为原、被告之间具有反不正当竞争法意义上的竞争关系，理由是原、被告均经营搜索引擎业务，在服务内容、用户群体、盈利模式等方面有所重合。[4]上述案件在认定直接竞争关系时，法院将关注点置于原、被告属于相同行业或者具有相同的经营范围，并以经营者之间提供同质性或替代性商品服务作为认定标准。在笔者所研究的122个案件中被法院认定为直接竞争关系的案件就有84起。由此可见，在互联网新型不正当竞争案件中，认定直接竞争关系的案件仍占大多数。

### （二）认定间接竞争关系

间接竞争关系突破了同业竞争关系的限制，将竞争关系拓展到无直接竞争关系的经营者之间。在笔者所研究的122个案件中被法院认定为间接竞争关系的案件有16起，法院在认定间接竞争关系时的理由基本一致，即将竞争关系限于同业竞争关系显得过于狭隘，不利于规范市场竞争行为。如在淘宝诉载和、载信不正当竞争纠纷案中，法院指出，“在互联网经济蓬勃发展的背景下，市场主体从事多领域业务的情况实属常见。对于竞争关系的判定，不应局限于相同行业、相同领域或相同业态模式等固化的要素范围”。[5]在腾讯诉世界星辉不正当竞争案中，法院认为原、被告的经营范围虽不同，但两者均通过网络实现其经营目的，享有共同的网络用户，存在利益交叉，因此应界定为具有竞争关系。[6]上述案例表明，尽管司法实践对间接竞争关系的界定并不一致，但均通过竞争关系的广义解释实现了竞争关系的扩张。

### （三）回避认定竞争关系

回避竞争关系的认定是法院在不正当竞争纠纷案的判定中没有提及竞争关系，忽略对竞争关系的认定。在笔者所研究的122个案件中，法院忽略认定竞

3 参见北京知识产权法院（2019）京73民终2040号民事判决书。

4 参见北京知识产权法院（2015）京知民终字第2200号民事判决书。

5 上海知识产权法院（2017）沪73民终198号民事判决书。

6 参见北京知识产权法院（2017）京0105民初70786号民事判决书。

争关系的案件有22件。从案件涉及的实质事由看，忽略认定竞争关系部分是由于当事人之间有显而易见的竞争关系，或当事人对竞争关系不存在争议，故法院不再进行认定；部分是基于新型不正当竞争案件中竞争关系认定上的困难，法院选择回避认定以避免争议；还有少部分系法院认为在互联网环境下竞争关系的具体认定已没有司法意义。例如，在二三四五公司诉猎豹、金山不正当竞争纠纷案中，原告的经营范围为计算机软硬件及辅助设备的开发、销售、设计，被告的经营范围则为技术推广、技术开发、技术服务等，两者的经营范围有所不同。法院在认定不正当竞争时并未阐述原、被告之间是否具有竞争关系，而是从竞争行为本身得出被告构成不正当竞争的结论。[7]

就竞争关系三类认定模式的变化而言，如图2所示，认定直接竞争关系的案件数量在2000—2020年一直占比最大，但在2016年后急速下降；认定间接竞争关系的案件在2012年以前几乎不存在，但自2015年起呈现平稳上升的趋势；而忽略认定竞争关系的案件，在前期与认定间接竞争关系的数量基本持平，但在2016年后数量超过认定间接竞争关系的案件。

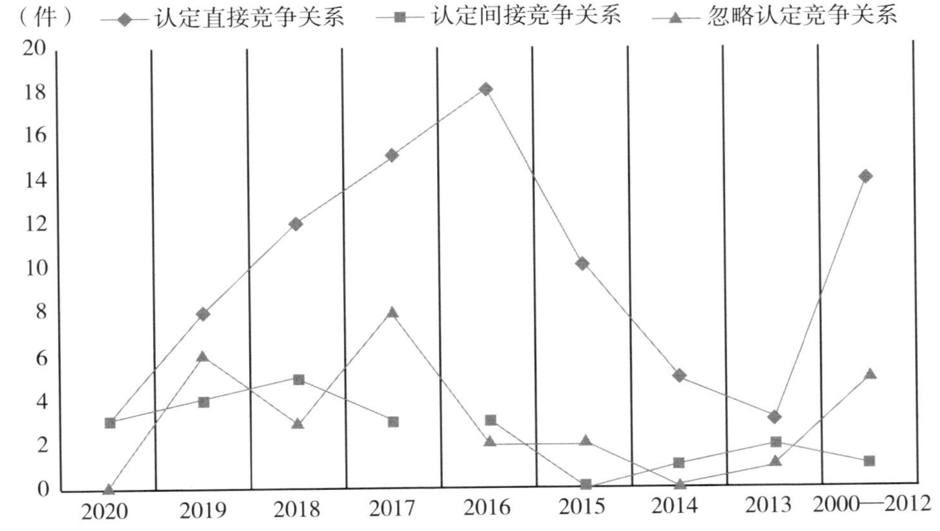


**图2　竞争关系认定数量变化**

## 二、互联网不正当竞争案件中竞争关系的认定趋势

从我国反不正当竞争司法实践对竞争关系的认定现状可知，竞争关系的重

7　参见上海市浦东新区法院（2018）沪0115民初28611号民事判决书；上海知识产权法院（2019）沪73民终241号民事判决书。

要性一直被强调。[8]在互联网不正当竞争案件中，竞争关系的存在仍是适用反不正当竞争法的基础。竞争关系的解读一开始指向直接竞争关系，而后拓展到间接竞争关系，在竞争关系的解释上出现泛化的趋势。

### （一）竞争关系逻辑的固化

在我国司法实践中，竞争关系一度被认为是反不正当竞争法得以调整不正当竞争行为的先决条件。[9]在不正当竞争行为的认定上，竞争行为的正当性被置于竞争关系中来理解。[10]最高人民法院的司法政策也曾提及，认定不正当竞争除要具备一般民事侵权行为的构成要件外，还要注意审查是否存在竞争关系。[11]即存在竞争关系是认定构成不正当竞争的条件之一。在笔者所研究的122起案件中，对竞争关系进行明确阐述的案件占大多数，而在回避竞争关系的案件中，绝大部分的案件也是由于竞争关系过于明显而没有进行具体阐释。可见，司法实践对竞争关系认定的普遍看法是：我国《反不正当竞争法》的立法目标在于构筑良好的竞争秩序，只有经营者之间具备竞争关系，竞争行为才可能对竞争对手造成损害并最终危及竞争秩序，故认定不正当竞争的前提是竞争关系的存在。

在现代反不正当竞争法的视域下，尽管竞争关系在判定不正当竞争行为中的功能被削弱，但在司法实践中，竞争关系仍被视为审理不正当竞争案件的逻辑起点，在不正当竞争案件中仍有确定原告资格的特殊意义。[12]在大多数不正当竞争纠纷案中，竞争关系作为确定原、被告之间具有法律上利害关系的依据，是决定不正当竞争民事诉讼中原告适格性的基础。这是由于竞争关系仍被视为反不正当竞争法调整的基础关系，其仍发挥着界分侵权法与反不正当竞争法之功能。换言之，反不正当竞争法的规制对象仅仅是市场中的不正当竞争行为，而非市场中存在的全部侵权行为。经营者之间的纠纷是否能够适用反不正当竞争法，判断的依据是他们之间是否存在竞争关系。基于反不正当竞争法所调整的经营行为的本质是市场竞争行为，竞争关系的存在仍被视为适用我国《反不

---

8 参见王永强：《网络商业环境中竞争关系的司法界定——基于网络不正当竞争案件的考察》，载《法学》2013年第11期。

9 参见杨华权：《论爬虫协议对互联网竞争关系的影响》，载《知识产权》2014年第1期。

10 参见吴伟光：《对〈反不正当竞争法〉中竞争关系的批判与重构——以立法目的、商业道德与竞争关系之间的体系性理解为视角》，载《当代法学》2019年第1期。

11 参见曹建明：《知识产权司法保护力度，依法规范市场竞争秩序——在全国法院知识产权审判工作座谈会上的讲话》，载法源检索网，http：//www.fayuanjiansuo.com/view？aid＝665，最后访问于2020年7月16日。

12 参见孔祥俊著：《反不正当竞争法新原理（原论）》，法律出版社2019年版，第119页。

正当竞争法》的逻辑起点，也是司法实践中认定原告适格性的标准。[13]

（二）竞争关系解释的泛化

对于竞争关系的解释，我国反不正当竞争立法和实践经历了从严格到宽松的变化过程，这与域外反不正当竞争立法对竞争关系地位的认识相一致。反不正当竞争法滥觞于侵权法，受侵权法的影响，反不正当竞争法曾被烙上“债法”的历史印记，[14]在诉权主体和责任主体上都指向具有同业竞争关系的经营者。随着反不正当竞争法的发展，竞争关系不再成为限制反不正当竞争法适用的条件。从国际条约和各国的立法变化看，《巴黎公约》第10条将反不正当竞争法的调整对象限定为具有竞争关系的经营者之间，但是并没有对竞争关系作进一步的解释。《WIPO示范条款》第1条（a）则将构成不正当竞争的行为定义为发生于工商业活动中的任何行为。这意味着示范条款将反不正当竞争法扩大适用于当事人之间不存在直接竞争的情形，不再以直接竞争关系作为适用的前提条件。在设立专门反不正当竞争法的国家中，《德国反不正当竞争法》在修法后也以“商业行为”代替“竞争行为”，这表明德国法对竞争关系的解读不再局限于同业经营者之间，而是扩大到不同的经济阶段（生产商与供应商之间）或不同部门指向相同顾客群的竞争者之间。只要经营者一方获益另一方受损，而获益与受损之间是能力转换的结果，经营者之间的竞争关系就存在。[15]可见域外反不正当竞争立法对竞争关系的要求有宽松化的趋势，在认定不正当竞争行为时更注重竞争行为本身，这也从侧面印证了反不正当竞争法的行为法属性。

在我国司法实践中，竞争关系的发展体现为竞争关系内涵的拓展，并逐渐以间接竞争关系的认定为核心。例如，在最高人民法院指导案例——百度诉青岛奥商不正当竞争纠纷案中，就原、被告之间是否存在竞争关系的问题，法院认为虽原、被告的服务类别不完全相同，但原告实施的在百度搜索结果出现之前弹出广告的商业行为与被告的付费搜索模式存在竞争关系。[16]该案例明确了《反不正当竞争法》中的“竞争关系”不再局限于同业经营者之间，具有重要的指导意义。但与此同时，该案例也暗含竞争关系是认定不正当竞争的前提这一规则。尽管在竞争关系的解读中，竞争关系的范围得以拓宽，但何为间接竞

13　参见邵建东：《我国反不正当竞争法中的一般条款及其在司法实践中的适用》，载《南京大学法律评论》2003年第1期。

14　参见谢晓尧著：《在经验与制度之间：不正当竞争司法案例类型化研究》，法律出版社2010年版，第1页。

15　参见范长军著：《德国反不正当竞争法研究》，法律出版社2010年版，第64页。

16　参见山东省高级人民法院（2010）鲁民三终字第5－2号民事判决书。

争关系，理论界和实务界却一直没有统一的见解。对于间接竞争关系的界定，我国司法实践进行了一定的探索，概括起来可以分为经营行为标准、竞争利益标准和用户群标准。[17]（1）经营行为标准。经营行为标准是通过考察经营者具体经营行为的本质来判定间接竞争关系。在汉涛诉百度不正当竞争纠纷案中，法院指出，对竞争关系的判定不应“局限于相同行业、相同领域或相同业态模式等固化的要素范围，而应从经营主体具体实施的经营行为出发加以考量”。[18]（2）竞争利益标准。在互联网经济中，行业分工细化、业务交叉重合的情况日益普遍。竞争利益标准是在判定诉争双方是否存在竞争关系时，“不限定于某一特定领域内的同业竞争关系，而着重从双方之间是否存在此消彼长的竞争利益进行考察”。[19]例如，在快乐阳光诉暴风不正当竞争纠纷案中，法院采用竞争利益标准，认为原、被告的经营内容尽管有所差异，但被告提供的“极轻模式”可以使网络用户直接在被告网上观看涉案视频节目而不必回到视频源网站，与原告的视频播放服务之间具有替代关系。[20]被告的竞争行为将减少原告的收入，增加被告的商业利益。这种竞争利益上的此消彼长，使本无直接竞争关系的经营者之间具有间接竞争关系。（3）用户群标准。用户群标准则是以经营者指向的用户群体是否具有高度重叠性作为认定间接竞争关系的依据。如在暴风诉泰盛不正当竞争纠纷案中法院指出，“判断经营者之间是否存在竞争关系的标准不应是经营业态是否相同或类似，而应是现实或潜在消费群体是否存在重合”。[21]在千杉诉飞狐不正当竞争纠纷案中，法院表达了类似的观点：“虽然原、被告的网站及软件的形式与内容存在差异，但其争夺的最终消费者，即愿意收看视频的网络用户是高度重叠的。”[22]法院认为，被告的竞争行为将直接减损原告的最终用户，导致原告的合法利益受损，并据此认定原、被告之间具有竞争关系。互联网经济是“注意力经济”，网络服务提供者在互联网市场中获得竞争优势的关键在于其锁定的用户深度与广度。[23]用户群标准从互联网经济的特点出发，将间接竞争关系的认定聚焦于网络服务提供者所面向的用户群体，只要用户群体有交叠，网络服务提供者之间的利益就具有不可分割的联系，就具有竞争关系。

竞争关系解释的泛化，同业竞争关系的突破，主要是基于信息时代互联网

---

17 参见吴太轩著：《互联网新型不正当竞争行为法律规制的实证研究》，法律出版社2019年版，第140页。

18 上海知识产权法院（2015）浦民三（知）初字第528号民事判决书。

19 北京市第一中级人民法院（2014）一中民终字第3283号民事判决书。

20 参见北京知识产权法院（2015）京知民终字第02210号民事判决书。

21 北京市第一中级人民法院（2013）一中民终字第5729号民事判决书。

22 上海知识产权法院（2017）沪73民终55号民事判决书。

23 参见杭州市中级人民法院（2018）浙01民终232号民事判决书。

的新特征和损害的多样性。一方面，竞争关系的认定超越同业竞争关系，契合现代反不正当竞争法的时代特色。在数字经济时代，市场跨界竞争的多维性要求拓展反不正当竞争法的调整范围。将竞争关系限于同业经营者之间未免过于狭隘，不利于规制市场中千变万化的竞争行为。[24]另一方面，伴随市场竞争样态的日趋复杂，竞争行为除可能造成同业经营者的利益受损外，还可能造成非同业经营者、消费者等其他市场参与者的利益受损。这种损害的多样性也决定了反不正当竞争法的规制对象不能局限于同业竞争行为，而应包括跨行业竞争行为。

## 三、互联网不正当竞争认定中竞争关系的应然地位

竞争关系的认定趋势表明，司法机关在互联网不正当竞争纠纷案件中对竞争关系的认定持开放态度，即在固守原本认定竞争关系的逻辑基础上不断扩展竞争关系的边界，以回应互联网新型不正当竞争的规制需求。事实上，竞争关系的泛化已经造成竞争关系的虚置，而互联网经济下竞争模式的转换和现代反不正当竞争法认定范式的嬗变又进一步推动了竞争关系的消解。

### （一）竞争模式转换下竞争关系的消解

在传统商业模式下，经营者往往通过向消费者提供具有实物载体的产品获得商业回报。如果不同经营者所提供产品之间不具有可替代性，则经营者之间便不存在重合的用户群，难以发生竞争关系。而在互联网商业模式下，经营者未必拥有可视的实物载体，而是通过增值服务、广告投放等方式获得利润，互联网企业商业利润的获取在很大程度上与稳定数量的用户密切相关。在互联网环境中，跨界竞争已成为竞争的常态。正如在腾讯诉世界之窗不正当竞争案中法院所指出的，“市场竞争，尤其是依托于互联网的经营竞争，往往是相互交织和跨界的，体现了网络经营的交织性，市场界限日趋模糊，跨界经营也日趋便利”。[25]互联网企业鲜有从事单一业务，绝大部分的互联网企业均以一定的业务为主营业务再涉足多元领域。传统环境中通过划定经营范围认定竞争关系的做法在互联网环境下显得水土不服。

基于互联网经济的特殊性，互联网不正当竞争的认定必须突破传统经济对竞争关系的狭隘认识，回归竞争的本质。竞争的本质在于对同一消费者群体的争夺。[26]

---

24 参见北京知识产权法院（2018）京73民终433号民事判决书。

25 北京知识产权法院（2018）京73民终558号民事判决书。

26 参见孔祥俊：《反不正当竞争法的司法创新和发展——为〈反不正当竞争法〉施行20周年而创作（下）》，载《知识产权》2013年第12期。

从法经济学的角度看，特定交易周期内市场中现存的交易机会均是有限的，所有经营主体的行为目的在于尽可能在有限的资源中占据更大的份额以实现盈利。[27]由于收入的有限性，消费者只能在众多不同的商品服务中作出有限选择。经营者可能因其不正当竞争行为而导致与其没有直接竞争关系的经营者丧失消费者的购买机会。在互联网领域，经营者对同一消费者群体的争夺主要表现为吸引消费者的注意力以增加流量。一旦某一互联网经营者获取其他经营者的流量，通过不正当的方式转移了用户的注意力，无论他们是否属于同一经营范围的竞争对手，均可能有损被截取流量一方经营者的利益。事实上，就互联网市场中不特定的经营者而言，经营者之间的竞争关系通常是抽象存在的。互联网不正当竞争行为的判定不应受限于竞争关系的认定，否则在诸多情形下，受损的经营者可能因与侵害的经营者所经营的商品或服务不同而难以获得反不正当竞争法的保护。

从宏观层面看，互联网环境下每个市场参与者之间都可能存在竞争关系。在互联网环境下，网络经营模式的多样性发展以及不同用户群体的需求交织，使得市场界限日趋模糊，业务领域存在交叉或关联的企业之间均有可能产生市场竞争。[28]因此，在互联网经济下，跨界竞争使得竞争关系几乎无所不在。

### （二）认定范式嬗变下竞争关系的消解

竞争关系消解，与反不正当竞争法认定范式的嬗变也密切相关。反不正当竞争法在诞生之初将立法目标局限于保护竞争者（即经营者），基于竞争者利益受损来认定行为的不正当性。正由于反不正当竞争法起初聚焦于竞争者利益的保护，竞争关系也被严格局限于狭义竞争关系。狭义的竞争关系侧重于对同行业竞争者的保护，而对其他市场参与者的关注不多。20 世纪中期，反不正当竞争法在保留其早期基本框架的基础上，通过一系列的观念和制度变革，开启了现代化的进程。[29]现代反不正当竞争法立足于竞争者、消费者和公众利益的多元利益保护，将所有市场参与者基于竞争享有的利益是否受损均纳入不正当竞争的考量范围，消费者利益受损甚至可以单独成为不正当竞争的认定标准之一。这是由于竞争行为有时并不针对从事该行为的竞争对手，但会对消费者、公众等其他市场参与者的利益产生消极影响。在互联网竞争中，消费者等市场参与者的利益容易沦为不正当竞争的牺牲品，互联网经营者往往利用

---

27　参见沈冲：《网络环境下的竞争关系与商业诋毁行为的界定》，载《电子知识产权》2011 年第 11 期。

28　参见上海知识产权法院（2018）沪 73 民终 420 号民事判决书。

29　参见孔祥俊：《论反不正当竞争法的现代化》，载《比较法研究》2017 年第 3 期。

网络用户对互联网技术的认识不足，通过施压、恐吓等方式迫使用户作出消费选择。随着反不正当竞争法立法目标的多元化，决定竞争关系范围的不正当竞争认定范式也由“保护竞争者”转变为“保护竞争”。“保护竞争者”的认定范式聚焦竞争者一元利益的保护，严格要求竞争关系；转变后的“保护竞争”认定范式立足竞争者、消费者和社会公共利益等多元利益保护，突破了竞争关系的束缚。[30]

自2012年开始，在我国司法实践中已开始有判决淡化对竞争关系认定的硬性要求，认为原、被告之间是否有竞争关系不妨碍后续对不正当性的认定，认定焦点应是行为的不正当性本身。[31] 如在爱奇艺诉龙境不正当竞争纠纷案中，法院明确表示在互联网环境中，竞争关系的具体认定已丧失司法意义。法院指出，互联网技术的深化带来流量等资源在不同行业或产业间的交互与融合，不当获取交易机会或破坏其他经营者竞争优势等影响市场经济正常运行的行为亦不再限于同业竞争者中，也可发生在无竞争关系的经营者之间。只要经营者的行为构成不正当竞争，当然应当受反不正当竞争法的规制。故在涉及网络的不正当竞争纠纷中，再拘泥于涉案双方是否存在竞争关系这一争议，显然既不符合市场的客观情况，也有悖于反不正当竞争法的精神。[32] 在东阳正午阳光诉太平人寿保险不正当竞争纠纷案中，法院对竞争关系也持否定态度。法院指出，是否构成不正当竞争行为并适用反不正当竞争法，应“从被诉竞争行为本身的属性进行判定，而不是要求经营者之间必须属于同业经营者或其提供的商品服务具有可替代性”。[33] 正是由于反不正当竞争法维护的竞争秩序最终指向整个市场的竞争秩序，因而判定不正当竞争行为时不应以竞争关系为必要，而应依据其是否违背反不正当竞争法的基本原则进行认定。[34] 只要竞争行为成立，即可推断竞争关系存在，无须再对竞争关系进行单独认定。将不正当竞争的判定逻辑由竞争关系的界定转为竞争行为的认定，有助于制止网络时代层出不穷的不正当竞争行为，充分释放现代反不正当竞争法保护经营者利益、消费者利益和社会公共利益等多元利益的制度功能。

---

30 参见张占江：《不正当竞争行为认定范式的嬗变——从保护竞争者到保护竞争》，载《中外法学》2019年第1期。

31 参见北京市第一中级人民法院（2012）海民初字第15097号民事判决书。

32 参见北京市海淀区人民法院（2018）京0108民初37522号民事判决书。

33 北京市朝阳区人民法院（2017）京0105民初10025号民事判决书。

34 参见杭州铁路运输法院（2018）浙8601民初1020号民事判决书。

## 结语

传统观点将竞争关系作为不正当竞争纠纷案件审理的前置性基础，在认定不正当竞争行为时关注竞争关系这一前提条件。尽管司法实践对竞争关系的理解从直接竞争关系拓展到间接竞争关系，并对间接竞争关系的认定标准作出一定的探索。然而，间接竞争关系的界定仍然显示出一定的模糊性，不同案件的观点不尽相同。竞争关系的认定一直耗费大量的司法资源。[35]

在互联网环境下，随着网络经营模式的多样化及不同用户群体的需求交织，市场的界限日趋模糊，竞争关系在任何经营行为上均有存在的可能性。假如再固守“竞争关系是适用反不正当竞争法的基础”这一逻辑，则诸多新型不正当竞争行为将无从认定。互联网不正当竞争的形态各异，将不正当竞争的认定局限于竞争关系之中无异于作茧自缚。竞争关系在互联网竞争跨界性与多元性的背景下逐渐消解，不应再是竞争行为认定的前提，而应被竞争行为所吸收。正所谓“竞争行为所至，竞争关系所达”。[36]竞争关系必要性的消解，既是对分工细化、业务交叉重合的互联网经济之回应，又是对反不正当竞争法保护经营者、消费者及社会公共利益立法宗旨的实质回归。

35 参见谢晓尧著：《在经验与制度之间：不正当竞争司法案例类型化研究》，法律出版社2010年版，第52页。

36 参见陈兵：《互联网经济下重读“竞争关系”在反不正当竞争法上的意义——以京、沪、粤法院2000—2018年的相关案例为引证》，载《法学》2019年第7期。

# “案－件比”考评与检察官客观义务之龃龉与协调

印　波　唐淑臣*

**【内容提要】**以“案－件比”为核心的案件质量评价指标体系是检察刑事业务考评的全新尝试。基于“案－件比”与检察官个人考评挂钩，无论是通过降低“件”数直接降低“案－件比”，还是通过扩大“案”数间接降低“案－件比”，都可能会对检察官客观义务的履行造成一定干扰。龃龉之处既源于考评体系作为法外次生规则的局限，也囿于“案－件比”的额外件数设置过于理想化。为了实现“案－件比”指标考评体系与检察官客观义务之协调，额外件数的认定应充分考虑其与检察官办案质效的相关性、多余程序的负面性以及不同类型案件所具有的差异性等因素。

**【关键词】**刑事检察业务考评　案件质量考评　案－件比　额外件数　检察官客观义务

检察机关批捕、提起公诉、自行侦查、实施检察监督是法律赋予的职责，[1]也是为当事人和社会公众提供的一种司法服务。通过这一系列行为“生产”案件的过程受到刑事诉讼制度、检察机关内部管理机制的约束，并且吸纳各种

* 印波——北京师范大学刑事法律科学研究院副教授、法学博士、博士生导师，研究领域：刑事诉讼法、刑法、司法制度、法律职业伦理等；唐淑臣——北京师范大学法学院硕士研究生。本文系国家社科基金项目《刑事司法业务考评对程序性法律后果的冲击与反制研究》（14CFX068）、北京师范大学刑事法律科学研究院项目《案件比考评指标的生成逻辑及其反思》（2020CCLS033）的阶段性研究成果。

1　根据《人民检察院组织法》第20条的规定，检察机关依法行使职权，开展侦查、审查批捕、提起公诉、法律监督等工作的行为即为刑事检察业务。

“人”的参与，必须考虑各方主体的评价。因产品本身服膺于人民群众，其评价标准取决于被服务群体内心的主观感受，故产品的质量往往受制于主观设定的评价机制。

综览世界各国的刑事司法制度，我国检察业务考评制度是独具特色的，具有鲜明的层压式、数据化管理特点。然而，这种监督管理制度与检察业务导向之间具有一定的张力。如果评价体系有欠科学、妥当，不仅不能发挥好司法管理的效用，而且有可能会背离基本的诉讼理念。[2]基于科学性、专业性的吁求，有效开展检察业务考评工作必须做到理念正确、思路对头、规划合理、方法得当。[3]

为了适应检察改革要求，最高人民检察院于2020年4月出台了《检察机关案件质量主要评价指标》，按照人民检察院检察工作的目的、功能、特点，选取反映“四大检察”“十大业务”情况的51组87项评估指标，涵盖各项检察业务的主要办案活动和环节，利用各种司法统计资料，运用多指标综合评价技术，建立案件质量评估的量化模型，计算案件质量综合指数，对全国各级人民检察院案件质量进行整体评判与分析。其中，考评检察院的最主要业务——刑事业务的核心指标便是“案－件比”指标。

本轮业务考评指标的改革依旧是围绕检察机关，而非检察官个体。然而，为了完成单位整体的目标，考评压力必然会自上而下地转嫁到检察官个体。根据调研了解，已经有很多检察院直接将“案－件比”作为检察官的绩效考评指标之一，甚至将检察官个人绩效完全按照“案－件比”来评价。“案－件比”考评改变了传统的案件绩效考评为主的格局，使之转为对于案件质量的考评。基于从“量”到“质”的飞跃，“案－件比”的先进性与优越性不言而喻。然而，结合公式推导与实践状况，需要谨慎地指出，作为检察官个人业务考评指标的“案－件比”仍具有局限性。如果适用不当，可能会对检察官客观义务的履行造成一定干扰，需要予以批判性分析，并给出切实可行的建议。

## 一、刑事检察业务考评与检察官客观义务之检视

在公检法三机关中，唯有检察院以刑事业务为主要业务。公安机关的业务

---

2 参见郭松：《组织理性、程序理性与刑事司法绩效考评制度》，载《政法论坛》2013年第4期。

3 这场基于考评的改革举措与张军检察长在最高人民法院担任副院长期间所推行的法院案件质量评估体系几乎是不谋而合的。参见张军著：《人民法院案件质量评估体系理解与适用》，人民法院出版社2011年版，第3－5页。

极为庞杂，刑事业务考评仅是整体业务考评的一部分，且与其他业务具有较深的关联性。作为国家的行政机关，公安机关更多关注社会治安。一些刑事业务指标（譬如类罪发案数）实际上也被变相纳入治安考评。就法院所处理的整体案件量而言，民事案件的数量全面“碾压”刑事案件的数量。因此，法院系统的业务考评制度也往往是针对民事案件而确立的，而非刑事案件。相比较而言，即使经历了内设机构改革，在检察院的四大检察部门中，刑事检察仍然是重中之重。因此，无论是业务考评还是检察官客观义务，主要是在刑事案件语境下所衍生的。在探讨“案－件比”考评与检察官客观义务如何协调之前，有必要检视两者的范畴。

### （一）刑事检察业务考评之衍化

刑事业务考评体系是落实《刑事诉讼法》规定的一项管理手段和方法，也是指引、规范司法人员工作方向及目标的一项重要依据，在实务界甚至被誉为“隐形”的刑事诉讼法。[4]就检察业务的规范开展、刑事诉讼质量和水平的提升、法律监督职能的强化以及司法公正的实现而言，客观、科学、合理的刑事检察业务指标至关重要、不可或缺。在当前司法制度仍然处于变革、转型的场景下，扬弃、优化而非彻底废止指标是我国刑事检察业务管理的现实选择。[5]

从考评方式来说，我国刑事检察业务考评经历了由统到分的局面。2002 年，最高人民检察院制定出台了《基层检察院建设考核暂行办法》，各主要业务厅、局开始对检察业务工作进行考评。此阶段的考评充分借鉴了我国行政管理领域的考评经验，采用了从最高检开始自上而下的直接考核。然而，该办法的不成熟，容易造成一统就死的局面，2011 年，最高人民检察院下发了《关于进一步建立健全检察机关执法办案考评机制的指导意见》。至此，不再由最高人民检察院负责制定考评制度，而是由其宏观指引下各地方检察机关自行制订考评方案。[6]

从考评内容来说，我国刑事检察业务历经了由主要考“数”到兼及“率”的转变。20 世纪 80 年代后期，上海市检察院一些业务部门按照条线模式，以办案数量为主要指标考评基层检察院。2005 年，最高人民检察院公诉厅出台了《检察机关办理公诉案件考评办法（试行）》，开始将起诉率作为常态考评指标。

---

4　马贵翔：《我国刑事司法程序形式化的程序正义透析——兼论隐形程序与程序隐形化的区别》，载《法商研究》2002 年第 9 期。

5　印波：《刑事结案效率考评指标的嬗进及其反思》，载《法学》2020 年第 8 期。

6　沈爱民等：《检察业务考评体系演进轨迹的梳理与思考》，载《北京政法职业学院学报》2014 年第 3 期。

随后，各种数率指标陆续涌现，对“数”的考评主要包括初查数、立案数、逮捕数、公诉数、结案数等；对“率”的考评主要包括成案率、撤案率、大要案率、批捕率、起诉率、不起诉率、有罪判决率、提请抗诉率、支持抗诉率、改判率、上诉率、年终结案率等。[7] 2014年，最高人民检察院为了防范考评结果的片面性对办案质量造成损害，出台《关于进一步改进检察业务考评工作的意见》，提出了定性评价与定量评价相结合的原则。2015年，中央政法委要求取消有罪判决率、批捕率、起诉率、结案率等不合理的考评指标。[8]

在刑事检察业务嬗进的过程中，考评指标逐渐暴露出一些弊病：一是地方化的考评容易造成地区之间的巨大差别和公平缺失，弱化司法的公信力；二是指标考评多关注办案数量和效率，在一定程度上忽视了案件的质量；三是数率量化计分评价法的全面性值得质疑，纯粹竞争性的计分排名有欠科学性。[9] 因此，亟须一种相对统一的、能够满足人民群众日益增长的法治需求的、以案件质量考评为主的指标体系。

### （二）检察官客观义务之取向

我国《检察官法》第5条规定：“检察官履行职责，应当以事实为根据，以法律为准绳，秉持客观公正的立场。”尽管检察系统具有上下一体的科层体制特征，但是检察官在进行刑事诉讼活动时应始终立足于客观公正立场，坚持以发现案件的真实情况为依据，不偏不倚，全面审查案件并提起诉讼。[10] 检察官不仅要注意对被告人有利及不利的事实、证据和情节，还需要在必要时为被告人的利益提起抗诉、启动审判监督程序。[11]

客观公正为公检法的共同价值遵循，那为什么唯独强调检察官的客观义务呢？原因在于，公安机关主责侦查阶段，以破案为首要目的，以查明犯罪嫌疑人、收集证据、还原客观事实为主要任务；审判人员主责审判阶段，在检察官指控的基础之上，结合辩护状况，判断被告人的罪责和量刑。[12] 检察官则既要节制侦查阶段的偏颇，防止侦查人员仅仅追求破案效率而忽视全面收集证据，

---

7 具体的数率指标，可参见么宁：《检察业务考评机制研究》，西南政法大学2014年博士学位论文，第43－44页。

8 印波、秦文怡：《刑事检察业务指标考评的机制、问题与对策》，载《南都学坛》2020年第6期。

9 么宁：《检察业务考评机制新思维——美台检察考评镜鉴及启示》，载《中国刑事法杂志》2017年第6期。

10 朱孝清：《检察官客观公正义务及其在中国的发展完善》，载《中国法学》2009年第2期。

11 张清：《检察机关考核考评制度的构建》，载《国家检察官学院学报》2012年第2期。

12 林钰雄著：《检察官论》，法律出版社2008年版，第20－21页。

也要作充分的起诉准备，保证法院据以形成心证的证据客观全面。基于检察官的双重角色和承上启下的作用，其客观义务应当得以凸显，检察官自身的角色应当与诉讼结果利益无涉。[13] 当然，检察官一方面作为中立判断的司法官，另一方面作为控方当事人，如何履行客观义务必然存有一定争议。[14] 在当下捕诉一体的改革背景下，同一检察官的角色模糊呈现得更为明显。此时，刑事司法业务考评的导向将影响检察官客观义务的履行。

（三）现行刑事检察业务考评制度对检察官客观义务的冲击

在司法管理中，检察机关的业务考评制度发挥着指挥棒作用。一方面业务考评制度可以防止检察权被滥用，监督检察机关积极履行自身权责；另一方面业务考评制度也是奖惩机制，可以督促检察机关发挥主观能动性，积极提升案件处理的质效。然而，目前检察业务考评制度多借鉴行政机关、企事业单位的考评模式，未能全面准确地体现检察职能特征。[15] 我国的检察刑事业务考评制度多关注单位整体，而较少指向检察官个体，[16] 一旦压力转嫁到个体，往往体现为单纯的检察官绩效考评，带有浓厚的行政化、功利化色彩。这些问题使得刑事检察业务考评可能会严重制约检察官客观地审查证据、推进诉讼程序。[17]

从法律上而言，法院对案件的判决结果并不由检察官来承担，即判决结果与检察官不存在直接的利害关系。然而，为了确保检察官认真履责，检察机关内部的考评指标不可避免地与裁判结果相挂钩，如法院是否依据起诉罪名判决、量刑建议是否被采信等。这些指标状况又进一步与检察官的奖惩任用等利益相捆绑，使得避免程序回流已经成为实践中不言而喻的“潜规则”。受“严控不诉”“撤案即错案”等考评导向的影响，一旦对犯罪嫌疑人批捕，检察官就必须将案件“办成铁案”，法院的有罪判决已经成为底线要求。[18] 检察官带着“有罪推定”开展刑事诉讼活动，自然难以全面履行客观义务。[19] 在当下大力推进司

---

13 陈宇清：《论宽严相济刑事政策下检察官客观性义务的确立——以北京城管被杀案为视角》，载广州市法学会编：《法治论坛》（2007 年第 4 期），中国法制出版社 2007 年版。

14 龙宗智：《检察官客观义务的基本矛盾及其应对》，载《四川大学学报（哲学社会科学版）》2014 年第 4 期。

15 吴健雄：《检察制度考评制度的反思与重构——以检察官客观公正义务为视角》，载《司法实践与改革》2007 年第 6 期。

16 王煜等：《基层检察机关建设绩效考评体系的科学构建》，载《中国检察官》2012 年第 15 期。

17 张梁：《检察官业绩评价须重视客观义务指标》，载《检察日报》2017 年 6 月 16 日，第 3 版。

18 陈晓东：《公诉案件中检察官客观义务的强化与落实》，载《人民检察》2008 年第 10 期。

19 印波：《绩效考核指标对刑事程序法治的冲击与反制》，载《法学论坛》2021 年第 2 期。

法改革的时代背景下，基于实现办案效果的急迫需要和法律职业伦理的羸弱，对检察官进行业务考评仍是必要的举措。[20]只能寄希望于对业务考评指标进行不断改革、调适，以避免、减缓对于检察官履行客观义务之冲击。

## 二、“案－件比”：检察产品的质效标准

随着刑事检察体制改革的深化，检察业务管理应当由粗放式向集约式发展。不仅要关注办了多少案件、打击了多少犯罪分子，更要关注节约了多少司法资源、案件的质量是否达标、人民群众是否满意等目标。此时，需要一套相对统一的质效指标替代以往的纯功利性的数率指标。以“案－件比”为核心的刑事检察业务指标体系便应运而生并得以推行。

### （一）质效指标的生成逻辑

现行的“数”“率”指标不能从供给侧角度衡量刑事检察业务的质量与效果。例如，办案数容易引导检察官受理更多的案件，但是不注重每个案件的办理效果，如果胜诉受阻，往往会通过两延三退等方式寻求更长的办案时间。同样，案件审结率的依据也是单位时间内案件的审结状况，与法定的正常期限无关。有罪判决率、“无罪一票否决”、对无罪案件的质量评查等可能迫使检察官一而再地退回补充侦查，屡次延期，长期维持对犯罪嫌疑人、被告人的审前羁押状态，全然不顾及当事人早日寻求案结事了的期望。

随着检察机关进一步加强内部管理，不断强化指标评价，其不仅对内囿于“唯结果”论，而且对外也存在着机械执法的现象。一些检察机关重形式而轻实质，以个别数率指标判定工作成效，造成了检察工作的诸多盲区。纵然司法公正是相对的，绝对公正永远无法实现，也不能让检察业务偏离基本的公正尺度。检察业务案件质量评价指标体系正是相对公正的检察业务管理制度之探索，建立的初衷就是要符合检察规律的内在要求，有效地提升案件处理的质效，体现检察监督的实践理性。

### （二）“案－件比”的评价逻辑

根据最高人民检察院下发的《检察机关案件质量主要评价指标》之规定，“案－件比”意指发生在人民群众身边的“案”，与“案”进入司法程序后所经历的有关诉讼环节统计出来的“件”相比，进而形成的一组对比关系，即“案”与“件”的比例关系。具体而言，“案”是一定时期内检察机关受理的审

---

20 龙宗智：《试论建立健全司法绩效考核制度》，载《政法论坛》2018年第4期。

查逮捕案件和审查起诉案件。由于两者有相当部分的重合，一般将受理的审查逮捕案件数与扣除采取逮捕强制措施的审查起诉案件数之和作为“案”数。“件”是指检察机关围绕一个“案”开展的节点性业务活动数。必要的基础案件数（如批准逮捕、起诉等）和额外件数之和为“件”数。“案－件比”计算公式如下：

$$案-件比=\frac{案}{件}=\frac{审查逮捕案件数+（审查起诉案件数-逮捕的案件数）}{基础案数+额外件数}$$

目前，最高人民检察院列举的属于额外件数的诉讼活动涉及诉讼期限、诉讼程序、业务活动等多个方面，从审前（不捕复议、不捕复核、批捕申诉、延长侦查羁押期限、延长审查起诉期限、退回补充侦查、不诉复议、不诉复核、不服不起诉申诉等），到审中（建议法院延期审理后补充侦查等），再到审后（二审上诉、二审抗诉、审判监督程序抗诉、法院自行决定再审、发回重审、不服法院裁判刑事申诉等），基本实现了刑事检察业务的全覆盖。[21] 一般认为，多余的业务活动阻碍了诉讼程序的顺利进行。例如，在理想状态下，当检察院作出“不批准逮捕”决定时，公安机关应“欣然接受”；如果出现复议的情况，则一定程度上反映出检察官的解释说明不到位。其他各类“额外”的“件”皆具有此特点，即属于理想状态下的多余业务，间接体现了检察官工作的不足。总而言之，额外件数越多，诉讼程序就越烦琐、越不顺畅，办案周期越长、效率越低、消耗司法资源越多，案件质效越差。

不可否认，纳入“件”范围的办案环节均需于法有据。然而，如果检察官在上一个环节的工作中做到尽善尽美，往往可以在此后的环节中事半功倍，从而节约司法资源。由此可见，“案－件比”旨在引导检察官在每一个办案环节将工作做到极致，挤掉能够避免或减少“额外”的“件”。通过“案－件比”可以有效量化检察人员的业务活动质量，敦促检察官减少不必要的办案环节，切实减少当事人的诉累，使得广大人民群众感受到案件的质量。[22]

为了完成“案－件比”的考评，检察机关必然需要建立自身对于检察官个体的考评制度。以山东省临沂市检察院为例，“案－件比”已经开始作为检察官业绩考评的标准，与晋升、奖金挂钩；案管部门动态关注办案人员“案－件比”情况，及时进行提醒预警。江苏省南通市检察院也明确要求将“案－件比”纳入案件监管和绩效考核范围，要求业务部门要围绕“案－件比”质量指标，以

---

21 陈海潮：《“案－件比”指标的理解与适用情况分析》，载《人民检察》2020年第6期。

22 《检察日报》评论员：《为什么要把“案—件比”作为核心指标》，载《检察日报》2020年4月28日，第1版。

具体案件为对象开展趋势性、预防性管控；案管部门在质量评查时，将“案－件比”影响因素情况纳入评查范畴，重点对退回补充侦查、延长理由不充分的案件及时提出监管建议，督促承办人缩短办案周期。

## 三、“案－件比”与检察官客观义务之龃龉

尽管以“案－件比”为核心的案件质量评估制度在一定程度上改变了传统以“数”“率”为主的行政管理考评模式，但是“案－件比”并没有改变对于检察官绩效考评的本质，降低“案－件比”的要求与检察官客观义务的履行之间仍存在一定龃龉，以下进行演绎和举例分析。

### （一）降低“案－件比”之演绎与例证

为了探究降低“案－件比”的路径，笔者对“案－件比”的公式进行简化，即在分子、分母上同时除以作为“基础案数”的“审查逮捕案件数＋（审查起诉案件数－逮捕的案件数）”，得到公式如下：

$$\text{案－件比}=\frac{\text{案}}{\text{件}}=\frac{\text{审查逮捕案件数}+（\text{审查起诉案件数}-\text{逮捕的案件数}）}{\text{基础案数}+\text{额外件数}}$$

$$=\frac{1}{1+\dfrac{\text{额外件数}}{\text{基础案件}}}$$

从推导后的公式中可以直观看出，检察机关所追求的“1∶1”“案－件比”在数值上其实是最大值，即追求的应该是数值上提高“案－件比”，但为了与检务管理中惯常用语相对应，本文论述中依旧将“1∶1”视为最低的理想“案－件比”。当额外件数为“0”时，“案－件比”就达到理想状态的1∶1；而当基础案数足够多时，也可以使“案－件比”趋近为1∶1。以“案－件比”为核心的考评体系推广后仅过了半年，最高人民检察院就开始定期通报各地数据。各地检察机关随即采取各种措施优化降低“案－件比”。[23]诚如公式所演绎的，各地降低“案－件比”途径大体分为两类：一是减少既有案件的额外件数，二是增加单个案件中“案－件比”为1∶1的案件数量。

1. 直接降低：减少额外件数

大部分检察机关通过降低“件”数来直接降低“案－件比”，具体包括两条途径：一是提速合并减少程序，即尽量减少使用延长侦查羁押期限、延长审

---

23 董桂文等：《关于“案－件比”评价指标运用情况的调研报告》，载《检察日报》2020年9月24日，第3版。

查起诉期限、退回补充侦查、建议延期审理等措施。很多检察机关通过提前介入侦查的方式迅速推进办案进程。例如，北京市朝阳区检察院对涉疫犯罪、涉黑涉恶犯罪、涉众型经济犯罪及未成年人性侵犯罪等案件，实现100%提前介入侦查，并建立引导侦查台账制度，实现捕前、诉前、补侦期间对侦查活动的全程引导，及时跟进证据收集补查情况，从而有效降低“案－件比”。二是避免案件程序回流，即通过强化释法说理和协调沟通，最大限度减少对不捕、不诉决定的复议、复核及申诉。例如，江苏省检察院出台加强法律文书释法说理的实施办法等文件，要求对不捕、不诉案件详细说明理由、解释相关规定，争取获得侦查机关、当事人的理解支持，从而降低“案－件比”。

检察机关为了降低额外“件”数，可能陷入一种选择博弈。当诉讼程序呈现欠缺或问题状态，选择依法不予推进程序偏离“案－件比”考评指标最优解时，检察官可能会为了避免“件”增多而选择降低标准、推进程序。例如，在审查批捕时，侦查机关移交的材料可能不够充分，严格按照标准需要补充材料才能批捕。但是，如果该检察官所在的检察机关片面追求降低“案－件比”，不予批捕的结果会影响“案－件比”考评结果，那么检察官就可能在决定批捕的同时要求侦查机关补充材料。这无疑损害了犯罪嫌疑人的寻求不予羁押的权利，也违背了检察官的客观义务。

在笔者与山东省临沂市检察院某检察官的访谈中得知，在“案－件比”推行后，抗诉案件数量骤减。其直言道，“如果被害人一方没有提出抗诉申请，我们就算觉得法院判得比预期轻一点，一般也会选择放弃抗诉”。江苏省南通市检察院某检察官也提及，“对于证据存在一定问题的案件，补充侦查、不补充侦查都可以，那么我可能会倾向于不补充侦查”。

“案－件比”的初衷是督促检察机关提升办案能力，将每个环节做到极致，但是有一些业务并非由检察工作产生，却由检察机关所决定。例如，批准逮捕的前期工作由侦查机关负责，但决定权在检察机关；再如，审判工作是由法院进行，是否抗诉是由检察机关决定的。对于基于其他机关的问题，检察官难免会因为“案－件比”的考量，没有能够积极履行监督职能，反而损害了当事人的诉讼权益，因为这些所谓的“额外件数”对于当事人而言未必“多余”，反而是还原案件事实、维护法定诉权的必要手段。

2. 间接降低：增大“1:1”案数

不同类型刑事案件的额外件数往往有巨大差别。例如，从单个案件来看，一般的盗窃或危险驾驶案件的“案－件比”很容易做到1:1。但是，故意杀人等暴力性案件或者电信诈骗等复杂案件，不可避免地涉及“非必要”诉讼业务，产生额外件数。再如，涉黑涉恶案件往往涉案人数较多，事实、情节复杂，取证、查证难度大，一般需要退回补充侦查、延期，不可避免地拉高“案－件比”。根据调研发现，有些地区的检察机关已经开始通过扩大基数，即增加“案－件比”为1:1的案件数来达到间接降低“案－件比”的效果。其中，有天然的“1:1”案件，也有人工干预的“1:1”案件。

天然的“1:1”案件主要指案情相对清晰、立案后可以预见必然迅速顺利经历全部诉讼流程的简单案件。在江苏省南通市检察系统内部培训中，有授课检察官举例说明，“盗窃和危险驾驶案件受理总量大，案情相对简单，若能进一步减少流程，能够起到降低‘案－件比’的‘压舱石’作用”。目前，实务中一般是由一位或几位检察官固定负责某一类案件。如果仅以“案－件比”来评比排名，很多检察官会倾向于办理天然的“1:1”案件，对于相对复杂、额外程序较多、办理周期较长的案件产生排斥心理。

人工干预的“1:1”案件主要指在可以人为控制干预、确保没有多余程序的案件。譬如，尽可能促使犯罪嫌疑人、被告人认罪，按照认罪认罚从宽程序一步到位，实现案结事了。这种做法不仅简化了案件的流程，还通过签订具结书的形式最大限度降低上诉、申诉发生的可能。从“案－件比”考评的角度，认罪认罚案件不仅提速压缩程序，而且避免案件程序回溯，客观上降低额外件数。[24]但是，孤立、片面地看待认罪认罚工作与“案－件比”的关系，人为降低“案－件比”，一味追求认罪认罚从宽的高适用率也可能会使检察官违背客观义务，不仅容易将复杂案件作简单化处理，影响案件真实的发现，还可能遮蔽了当事人的正当诉求。[25]

### （二）“案－件比”考评之反思

不同于以往的“数”“率”考评体系，“案－件比”并非纯粹的量化指标，也并非简单粗放式的管理杠杆。“案－件比”是确保检察官业绩动态衡平的“风向标”，是督促检察官勤勉履职的“信号灯”。各地检察院需要根据实际状况，综合考量不同的案件类型、数量、难易程度、责任大小等，灵活调整不同案件的“案－件比”要求。然而，一些检察院没有完整理解其内涵实质，片面追求更低的“案－件比”指标值，严重制约了检察工作的正常开展。“案－件比”中的矛盾点集中在额外件数，但是，现有额外件数的选取并非完全合理。理由如下：

---

24 樊崇义等：《由理念走向制度——评检察机关以“案－件比”为核心的案件质量评价指标体系》，载《人民检察》2020年第9期。

25 郭烁：《认罪认罚背景下屈从型自愿的防范——以确立供述失权规则为例》，载《法商研究》2020年第6期。

1. 作出影响“案－件比”程序的主体不限于检察官

某些额外件数的设置忽视了程序与检察官工作质量的关联程度。司法实践中，部分侦查办案民警水平较低，公安预审和法制部门质量把关也不严，迫使承办检察官通过延长、退查的方式来查清案件事实和证据，从而拉高了“案－件比”。例如，上诉所引发二审也被列为额外件数；然而，裁判是由法院作出的，是否上诉更是被告人的法定权利。控审配合、控辩对抗的格局使得被告人不满裁判结果的情况时有发生。将不受被考评人控制的程序纳入指标统计是不合理的。调研中有检察官直言道：“为了避免额外程序的产生，上级一方面要求我们提前介入侦查阶段，辅助民警办案，甚至考虑设置驻派出所检察官制度；另一方面让我们积极与被告人进行沟通，撰写量刑建议，避免其上诉，但这又避免不了被害人家属请求抗诉。”可见作出影响“案－件比”程序的主体不限于检察官，但程序结果却对检察官产生影响。

2. 额外的“件”未必一概具有负面作用

额外的“件”的核心应该是其程序的负面性。从“案－件比”考评来看，退回补充侦查不是刑事诉讼的必要程序，而属于额外程序。然而，将之作为额外的“件”未必合理，应根据其是否对刑事诉讼程序的推进具有负面作用加以判断。具体而言，应从退回后侦查机关的态度来判断案件质效。如果针对某一退回补充侦查案件，检察官进行了详细的说理，指明了补充侦查的方向，获得了侦查机关的认可，将之作为负面的“件”则很不适合。作为负面评价的“件”的情形应当是检察官没有认真研读案件，草草退回补充侦查，难以让侦查机关信服，从而造成侦查机关提请复议的情形。不考虑实际情形，而将退回补充侦查一概作为额外的“件”，只会导致检察官罔顾客观义务，刻意回避退侦。有检察官呼吁：“还是要遵循司法规律，严格依法推进，不能一刀切，更不能单纯为了降低‘案－件比’而违法办案，切实做到该退延的还得退延，不能为了迁就考评，放纵了犯罪。”[26]

3. 不同类型案件的额外件数应具有一定差异

额外件数不能忽略不同类型案件的差异。例如，非法集资类刑事案件的“案－件比”天然较高。此类案件被害人众多，在审查起诉过程中公安机关还可能不断有新的犯罪事实补充移诉，导致案件办理期限延长；在移送审查起诉后通常需要长时间的司法审计工作。这些情形均可能催高“案－件比”。除了涉众型案件之外，一些轻微、普通的刑事案件也存在同样的情形。例如，在交通肇

26 张建伟：《以“案－件比”为核心的案件质量评价指标解析》，载《人民检察》2020 年第 9 期。

事案件中，很可能出现犯罪嫌疑人、被告人不配合，需要检察机关继续调解的情况。此外，由于某些类型案件量较大，公安机关可能会采取集中送案的方式，虽然提高了效率，但是也容易导致积案，迫使办案检察官最终只能延长审查起诉期限。

## 四、“案－件比”与检察官客观义务之调适

法律规则是在众多价值中选择适用的规范体系，业务考评机制是在调试法律运行过程的引导标准和管理准则。无论是法律规则还是业务考评机制，均需要作出价值选择。对于规则或机制的价值选择应当遵循一种“中道”，尽可能地消解机械适用所带来的偏颇。就刑事司法业务考评而言，所引导的实践规则应当尽可能与刑事诉讼法相贴合。作为检察业务质量考评的指标，“案－件比”被赋予了最优指标的预期。为了最大限度发挥“案－件比”的积极作用，有必要采取下列措施，进一步调适“案－件比”，使之与检察官客观义务相契合：

### （一）扣除无关联“件”数

在设置额外件数标准时，遵循针对考评主体的原则。在理念上应当明确“案－件比”考评对象是检察官而非侦查人员或者法官。不能仅以多余程序而论，而不研判多余程序产生的原因。额外件数的设置应该主要落足于检察官，质言之，是否属于额外件数应取决于检察官自身业务的内容和质量。对于那些依赖于侦查工作是否完善、审判结果是否公正、被告人是否满意而产生的程序，不应当作为记核检察官多余程序的“件”数。对于“案－件比”中的“件”的选取不应过于简单化，而应当进一步考察办案的实际状况。例如，对于未经过逮捕程序，检察未提前介入的直诉案件，第一次退回补充侦查往往反映了公安机关的办案质量问题，检察机关也难以发挥引导作用，故应在“件”数中予以扣除。再如，法律、司法解释改变而撤回起诉，当犯罪嫌疑人、被告人患有严重疾病，无法参与刑事诉讼活动，法院将案件退回等均是由客观原因造成的，与检察办案质量没有关联，应当在“件”数中予以扣除。

### （二）扣除非负面性“件”数

“件”数不应只满足“额外”的要求，更需具有“不必要”的负面属性。一些额外件数合法且正当，一些合法但可能缺乏正当性，一些则缺乏合法性。对于程序回流的情况，额外件数是否合法和正当，需要进行具体分析和判断，

不宜一概作出负面评价。[27]提起抗诉、启动审判监督程序等均属于额外程序，但却未必是负面的，反而可能是检察官践行客观义务的体现。不容置喙，一些抗诉可能是由于检察官没有充分收集证据，难以说服法官所致，但是无法否认检察官可能亡羊补牢、认真履责。如果将之完全归于额外件数，可能会打消检察官客观履职、积极行使抗诉权的想法。上级检察机关无法对单一个案进行评价，只能将纳入“件”范围的业务活动或办案环节一并计算。因此，“案－件比”应是一个用于趋势判断的宏观指标。如果要以“案－件比”评价个案，则应当有所区别，即对于那些非负面的“件”数予以扣除。对于产生了额外“件”的案件，应当允许检察官说明解释并提供相关证明材料，如果确实不属于负面程序，则应当将之从“件”数中扣除。

（三）对不同类型案件作差别对待

在内设机构改革完成后，检察院不同的部门处理不同类型的案件，具有不同的工作规律，[28]均趋向于“1:1”来引导所有类型的案件是不现实的，容易造成理想与现实的背离，且会使得检察官抗拒办理重大复杂疑难案件。目前，很多检察院均对“案－件比”进行月度通报，并对额外件数进行督察。然而，对于有些重大疑难案件，案件办理本身就应当是以月为单位，涉黑涉恶案件甚至需要承办检察官付出数月的努力。根据数据显示，非共同犯罪案件的“案－件比”平均为1:1.403，而共同犯罪案件就达到了1:2.259，涉黑涉恶犯罪更是达到了1:5.506[29]。就复杂案件而言，1:1的“案－件比”反而让人生疑。总而言之，在衡量“案－件比”时，不应该一刀切地将1:1视为目标，而应就不同类型案件分别设置“案－件比”目标，并计核额外件数。

## 结语

当前，以“案－件比”为核心的检察业务指标考评体系是检务管理中的一项核心内容，对于长期以来广为诟病的业务考评制度作了体系化的顶层设计，有助于检察机关进一步提高办案效率，提升办案质量，在各个办案环节趋向于尽善尽美。对于每个检察官个体而言，无疑应当在“案－件比”的指引下，转变注重“数”“率”的办案绩效观，将视野置于额外件数的控制，减少不必要

27 熊秋红：《“案－件比”质量评价指标体系的学理观察》，载《人民检察》2020年第9期。

28 宋鹏举：《司法改革视野下检察业务考评机制改革新思考》，载《法学杂志》2020年第4期。

29 2016年至2019年河南省许昌市检察机关办理的刑事案件统计，具体参见范仲瑾等：《“案－件比”：衡量司法质效的标尺》，载《检察日报》2020年4月28日，第3版。

的低效程序。然而，不应忽视影响“案－件比”因素的多元性。现行的“案－件比”考评无疑在精细化层面仍有不足，容易对检察官履行客观义务产生一些不必要的干扰。需要根据不同的案件类型、多余程序的不同归因，不断加以调适，使得“案－件比”考评愈加精密，真正契合刑事检察业务的工作规律，真正实现程序优化、诉讼便捷、效率提升、人民群众满意的考评目标。

# 案例分析

# 网络环境中合理使用行为的判断标准

## ——“葫芦娃”美术作品与广州某恩科技有限公司侵害作品信息网络传播权纠纷案

邓丹云　苏映霞*

## 【裁判要旨】

自媒体在其所发布的文章中使用他人享有著作权的美术作品作为插图，如抗辩其行为属于合理使用，需要同时满足合理性、正当性要件，否则，应认定为侵犯信息网络传播权的行为。合理性要件要求使用他人作品是必要的，且数量、比例是适度的，正当性要件要求使用他人作品的行为属于法律规定的合理使用情形，且使用目的及后果是正当的，不会对原作品权利的合法权益造成消极的影响。

## 【关键词】信息网络传播权　合理使用　合理性　正当性

## 【案件索引】

一审：广州互联网法院（2019）粤0192民初636号（2019年7月18日）
合议庭成员：邓丹云、张艳、黄颖慧

## 【基本案情】

上海美影厂诉称，其对“葫芦娃”美术作品依法享有著作权。2018年3月

---

* 邓丹云——广州互联网法院审判委员会委员、综合审判二庭庭长；苏映霞——广州互联网法院法官。

27日，广州某恩科技有限公司（以下简称某恩公司）认证的微信公众号“秘密军团”发布涉案文章《孙悟空坚挺还是葫芦娃持久?》，将10张“葫芦娃”美术作品用于文中并公布在公开的信息网络上，而且改编涉及暧昧和暗示色情，导致“葫芦娃”系列的角色形象被丑化，同时用于商业宣传。为此，上海美影厂请求法院判令：(1)某恩公司立即删除涉案文章中10张涉及“葫芦娃”形象的图片；(2)某恩公司赔偿上海美影厂经济损失及合理费用共计150000元；(3)某恩公司在《人民法院报》上公开消除影响、赔礼道歉。

某恩公司辩称，涉案文章引用“葫芦娃”图片是为了评论、讽刺数十年前的著名漫画、动画人物作品改编的问题所进行的适当引用，属于《著作权法》规定的合理使用，且某恩公司的微信公众号中没有任何广告宣传，是非营利性质的。

法院经审理查明：关于涉案美术作品“葫芦娃”的著作权归属问题，上海市第二中级人民法院业已发生法律效力的（2011）沪二中民五（知）终字第62号民事判决书已查明“葫芦娃”角色造型，具有艺术性、独创性和可复制性，符合我国《著作权法》规定的作品的构成要件，应当受到我国《著作权法》的保护，构成美术作品。该作品属于特定历史条件下胡进庆、吴云初创作的职务作品，由上海美术电影制片厂享有除署名权外的其他著作权。2018年3月27日，被告某恩公司通过其微信公众号“秘密军团”发布涉案文章《孙悟空坚挺还是葫芦娃持久?》，文章图文并茂，用带有性暗示的语言描述了动漫人物混搭的现象，并进行了相应配图，10张为含葫芦娃形象的图片。其中9张含葫芦娃形象的图片与葫芦娃美术作品的形象一致，1张对葫芦娃形象进行了改变。该文章的阅读量为412次，点赞数9次。

## 【案件焦点】

某恩公司在其微信公众号发布含有“葫芦娃”图片的涉案文章的行为是否构成合理使用?

## 【裁判结果】

广州互联网法院于2019年7月18日作出（2019）粤0192民初636号民事判决书，判决：一、被告某恩公司于本判决生效之日起十日内向原告上海美术电影制片厂有限公司赔偿15000元；二、驳回原告上海美术电影制片厂有限公司的其他诉讼请求。

宣判后，双方当事人均未提出上诉，一审判决已发生法律效力。

## 【裁判理由】

法院的生效裁判认为：《著作权法》（2010 年修正）第 22 条第 1 款第 2 项规定，为介绍、评论某一作品或说明某一问题，在作品中适当引用他人已经发表的作品，可以不经著作权人的许可，不向其支付报酬，但应当指明作者姓名、作品名称，并且不得侵犯著作权人依照该法享有的其他权利。《著作权法实施条例》第 21 条规定，依照《著作权法》有关规定，使用可以不经著作权人许可的已经发表的作品的，不得影响该作品的正常使用，也不得不合理地损害著作权人的合法利益。由此可见，《著作权法》规定的合理使用要求符合合理性、正当性的条件。

本案中，涉案文章文字内容不多，但一共有 20 幅插图，含有“葫芦娃”形象的有 10 张，其中与“葫芦娃”形象一致的有 9 张，1 张虽有改动，但仍可辨别为“葫芦娃”的角色形象。“葫芦娃”图片占据文章的篇幅较大，图片与文字比例相当，图片并非处于辅助或从属的作用。而且，被告在涉案文章中使用“葫芦娃”形象的图片具有不正当性和非善意性。“葫芦娃”角色造型美术作品来自一部家喻户晓的动画片，宣传了“葫芦娃”七兄弟勇敢、正义等正面形象，但涉案文章使“葫芦娃”美术作品本身所承载的积极意义被低俗内容所取代，让读者看到文章中的图片可能联想到低俗、带有性暗示的内容，歪曲了“葫芦娃”的形象，对原告的合法利益造成了损害。尽管涉案图片均来源于被告转载其他公众号的文章，但被告既未有证据证明其转载行为获得了授权，而且即使获得了授权也要尽合理注意义务。因此，被告使用原告图片的行为不构成《著作权法》所规定的合理使用，本院对被告的抗辩不予采信。被告未经原告的许可，在其微信公众号中转载的文章中使用了多张含葫芦娃形象的图片，并以“公之于众”的方式展示在开放性的、不特定任何人均可浏览的网络平台上，使公众可以在其个人选定的时间和地点获得涉案美术作品，侵犯了原告的信息网络传播权，应当承担停止侵害、消除影响、赔礼道歉、赔偿损失等民事责任。由于原告所主张的信息网络传播权是一种财产性权利，非为精神性的人格权，故原告要求被告消除影响、赔礼道歉的请求，本院不予支持。由于原告未能证明其实际损失，亦不能证明被告侵权获利所得，本院结合以下涉案作品的独创性、涉案作品的知名度、涉案文章使用作品的情况及传播范围、权利人为维权所支出的合理费用等因素，酌定被告某恩公司应当承担的赔偿金额为 15000 元。

## 【案例注解】

近年来，“两微一端”等新媒体已成为人们表达和获取信息的主要途径。为了更好地吸引网络用户、增加文章内容的趣味性与可读性，自媒体通常在所发布的文章中插入图画，以“一图胜万言”“有图有真相”的方式吸引更多的网络流量。但与此同时，自媒体因未经授权使用图画而被诉的现象也越来越多，而自媒体会在诉讼中提出合理使用的抗辩。本案中，被告在其微信公众号所发布的文章中使用了“葫芦娃”，但认为所插入的图画是适当引用，为了介绍某一个现象，符合《著作权法》所规定的合理使用行为，不构成侵权。那么，在文章使用他人享有著作权权利的美术作品作为插图是否属于《著作权法》所规定的合理使用行为？互联网空间与非网络环境中关于合理使用认定有何区别？本案例围绕《著作权法》中设立合理使用制度的立法价值，提出网络环境与传统形式下对于合理使用行为的认定存在区别，进而结合网络环境的特点与合理使用的制度价值提出网络环境下合理使用行为的判断标准，对类似案件具有参考意义。

**一、网络环境中关于合理使用的认定要回归合理使用制度的立法价值**

《著作权法》的立法价值是既要鼓励创新，又要促进作品的传播与流通，一方面强调权利人的专用权，保护权利人的合法权益；另一方面又要适当给予社会公众使用作品的机会，推动作品的流转。这两者看似矛盾，但其实是相辅相成的：如果只强调权利人的专用权，会造成权利人的著作权垄断，反而会阻碍社会创新质效的低下；如果只强调智力成果的社会共享，那么就会导致无人创作、无人创新。两者的平衡可以促进社会整体效能的最大化。合理使用制度就是权利人与社会公众的利益平衡的杠杆。因此，对于作品的传播与利用的行为是否属于合理使用，不管是在网络环境还是非网络环境，都应当回归合理使用制度的价值本意、立法价值进行考虑，即作品的使用是在不损害著作权人的合法利益的前提下，合理、正当地使用他人已经发表的作品，从而提升社会整体的效益。

本案中，“葫芦娃”角色造型的美术作品系上海美影厂所制作的动画片《葫芦兄弟》中的主角形象，承载、传播的是机智、勇敢、正义、协作等精神品质，某恩公司在其所发表的文章中多次使用“葫芦娃”角色造型的美术作品，并用于说明带有性暗示的内容，使得该美术作品所承载的正面意义被破坏，损害著作权人的合法权益，不符合著作权法中设立合理使用制度的立法价值。

**二、注意网络环境与传统形式下的合理使用认定的区别**

基于知识产权中权利法定的原则，权利的赋予及限制均须由法律作出明示规定。对于合理使用制度，2010年修正的《著作权法》第22条明确限定了合理使用的12种行为，《著作权法实施条例》第21条规定合理使用制度的原则性构成要件。虽然上述条款仅是用列举的方式明确限定了12种合理使用行为，未列出认定的标准，但法律实践中在总结该12种行为情形的共性后，一般认为合理使用的构成要件为：（1）所使用的作品是他人已经发表的作品；（2）使用行为必须是非商业使用或是非营利目的；（3）合理使用行为必须是法律明文规定列举的行为；(4) 使用行为不得损害著作权人依法享有的其他权利；(5) 使用者在使用过程中必须清晰注明出处并且表明作者姓名。

根据上述构成要件，我们很可能会得出公司等商业主体作为自媒体所发布的信息均不能构成合理使用这一结论。因为在网络环境下，网络流量即经济。公司等商业主体往往不以传统的营利经营形态来使用作品，实际上也鲜少会使用网络作品来直接营利的，但这些图文并茂的文章内容也会吸引用户浏览，从而带来网络广告或用户粉丝群等潜在的利益。本案中，某恩公司仅是发布涉案文章，未直接使用“葫芦娃”进行商业推广，也未在涉案文章中带有广告宣传，但实际上某恩公司通过所发布的文章获取了网络用户的关注。从涉案文章的阅读量及点赞数来看，该文章事实上吸引了部分的网络用户，其所吸引的网络流量若被视为潜在的商业利益，那么其行为可能被认定系商业使用或以营利为目的的使用行为。因而，按照上述标准，不管某恩公司所发布的内容是什么，只要其是在网络环境下发布的信息吸引网络用户，其行为必定会构成侵权。因此，如果在网络环境中继续沿用是否为商业使用或以营利为目的使用，作为判断是否构成合理使用行为的构成要件，就会使得本应对行为的定性，变成对行为主体的定性，从而大大贬损了合理使用这一制度的价值。

**三、在网络环境下重构合理使用行为的认定标准**

如上所述，网络环境对于作品传播、利用方式带来的变革，需要重构合理使用行为的认定标准。笔者认为，基于合理使用制度是对权利人专有权保护与信息的社会共享之间的平衡，网络环境下合理使用行为的认定应当具备合理性、正当性。

1. 合理性包含的具体因素为：

第一，使用作品数量以及比例。对他人作品的使用应当符合合理适度的要求，要求在新作品中处于辅助、从属的地位，否则构成侵权。

第二，在新作品中使用他人作品的必要性。这要求新作品的内容与他人作品有密切的关联。

2. 正当性包含的具体因素为：

第一，是否为法定列明的12种合理使用情形，即使用行为的正当性。由于权利限制有法律的明确规定，合理使用行为的认定也必须有明确的法律依据。如果使用行为不属于该法定的12种情形，则构成侵权。

第二，使用他人作品是善意使用，即使用目的的正当性。善意是使用者通过使用作品的行为所表现出来的主观状态，指使用者没有损害原作品著作权权益之心，没有歪曲、篡改原作品，这可以通过使用行为推定使用者是否为善意。

第三，使用者的使用行为是否会对原作品权利人的应有权益造成消极的影响，即使用后果的正当性。首先，这要求使用的作品是他人已经发表的作品，否则侵犯作者的发表权；其次，使用他人作品不会影响原作品的正常使用；最后，使用他人作品不能造成其市场被压缩，使得新作品替代了原有作品向公众提供，从而损害著作权利人的财产权。至于使用者在使用他人作品时未在作品上注明作品的出处，亦未表明作者身份的行为，虽然这在2010年修正的《著作权法》第22条中有明确规定，但这一规定应视为使用者的义务而非合理使用行为认定的构成要件。由于这一义务所涉及的是著作人身权，因此使用者在未标明作品的出处、未表明作者的身份时，应当考虑使用者未履行这一义务是否具有不正当性，若具有正当性，则不宜因此而认为使用行为非合理使用行为。

本案中，某恩公司所使用的图画占全文比例较大，带有“葫芦娃”的图画有十幅，比例较大，其使用行为并非合理的使用行为；且重要的是，其文章内容较为粗俗低下，全文均含有大量性暗示、色情的内容，使得“葫芦娃”美术作品本身所承载的积极意义被低俗的内容所取代，让读者看到文章中的图片可能联想到低俗、带有性暗示的内容，歪曲了“葫芦娃”的形象，其使用行为是非善意的、非正当的，也使得“葫芦娃”美术作品遭到贬损，损害了权利人的合法权益，因此其使用不属于合理使用。

综上所述，对于著作权的保护，我们需要均衡权利人权益与社会整体利益，既要保护著作权利人的合法权益，又要适当地促进智力成果的传播与社会共享，满足社会公众对各种信息的大量需求，因此，正确认定合理使用行为，并在网络环境下重构合理使用行为的构成要件，使得合理使用制度不断焕发生机。

## 【相关法条】

《中华人民共和国著作权法》（2010年修正）第10条第1款第12项、第22条、第48条第1项、第49条；[1]

《最高人民法院关于审理著作权民事纠纷案件适用法律若干问题的解释》第25条、第26条；

《最高人民法院关于审理侵害信息网络传播权民事纠纷案件适用法律若干问题的规定》第3条；

《中华人民共和国民事诉讼法》第64条第1款；

《最高人民法院关于适用〈中华人民共和国民事诉讼法〉的解释》第93条第5项。

1 对应2020年修正的《著作权法》第10条第1款第12项、第24条、第53条第1项、第54条。

# 灵活适用侵权责任承担方式实现各方利益平衡

## ——王某诉某边防检查站、某某文化传播有限公司互联网著作权侵权纠纷案

黄颖慧　高珊珊*

**【裁判要旨】**

在履行公共管理职责时，国家机关并非为实现公共安全的需要，也非在法律授权范围内行使行政管理职责而使用他人已经发表的作品，应认定为不属于合理使用的范畴。对著作权人的权利保护，可以从社会整体利益保护角度出发，跳出“一旦认定侵权即判令停止侵害”的常见处理思路，选择以提高判赔额的方式许可行为人继续使用作为停止侵权行为的责任替代，以实现私权利与公共利益的平衡。

**【关键词】** 著作权　合理使用　停止侵权　许可使用

**【案件索引】**

一审：广州互联网法院（2018）粤0192民初1804号（2019年8月1日）

合议庭成员：黄颖慧、张艳、邓健贤

* 黄颖慧——广州互联网法院综合审判二庭法官；高珊珊——广州互联网法院综合审判二庭法官助理。

## 【基本案情】

王某诉称，其系知名作曲家，于2009年创作了歌曲乐谱《把灿烂的笑容献给你》并交由案外人演唱发表。某边防检查站未经其授权许可，擅自使用其依法享有著作权的音乐作品，且未标明其曲作者身份，侵害了作品的署名权、信息网络传播权、表演权及摄制权；某某文化传播有限公司未尽到合理审查义务，放任上述侵权音乐视频上传至其平台，应当就侵权行为与某边防检查站承担连带责任，故请求法院判令：（1）某边防检查站立即停止侵权，停止使用涉案侵权歌曲；（2）某边防检查站向王某登报赔礼道歉，消除影响；（3）某边防检查站向王某赔偿经济损失13万元；（4）某边防检查站承担王某为制止侵权所支付的合理维权费用1万元；（5）某某文化传播有限公司就上述赔偿责任与某边防检查站承担连带赔偿责任；（6）诉讼费由某边防检查站和某某文化传播有限公司承担。

某边防检查站辩称，不同意王某的诉讼请求。理由如下：第一，涉案音乐作品系王某在南方歌舞团任职期间创作的乐曲，应属于职务作品，故其作为作品著作权人的主体资格存疑；第二，某边防检查站系国家机关，其出于宣传边检形象、鼓舞边检士气的目的使用涉案音乐作品，且仅在单位内部演唱过，并未进行公开的商业性表演，应属于对作品的合理使用；第三，王某并未因某边防检查站合理使用涉案音乐作品而产生任何实际损失，某边防检查站亦没有因此实际获利，王某所主张的赔偿数额缺乏事实及法律依据；第四，某豆网上的《把灿烂的笑容献给你——边检之歌》音乐视频链接及视频源文件已经删除，某边防检查站已不再使用涉案音乐作品；第五，由于不能确定作品的著作权人是王某，某边防检查站没有在网络上传播涉案音乐作品，亦没有对其进行表演和摄制，故对王某所主张的作品署名权、信息网络传播权、表演权和摄制权均不予认可。

某某文化传播有限公司辩称，第一，被诉侵权的音乐视频系由网友自行上传，而非其直接提供的；第二，其行为符合《信息网络传播权保护条例》有关“避风港原则”免责条款之规定，依法不应承担责任；第三，其作为网络存储空间服务提供商，本身并无过错，也未实施任何侵权行为，故对王某主张的损失不应承担赔偿责任。

经当庭比对，涉案音乐作品与《把灿烂的笑容献给你——边检之歌》音乐视频中的作曲音乐、配器上高度一致，已构成实质性相似。

## 【案件焦点】

（1）原告是否对涉案作品享有著作权；（2）被告某边防检查站抗辩其行为系合理使用是否成立；（3）原告主张被告侵害其作品的署名权、信息网络传播权、表演权及摄制权是否成立；（4）如侵权成立，被告赔偿数额如何确定；（5）被告某某文化传播有限公司是否需要承担赔偿责任；（6）被告是否需要停止侵权行为。

## 【裁判结果】

广州互联网法院于2019年8月1日作出（2018）粤0192民初1804号民事判决书，判决：一、被告某边防检查站自判决生效之日起十日内向原告王某赔偿8万元；二、被告某边防检查站自判决生效之日起，停止使用原音乐视频《把灿烂的笑容献给你——边检之歌》，在履行完毕本判决主文第一项内容且在原音乐视频中表明原告王某的曲作者身份后，可基于原有的宣传目的继续使用该音乐视频；三、驳回原告王某的其他诉讼请求。

宣判后，双方均未提出上诉，判决已发生法律效力。

## 【裁判理由】

法院生效裁判认为：

1. 关于王某是否对涉案作品享有著作权。根据《著作权法实施条例》第2条和《最高人民法院关于审理著作权民事纠纷案件适用法律若干问题的解释》第7条规定，王某主张是涉案音乐作品的作者，并提供了作品的底稿、出版光盘、作品权利登记证书等相关证据予以佐证，在两被告没有相反证明的情况下，可对此予以认定。作者在作品创作完成之时就取得了涉案音乐作品的著作权，受到我国著作权法的保护。某边防检查站没有举证证实涉案作品系王某因履行职务行为的需要而创作，无法证明涉案作品系职务作品。即使该作品系职务作品，著作权也由作者即原告享有，并且作品完成已经超过两年，王某可以完全行使著作权法赋予作者的相关权利。

2. 关于某边防检查站抗辩其行为系合理使用是否成立。某边防检查站未经王某许可，将王某享有著作权的音乐作品用于制作《把灿烂的笑容献给你——边检之歌》的音乐视频，没有注明王某的作者身份亦没有支付相应报酬。根据《著作权法》（2010年修正）第22条第1款第7项的规定可知，国家机关使用他人的作品构成合理使用有严格的条件限制，其使用作品的目的是执行公务，而且使用的方式、数量和内容等须限于合理范围内。本案中，某边防检查站制作《把灿烂的笑容献给你——边检之歌》用于宣传其边检工作，并非依照法律、法规和有关规定履行相应职责，不属于执行公务的范畴，故对于某边防检查站关于合理使用的抗辩，法院不予采信。

3. 关于王某主张某边防检查站侵害其作品的署名权、信息网络传播权、表演权及摄制权是否成立。某边防检查站制作的《把灿烂的笑容献给你——边检之歌》音乐视频，摄制在一定介质上，由一系列有伴音的展现边检干警风貌的画面组成，并借助适当装置放映或者以其他方式传播的作品，属于以类似摄制电影的方法创作的作品。王某主张某边防检查站拍摄上述音乐视频的行为侵犯了其署名权、表演权、摄制权和信息网络传播权，对此，分析如下：

（1）关于署名权。《著作权法》第10条第1款第2项规定，署名权，即表明作者身份，在作品上署名的权利。第15条规定，电影作品和以类似摄制电影的方法创作的作品的著作权由制片者享有，但编剧、导演、摄影、作词、作曲等作者享有署名权，并有权按照与制片者签订的合同获得报酬。某边防检查站在《把灿烂的笑容献给你——边检之歌》音乐视频中使用了王某创作的乐曲，但未标明王某的作者身份，侵犯了王某的署名权。

（2）关于表演权。《著作权法》第10条第1款第9项规定，表演权，即公开表演作品，以及用各种手段公开播送作品的表演的权利。第22条第1款第9项规定，免费表演已经发表的作品，该表演未向公众收取费用，也未向表演者支付报酬的，可以不经著作权人许可，不向其支付报酬，但应当指明作者姓名、作品名称，并且不得侵犯著作权人依照该法享有的其他权利。从上述法律规定可知，侵害表演权的行为必须以公开的方式进行作品表演，受众群体具有不特定性，表演者或组织者可以通过表演行为获得经济收益。本案中，尽管某边防检查站确认曾在单位内部组织演出过《把灿烂的笑容献给你——边检之歌》，但该行为是针对其单位内部职工，并非向不特定观众公开进行商业性表演，故其不构成对王某表演权的侵害。

（3）关于摄制权。《著作权法》第10条第1款第13项规定，摄制权，即以摄制电影或者以类似摄制电影的方法将作品固定在载体上的权利。本案中，某边防检查站在王某乐曲的基础上填词、演唱，制作成展示边检干警风貌的以类似摄制电影的方法创作的音乐视频。王某的乐曲被赋予了新的内涵，贯穿始终，成为该音乐视频的有机组成部分。某边防检查站这种使用王某音乐作品的方式不是对已制作的音乐制品进行简单的复制，符合以类似拍摄电影方式将作品固定在一定载体上的特征，而是属于以类似摄制电影的方式使用作品，侵犯了王某的摄制权。

（4）关于信息网络传播权。根据《著作权法》第10条第1款第12项规定，信息网络传播权是以有线或者无线方式向公众提供作品，使公众可以在其个人选定的时间和地点获得作品的权利。某边防检查站抗辩对《把灿烂的笑容献给你——边检之歌》音乐视频被上传至某豆网上的行为不知情，但确认是其委托某影视公司录制了该音乐视频，故某边防检查站系该音乐视频的委托创作方，在双方委托合同没有明确约定的情况下，委托人对委托创作作品享有权利，并依法承担管控的义务。某边防检查站应对该音乐视频被某影视公司上传到互联网上的行为后果承担责任。上述音乐视频未经王某许可，被发布到互联网上，该行为侵犯了王某的信息网络传播权。

综上，某边防检查站的行为侵害了王某作品的署名权、摄制权以及信息网络传播权。

4. 关于某边防检查站的赔偿数额如何确定。依照《著作权法》第 49 条以及《最高人民法院关于审理著作权民事纠纷案件适用法律若干问题的解释》第 25 条规定，某边防检查站侵害了王某的著作权，王某要求其赔偿损失和合理费用的诉讼请求，于法有据。但因王某未能举证证明实际损失，亦不能证明被告的侵权获利所得，故结合以下因素确定某边防检查站的赔偿数额：

（1）关于涉案作品的类型、制作难度以及行业影响力。涉案音乐作品是具有独创性的纯音乐类作品，该作品的完成需要具备专业的音乐素养及从业经验，凝结了作者的智力成果，耗费较长的时间精力成本。王某作品完成后，由具有一定知名度的歌手进行演唱，具有一定的传唱度和艺术价值。

（2）涉案音乐作品的制作成本及市场价值。本案中，王某就其作品的市场价值，提交了服务工作室与案外人签署的协议书作为证据。据该协议书记载，王某收取的价格包含了作曲在内的多项服务内容，该价格虽不能直接反映由王某单独创作乐曲的市场价格，但可以作为王某作品市场价格的参考依据。音乐作品的制作成本是其市场价格的重要基础，现王某按照一首歌曲单制作费用成本列举了计算明细标准，在被告没有相反证据推翻的情况下，本院按照该行业的日常交易习惯，将之作为确定王某作品价值的重要参考。

（3）某边防检查站的过错程度。某边防检查站在未取得王某授权的情况下，对涉案音乐作品进行填词、组织演唱并拍摄音乐视频，其主观上存在明显过错。虽然某边防检查站抗辩涉案音乐作品的取得系前职工所为，但即使该抗辩属实，某边防检查站也要为其职工的此种行为承担法律责任。另外，从王某提交的“异域流年”博文截图反映的内容来看，除了表明该音乐视频歌曲词作者的身份、该音乐视频在电视台播出的信息之外，还有用户对其博文内容的评价，包括关于对某边防检查站工作人员参与摄制的陈述。根据上述证据的描述，依据正常逻辑推理，该证据系王某杜撰或伪造的可能性极低，目前该博文内容虽然已经被删除，但两被告亦没有相反证据予以推翻，故合理采信该证据的真实性，对王某主张某边防检查站对《把灿烂的笑容献给你——边检之歌》音乐视频曾有过传播行为予以采信。某边防检查站在该音乐视频制作完成后，未尽妥善管理义务，该音乐视频被上传至某豆网长达9年时间内没有采取任何阻止措施，存在明显过错。

（4）涉案音乐作品的使用目的。某边防检查站作为国家机关，制作被诉侵权视频的目的是用于单位正面形象宣传，促进公众对边检工作的认识和了解，并未存在营利目的和商业性质行为。

（5）王某为制止侵权行为所支付的合理开支。根据《著作权法》第49条第2款的规定，侵权人的赔偿数额应当包括权利人为制止侵权行为所支付的合理开支。本案王某诉请的合理开支主要是公证费和律师费1万元，并提交了律师费、公证费的发票予以印证，对此予以认定。

综合以上因素，酌情确定某边防检查站应向王某赔偿8万元。

5. 关于某某文化传播有限公司是否需要承担赔偿责任。某某文化传播有限公司是某豆网的主办单位，某豆网提供了被诉侵权音乐视频的存储空间服务。《信息网络传播权保护条例》第22条规定："网络服务提供者为服务对象提供信息存储空间，供服务对象通过信息网络向公众提供作品、表演、录音录像制品，并具备下列条件的，不承担赔偿责任：（一）明确标示该信息存储空间是为服务对象所提供，并公开网络服务提供者的名称、联系人、网络地址；（二）未改变服务对象所提供的作品、表演、录音录像制品；（三）不知道也没有合理的理由应当知道服务对象提供的作品、表演、录音录像制品侵权；（四）未从服务对象提供作品、表演、录音录像制品中直接获得经济利益；（五）在接到权利人的通知书后，根据本条例规定删除权利人认为侵权的作品、表演、录音录像制品。"某某文化传播有限公司在为被诉侵权音乐视频提供信息网络存储空间服务时，公开了其主体信息，没有改变用户上传的音乐视频作品，也未从中直接获得经济利益。在收到王某通知后，某某文化传播有限公司立即采取措施，及时删除了被诉侵权的音乐视频文件，王某没有证据证明某某文化传播有限公司系明知或应知该音乐视频存在侵权的情况，故根据上述法律规定，王某要求某某文化传播有限公司与某边防检查站承担连带赔偿责任的诉请，法院不予支持。

6. 某边防检查站是否需要停止侵权行为。根据《著作权法》第47条、第48条的规定，著作权侵权人应当根据情况，承担停止侵害、消除影响、赔礼道歉、赔偿损失等民事责任。某边防检查站侵害了王某的署名权、摄制权和信息网络传播权，王某要求其停止侵权依法有据，故某边防检查站应当停止使用原侵权音乐视频。同时，亦考虑到某边防检查站制作《把灿烂的笑容献给你——边检之歌》音乐视频的目的是宣传国家政府机关的正面形象，倡导正确的社会价值观，对王某作品的内容亦没有进行歪曲和恶意篡改，虽然对某边防检查站的行为不认定为合理使用行为，但亦不能否认其使用行为具有一定的公共属性，并不实质挤占王某作品的商业价值。故某边防检查站在已支付判决确定的赔偿金额后，并在该音乐视频中表明王某的曲作者身份，可基于原宣传目的继续使用音乐视频《把灿烂的笑容献给你——边检之歌》。

## 【案例注解】

国家机关为了宣传形象和工作的需要，未经权利人许可，擅自将他人的乐曲制作成音乐视频，是否属于执行公务的合理使用？如果不是合理使用，那侵犯了乐曲权利人的何种著作权？侵权人应该承担怎样的赔偿责任？是否一旦侵权就应该停止对乐曲的使用？

**一、国家机关为宣传目的使用他人已发表的音乐作品不能构成合理使用**

著作权合理使用是重要的著作权限制机制，是指在特定的条件下，法律允许他人自由地使用享有著作权的作品，而不必征得权利人的许可，并且不向其支付报酬的合法行为。我国《著作权法》第22条第1款第7项规定，国家机关为执行公务在合理范围内使用已经发表的作品的，可以不经著作权人许可，不向其支付报酬，但应当指明作者姓名、作品名称，并且不得侵犯著作权人依照本法享有的其他权利。

首先，执行公务是国家机关合理使用已经发表的作品的目的性要件，应当对执行公务作限缩解释，即限于履行法定职责的情形。本案中，某边防检查站使用原告的乐曲制作音乐宣传视频的行为，显然不是履行法定职责，故不属于执行公务。

其次，即使为执行公务，国家机关在使用相关权利作品时也要注意使用的方式、数量和内容，并且应当指明作者姓名和作品名称等。

**二、擅自利用他人音乐作品重新创作填词拍摄音乐视频并上传至互联网上的行为侵害了著作权人的摄制权和信息网络传播权**

原告主张的权利作品是由特定音乐信息构成的音乐艺术智力成果，具有独创性，属于著作权法保护的不带词的音乐作品。被告某边防检查站制作的《把灿烂的笑容献给你——边检之歌》音乐视频，摄制在一定介质上，由一系列有伴音的展现边检干警风貌的画面组成，并借助适当装置放映或者以其他方式传播的作品，属于以类似摄制电影的方法创作的作品。本案中，除署名权外，原告主张某边防检查站还侵害了其作品的表演权、摄制权和信息网络传播权。

第一，关于表演权。我国《著作权法》定义表演权为公开表演作品，以及各种手段公开播送作品的表演的权利。从《著作权法》第10条第1款第9项及第22条第1款第9项规定可知，表演权具有以下特点：（1）公开性，侵权行为必须以公开的方式进行作品表演；(2) 不特定性，主要是指受众群体的不特定性；(3) 商业性，是指表演者或组织者通过表演行为可以获得经济收益。本案中，尽管被告某边防检查站确认曾在单位内部组织演出过《把灿烂的笑容献给你——边检之歌》，但该行为是针对其单位内部职工，并非向不特定观众公开进行商业性表演，故其不构成对原告表演权的侵害。

第二，关于摄制权。从乐曲对类似摄制电影的方法创作的作品的表达占比来看，分成一般背景配乐和主旋律乐曲。像大家常见的纪录片或音乐短片中的背景配乐，其通常是对音乐作品的简单复制，对整个类电作品的作用可能是烘托气氛，也可能起到承接指引情节的作用，乐曲本身的表达与类电作品的整体思想表达存在差异，一般不构成对摄制权的侵害。但本案中，某边防检查站在原告乐曲的基础上，重新谱曲、组织演唱，制作成展示边检干警风貌的以类似摄制电影的方法创作的音乐视频。原告的乐曲被赋予了新的内涵，贯穿始终，成为该音乐视频必不可少的组成部分。这种使用原告音乐作品的方式不是对已制作的音乐制品进行简单的复制，符合以类似拍摄电影方式将作品固定在一定载体上的特征，属于以类似摄制电影的方式使用作品，侵犯了著作权人的摄制权。

第三，关于信息网络传播权。涉案音乐视频《把灿烂的笑容献给你——边检之歌》在某豆网上传播，使公众可以在其个人选定的时间和地点获得原告的权利作品，侵害了原告作品的信息网络传播权。至于侵权主体的确定，首先，尽管某边防检查站抗辩其对视频上传至某豆网上的行为不知情，但其确认委托某影视公司录制了该音乐视频，作为委托创作方，在双方委托合同没有明确约定的情况下，委托人对委托创作作品享有权利，并依法承担管理和控制的义务。某边防检查站没有证据证明其已尽到合理的注意和管理义务，故对该音乐视频被上传到互联网上的行为应当承担责任。其次，某某文化传播有限公司作为网络服务提供者，在提供信息网络存储空间服务时，公开了主体信息，没有改变用户上传的音乐视频作品，也未从中直接获得经济利益，且在收到原告通知后立即采取措施，及时删除了被诉侵权的音乐视频文件，并非为侵害原告作品信息网络传播权的主体。

**三、发挥司法裁量作用，合理确定判赔尺度**

《最高人民法院关于审理著作权民事纠纷案件适用法律若干问题的解释》第25条规定，人民法院在确定赔偿数额时，应当考虑作品类型、合理使用费、侵权行为性质、后果以及为制止侵权行为所支付的合理开支等情节综合确定。事实上，任何一种形式的艺术作品，都凝结着创作者的智慧、心血与灵感，法院在本案中判以较一般音乐作品更高的赔偿数额，主要是基于以下几点因素考量：

第一，涉案作品是具有独创性的纯音乐类作品，制作难度较高，要求作者具备一定程度的音乐素养和从业经验，需要耗费较长的时间精力成本方可创作完成。在改编、翻唱大行其道的环境下，若原创作者的劳动成果得不到尊重、合法利益得不到保护，无疑会大大打击他们音乐创作的积极性，长此以往，必将造成音乐人的创新动力不足，不利于音乐文化产业的繁荣与发展。

第二，音乐作品的制作成本一般由配器、乐队、MIDI 制作、录音棚租等多项费用构成，作品创作完成后，还会产生聘请歌手演唱、合伴唱等支出。本案中，在被告没有相反证据推翻的情况下，法院依据原告提交的单首歌曲单制作费用成本及其提供创作服务的收费标准，结合行业交易习惯，将之作为计算涉案作品市场价值的参考依据，再结合原告为制止侵权行为所支付的合理开支，最终确定一个相对合理的赔偿数额，以体现权利人经济方面的损失。

第三，某边防检查站在未取得原告授权的情况下，擅自对涉案音乐作品进行填词、组织演唱并拍摄音乐视频，侵权故意明显。此外，在该音乐视频制作完成后，某边防检查站未尽到妥善管理义务，将视频公开在互联网上传播，且长达 9 年时间内没有采取任何阻止措施，主观上存在明显过错。即使某边防检查站使用的目的是用于单位正面形象宣传，促进公众对边检工作的认识和了解，并未存在营利目的和商业性质行为，但仍不能免除其侵权赔偿责任。

**四、灵活适用侵权责任承担方式最大限度实现各方利益平衡**

虽然认定某边防检查站构成对原告著作权的侵权，但本案选择以提高判赔额的方式作为停止侵权行为的责任替代，判令某边防检查站可以在支付赔偿金并表明原告曲作者身份后，基于公共目的可以继续使用音乐视频，转变了“认定侵权即判令停止侵害”的处理思路，主要考虑到以下几点特殊情况：

一是某边防检查站作为国家机关，使用涉案作品制作音乐视频的行为具备一定公共属性，其目的在于展现行业良好风貌，宣传国家机关的正面形象，倡导正确的社会价值观，而非用于谋取商业利益；

二是考虑到相对于某边防检查站已经支付的制作成本，停止使用会造成社会资源的极大浪费，而某边防检查站使用行为的公益性目的亦并不实质挤占原告作品的商业价值，同时对原告作品还能带来正面传播；

三是原告诉讼的主要目的是实现其作品的商业价值，从法院确定的判赔尺度来看，已经充分考虑到使用其作品的商业价值，在提高赔偿额的同时，允许某边防检查站完善署名后继续使用涉案作品，既使著作权人的合法权利得到充分救济，又实现了当事人间的利益平衡。

## 【相关法条】

《中华人民共和国著作权法》（2010年修正）第9条第1款、第10条、第11条、第16条、第17条、第22条第1款第7项、第37条第1款、第47条、第48条、第49条；

《中华人民共和国著作权法实施条例》第2条；

《最高人民法院关于审理著作权民事纠纷案件适用法律若干问题的解释》第7条、第25条、第26条。

# 网络互助法律关系的认定

## ——周某与某信息科技有限公司网络服务合同纠纷案

印　强　汪正宇*

### 【裁判要旨】

会员与网络互助平台签订的网络互助计划应属双方法律关系而非多边法律关系，网络互助平台是互助金的支付主体。会员在加入互助计划时，不符合当时承诺的健康状况，未向平台如实告知患病情况的，对其申请平台拨付互助金的主张不予支持。

**【关键词】** 网络互助　合同相对性　格式条款　如实告知

### 【案件索引】

一审：广州互联网法院（2019）粤0192民初13191号（2020年1月19日）
二审：广州市中级人民法院（2020）粤01民终6607号（2020年7月30日）
一审合议庭成员：段莉琼、曹钰、袁玥
二审合议庭成员：梁小琳、印强、杨玉芬

### 【基本案情】

周某诉称：2016年8月31日，周某通过微信与e互助平台签订合同，约定周某加入e互助成为会员并加入“抗癌互助计划（中青年版）”，最高享受35

---

* 印强——广州市中级人民法院民事审判庭副庭长、四级高级法官；汪正宇——广州市中级人民法院法官助理。

万元的互助金，保障生效时间为2017年2月28日，周某一直延续缴费。e互助平台由某信息科技有限公司（以下简称信息科技公司）运营管理。2018年10月22日，周某在广东省中医院大学城医院被诊断为甲状腺乳头状癌并进行了手术。周某就该次治疗向e互助平台提出互助申请，信息科技公司不履行合同约定向其支付互助保障金，故诉请信息科技公司发起互助并支付互助保障金35万元。

信息科技公司辩称：第一，e互助平台是会员与会员之间的互助，会员才是付款的责任主体。信息科技公司只是该平台的运营方，不是支付互助金的直接义务人，周某无权要求信息科技公司直接支付互助金，只能要求信息科技公司发起互助。第二，周某在加入"抗癌互助计划（中青年版）"之前，2011年已发现颈前肿物，2017年甲状腺彩超示右叶新发小结节，上述健康状况不符合加入"抗癌互助计划（中青年版）"的条件，周某未告如实知，违反了《合同法》第54条的规定，信息科技公司有权撤销合同，信息科技公司作出不予互助的决定有事实依据且未违反法律规定。第三，周某请求支付35万元保障金没有依据。根据约定，互助金额是由发起互助公示当天的有效会员人数和会员账户余额决定，但不超过最高互助金人民币5万元。信息科技公司提出反诉请求：（1）撤销信息科技公司与周某订立的互助计划服务合同；（2）信息科技公司返还周某在e互助平台的互助金分摊费用237.39元。

法院经审理查明：

1. 周某加入e互助"抗癌互助计划（中青年版）"及申请互助的情况

2016年8月31日，周某加入e互助"抗癌互助计划（中青年版）"，保障生效时间为2017年2月28日，周某加入后一直持续缴费。2018年10月23日，周某在广东省中医院大学城医院被确诊为右侧甲状腺乳头状微小癌并进行手术，《住院病案》记录为"缘患者2011年体检发现颈前肿物……2017年患者外院复查甲状腺彩超示右叶新发小结节，不排除恶性可能，当时医生建议患者进一步检查治疗，患者拒绝（具体报告未提供）……"2019年1月10日，周某向e互助平台提出互助申请。2019年3月4日，e互助平台审核部向其发送《互助申请审核结果通知函》，依据《抗癌互助计划（中青年版）规则》第6.5条，对周某的申请作出不予发起互助的决定。信息科技公司确认自2019年4月2日起不再对周某的个人账户进行互助金分摊。

2. e互助平台的运营模式及相关规则

（1）e互助平台的运营模式。e互助平台为信息科技公司运营的网络互助平台，周某加入的"抗癌互助计划"为该平台的互助计划之一。e互助会员加入某个具体计划，在符合该互助计划设置的发起互助条件后，可申请e互助平台为其发起互助，该计划内的其他会员将义务为其进行均摊式互助，每个人帮助单个会员均摊的金额不超过一定的数额，总金额不超过计划约定的最高额。当互助会员不幸罹患互助计划内的病症时，其应在规定的时间内按照e互助平台的要求提交各类证明材料。e互助平台收齐材料后委托独立第三方评估机构或者有相关专业知识的人员，对互助事件进行评估和鉴定，形成调查结论，对有争议或疑难事件，由e互助平台专家进行审定。信息科技公司与中国光大银行股份有限公司广州分行签订客户资金监管协议，资金监管账户名为“某信息科技有限公司”。

（2）《e互助平台会员公约》的主要内容。《e互助平台会员公约》载明：“本公约是e互助平台和会员（以下或简称‘您’）共同遵守的约定。您要加入e互助平台请务必认真阅读本公约的全部内容。本公约一经您点击确认并同意接受，即对您产生法律效力。”《e互助平台会员公约》对于公约的构成及效力、权利义务、资金管理、公约终止和退出公约、争议解决等作出了规定。“二、本公约的构成及效力”部分规定：“1. e互助平台有权根据实际情况适时修订本公约及各类互助计划规则，一经修订，将会用修订后的条款版本完全替代修订前的条款版本，并通过原有方式向会员公布。变更后的条款一经在e互助平台上公示，即发生法律效力……3. 您应该按照本公约约定行使权利并履行义务。如您不能接受本公约的约定，包括但不限于不能接受修订后的公约，则您应立即停止使用e互助平台针对会员提供的服务。如您继续使用e互助平台针对会员提供的服务，则表示您同意并接受本公约的约束。”互助平台的权利义务包括：“12. 互助不是保险，e互助平台不对每次互助的互助金总额做出承诺。e互助平台承担会员管理、事件审核调查、信息披露的职能，但不承担互助金兑付的责任。对于符合互助计划规则约定的情形，e互助平台可根据会员申请发起互助；会员因为不符合互助计划规则约定，或违反本公约或互助计划规则未履行相关义务，e互助平台将从维护大多数会员的权益角度出发，做出不能发起互助的决定。对于因上述原因无法获得互助的会员，e互助平台可基于会员的申请，补贴会员自申请互助之日前一年内累计支出的捐助金额”等。

（3）《e互助平台加入告知》的内容及修改情况。加入e互助平台某项计划时，平台会弹出具体计划的《e互助平台加入告知》。2019年5月28日，e互助平台发布条款优化公告。相比之前的《e互助平台加入告知》，修改后的第2项将甲状腺结节列为加入前不得患有的疾病或症状，并删除了原第4项中关于“您在过去六个月内不存在下列症状：……身体出现肿块、包块、结节、淋巴结肿大”的规定。

3.《抗癌互助计划（中青年版）规则》内容及修改情况

《抗癌互助计划（中青年版）规则》对于计划宗旨、计划内容、加入条件、互助会员资格存续、互助申请流程、不予互助的情形等作出了规定。周某加入“抗癌互助计划（中青年版）”至其提起本案诉讼期间，《抗癌互助计划（中青年版）规则》分别在2016年12月15日、2017年11月14日进行了变更。

其中，2016年12月15日修订前关于不予互助情形的条款为“互助会员在观察期满以后确诊罹患癌症，但是在观察期内已经通过其他任何诊断手段发现疑似癌症，或者已经开始实施针对癌症的治疗”，修订后的对应条款为“6.5互助会员在等待期满以后确诊罹患癌症，但是在等待期内已经通过其他任何诊断手段发现疑似癌症（具体定义见11.7条），或者已经出现癌症特异性症状（具体定义见11.8条），或者已经开始实施针对癌症的治疗”。第11.8条规定：“癌症特异性症状包含但不限于：（1）体表可触摸包块或结节……”

2017年11月14日，e互助平台将“抗癌互助计划（中青年版）”各年龄段的最高互助金额上调10万元，调整后，18—30周岁的最高互助金为40万元，31—40周岁的最高互助金为35万元，41—50周岁的最高互助金为30万元，不幸罹患低度恶性肿瘤的会员的最高互助金仍旧为5万元。变更后《抗癌互助计划（中青年版）规则》第2.2项的内容为：互助会员加入计划361天后，根据受助的不同年龄，可获得不同的最高互助金额，具体如下：

**表1　黑社会性质组织犯罪涉案财产判决情况**

| 年龄（周岁，含周岁当年） | 最高互助金（人民币） |
|---|---|
| 18—30 | 40万元 |
| 31—40 | 35万元 |
| 41—50 | 30万元 |
| 以上3个年龄段的任何会员不幸罹患低度恶性肿瘤（具体定义见11.5条） | 5万元 |

根据《e互助会员监督委员会章程》规定，e互助会员监督委员会代表e互助会员对e互助平台运营行使监督职能。上述条款的修改经监督委员会的审议通过。

## 【裁判结果】

广州互联网法院于2020年1月19日作出（2019）粤0192民初13191号民事判决：一、驳回周某的全部诉讼请求；二、驳回某信息科技有限公司要求撤销其与周某于2016年8月31日签订的《抗癌互助计划（中青年版）规则》的诉讼请求。案件本诉受理费6550元，由周某负担。反诉受理费25元，由某信息科技有限公司负担。宣判后，周某提出上诉。广州市中级人民法院于2020年7月30日作出（2020）粤01民终6607号民事判决：驳回上诉，维持原判。

## 【裁判理由】

广州市中级人民法院认为，周某在2016年加入互助计划时不符合加入条件，信息科技公司依据公约及规则，对周某发起的互助申请作出不予互助的决定具有事实和法律依据，本院予以确认。

关于周某与信息科技公司之间的法律关系认定问题，广州市中级人民法院认为，周某与信息科技公司之间是互联网模式下的双务合同关系，一审认定本案系多边法律关系不当。从网络互助的性质看，其属于类似保险的产品。从加入网络互助的形式看，网络互助计划的实际发起人是平台，会员均是作为个体加入网络互助计划，与网络服务平台签订公约。从加入网络互助的目的看，会员加入网络互助主要是寻求类似保险的保障，会员之间并无成立合同的合意。从互助过程可以看出，会员与会员之间并无直接的权利义务关系。从网络互助运营角度看，网络服务平台指定加入规则，收取互助金，审核互助条件，划扣互助金，同时收取管理费。网络互助的核心运营流程完全由平台控制，会员对互助运营几乎无支配力。

关于信息科技公司是否为互助金的支付主体的问题，广州市中级人民法院认为，信息科技公司实际上为案涉互助金的支付主体。首先，信息科技公司作为网络服务平台收取管理费，具有特定的盈利模式，不宜直接认定为纯公益性组织。其次，从e互助平台的运营规则来看，e互助平台并非仅为平台用户提供信息撮合、交易场所等服务为主的网络平台，而是拥有直接为用户设立权利义务、掌握会费定价、会员条件审核、修订规则、发起互助条件审核等最根本权利的网络平台。最后，会员加入互助计划向平台充值会费，资金转入以信息科技公司自己名义开立的银行账户中，信息科技公司随时可以以自己的名义对托管银行发出给付指令，故信息科技公司对资金享有实际的管理权、支配权。虽然在运营过程中对该笔资金的使用权作出限定，但限制款项用途并不影响该笔资金支配权的归属。

关于案涉格式条款、修改后条款对周某的效力问题，广州市中级人民法院认为，案涉格式条款的修改与否均未实际影响到周某参与互助计划。首先，《e互助平台会员公约》是《抗癌互助计划（中青年版）规则》的组成部分。其次，根据双方当事人在一审提交的证据，均可以证明在周某加入互助计划时，公约已明确告知“加入前六个月内不存在结节”是前提条件。后续公约及规则的修改，并不是周某所称的将其作为不予互助的情形予以剔除，修改后的《抗癌互助计划（中青年版）规则》将“结节”纳入“癌症特异性症状”，只是对条款的细化，并没有超出原条款可能的含义范围。

关于网络平台修改格式条款的权利问题，广州市中级人民法院认为，信息科技公司作为网络服务平台，对于格式条款的修改权应加以限制。网络服务平台的发展还在探索中，但就双方当事人权利义务的平等性来看，网络平台拥有的权利过大，特别是对于影响会员切身利益的条款修订权现阶段完全由网络服务平台掌握，条款修订的流程公开度不够，无法充分反映会员意志，平台容易利用会员之名操作修改流程的风险较大。平台对于自身修改条款的权限及具体流程应该出台相应规定，如果仅以公告方式作出修改通知，显然未尽到充分的提醒义务。事实上，平台已经掌握会员的联系方式，完全有能力通过互联网技术定向通知到会员本人，希望平台能够切实担负起企业应肩负的社会责任，实现多方共赢。

关于周某是否有权请求信息科技公司发起互助、支付互助保障金的问题，广州市中级人民法院认为，周某不符合互助条件，无权要求信息科技公司支付互助金。首先，周某对自身健康情况负有举证责任。周某虽主张2011年发现的结节已经自愈，与2018年的病症无因果关系。但周某仅提出该种假设，并未提供充分证据予以证明，应承担举证不能的责任。其次，周某在明知2011年出现过结节，且互助计划明确结节作为不予互助条件的情况下，作为一名完全民事行为能力人，应该对自身健康状况进行重新评估，在确定符合条件的情况下参加互助计划。而周某在2016年体检中不包括甲状腺体检项目，显然周某无法证明其符合互助计划条件。

## 【案例注解】

2020年是网络互助行业发展的第六年，据统计，2020年上半年中国网络互助参保人数已达2亿人，全国人口覆盖率达14.3%[1]。网络互助实实在在切中普通人“看病贵”的痛点，凭借其低门槛、低成本、高传播性的特点，迅速吸引大批用户。但是监管层尚未将网络互助纳入特定监管领域，该行业的发展缺乏规范指引，平台运营缺乏强力监管导致网络互助行业长期处于“野蛮生长”状态，平台与会员之间的关系认定及权利义务配置现无明确的法律规定。本案是发生在网络互助领域的典型案例，争议焦点为上诉人周某请求被上诉人信息科技公司发起互助、支付互助保障金的条件是否成就，审理的关键在于如何认定周某与e互助（信息科技公司）之间的法律关系，双方是否履行了各自应承担的义务。

---

1 《盘点2020年上半年网络互助行业：加强监管是必由之路》，载新浪网科技频道，https://tech.sina.com.cn/roll/2020-07-30/doc-iivhuipn5912000.shtml，最后访问于2020年8月2日。

## 一、网络互助行为的性质界定

### （一）网络互助的模式

互助会员加入某个具体计划，在符合该互助计划设置的发起互助条件后，可申请平台为其发起互助，该计划内的其他会员将为其进行均摊式互助，均摊金额不超过一定的数额，总金额不超过计划约定的最高额。从会员健康状况的审查形式上看，目前均为“事先承诺、事后核验”模式。网络互助平台一般不实行线下健康调查，而是依赖会员加入计划时对自身健康状态的承诺。仅当会员申请发起互助后，平台才介入对会员健康状况的审查。从会员缴费的形式上看，目前主要有两种模式：一种模式是“授权划扣”，如相互宝、美团互助；另一种是“先缴费、后扣除”，如本案的e互助。在“先缴费、后扣除”模式下，会员加入时向个人账户预先缴存一定费用，平台发起互助后会自动扣除会员对应的分摊数额，会员需持续充值保持互助会员资格，如果充值账户余额不足，平台将向会员发出预警，如果已加入会员余额小于零，则视为自动退出。

具体到本案，e互助是被上诉人运营下的网络互助平台，上诉人周某通过微信与e互助平台签订合同，合同约定周某加入e互助成为会员并加入“抗癌互助计划（中青年版）”，并持续充值。

### （二）网络互助计划属于类似保险的产品

在比较热门的网络互助平台官网首页，常见宣传语有“大病筹款0服务费”（水滴筹）、“网络互助的未来就是与保险合二为一”“互助就是重做一遍保险”（壁虎互助）、“健康时小额捐助他人，生病时他人捐钱给你”“低费用高保障”（e互助）等，普通消费者对这些宣传语的解读倾向于：在健康时投入一定的资金，在患病时获得相应的保障，与商业保险类似。尤其对不熟悉商业保险的人群来说，网络互助计划相当于低门槛的“保险”。保险的本质是转移风险，网络互助计划显然也是，只是接受风险的主体、运营方式等具体内容方面存在不同，所以网络互助计划应认定为类似保险的产品。

### （三）本案中的网络互助不具有公益性

现阶段大多数网络互助都以慈善、公益的口号进行宣传，实际上运营公司均非慈善组织，网络互助计划亦未向民政部门进行过慈善登记，运营模式亦与慈善机构有明显区别。在互联网时代，传统服务模式呈现出许多新特点，面对新型项目或服务产品，不能仅以现阶段有无产生利润来判断该项目是否具有公益性。各大平台的网络互助计划均具有一定的营利性质，如通过为其他金融产品、保险产品引流，实现流量变现，或者对接其他健康管理服务，无论何种形式，都是网络互助计划商业价值或趋利性的体现。

具体到本案，根据上诉人周某在一审时提交的证据材料《e互助平台会员公约》的“四、资金管理”显示：e互助平台的资金托管银行对会员的充值资金进行管理。充值资金用于银行存款，资金产生的孳息，用作资金托管费用、公证费、差旅费等运营管理费。但除此之外，e互助平台仍收取会员每人每月1元的管理费。根据e互助平台2020年6月4日发布的新闻显示，e互助平台共有会员340万人，据此可推算e互助平台除去会员缴费产生的孳息外，每月另有可支配管理费约340万元，难以与公益组织画上等号。

## 二、网络互助计划仅涉及双方法律关系

### （一）合同的相对性原理

会员加入网络互助计划的流程是“签署平台所拟公约—选择具体产品—签署具体产品的互助计划合同—持续缴纳费用/授权定期划扣分摊金额—在发生疾病时向平台申请拨付互助金”。从加入互助计划的形式上看，网络互助虽然是以会员与会员之间的互助为号召，但实际发起人是网络互助平台，每位会员均是基于个体需求与平台签署合同，会员之间并无成立合同的合意。虽然整个网络互助计划不断有会员加入，所有会员共存于一个互助计划中，但究其本质，均是平台与不同会员之间形成的数个合同关系，会员之间彼此独立，类似于“伞状结构”。法律关系的认定最终是从构成要素着手，社会持续发展，传统法律关系依托互联网等新技术也将不断涌现出新特性，如该新特征未产生本质性的影响，则无须认定为一种新的法律关系。

网络互助模式与共享经济模式不同，以滴滴打车为例，正常状态下是乘客发出订单，平台派单，司机接单。当平台派单迟延或错漏，会发生乘客与平台的纠纷；当滴滴司机拒载、随意加价时，会发生乘客与司机的纠纷；当平台对司机资质审核不严，司机侵害乘客人身财产权利时，存在平台、乘客、司机三方的法律纠纷。因此，在共享经济模式下，是存在多方法律关系的，类似“三角结构”，任意两方均存在法律关系。

具体到本案，案涉合同的签订双方为e互助平台（即某信息科技公司）与周某，根据合同的相对性原理，该合同的法律关系双方仍是周某与信息科技公司，亦如《e互助平台会员公约》第一段所载“本公约是e互助平台和会员（以下或简称‘您’）共同遵守的约定”，周某与其他会员之间不存在直接的法律关系。被上诉人主张信息科技公司与会员之间是网络服务合同关系，会员之间是互助合同法律关系的意见于法无据。一审法院认定案涉合同系多边法律关系不当，二审法院予以纠正。

### （二）平台享有互助金的实际控制权

如前所述，网络互助平台的缴费模式共有两种：在预先充值模式中，从形式上看，平台为每位会员都设立了个人账户，会员充值的费用存在个人账户上。

但实质上，该个人账户由平台通过技术手段在微信公众号或APP中设立，是仅存在于平台里的虚拟概念，不同于日常生活在银行申请设立的个人账户。会员将资金存入的是以平台为名义在银行开立的账户，该资金存入后，会员即失去继续处置的权利，仅能通过虚拟账户查询资金余额，而当互助发起后，平台可以直接提请银行扣费。虽然平台声称在运营过程中对该笔资金的使用权作出限定，但限制款项用途并不影响该笔资金支配权的归属。在“授权划扣”模式中，会员已经绑定第三方支付账户，平台确定平摊的互助金金额后，将替会员直接划扣相应金额，实际上等于会员已提前将互助金所有权授予平台。

具体到本案，e互助会员加入互助计划后充值会费，资金转入以信息科技公司自己名义开立的银行账户中，该公司随时可以以自己的名义对托管银行发出给付指令，故信息科技公司对资金享有实际的管理权、支配权。虽然在运营过程中对该笔资金的使用权作出限定，但限制款项用途并不影响该笔资金支配权的归属。被上诉人主张一审法院判定信息科技公司并非支付互助金的主体不当，二审法院予以纠正。

（三）平台享有设置、修改条款的决定权

网络互助平台向会员提供的所有合同均属于格式合同，均为平台预先拟定并重复使用，会员与平台之间无法就具体条款进行协商，会员只能表示完全同意或拒绝。同时，合同条款中，概括型条款占比较大，互助平台在运营过程中有较大的修订空间。在合同签订后，平台会不定期对个别条款和释义进行修改、公示。

具体到本案中，根据《e互助会员监督委员会章程》规定，e互助会员监督委员会代表e互助会员监督平台运营，监督范围包括会员公约、计划规则的修改与公示流程。然而，从监督委员会的组成来看，监督委员既可以由会员自愿报名后由平台推荐并由会员投票选举产生；也可以由监督委员会或平台特邀。实际上，e互助拥有监督委员会人选的较大决定权，可能大部分会员并没有机会实际参与条款修改。从新条款的效力产生上看，平台仅赋予会员“不同意即可退出”的权利，实际上变相剥夺了会员的选择权、申诉权等。

## 三、双方应承担的主要义务

（一）平台应承担的义务

网络互助平台应承担的主要义务是保证平台正常运转、对申请发起互助的会员进行审核、对符合互助条件的会员发起互助。在审核互助条件这一环节中，其中最关键的问题是审核会员加入互助计划时是否符合条件、规则条款修改后是否依旧符合条件。通常包括以下几种情况：一是会员在加入时即不满足条件，此时规则修改对会员本身不产生实际影响；二是会员在加入时满足条件，而在规则修改后不满足条件。

具体到本案，案涉格式条款、修改后条款对周某的效力问题，直接影响周某是否符合发起互助的条件。第一，根据双方当事人提交的证据显示，《e互助平台会员公约》是《抗癌互助计划（中青年版）规则》的组成部分。即加入互助计划，先要符合公约条件，其他具体限制条件及规定再由规则界定。第二，根据双方当事人在一审提交的证据，均可以证明在周某加入互助计划时，公约已明确告知“加入前六个月内不存在结节”是前提条件。后续公约及规则的修改，并不是周某所称的将其作为不予互助的情形予以剔除，只是对条款的细化，即修改后的《抗癌互助计划（中青年版）规则》将“结节”纳入“癌症特异性症状”，并没有超出原条款可能的含义范围。因此，案涉格式条款、修改后条款对周某均具有效力。

（二）会员应承担的义务

网络互助计划的会员应承担的主要义务是加入时如实告知健康状况、按时缴纳费用、配合平台审核发起互助的条件。虽然网络互助计划的加入门槛低，但不能免除会员的如实告知义务。

具体到本案，周某对自身健康情况负有举证责任。第一，周某虽主张2011年发现的结节已经自愈，与2018年的病症无因果关系。但周某仅提出该种假设，并未提供充分证据证明其2016年加入互助计划时的健康状况，周某应承担举证不能的责任。第二，周某在明知2011年出现过结节，且互助计划明确结节作为不予互助条件的情况下，作为一名完全民事行为能力人，应该对自身健康状况进行重新评估，在确定符合条件的情况下参加互助计划。而周某在2016年体检中不包括甲状腺体检项目，显然周某无法证明其符合互助计划条件。因此，周某在2016年加入互助计划时不符合加入条件，信息科技公司依据公约及规则，对周某发起的互助申请作出不予互助的决定具有事实和法律依据，一审与二审法院均予以确认。

**四、本案对网络互助行业的启示**

2020年3月5日，中共中央、国务院印发了《关于深化医疗保障制度改革的意见》，其中指出，“到2030年，全面建成以基本医疗保险为主体，医疗救助为托底，补充医疗保险、商业健康保险、慈善捐赠、医疗互助共同发展的医疗保障制度体系”。这一改革意见在一定程度上为网络互助行业指明了发展方向，各大网络互助平台应当努力找准社会角色定位，成为商业保险的有效补充，在制约平台权力与保障会员权益之间寻求平衡，更好地承担企业的社会责任。

目前，平台与会员的利益冲突集中体现在互助条款的修改方面。当前网络互助计划的发展趋势是通过年龄、身份、身体健康状况等准入条件将加入会员限制在一定范围内，直接目的是保证会员间发生重疾病或危险的概率基本持平，根本目的是保证会员间的权益对等。例如，e互助平台的抗癌互助计划，分别推出了中青年版和老年版。在平台已经进行会员筛选、分流的前提下，更应保持格式条款的稳定性和一致性，才能达到平台与会员之间权利的平衡。

为促进网络互助平台健康有序地发展，应当通过控制修改格式条款的频率、规范修改流程来限缩平台权利。一是控制修改条款的频次。如果互助条款修改得太过频繁，不断有会员被迫退出互助计划，会导致期待利益的损失，即平台不应把可能遭遇的商业风险转嫁给会员承担，而应保持互助条款的一致性和稳定性。二是规范修改条款的流程。平台如何征求大多数老会员的意见、新条款通过的表决比例是多少，都应该作为规范性条款纳入合同，使会员在加入互助计划时享有更多的知悉权和程序选择权。三是充分履行提醒与通知义务。现阶段平台仅以公告方式作出修改通知。事实上，平台已经掌握全部会员的联系方式，完全有能力通过互联网技术定向通知到会员本人。希望网络互助平台能通过权衡与会员之间的权益义务，更好地承担社会责任，形成对基本医疗保险、商业保险的有益补充。

## 【相关法条】

《中华人民共和国合同法》第8条、第39条、第60条、第91条；[2]

《中华人民共和国民事诉讼法》第64条、第170条第1款第1项；

《最高人民法院关于适用〈中华人民共和国民事诉讼法〉的解释》第90条、第91条。

2 对应《民法典》第136条、第496条、第509条、第557条。

# 证券席位承包法律关系应坚持合同相对性原则

## ——甲投资公司与乙证券公司合同、无因管理、不当得利纠纷案

岳金禄　景　欣*

**【裁判要旨】**

依据合同的相对性理论，甲投资公司与乙证券公司签约后建立的证券席位承包法律关系，仅能约束甲投资公司与乙证券公司，双方内部关系不能对抗第三人。在承包期间，对外与第三人发生国债交易的均是乙证券公司，甲投资公司以乙证券公司名义形成的债务，债权人仅能向乙证券公司追偿，而不能直接向甲投资公司主张；同理，以乙证券公司名义形成的债权，也应由乙证券公司予以主张，并不当然地移转至甲投资公司。

**【关键词】**证券回购　交易席位承包　合同相对性

**【案件索引】**

一审：云南省昆明市中级人民法院民事判决书（2014）昆民五重字第1号
二审：云南省高级人民法院民事判决书（2015）云高民二终字第292号
一审合议庭成员：马顺泽、黎泰军、闵义
二审合议庭成员：孙少波、张伟、任容庆

---

* 岳金禄——上海财经大学法律经济学专业博士研究生，中国人民银行西安分行经济师，主要研究领域：金融法；景欣——上海财经大学法学院经济法专业博士研究生，主要研究方向：金融法、国际金融法。

## 【基本案情】

一审原告、二审上诉人：深圳市甲投资有限公司（以下简称甲投资公司）

一审被告、二审被上诉人：乙证券有限责任公司（以下简称乙证券公司）

一审第三人、二审被上诉人：丙证券交易中心（以下简称丙证交中心）

1995 年 4 月 27 日，甲投资公司的前身光大公司与乙证券公司签订了一份《协议书》，其中约定：由乙证券公司提供手续文件，甲投资公司出资、出券在丙证交中心开设交易席位，甲投资公司经营并操作国债交易业务，除乙证券公司自己通过该席位买卖国债而产生的债权、债务自行承担外，其他通过席位交易国债产生的债权、债务概由甲投资公司承受。协议签订后，双方依约定履行了协议。

1995 年 7 月 26 日，在甲投资公司承包乙证券公司国债交易席位期间，乙证券公司与丙证交中心签订了《有价证券回购交易成交合同》，约定由乙证券公司以 2000 万元向丙证交中心买入证券，半年后由丙证交中心以 2240 万元回购证券。签约后，乙证券公司如期将 2000 万元购券款汇至丙证交中心处，但丙证交中心未在合同期满后如实履约，为此乙证券公司将其诉至云南省昆明市中级人民法院（以下简称昆明中院），并获（1996）昆法经初字第 281 号生效民事判决支持其诉求。其后，乙证券公司申请了强制执行，但未得到全额清偿。

2003 年 4 月 25 日，丁银行西安分行针对甲投资公司提交的《关于请求依法执行丙证交中心欠我公司 4000 万元本金及利息的报告》清查：截至 2003 年 3 月末，丙证交中心债务总额是 1.6 亿元，共欠 20 家单位的债，大部分是陕西省内的金融机构，也包括甲投资公司 2000 万元本金。在丙证交中心收回对外债权资金后按轻重缓急优先偿还甲投资公司。

2004 年 4 月 2 日，最高人民法院对甲投资公司与乙证券公司之间的证券席位承包纠纷作出了（2003）民二终字第 185 号民事判决认定：甲投资公司与乙证券公司之间基于《协议书》形成证券交易席位承包关系后，乙证券公司依据全国证券回购债务清欠台账载明的债务数额，向甲投资公司主张债权，有明确的事实及法律依据，应予支持。为此，甲投资公司在证券席位承包期间以乙证券公司名义对外形成的债务，乙证券公司应承担对外清偿责任，承包人甲投资公司也应依据证券席位承包关系向乙证券公司承担清偿责任。据此，该判决判令甲投资公司归还乙证券公司代其偿还的人民币 3788.3509 万元、相应利息及欠款 15214.2656 万元。

2006 年 4 月 26 日，甲投资公司与乙证券公司针对该案件达成执行和解协议，主要约定：（1）甲投资公司在承包乙证券公司证券席位期间，以乙证券公司名义形成的债务 15214.2656 万元（经最高人民法院终审判决确认），共涉及

20户债权人，乙证券公司同意把对全部债权人清偿的债务，在甲投资公司征得所有债权人同意的情况下，依法转让给甲投资公司负责清偿；（2）协议生效后，乙证券公司应立即向云南省高级人民法院（以下简称云南高院）申请解除甲投资公司被查封冻结的全部涉案财产，甲投资公司应将被解除查封冻结的全部涉案财产移交云南省人民政府云证风险处置领导小组办公室监管；（3）协议生效后，甲投资公司应在10个工作日内归还乙证券公司代其偿还的人民币3788.3509万元及利息。

2007年6月20日，甲投资公司与乙证券公司联合向丁银行出具了《关于对丙证交中心债权情况的说明》，该情况说明主要内容为：（1）根据最高人民法院（2003）民二终字第185号民事判决第九页载明的“截至1999年12月31日，甲投资公司在丙证交中心形成债权本金为1910万元”的内容，确定此笔债权及利息归甲投资公司；（2）由于甲投资公司对乙证券公司的欠款尚未清偿完毕，故两公司共同主张该笔债权，债权收回后按《执行和解协议书》约定清偿甲投资公司欠乙证券公司的债务。

2007年7月9日，甲投资公司与乙证券公司再次联合向丁银行出具了《关于对丙证交中心债权情况的进一步说明》，进一步明确了对丙证交中心本金1910万元及利息的债权人为甲投资公司，由甲投资公司行使债权人一切权利，特委托债务人丙证交中心将清偿款项支付至乙证券公司清算账户。

2007年7月24日，昆明中院依法受理了乙证券公司的破产清算申请，并同时指定了破产管理人。乙证券公司破产清算前财务审计已将涉及甲投资公司与乙证券公司证券席位承包期间发生的债权债务调整入账：将丙证交中心所欠款项调整增加为“应收账款”；依据最高人民法院（2003）民二终字第185号民事判决结果将在席位承包期间以乙证券公司名义发生的对外债务调整增加为“应付账款”；同时按相应金额调整增加对甲投资公司的债权，记入“应收款项”。乙证券公司破产清算期间，甲投资公司未对已被调整入乙证券公司资产中的丙证交中心应付款项提出异议，并行使相应权利。甲投资公司也未向破产管理人申报债权。

2011年8月26日，（2007）昆民破字第5-13号民事裁定书终结了乙证券公司破产程序。经核查乙证券公司破产程序，乙证券公司破产登记债权人共计42家。乙证券公司破产清偿率为4.25%，破产终结及此后的分配过程中4家债权人未实际参加分配（债权共计39518.5631万元），一家债权人提存（债权658.2233万元）。

2012年7月12日，乙证券公司破产管理人与丙证交中心签订了《债权、债务抵偿协议》，共同约定由丙证交中心将其对戊银行所享有的债权转让给乙证券公司破产管理人，用以抵偿丙证交中心拖欠乙证券公司的债务。

2012 年 11 月 26 日，甲投资公司向昆明中院提交民事起诉状，诉请：（1）确认原、被告双方于 1995 年 4 月 27 日签订的《协议书》合法有效；（2）确认昆明中院（1996）昆法经初字第 281 号民事判决书项下被告对于第三人的本金人民币 1910 万元及相应利息的债权为原告所享有；（3）判令第三人向原告支付本金 1910 万元及自 1997 年 1 月 1 日起至 2012 年 10 月 31 日止的利息 2286 万元，共计 4196 万元以及至付清款项之日的同期贷款利息；（4）判令被告承担本案的诉讼费用。

## 【裁判结果】

一审法院判决：一、确认甲投资公司与乙证券公司签订于 1995 年 4 月 27 日的《协议书》合法、有效；二、驳回甲投资公司的其他诉讼请求。案件受理费 25.16 万元由甲投资公司承担。

一审宣判后，甲投资公司不服，向云南高院提起上诉。请求撤销原审判决第二项，改判确认昆明中院（1996）昆法经初字第 281 号民事判决书项下乙证券公司对丙证交中心的本金人民币 1910 万元及相应利息的债权为甲投资公司所享有，判令丙证交中心向甲投资公司支付本金 1910 万元及自 1997 年 1 月 1 日起至 2012 年 10 月 31 日止的利息 2286 万元，共计 4196 万元，以及至付清款项之日的同期银行贷款利息。并由两被上诉人承担本案全部诉讼费。

其事实和理由如下：（1）原审判决本案定性为债权转让纠纷是错误的，本案是债权确认纠纷。（2）原审判决已经认定甲投资公司与乙证券公司之间的《协议书》为合法有效，甲投资公司与乙证券公司多次出具书面证明文件，并获得丙证交中心上级主管部门及投资方的确认，且有最高人民法院终审判决认定，甲投资公司才是丙证交中心所欠 1910 万元本金及利息的合法债权人。（3）乙证券公司擅自处分甲投资公司的债权，并与丙证交中心签署《债权、债务抵偿协议》，严重侵害甲投资公司的合法权益，该抵偿行为无效。至今丙证交中心未进行任何实质清偿，丙证交中心应向甲投资公司直接清偿债务。（4）原审认定甲投资公司未偿还乙证券公司债务错误，适用《合同法》第 52 条[1]错误。综上，请求二审依法支持其上诉请求。

---

1 《合同法》第 52 条："有下列情形之一的，合同无效：（一）一方以欺诈、胁迫的手段订立合同，损害国家利益；（二）恶意串通，损害国家、集体或者第三人利益；（三）以合法形式掩盖非法目的；（四）损害社会公共利益；（五）违反法律、行政法规的强制性规定。"对应《民法典》第 146 条、第 153 条、第 154 条。

被上诉人乙证券公司答辩称，（1）昆明中院（1996）昆法经初字第281号民事判决书已经确认本案诉争的丙证交中心所欠1910万元本金及利息应当归属于乙证券公司，该判决已经生效，且并未被撤销。甲投资公司要求确认该债权归属于该公司没有法律依据。甲投资公司与乙证券公司在破产清算过程中，虽然对该债权的形成进行了表述，但同时明确该债权追回后打入乙证券公司清算账户用以偿还甲投资公司的负债。可见乙证券公司系该笔债权的法律上和实质上的权利人，甲投资公司主张该笔债权的归属无任何法律上和事实上的依据。（2）甲投资公司明知乙证券公司破产的事实和进程，但其从未向管理人主张过本案诉争的债权。为此，即便甲投资公司享有本案债权，但其未在法定期间内主张权利，其起诉的诉讼时效已经超过。（3）本案涉案标的已经由最高人民法院和昆明中院审理终结，甲投资公司提起诉讼违背了"一事不再理"的原则。并且甲投资公司并未抵销其欠乙证券公司的债务，至今尚欠本息2.8亿元。乙证券公司将继续申请法院强制执行。综上，请求二审驳回甲投资公司的上诉，维持原判。

被上诉人丙证交中心答辩称，（1）甲投资公司与乙证券公司之间的《协议书》对该中心无效。（2）丙证交中心从未收到乙证券公司有关债权转让通知。（3）昆明中院（1996）昆法经初字第281号民事判决在起诉和执行中债权人均为乙证券公司，与甲投资公司无关。（4）2012年7月15日其与乙证券公司签署抵偿协议，双方债权债务关系已经全部清结，丙证交中心与乙证券公司之间的债权债务关系已经不复存在。综上，请求驳回甲投资公司的上诉。

二审庭审中，除甲投资公司提出原审遗漏了最高人民法院（2003）民二终字第185号判决认定的部分事实以及未认定其偿还乙证券公司3788万元债务外，各方当事人对原审法院确认的事实无异议，云南高院对无争议的事实予以确认。

二审法院认为，甲投资公司的上诉请求均不能成立，不予支持。原审认定事实清楚，适用法律正确，依法予以维持。据此，依照《民事诉讼法》第170条[2]第1款第1项的规定，判决如下：驳回上诉，维持原判。二审案件受理费25.16万元由甲投资公司负担。本判决为终审判决。

---

2 《民事诉讼法》第170条："第二审人民法院对上诉案件，经过审理，按照下列情形，分别处理：（一）原判决、裁定认定事实清楚，适用法律正确的，以判决、裁定方式驳回上诉，维持原判决、裁定；（二）原判决、裁定认定事实错误或者适用法律错误的，以判决、裁定方式依法改判、撤销或者变更；（三）原判决认定基本事实不清的，裁定撤销原判决，发回原审人民法院重审，或者查清事实后改判；（四）原判决遗漏当事人或者违法缺席判决等严重违反法定程序的，裁定撤销原判决，发回原审人民法院重审。原审人民法院对发回重审的案件作出判决后，当事人提起上诉的，第二审人民法院不得再次发回重审。"

## 【裁判理由】

本案涉及的国债回购业务始于1995年，至2015年二审法院终审判决结案，时间跨越长达21年，甲投资公司、乙证券公司与丙证交中心三方当事人之间的法律关系错综复杂。本文从厚达数米的案卷材料中全面梳理了本案的案件事实与法律关系，不仅厘清了相关的案件事实，而且通过卷宗中的证据材料对卷宗后的法律关系进行了分析。

1. 乙证券公司具备诉讼主体资格

乙证券公司于2007年7月进入破产程序至2011年8月26日人民法院裁定终结破产程序，破产程序终结后尚未办理注销登记手续。本案乙证券公司虽然已经破产终结，但未办理注销登记手续，同时人民法院也未撤销乙证券公司破产管理人。且本案各方当事人对于乙证券公司在本案中的诉讼主体资质也表示认可，故乙证券公司具备诉讼主体资格。

2. 《协议书》合法有效

甲投资公司与乙证券公司所签证券席位承包合同违反的是丙证交中心会员管理办法中有关会员席位不得转让使用的规定，而非法律、法规的强制性规定，而《最高人民法院召开审理证券回购纠纷案件座谈会会议纪要》仅针对证券回购合同的效力问题进行了相应规定，不涉及席位承包合同的效力，并不能作为乙证券公司及丙证交中心否定合同效力的法律依据。且最高人民法院在（2003）民二终字第185号判决中已对双方基于同类协议形成的证券交易席位承包关系所产生的债权债务纠纷进行了处理，故乙证券公司及丙证交中心认为合同无效的抗辩理由，于法无据，不能成立。因此，甲投资公司与乙证券公司于1995年4月27日签订的《协议书》合法有效。

3. 《协议书》仅能约束甲投资公司与乙证券公司

甲投资公司与乙证券公司签约后建立的证券席位承包法律关系，仅能约束甲投资公司与乙证券公司，而对外与第三人发生国债交易的均是乙证券公司，双方内部关系不能对抗第三人在承包期间以乙证券公司名义形成的债务，债权人仅能向乙证券公司追偿，而不能直接向甲投资公司主张；同理，以乙证券公司名义形成的债权，也应由乙证券公司予以主张，并不当然移转至甲投资公司。甲投资公司虽提交了一系列证据证明有关部门及乙证券公司已明确了针对丙证交中心的债权应归甲投资公司所有，由其主张债权。但是，甲投资公司的主张不能成立。

首先，甲投资公司与乙证券公司并未对该笔债权的移转签订书面协议，也未向债务人丙证交中心发出债权移转的相关通知，有关部门的文件并不能取代债权移转文书而发生债权转让的法律后果。

其次，就双方内部约定来看，乙证券公司虽出具说明明确该笔债权归属于甲投资公司，但同时也明确了因甲投资公司对乙证券公司负有债务，故该笔债权追回后应直接打入乙证券公司清算账户用以归还甲投资公司的负债。

最后，乙证券公司破产前财务审计已将本案诉争债权以应收账款名目调入整体资产范围，且在破产程序终结后，破产管理人继续追讨该笔债权，与丙证交中心签订了《债权债务抵偿协议》，清结了该笔债务。甲投资公司与乙证券公司的债权债务关系在破产程序中同样必须符合破产法律规定。在破产清算程序中，甲投资公司并未针对诉争债权提出异议，即未在债权申报期限内对本案诉争的债权进行有效登记，同时亦未行使相应权利，现乙证券公司破产程序已经终结，甲投资公司现主张该债权缺乏法律依据。

4. 甲投资公司不享有乙证券公司的债权

诉讼中甲投资公司认为其已经还清对乙证券公司所负债务，应享有债权。该主张同样不能成立。

首先，乙证券公司破产程序中，根据生效判决甲投资公司作为乙证券公司的债务人本身就负有向乙证券公司偿付债务的义务，其偿付债务的行为并不导致其当然享有乙证券公司的对外债权。

其次，甲投资公司主张在破产程序中属于承包期间的债务人只有12家登记为乙证券公司的债权人，其通过代偿、收购债权等形式了结了承包期间形成的对外债务，而乙证券公司破产财产分配过程中仅有4家债权人未参加分配，与甲投资公司称其实际清偿了结债务的主张不符。

最后，根据《企业破产法》规定，破产债务人对外的债权债务处理必须依法进行，因涉及全体债权人的权益，破产期间债权债务不能当然抵销。

因此甲投资公司该抗辩主张缺乏事实及法律依据，不能成立。

## 【案例注解】

归纳各方当事人的诉辩主张，本案的争议焦点有两个：(1) 昆明中院 (1996) 昆法经初字第281号民事判决书项下乙证券公司对丙证交中心的本金人民币1910万元及相应利息的债权是否为甲投资公司所享有？(2) 甲投资公司要求判令丙证交中心向甲投资公司支付本金1910万元及自1997年1月1日起至2012年10月31日止的利息2286万元，共计4196万元，以及至付清款项之日的同期银行贷款利息是否成立？

**一、关于第一个焦点问题**

第一，虽然本案中乙证券公司已经破产终结，但其未办理注销登记手续，同时人民法院也未撤销乙证券公司破产管理人。且本案各方当事人对于乙证券公司在本案中的诉讼主体资格也无异议，故乙证券公司具备诉讼主体资格。既然乙证券公司具备诉讼主体资格，其依法应独立享有民事权利和承担民事法律责任。昆明中院（1996）昆法经初字第281号民事判决书系生效法律文书，并未被法定程序所撤销。在该判决书中明确对丙证交中心的本金人民币1910万元及相应利息的债权人是乙证券公司。因此，甲投资公司要求将昆明中院（1996）昆法经初字第281号民事判决书项下乙证券公司对丙证交中心的本金人民币1910万元及相应利息的债权确认为甲投资公司所享有，与生效法律文书相悖，不能得到支持。

第二，甲投资公司虽提交其与乙证券公司签订的《关于对丙证交中心债权情况的进一步说明》以及丙证交中心上级主管部门丁银行西安分行的《情况汇报》，用以证明丙证交中心上级主管部门及乙证券公司已明确了针对丙证交中心的债权应归甲投资公司所有，由其主张债权，但昆明中院（1996）昆法经初字第281号判决书中，该案是以乙证券公司名义起诉，而不是以甲投资公司名义起诉。甲投资公司对此并未提出异议。同时，丙证交中心未接到该笔债权转移至甲投资公司的通知，因此该笔债权并未转移至甲投资公司。

第三，甲投资公司明知乙证券公司已经进入破产程序，并且明知昆明中院（1996）昆法经初字第281民事判决，已经判决该债权由乙证券公司享有，但从未向乙证券公司清算组申报过债权或者提出异议。应视为甲投资公司认可本案债权由乙证券公司对外主张权利，并享有判决书项下的债权。

第四，最高人民法院（2003）民二终字第185号民事判决中，就甲投资公司与乙证券公司承包证券交易席位产生的债权纠纷作出了判决，本案诉争的乙证券公司对丙证交中心的本金人民币1910万元及相应利息的债权也包括在内，双方亦达成了和解协议，本案诉争款项可以在该案执行中一并解决。

综上所述，甲投资公司主张，昆明中院（1996）昆法经初字第281号民事判决书项下乙证券公司对丙证交中心的本金人民币1910万元及相应利息的债权为甲投资公司所享有，不能成立。

**二、关于第二个焦点问题**

丙证交中心至今未认可该笔债权已经由甲投资公司享有，从未承诺向其支付该笔款项。且其在昆明中院（1996）昆法经初字第281号民事判决书执行中，于2012年7月15日与乙证券公司签署抵偿协议，双方债权债务关系已经全部清结。因此甲投资公司要求判令丙证交中心向甲投资公司支付本金1910万元及自1997年1月1日起至2012年10月31日止的利息2286万元，共计4196万元，以及至付清款项之日的同期银行贷款利息，无法律和事实依据，不能成立。

## 【相关法条】

《中华人民共和国民法通则》第58条；[3]

《中华人民共和国合同法》第52条、第73条、第79条、第80条；[4]

《中华人民共和国公司法》（2005年修订）第20条；

《中华人民共和国企业破产法》第13条、第16条、第19条、第25条、第32条；

《中华人民共和国民事诉讼法》（2012年修正）第170条、第200条、第204条；

《最高院关于适用〈中华人民共和国民事诉讼法〉的解释》第395条；

《最高人民法院召开审理证券回购纠纷案件座谈会》会议纪要第二个问题第1条、第4条，第三个问题第3条；

《中国人民银行、财政部、中国证券监督管理委员会关于重申对进一步规范证券回购业务有关问题的通知》（银传〔1995〕60号）第2条。

---

3 对应《民法典》第第146条、第153条、第154条。

4 对应《民法典》第第146条、第153条、第154条、第535条、第545条、第546条。

# 受反不正当竞争法规制的整体营业装潢的司法认定

## ——西贝莜面村餐厅商标侵权及不正当竞争纠纷案

雒　欣*

【裁判要旨】

本案从“装潢”概念的本义出发，将整体营业形象界定为附着在经营场所上的装修及可以与经营场所分离的物品的选择和摆放布置，具有整体性、独立性，且“装潢”元素应当具有最低限度的审美意义。受反不正当竞争法保护的整体营业形象则应当具有非功能性及识别性。此外，本案还对商标侵权及不正当竞争纠纷中，商场作为场地出租者及管理者应当承担的责任进行了分析，认为商场应当对商铺的经营情况负有注意义务。这种注意义务的程度并非一般的、限于表面的注意，但不应当过分高于其作为场地出租方的身份，达到专业法律判断的水平。

【关键词】知识产权　反不正当竞争法　整体营业形象　商场责任

【案件索引】

一审：北京市朝阳区人民法院（2018）京0105民初4340号

二审：北京知识产权法院（2019）京73民终3003号

一审合议庭成员：巫霁、乔迪、李丽华

二审合议庭成员：郭振华、刘炫孜、张阳

---

* 雒欣——北京市朝阳区人民法院法官助理，中国政法大学民商经济法学硕士。

## 【基本案情】

西贝公司于2010年12月23日注册成立，至今已在全国发展220余家西贝莜面村餐厅，主营莜面、牛羊肉等西北特色食品。多年来，西贝莜面村餐厅门店外墙、待客柜台、商场及户外广告等处大量使用“I♥莜”等商业标识。2016年6月21日，西贝公司经核准取得第16586956号“I♥莜”注册商标专用权，有效期至2026年6月20日，核准使用服务类别为第43类餐厅、饭店、快餐馆等。

经营过程中，西贝莜面村餐厅对店内外装潢及员工服饰一直采用较为统一的风格及元素，具体为：餐厅外等候区红白交错摆放的镂空侯餐椅、面向商场一侧的玻璃外墙、红底白字店铺招牌；用餐区的牛角椅、布艺沙发、木质条纹吊顶棚顶设计；红白两色方格用餐区桌布，桌面立柱式桌号牌及其上托盘，托盘上调料瓶、餐巾纸、牙签筒等物品、桌面上含黑红色“I♥莜”字样的一次性湿巾及餐具，菜单折页（封面印有“I♥莜”标识及宣传语“西贝羊肉为什么好吃？因为只用‘草原羊’”，内页为白色底色，印有菜品照片、中英文名称、规格及价格等内容）；厨房区的明厨亮灶，房顶悬挂双层置物架及其上用笼屉堆叠而成的金字塔形状装饰；厨师、服务员统一工服。

2017年7月20日，西贝公司发现某公司在其经营的涉案餐厅的员工服饰、广告宣传、店内一次性用品等处使用了“I♥莜（‘♥’内含‘莜面人家’）”等标识，涉案餐厅所在某商场的美食街商户介绍海报中，亦有“I♥莜面人家（‘♥’内含‘双桥店’）”标识，西贝公司主张某公司上述行为构成商标侵权。此外，涉案餐厅照搬了西贝莜面村餐厅的整体装潢风格及元素，西贝公司据此主张某公司构成不正当竞争。

同时，西贝公司主张某商场作为涉案餐厅场地出租者，为某公司实施上述商标侵权和不正当竞争行为提供经营场所等便利条件，且未尽到经营管理、监督等职责，主观上存在过错，应与某公司承担连带责任。

## 【裁判结果】

北京市朝阳区人民法院于2019年4月25日作出（2018）京0105民初4340号一审民事判决，部分支持原告诉讼请求；

北京知识产权法院于2019年12月26日（2019）京73民终3003号二审民事判决，驳回上诉，维持原判。本案判决已生效。

## 【裁判理由】

一审法院判决认为，双方的争议焦点为三个：（1）某公司是否侵犯西贝公司注册商标专用权；（2）西贝莜面村餐厅装潢能否受反不正当竞争法保护，其内涵及外延如何界定；（3）某商场作为涉案餐厅场地出租者，是否构成商标侵权及不正当竞争。本案中商标侵权的认定无争议，主要问题集中于受反不正当竞争法保护的餐厅装潢的界定及商场管理者的责任划分。

关于某公司是否侵犯涉案商标专用权的问题。某公司将“I♥莜（‘♥’内含‘莜面人家’）”等标识使用在员工服饰、宣传广告等处，属于商标性使用，且该标识与涉案商标在字形、读音、含义等方面均近似，易造成公众混淆，故某公司构成商标侵权。

关于西贝莜面村餐厅装潢能否受反不正当竞争法保护。法院认为，半通天玻璃、明厨亮灶、镂空等候椅、牛角形靠背餐椅等装潢元素，体现了西贝公司在餐厅装修、物品配置及员工服饰等方面的选择及安排，使西贝莜面村餐厅形成了统一特有的装修风格及效果。加之西贝公司及西贝莜面村餐厅在中国境内为相关公众所知悉，上述装潢与西贝公司及西贝莜面村之间已经产生了特定联系，可以起到识别服务来源的作用，应受我国《反不正当竞争法》的保护。某公司作为西北菜餐厅经营者，在应当知晓西贝莜面村餐厅装潢的情况下，仍于在后相同服务上使用同类装修风格，且在整体装修和细节布置方面使用高度近似的元素，主观恶意明显，易使相关消费者产生误认。故某公司的行为构成不正当竞争。

关于某商场的责任问题。某商场作为涉案餐厅场地出租方，系实体商场经营者，应对商户经营进行规范管理，但其未尽到合理注意义务，对某公司在涉案餐厅内及商场美食街大量使用与涉案商标近似标识的侵权行为未加以制止，构成侵犯商标专用权的帮助行为，应当针对商标侵权行为承担连带责任；此外，由于某公司的行为是否构成不正当竞争，需法律专业人士根据个案情况进行专业判断，已超出商场经营者合理注意义务，因此，某商场不构成不正当竞争。

综上，一审法院判令某公司应立即停止商标侵权及不正当竞争行为，于新京报发表声明以消除影响，并赔偿西贝公司分别因商标侵权及不正当竞争行为产生的经济损失及合理支出510340元及310340元；某商场针对商标侵权经济赔偿中的50000元承担连带赔偿责任。

## 【案例注解】

### 一、涉整体营业形象案件中的司法分歧

近年来，理论及实务界对整体营业形象的探讨越来越多，相关案件也时有发生，但案件总量较少。笔者以“装潢”为关键词，在知产宝网站对相关案例进行检索，可得搜索结果17929个，除去其中一、二审裁判理据及结果基本一致的案件后，筛选涉整体营业形象案件12件，通过梳理，笔者认为司法实践中，涉整体营业形象案件主要存在如下问题：

（一）裁判法律依据不统一

在涉整体营业形象案件的司法实践中，当事人除援引《反不正当竞争法》外，还存在援引《著作权法》等其他法律的情形，但各地法院均适用《反不正当竞争法》对整体营业形象进行保护。即便如此，法院在选取具体法条时仍存在一定分歧，绝大多数适用1993年《反不正当竞争法》第5条第2项（2019年《反不正当竞争法》第6条第1项）之规定，但仍有个别法院适用《反不正当竞争法》第2条原则条款对被诉行为进行规制[1]。

（二）整体营业形象范围及保护标准不统一

整体营业形象的定义在《最高人民法院关于审理不正当竞争民事案件应用法律若干问题的解释》第3条[2]的规定中有所体现。但对于整体营业形象的抽象定义以及其外延如何确定则缺少进一步明确规范。因此，实践中对整体营业形象存在不同的认定标准：

1. 对是否包含其他商业标识认识不同

实践中，部分法院不区分仿冒他人整体营业形象的行为及使用与他人注册商标相同或近似标识的行为，在对被告行为进行统一描述后，认定被告的行为“侵犯了原告的商标专用权及构成不正当竞争”[3]。有的法院则认为店铺招牌、广告语等属于整体营业形象的构成元素[4]；有的则认为“商业标识、图标、说明图、材料分析文字、网站设计风格、产品手册的布局、广告宣传内容、卡通形

---

1 详见（2017）浙0302民初11158号原告温州市肯味你食品有限公司与原告温州味你寻食品有限公司著作权侵权及不正当竞争纠纷一审民事判决书。

2 该解释第3条规定：“由经营者营业场所的装饰、营业用具的式样、营业人员的服饰等构成的具有独特风格的整体营业形象，可以认定为反不正当竞争法第五条第（二）项规定的‘装潢’”。

3 详见（2019）湘09知民初199号原告长沙零食很忙食品有限公司与被告湖南好忙零食有限公司等侵害商标权纠纷、不正当竞争纠纷一审民事判决书。

4 同上。

象等均不符合知名商品特有装潢的要件”。[5]

2. 对元素本身是否需要具有显著性要求不同

有的法院从设计理念出发，将传递原始、简朴设计理念的未经装饰的水泥天花板及地面等认定为整体营业形象元素[6]；有的法院将行业普遍使用的颜色和用具排除于整体营业形象之外[7]；有的法院分别论述各元素不具备显著性或者并非原告独有，因此对整体营业形象不予以保护[8]；有的法院则不对装潢元素进行单独评价，而是将整体营业形象作为一体判断其能否受到《反不正当竞争法》的保护[9]。

3. 整体营业形象保护标准不同

由于2017年《反不正当竞争法》修改后，“知名商品特有装潢”变更为“有一定影响的装潢”。有的法院在修法后仍沿用“特有”的表述[10]，有的法院则未继续使用该表述，反映出司法实践中对于“一定影响”标准是否等同于“知名＋特有”标准存在一定分歧。

## 二、整体营业形象的概念厘清

《最高人民法院关于审理不正当竞争民事案件应用法律若干问题的解释》第3条规定，由经营者营业场所的装饰、营业用具的式样、营业人员的服饰等构成的具有独特风格的整体营业形象，可以认定为《反不正当竞争法》第5条第2项规定的“装潢”。该条规定系对整体营业形象的明确界定。从装潢的字面含义及整体营业形象在法律体系中的定位出发，笔者认为，整体营业形象应当具备如下特征。

### （一）构成元素本身需具有最低限度的审美意义

在司法实践中，依据整体营业形象主张权利的当事人通常会将其营业场所内的元素进行一一列举，此时，法院必须依据一定标准筛选出整体营业形象的

---

5 详见（2013）沪二中民五（知）初字第173号原告卡骆驰等与被告上海红来商贸有限公司等擅自使用知名商品特有名称、包装、装潢及虚假宣传纠纷一审民事判决书。

6 详见（2017）桂0303民初214号原告阳朔县东院弥香客栈与被告阳朔县玉山居客栈等擅自使用知名商品特有名称、包装、装潢纠纷一审民事判决书。

7 详见（2006）海民初字第28607号原告上海避风塘茶楼有限公司与被告北京新思晟餐饮管理有限责任公司不正当竞争纠纷一审民事判决书。

8 详见（2019）沪73民终233号上诉人美克国际家居用品股份有限公司与温州市大千艺术家居有限公司等侵害商标权纠纷二审民事判决书。

9 详见（2018）浙03民终3273号上诉人温州市肯味你食品有限公司与上诉人温州味你寻食品有限公司著作权侵权及不正当竞争纠纷二审民事判决书。

10 详见（2019）辽0203民初1217号原告壹参玖伍股份有限公司与被告大连高新区海岛怪物冰品店等侵犯著作权及不正当竞争纠纷一审民事判决书。

构成元素，在此基础上，再对整体营业形象能否受到法律保护进行探讨。例如，在本案中，西贝公司主张木质顶棚、镂空等候椅、牛角形靠背餐椅及桌面一次性用品、桌面台号牌及底座摆放牙签筒等，均属于其餐厅装潢的元素，对此，法院必须对可以列入整体营业形象的元素进行逐一界定。

根据词典释义，装潢是指“器物或商品外表”的“修饰”，如对室内地面、墙面、顶棚等各界面的处理，装饰材料的选用，也可能包括对家具、灯具、陈设和小品的选用、配置和设计。其中“小品”意为小的艺术品。即装潢一方面可以是附着于营业场所之上的装修装饰，另一方面也可以是与营业场所分离的具有审美意义的物品及布置。从装潢一词的本义来看，其本身着重从外表的、视觉艺术的角度来探讨和研究问题，需要具有超越实用性功能的独立审美意义。在前述已结案件中，部分法院认为装潢元素需要具有显著性、特有性，在整体营业形象中排除行业内一些通用的元素，但笔者认为，法律保护的是各装潢元素构成的整体，并非各元素，因此要求元素应当具有的独立审美意义不宜过高，仅需具有视觉吸引力，同时能够体现一定选择及安排即可。

以本案为例，西贝莜面村餐厅半通天式玻璃外墙，用餐区顶棚，厨房区明厨亮灶设计、顶上置物架、操作台等，属于附着于餐厅经营场所上的装修部分；等候区的店铺招牌、红白相间的镂空等候椅，用餐区的用餐椅、用餐沙发、沙发靠垫及用餐桌布，厨房区的顶上置物架装饰物，属于与经营场所分离但可以起到修饰美化作用的装饰。上述元素，均超越了物品本身的实用功能，具有独立的审美意义，符合餐厅装潢的内涵。服务员及厨师服饰，虽然与餐厅本身的装修布置无关，但员工属于餐厅服务的有机整体的一部分，且各个餐厅通常都会为员工选择统一的制服，以求其与整个餐厅的装修布置协调统一，故员工服饰也构成餐厅装潢的要素之一。至于桌面一次性用品、菜单、桌面台号牌及底座摆放牙签筒等物品，仅为一些日常用品，在实用性之外并不能起到装饰作用，更无法上升到视觉艺术的高度，故不属于装潢范畴。

**（二）整体营业形象具有整体性**

在美国，整体营业形象的保护被纳入商业外观（trade dress）制度中，该国在其《联邦商标法》中并未使用商业外观一词，商业外观的保护主要通过判例逐渐发展完善，其范围从商品的包装和装潢扩展到商品的外形和外部结构，进而发展到包括某一个商品或者商业组织在市场上所有的外观表现和现象。[11] 商业外观可以包括诸如规格、形状、颜色、质地、图画甚至是特殊的销售商品技

---

11 吴伟光：《商业外观的法律保护——以保护来源标识功能为原则》，载《清华法学》2009年第6期。

巧，是商品的总体形象、综合外观，因此整体性是商业外观的重要特征。在我国，根据《最高人民法院关于审理不正当竞争民事案件应用法律若干问题的解释》的规定，整体营业形象亦应具有整体性，系服务提供者向公众展示的整体印象。在判断营业场所装潢能否受到反不正当竞争法保护时，应将所有符合装潢定义的元素作为一个整体进行判断，而非单独对其中的任何元素进行界定。以本案为例，西贝公司在本案中主张的红白交错摆放的镂空侯餐椅、玻璃外墙等均系西贝莜面村餐厅的装潢构成元素，但在判断该餐厅装潢能否受反不正当竞争法保护时，应在排除仅有实用功能的元素后，对厨房区、用餐区及等候区的整体装潢进行判断。

（三）整体营业形象具有独立性

整体营业形象作为一种商业标识，在商主体对其利用时，通常会与其他商业标识一并使用，如果不当扩大整体营业形象的范围，势必会导致一些元素被垄断，相反的情况下，则会使权利人无法得到全面保护。因此，区分整体营业形象与其他商业标识显得尤为重要。在司法实践中，原告请求法院保护的整体营业形象中通常包含店铺招牌，部分招牌展示的是原告享有专用权的注册商标，部分招牌内容则为广告语及图形、颜色的组合。多数法院将此类店铺招牌作为整体营业形象元素。但笔者不同意这种做法，主要理由如下。

1. 注册商标专用权区别于整体营业形象

在涉整体营业形象案件中，有的法院将被告商标侵权及不正当竞争行为一并进行评价。但笔者认为，由于注册商标与整体营业形象在保护依据、保护方式及保护程度等方面均存在较大差异，此外，整体营业形象与注册商标相比，除识别来源的作用外，还具有美化商品或服务等其他功能，且整体营业形象包含营业用具的式样、营业人员的服饰等多种客体，与注册商标存在本质区别，不将注册商标排除于整体营业形象之外的做法有失妥当。整体营业形象应由《反不正当竞争法》第6条第1项规制，该条规定本质上为保护未注册商标的规定，系反不正当竞争法在商业标识的保护方面对商标法的补充。[12] 以本案为例，西贝公司一方面就“I♥莜”注册商标主张被告构成商标侵权，另一方面主张“I♥莜”为整体营业形象构成元素，在该标识已经通过商标法保护的情况下，不再适用反不正当竞争法对其进行保护。

2. 广告语区别于整体营业形象

笔者认为，广告语虽然亦属于未注册商标范畴，但其不同于整体营业形象，前者主要通过文字的内在含义建立其与商品或服务之间的联系，而后者则主要

12 孔祥俊著：《反不正当竞争法新原理分论》，法律出版社出版2019年版，第10－11页。

通过图案、色彩、文字等展现出的具有审美意义的外在表现形式建立其与商品或服务之间的联系。广告语系与装潢并列的概念，应被纳入《反不正当竞争法》第6条第1项中的“等”字概括规定中[13]，并根据其是否具有一定影响、显著性等要件确定其是否具有可保护性。作为可以独立构成商业标识的广告语，不宜再被纳入整体营业形象对其加以评价。

在此需要说明的是，当店铺招牌的颜色、非注册商标的图形等外在表现形式具有最低限度的审美意义时，其仍然可以作为整体营业形象的构成元素。

## 三、整体营业形象的司法审查

### （一）整体营业形象能否受法律保护的审查

上文中探讨的整体营业形象更多系从装潢字面含义出发进行的事实描述，并非所有的整体营业形象都能受到法律保护。笔者认为，受我国反不正当竞争法保护的整体营业形象应当满足以下要件。

1. 整体营业形象应具有非功能性及识别性

我国《商标法》第12条规定，以三维标志申请注册商标的，仅由商品自身的性质产生的形状、为获得技术效果而需有的商品形状或者使商品具有实质性价值的形状，不得注册。《最高人民法院关于审理不正当竞争民事案件应用法律若干问题的解释》第2条也规定仅由商品自身的性质产生的形状，为获得技术效果而需有的商品形状或者使商品具有实质性价值的形状不认定为知名商品特有的名称、包装、装潢。此外，结合整体营业形象的字面含义，不同于其他商业标识，其本身即具有装饰、美化的内涵，因此，受法律保护的整体营业形象势必应具有非功能性。

如上文所述，整体营业形象构成要素仅需具备最低限度的审美意义，即可符合装潢的字面含义要求，但整体营业形象之所以能够成为一种应受法律保护的商业标识，主要基于其具有区分服务来源的作用，因此，受法律保护的整体营业形象，除非功能性外，还应具备识别性，亦即显著性，是指整体营业形象应可以起到识别或区分商品或服务来源之作用。整体营业形象的识别性分为两种情况：一种为装潢自身即具有显著性，能够体现出独特的创意与设计；另一种为装潢通过长期使用已经取得第二含义。对整体营业形象的识别性应从其整体进行判断，整体营业形象的元素即使为行业通用，也不影响整体营业形象整体显著性的认定。此外，识别性的隐含之义即为防止消费者混淆，因此整体营业形象的识别性应当以一般消费者经验水平及注意力程度为判断标准。

---

13 孔祥俊著：《反不正当竞争法新原理分论》，法律出版社出版2019年版，第25页。

2. 来源关系应为相关公众知悉

2017年修订的《反不正当竞争法》第6条第1项将以往的“知名+特有”标准修改为“一定影响”。修法后，部分法院在审理相关案件时，仍沿用“知名+特有”的审判思路，首先认定商品或服务具有“知名度”或“一定影响”，进而论证包装或装潢是否符合“特有”之要件，即对包装或装潢与商品或服务的对应关系进行论证。

但由于整体营业形象具有独立性，只有当其自身具有不同于商标等其他商业标识的识别性后，才具有单独受到保护的价值，因此在判定“一定影响”要件时，应舍去既往对商品或服务知名度及影响力的认定逻辑，保留对“特有”要件的要求。有观点认为，在整体营业形象自身即具有显著性时，无须要求“知名度”或“一定影响”。该观点实际还是延续了“知名+特有”的思路，分别论证商品或服务“知名”、包装或装潢“特有”。修法后，这种思路显然与法条文义不符，修法后的“一定影响”应当是包装、装潢与商品或服务来源之间的关系为相关公众所熟悉，具体在裁判过程中，应当着重考量商业主体在商品或服务上使用相关包装或装潢的情况，判断使用程度能否使其二者之间的对应关系在相关公众中具有一定影响，为相关公众所知悉，不应仅依据整体营业形象本身具有显著性，就舍弃“一定影响”要件的考量。本案中，西贝公司提交了其多家店铺的点评页面，其中均能显示截至2015年年底，西贝莜面村各餐厅在店外等候区、用餐区、厨房区、员工服饰等方面已经采用了较为统一的设置，且网友评论数少则逾千条，多则逾万条。西贝莜面村餐厅的装潢与餐厅服务来源的对应关系，已经为相关公众所熟悉，因此应当受到保护。

（二）混淆的审查

修改前后的《反不正当竞争法》，均对“混淆”要件提出要求，此种“混淆”不但包含“实际混淆”，还应包含“混淆可能性”。在对是否构成混淆进行审查时，应注意以下几个方面问题[14]：

1. 从整体考察混淆可能性

由于整体营业形象主要起到美化、装饰营业场所的作用，因此，其中通常会包含部分显著性较高的元素，但对于整体营业形象可能性的考察不能仅局限于个别的显著性元素，还应将各个元素作为整体进行判断。

2. 考量服务相似性及整体营业形象使用范围

不难理解，原、被告之间从事的服务类型越相似、原告整体营业形象适用

---

14 钱光文：《我国商业外观的法律保护问题探讨——以反不正当竞争法的适用为中心》，载《知识产权》2009年第1期。

范围越广，混淆的可能性越高，反之则越低。以本案为例，西贝公司及某公司同属西北菜餐厅，且西贝莜面村餐厅遍布全国，均采用统一装潢，因此某公司的行为势必会引起混淆。

3. 考量消费者的注意力

消费者的注意力亦为判断混淆可能性的考量因素，此时对于消费者的注意力仍应当以一般消费者的经验水平及注意力程度为判断标准。

（三）责任承担主体的审查

仿冒他人整体营业形象的实际行为人必然构成反不正当竞争，应当就其行为承担相应的责任，但在本案中，西贝公司将某商场列为共同被告一并起诉，商场应否就其场地内商户的不正当竞争行为承担责任，仍有讨论空间。

笔者认为，商场作为场地出租者，通常在场地租赁合同中约定可对商铺行使监督及统一规范管理的权利，从权责统一的角度出发，商场应当对商铺的经营情况负有注意义务。这种注意义务的程度并非一般的、限于表面的注意。与电商平台不同，实体市场商户较为固定且数量有限，商场有能力进行较为深入的日常管理及监督。这种监督管理不应仅限于对商户营业执照等书面文件的形式审查，还应包含施以必要的注意，对发现的可能违法行为及时处理。本案中，某公司的商标侵权行为发生在餐厅招牌、店内宣传及商场美食街广告等明显位置，商场经营者理应发现侵权行为的存在，但其未对侵权行为加以制止，故应当承担帮助侵权的责任。

关于商场管理者应否就商户的不正当竞争行为承担责任的问题。餐厅装潢不同于注册商标专用权，后者一经注册即具有对世的普遍效力，装潢能否受到反不正当竞争法的保护以及何种行为构成不正当竞争，均需要结合个案进行专业法律判断。商场经营者的注意义务程度不应当过分高于其作为场地出租方的身份，达到专业法律判断的水平。因此，本案中，商场无须就不正当竞争行为承担责任。

## 【相关法条】

《中华人民共和国商标法》第48条、第57条、第63条；

《中华人民共和国商标法实施条例》第75条；

《中华人民共和国反不正当竞争法》第6条。

# 隐匿、故意销毁会计凭证、会计账簿、财务会计报告罪的司法认定

## ——曹某隐匿会计凭证、会计账簿案

梁夏生　曹　虎*

**【裁判要旨】**

在隐匿、故意销毁会计凭证、会计账簿、财务会计报告犯罪中，应根据被告人具体的犯罪手段和犯罪对象认定罪名，罚当其罪，并结合该罪名的罪状特点、手段属性、行政违法程度，以审判为中心的刑事裁判标准及体系化、闭合性印证模式，综合审查认定主客观方面等构成要件，进而审慎考量刑事可罚性，合理界定罪与罚、轻与重的标准。

**【关键词】**选择性罪名　行政犯　情节严重　证据规则

**【案件索引】**

一审：广州市天河区人民法院（2019）粤0106刑初1854号（2020年4月25日）

二审：广州市中级人民法院（2020）粤01刑终1108号（2020年10月21日）

一审合议庭成员：曹虎、石晓梅、苏梅

二审合议庭成员：许媛媛、邹世发、陈小丹

---

* 梁夏生——广州市天河区人民法院刑事审判庭庭长、四级高级法官；曹虎——广州市天河区人民法院刑事审判庭审判员、一级法官。

## 【基本案情】

2015年4月1日，被告人曹某和李某某注册成立中某公司，股东为曹某、李某某，出资额分别为8400万元、3600万元，法定代表人为李某某，办公地址为广州市天河区。曹某、李某某共同管理中某公司，其中曹某负责对外业务，李某某负责管理财务，卢某是出纳。2015年年底因经营不善，曹某与李某某均提出要解散中某公司。2015年11月底，曹某接管中某公司账务，后将财务资料搬至广州市某大厦保管，卢某在该址继续工作，其后卢某辞职。2016年12月，李某某向公安机关报案控告曹某职务侵占，公安机关于2017年2月13日对曹某涉嫌挪用资金一案立案侦查。2017年3月，曹某向本院提交民事诉讼状，诉讼请求为判决中某公司解散，本院于2018年5月24日作出民事判决，因双方已于2015年12月31日确认协议一致解散公司，驳回原告曹某的诉讼请求。2018年3月至10月，公安机关多次以短信、电话、他人转达、邮寄传唤证和调取证据通知书方式要求曹某到案，并提供中某公司会计凭证、会计账簿等财务资料，曹某虽口头表示愿意配合，但拒不提供中某公司的会计凭证、会计账簿等财务资料。

2019年2月18日，公安机关将曹某抓获归案。同年3月26日，公安机关决定对曹某隐匿会计凭证、会计账簿、财务会计报告一案立案侦查，曹某至今尚未向公安机关提供中某公司会计凭证、会计账簿等财务资料。

## 【裁判结果】

广州市天河区人民法院于2020年4月25日作出（2019）粤0106刑初1854号刑事判决：被告人曹某犯隐匿会计凭证、会计账簿罪，判处有期徒刑一年三个月，并处罚金人民币3万元。宣判后，被告人曹某不服判决提出上诉，请求改判无罪。

广州市中级人民法院于2020年10月21日作出（2020）粤01刑终1108号刑事裁定：驳回上诉，维持原判。

## 【裁判理由】

法院生效裁判认为：被告人曹某搬走并保管中某公司会计凭证、会计账簿等财务资料。证人李某某、证人卢某均指证被告人曹某搬走并保管中某公司的财务资料，其中证人卢某还称曹某在保管中某公司财务材料后，强调了上述材料的重要性，并要求长期妥善保管，而被告人曹某在本院民事案件起诉状中称

2015 年 11 月即接管了中某公司的财务，中某公司、李某某在民事案件均未对此提出异议。

被告人曹某有隐匿并拒不向公安机关提交会计凭证、会计账簿的行为和动机。公安机关在立案侦查被告人曹某涉嫌挪用资金案件中，多次要求曹某到案并提供中某公司财务账册、记账凭证等财务资料，被告人曹某拒不到案并在承诺提交后拒不向公安机关提供上述财务资料。

中某公司会计凭证、会计账簿有存在的客观性，对被告人曹某而言亦有妥善保管的必要性。案涉中某公司作为注册资本过亿元并经营投资与资产管理业务的公司，应具有相当的会计凭证、会计账册等财务资料，设立规范的会计财务制度，亦为该公司的法定义务，且被告人曹某和李某某在本院民事案件中亦称有相关的中某公司财务审计报告，审计报告的作出依据应为中某公司的会计凭证、会计账簿等材料。被告人曹某起诉要求解散中某公司并提供会计报告等，在此期间应当保留中某公司相关财务资料。

被告人曹某在侦查阶段的认罪供述与在案其他证据均能相互印证。被告人曹某在侦查阶段供认独自保管中某公司会计凭证等财务资料，并详细描述了其保管中某公司财务资料涉及具体的时间、名称等细节内容，并供认自己经公安机关通知后，其因未认识问题严重性而未向公安机关提供，进一步印证了其隐匿中某公司会计凭证、会计账簿等会计资料，而拒不向公安机关提供的事实。

公安机关未以该罪名立案侦查之前，被告人曹某稳定供认其保管中某公司财务资料，而以该罪名立案侦查后，其反复提出矛盾性辩解，公安机关于 2017 年 2 月便立案侦查，直至 2019 年 2 月将其抓获归案，其间还历经了民事诉讼过程，长达两年的时间内其未提出上述辩解，而在庭审中再次推翻侦查阶段后期的辩解，其辩解不仅前后不一、相互矛盾，不能合理解释，且与在案证据相悖，亦不能提供最基本细节以资查证，明显避重就轻，不足采信。

综上，曹某实际控制了中某公司的会计凭证、会计账簿等，公安机关立案侦查后，要求被告人曹某提供而其隐匿并拒不提供，其行为属于“依法应当向司法机关、行政机关、有关主管部门等提供而隐匿或者拒不交出会计凭证、会计账簿、财务会计报告的”情形，其行为构成隐匿会计凭证、会计账簿罪。

## 【案例注解】

我国会计制度均处于快速发展阶段，社会转型尤其企业治理转型带来的会计财务失范现象，体现为该类犯罪多发，而在司法实践中该罪案件数量与该类犯罪行为高发态势并不匹配，不利于实现刑法的社会价值规范和引导作用，一定程度上源于亟待解决的类型化法律适用和事实认定问题。合理规制该类违法犯罪行为对规范引导企业会计制度乃至经济运行秩序具有重要意义，而认定困境和分歧肇始于认定标准的缺失和主观方面认定复杂性，有待于司法解释的出台。《刑法》第162条之一规定了行为为“隐匿”“故意销毁”、对象为依法应当保存的“会计凭证”“会计账簿”“财务会计报告”的罪状，且以情节严重与否作为罪与罚的界限，但尚无司法解释进一步明确认定犯罪的标准。根据《刑法》《会计法》[1]有关规定，该罪一般属于行政犯，需要情节严重方能构成犯罪，实践中存在他罪不能构成，而以手段行为认定该罪的情况，按照《最高人民检察院、公安部关于公安机关管辖的刑事案件立案追诉标准的规定（二)》（以下简称《追诉标准（二)》）第8条[2]界定入罪标准，而该追诉标准制定时间距今亦十余年，此种情形下更应从刑事违法性、提供必要性、刑事可罚性慎重审查认定罪与非罪、此罪与彼罪乃至罪名选择的问题，并以之充分考量该罪的量刑参照系。

## 一、该罪属行为、对象双向选择性的罪名

该罪为1999年12月25日《刑法修正案》增设罪名。该罪的手段行为为隐匿或者故意销毁，针对对象为依法应当保存的会计凭证、会计账簿、财务会计报告，实质为犯罪行为、对象均可选择的罪名，而根据行为人针对不同的对象而实施不同的行为，可能进而影响到行为的定性。如何理解“隐匿”“故意销毁”？正如有观点认为隐匿是指妨害他人依法发现会计凭证、会计账簿以及财务会计报告的行为，销毁既包含上述隐匿行为，又包含使会计凭证、会计账簿、财务会计报告失去法律法规赋予其的效力的行为。[3]在某种程度上隐匿对比故意销毁而言，具有较轻的主观恶性和行为、结果恶性，隐匿在一定程度上具有结果可逆性，从证据角度看除被告人自认其罪外，隐匿一般体现为一定欺瞒性，而故意销毁一般更体现为一种公开性，换言之隐匿者有将其转移、藏匿的会计资料交出的可能，而此时在符合该罪构成要件前提下，考虑到行政犯较自然犯具有相对较低的道德伦理侵害性，可能还需要进行刑事可罚性判断，以避免泛犯罪化之虞。

---

1 《中华人民共和国会计法》第35条规定，各单位必须依照有关法律、行政法规的规定，接受监督检查部门依法实施的监督检查，如实提供会计凭证、会计账簿、财务会计报告和其他会计资料以及有关情况，不得拒绝、隐匿、谎报。

2 《最高人民检察院、公安部关于公安机关管辖的刑事案件立案追诉标准的规定（二)》第8条规定，隐匿或者故意销毁依法应当保存的会计凭证、会计账簿、财务会计报告，涉嫌下列情形之一的，应予立案侦查：（1）隐匿或者故意销毁的会计凭证、会计账簿、财务会计报告涉及金额在50万元以上的；（2）依法应当向司法机关、行政机关、有关主管部门等提供而隐匿、故意销毁或者拒不交出会计凭证、会计账簿、财务会计报告的；（3）其他情节严重的情形。

3 参见杨凤龙：《隐匿、故意销毁会计账簿应负责任研究》，载《兰州教育学院学报》，第34卷，第7期。

会计凭证包括凭证和记账凭证；会计账簿包括总账、明细账、日记账等；财务会计报告由会计报表、附注和财务情况说明书组成。会计账簿登记须以经审核的会计凭证为依据，并符合有关法律、行政法规和国家统一的会计制度规定。财务会计报告应根据经审核的会计账簿记录和有关资料编制，并符合会计法和国家统一的会计制度关于财务会计报告的编制要求、提供对象和提供期限的规定。[4]会计账簿以会计凭证为依据，设置和登记会计账簿是重要的会计核算工作，是会计凭证和财务会计报告的中间环节。规范、真实的会计制度对企业经营管理、发展以及加强经济、财务管理具有重要意义，并总体影响到市场经济秩序。因此，三者之间具有紧密联系、相互依存的关系，行为对象的不同、多少，不仅影响到量刑，还需考量隐匿或故意销毁的会计材料的可复制性、会计材料的提供必要性以及特殊会计材料法律法规等规定（如会计档案管理办法等）的保存期限问题，以合理界定罪与罚的关系。

本案中，曹某采取隐匿方式拒不提供会计凭证、账簿，故认定曹某罪名为隐匿会计凭证、会计账簿罪，就情节而言，公安机关自2018年3月即联系曹某到案并提交中某公司的会计资料以资调查，而涉及的会计资料为会计核算基础性凭证、账簿，并不涉及具有提供范围、特定使用用途、期限等限定的财务会计报告，且公安机关立案后至审判过程中仍拒不提供，不存在上文所述可复制性、提供必要性等刑事可罚性判断问题。

**二、基于会计法律法规衔接及该罪名“行政犯”属性的考量**

就会计制度而言，我国除制定了《会计法》外，还制定了《注册会计师法》《总会计师条例》《企业会计准则——基本准则》《企业财务会计报告条例》等法律法规。上述法律法规基本上均规定了隐匿、销毁会计凭证、账簿以及财务会计报告行政处罚和刑罚的衔接问题，如《企业财务会计报告条例》第41条还具体规定授意、指使、强令会计机构、会计人员以及其他人员编制、对外提供虚假的或者隐瞒重要事实的财务会计报告，或者隐匿、故意销毁依法应当保存的财务会计报告，构成犯罪的，依法追究刑事责任；尚不构成犯罪的，可以处5000元以上5万元以下的罚款。现阶段将该罪名限定为狭义的行政犯，能衡平与上述法律法规之间的刑法评价尺度问题。根据《会计法》第42—45条之规定，涉会计凭证、账簿等法律责任主要体现为行政责任，如不设、私设、部分设置会计账簿，以未审核的会计凭证或者虚假凭证设置不符合规定乃至假设会计账簿等。该罪名罪状明确犯罪对象是依法应当保存的会计凭证、账簿以及财务会计报告，因此上述不设、私设、假设乃至伪造、变造上述会计材料的行为，

---

4　参见周道鸾、张军主编：《刑法罪名精释（上）》，人民法院出版社2013年版，第264页。

并非该罪的调整范围。单纯就上述行为来看，很难从单一层面界分与该罪名隐匿或者故意销毁行为的社会危害性孰轻孰重，虽然上述法律法规将其他行为也列入宽泛的可以追究刑事责任的范围，但根据法无明文规定不为罪，除非构成其他罪名，否则根据《刑法》及《追诉标准（二）》的文意理解，无法适用该罪名，为避免出现违法程度相似的事实无法公平评价的问题，将之作为单纯行政犯和结果犯评价，无疑更符合立法目的和刑罚的审慎原则，也能更好地实现两法衔接，合理界定罪与罚的界限。

而基于此如何理解《追诉标准（二）》第8条的相关规定？笔者认为正如上文所述该罪名尚无司法解释进一步明确，在适用追诉标准时无疑应慎重考量认定犯罪的合理性尺度，即需要考量现阶段刑法介入的调整范围和规制的社会效果，如情节不严重，则不构成该罪。《追诉标准（二）》第8条第1项是否理解为单纯的情节犯，即涉及隐匿、故意销毁应当依法保存的相关会计材料的金额达到50万元以上，即审查危害性抑或情节严重之标准主要体现为金额，该行为不仅是违反会计法律法规的行为，从法律衔接角度，举重以明轻，全部不设、假设、部分设置会计资料，较之单纯的情节犯，可能对会计法律法规的违法侵害程度更高，认定犯罪时需要进一步考虑行为人的主观动机和行为危害，根据《会计法》第35条规定为逃避有关监督监察部门依法实施的监督检查，方构成会计法意义上的隐匿或故意销毁，因此在只涉及其他行政责任的隐匿或故意销毁行为，则不适合理解为单纯的情节犯，更宜依据《会计法》的上述规定并结合行政犯属性，界定刑法意义上的隐匿、故意销毁行为。《追诉标准（二）》第8条第2项规定的违反会计法律法规的行为，又是具有一般可能的实害行为，即在依法应当向司法机关、行政机关、有关主管部门提供而隐匿或故意销毁，更体现为结果犯。行政违法和刑事违法具有多重属性，其中“依法应当”的含义应理解为司法机关尤其是行政机关、有关主管部门的要求必须符合法律法规规定，且主体适格合法，基于该罪的行政犯属性在司法认定中应充分考量行政机关、有关主管部门行政行为的合法性、必要性，既避免刑法调整失当又完善量刑参照系，而拒不交出并非隐匿或者故意销毁的第三种行为模式，实质为隐匿或者故意销毁的行为表现形式。《追诉标准（二）》第8条第3项“其他情节严重的情形”，属于兜底条款，在追诉标准的规定较为宽泛的情形下，应基于谦抑性极为慎重的适用，只有严重影响社会经济秩序，具有特别明显的刑事违法性和实害性的，方可考虑适用认定，如有其他目的行为可以进行刑事评价，也不宜适用该兜底条款，更宜作为酌定量刑情节予以考量。

本案中，曹某与李某某共同经营注册资金较为雄厚的中某公司，虽然曹某称由李某某负责的公司会计材料不规范即较为混乱，但二人在后续的民事诉讼中，均确认该公司会计材料的合法性，并据之申请注销该公司。公安机关因李某某报案并以挪用资金刑事立案，即启动刑事司法程序后，多次通过传唤证、证据调取通知书等方式要求曹某配合提供中某公司会计凭证、账簿，而曹某予以隐匿，并不到案说明情况，仅通过电话或他人传达方式承诺提供，而实际拒不提供上述会计材料。因此，属于《追诉标准（二）》第8条第2项的情形，且结合具体案情，虽然公诉机关未指控会计材料的具体金额，但根据中某公司注册资金规模以及李某某报案所涉专项审计报告涉及金额，并结合中某公司财务人员的证人证言，涉案的会计凭证、账簿所涉金额实际远超第8条第1项所规定的金额标准，从上述方面足以认定曹某构成该罪。

**三、该类犯罪的主观故意的审查认定**

无论行为人采取隐匿手段抑或故意销毁手段实施犯罪行为，其主观方面应为故意，过失不构成该罪。在司法实践中，该罪名往往是其他违法犯罪活动的手段行为，而非最终目的，根据实施主体不同如国家机关、事业单位、公司企业等相关人员，行为人往往是出于掩盖贪污、挪用公款、私分国有资产、走私、偷税、骗取出口退税、职务侵占、挪用资金、妨害清算等犯罪目的，不论行为人出于何种目的和动机，不影响成立该罪名。通过该罪的罪状描述和与其他违法犯罪活动的关联紧密性，应属常发性犯罪，但司法实践中该罪名较少出现，排除吸收手段行为认定外，主观故意难以认定，无疑是该现象的肇始。从依法应当保存会计资料角度来看，会计材料本身具有专业性，而实施该类型犯罪行为的人员往往有专业财务人员参与，加之在企事业单位会计财务资料知悉范围有限，因此具有一定专业性、隐蔽性，发现成本高、难度大；从隐匿抑或故意销毁自身含义理解，认定主观方面便存在诸多困境，尤其是行为人不认罪并缺乏其他客观证据情形下，而行为人往往提出相对“合理”辩解，如因公司合并分立、注销、停止经营保管不当或者过失导致无法提供。本案中，曹某便提出误以为自己保存的其他公司的财务资料为中某公司的财务资料。由此，可管窥取证的难度，进而影响到法律事实判断。

法官最终心证的形成，就是一个在综合辩论双方矛盾对立观点的基础上，去伪存真、去粗存精的过程。[5]认定犯罪必须坚持主客观相一致的原则，证据之间具有内在联系，共同指向同一待证事实，且能排除合理怀疑，才能作为定案的根据。笔者认为主观故意的认定模式如下：

其一，从法律逻辑角度来看，合理怀疑在特定条件下的逻辑基础是被告人

---

5 何家弘、高憬宏、杨迎泽、甄贞主编：《刑事审判认证指南》，法律出版社2002年版，第79页。

在常情常理下的针对性辩解，而被告人未进行特定的辩解，则不应成为审查合理怀疑的范畴。如本案中曹某并未提出涉案的会计凭证、账簿是在其接管财务以及之后公司停止经营变更保存地点时灭失，因此认为曹某不构成犯罪的观点中认为未能妥善保管的其他可能并非有效合理怀疑。

其二，从该罪名罪状角度来看，需有充分证据证实隐匿或故意销毁的会计凭证、账簿以及财务会计报告真实存在，并不属于非法会计材料，该事实是现阶段认定该类罪名的基础事实。本案中，该基础事实较为明确，不仅有公司财务人员证人证言、基于会计凭证、账簿核算的部分报表并有民事诉讼材料佐证，在民事诉讼中原、被告均确认中某公司有合法有效的会计材料。

其三，从客观行为动机来看，正如前文所述，该罪一般体现为手段行为，须通过经验、常识判断被告人的不当行为，以资界定其主观故意。从犯罪成本层面如已涉及其他违法犯罪且进入司法程序，则实施该类型行为的动机一般高于普通行政违法，被告人因其他违法犯罪活动而实施反常且无法合理解释的行为，可以作为审查认定主观方面的重要因素，即作为“事实推定”要素。本案中，曹某在公安机关以挪用资金立案侦查后，虽拒不到案，但直至公安机关以隐匿会计凭证、会计账簿立案，均稳定供认保管公司会计财务资料，描述了会计凭证、会计账簿的名称、范围等细节，且承诺提交，而公安机关以该罪立案后方提出其他相互矛盾的辩解，且其隐匿动机有逃避公安机关侦查挪用资金案件以自利之嫌。

其四，从供述辩解采信来看，在证据能力审查方面，被告人的无罪辩解和当庭供述都很少发生争议，但在证明力评判上，无罪辩解、有罪供述以及庭前供述、当庭供述都存在不真实问题，均须纳入法庭审查范围。[6] 囿于该类案件的特殊属性，结合体系化、闭合性证据印证规则，认定犯罪需要结合全案证据审查被告人供述的真实性、辩解的合理性，从而准确厘定主观故意。稳定不认罪或认罪，可以进行相对简单的印证规则判断。而被告人供述变动情形，则需审慎判断，无论采信无罪辩解抑或认罪供述，都必须有相当的证据与之印证，其辩解或供述的不符合常理的矛盾之处以及特殊细节印证之处，均是采信辩解抑或供述的关键。本案中，公安机关立案侦查两年后将曹某抓获，其间历经了中某公司解散的民事诉讼，上述期间其未提出辩解，在庭审中又推翻侦查阶段后期辩解，其辩解不仅前后不一、相互矛盾，不能合理解释，且与在案证据相悖，而其认罪供述的细节与在案证据能相互对应，故其无罪辩解不足采信。

综上，曹某主观上具有隐匿会计凭证、会计账簿的主观故意，客观上实施

---

6 参见陈瑞华著：《刑事证据法》，北京大学出版社2018年版，第376页。

了隐匿依法应当保存的上述会计财务资料的行为，司法机关依法要求其提供，而拒不提供，且上述主客观证据均能相互印证，形成完整闭合的证据体系，足以认定被告人构成隐匿会计凭证、会计账簿罪。

## 【相关法条】

《中华人民共和国刑法》第162条之一；

《最高人民检察院、公安部关于公安机关管辖的刑事案件立案追诉标准的规定（二）》第8条。

# 担保合同在 P2P 案件中的效力认定

## ——罗某诉钟某等 100 件新型网络借款合同纠纷案

林湛河　徐文慧*

## 【裁判要旨】

担保合同在 P2P 案件中的效力，在既往判例中，《借款协议》及《担保协议》属双方当事人的真实意思表示，多数认定为未违反法律、行政法规的强制性规定，应合法有效，双方均应依约履行，且仅在利息、违约金方面法院予以调整。在审理罗某等 100 件系列案时，笔者突破既往判例，结合“尽管主合同的存在及生效将直接影响到从合同的成立及效力，但从合同无效，并不影响主合同效力的原则”及《融资担保公司监督管理条例》的强制性规定，认定主合同《借款协议》属双方当事人的真实意思表示，并未违反法律、行政法规的强制性规定，合法有效；而属于从合同的《担保协议》因违反国家强制性法律法规，为无效合同。作出一个法律效果、社会效果和政治效果高度有机统一的裁判结果，使相关各方的利益在共存和相容的基础上达到合理优化状态。大胆创新，为相同类型案件的处理开拓思路。

【关键词】P2P　从合同　效力认定

## 【案件索引】

一审：广东省广州市海珠区人民法院（2020）粤 0105 民初 1740－1755、

---

*　林湛河——广州市海珠区人民法院一级法官；徐文慧——广州市海珠区人民法院五级法官助理。

1774－1779、13502－13521 号等 100 件罗某系列案。

## 【基本案情】

原告：罗某、钟某。

第三人：广州易某金融信息服务股份有限公司（以下简称广州易某公司）。

第三人：曹某。

原告罗某诉称：2018 年 1 月 9 日，被告与出借人陈某、杨某等 14 人以及广州易某公司三方签订了《借款协议》，协议约定被告通过广州易某公司经营的广州某贷网站向出借人借款人民币 4 万元，借款期限为 36 个月，年利率 14%，还款日为每月 8 日，借款人应按月等额还本付息。2018 年 1 月 9 日，出借人通过广州某贷网站向被告支付了约定借款 4 万元，借款人签署了《确认书》，确认收到借款。同日，担保人曹某与被告及广州易某公司签订《补充协议》，约定曹某为被告上述借款提供保证担保，被告同意向曹某支付担保费用，被告每月向曹某偿还款项，再由曹某向广州易某公司平台支付还款。被告偿还了 3 期贷款后，未再还款，曹某依据《补充协议》约定代被告清偿剩余借款本金以及利息。

2018 年 12 月 25 日，原告与曹某达成《债权转让协议书》，约定原告受让上述曹某代偿后的债权。2018 年 12 月 29 日，曹某向被告发出了债权转让通知书，将债权转让的事实通知了被告，并要求被告向原告归还欠款本金及利息。

根据《补充协议》约定，被告应按照每日 5% 的标准支付违约金，现原告受让债权后依据相关法律规定要求被告按照每月 2% 的标准支付利息及逾期还款违约金。鉴于此，原告起诉请求：（1）判令被告向原告偿还欠款本金 37267.03 元；（2）判令被告自 2018 年 4 月 9 日起按照年利率 24% 的标准支付利息及违约金至实际清偿之日止；（3）本案诉讼费由被告承担。

被告钟某没有提交答辩意见及证据。

第三人曹某答辩称，同意原告的诉讼请求。

第三人广州易某公司答辩称，同意原告的诉讼请求。

经审理查明：2018 年 1 月 9 日，陈某、杨某等 14 人（甲方，出借人）与被告钟某（乙方，借款人）以及广州易某公司（丁方）采用电子文本形式通过广州易某公司所有的网站签订《借款协议》，约定：（1）甲方向乙方出借共 40000 元，借款期限为 36 个月，年利率 14%，月截止还款日为每月 13 日。（2）乙方委托丁方在其平台借款根据借款协议所募集的借贷款项支付到 6216××××账户。（3）乙方承诺按照约定的时间和金额按月足额还款。（4）如乙方逾期还款，乙方除支付正常本息外，还应按每日 0.1% 支付逾期罚息。（5）甲方在签署本协议时，点击“投标”按钮即视为授权有权操作人（包括但不限于银行、第三方支付机构、广州某贷公司，下同）冻结甲方确认向乙方出借的资金。冻结将在乙方发布的借款需求所对应的出借资金已经全部募集或募集期届满时解除。同时，甲方在签署本协议时亦表示其已授权操作人将借款资金划至乙方账户。划转完毕即视为甲方出借款项的交付义务已履行完毕，亦可视为乙方已经成功收取借款，本协议即生效。（6）乙方在签署本协议时，即表示其已授权有权操作人将还款资金划至甲方账户，划转完毕即视为乙方的还款义务已履行完毕，亦视为甲方已经成功收取还款，乙方或乙方代理人可通过“提现”操作将划转的资金转至其银行结算账户上，乙方或乙方的代理人是否提现资金不影响本协议的效力及债权效力。（7）各方同意，若乙方出现如下任何一种情况，则本协议项下的全部借款自动提前到期，乙方在收到丁方发出的借款提前到期通知后，应立即清偿全部本金、利息、逾期还款罚息以及根据本协议产生的其他全部费用：乙方因任何原因逾期支付任何一期还款超过三个工作日或超过三期逾期还款的。(8）甲方有权在任何时候将本协议项下的债权全部或者部分转让给任何第三方，或者在任何时候从第三方处回购所转让给第三方的债权。(9）甲方委托丁方管理本笔借款，丁方有转委托权。（10）各方同意，就丁方为甲、乙双方借贷关系的达成所提供的居间服务，不表明或暗示为债权及债务法律关系的乙方，相关风险由交易各方自行承担。(11）甲、乙、丙三方同意丁方收取居间服务费，本协议项下的居间服务费、税费、交易费等由交易各方自行承担。甲、乙、丙三方单独或共同出具的确认书、担保函等相关文件为本协议的组成部分。

被告在2018年1月8日出具《授权委托书》，授权广州易某公司将借款合同项下的借款支付至账户名为李某达银行账号。原告提供四川新网银行的电子回单显示：广州易某公司于2018年1月9日将4万元汇入李某达银行账户。

2018年1月9日，被告出具《确认书》，确认已于2018年1月9日收到上述借款4万元，并同意向广州易某公司支付账户管理费1553元。

2018年1月9日，曹某（甲方，保证人）与钟某（乙方，借款人）以及广州易某公司（丙方，居间人）签订《担保协议》，约定：（1）甲方为乙方通过丙方平台申请的贷款4万元提供连带保证责任担保，乙方委托授权甲方代为支付还款至广州某贷平台对应的出借人，乙方同意向甲方支付担保费用。(2）甲方为乙方提供担保，乙方须向甲方缴纳履约保证金，保证金金额为借款金额的20%，共计金额为8000元。本条款约定的保证金不能抵扣第三条约定的乙方每月还款。如乙方未能按时支付第三条约定的款项给甲方，甲方有权没收本条约定的全额保证金。（3）乙方选择按月分期支付履约保证金，同时按保证金总额2%支付滞纳金，支付日为每月9日。（4）乙方承诺按照附件《分期付款计划书》按月向甲方指定账户支付相应款项，每月应支付金额为2293元（此金额包括每月应付的本金、利息、账户管理费，乙方履约保证金分期支付的，此金额还包括每月应付的保证金及滞纳金），此金额扣除乙方在“广州某贷”平台每月应付的本金、利息、保证金及滞纳金（若有），账户管理费金额之后的余额为甲方收取的月担保费金额。（5）乙方未按约定如期支付款项的，甲方应在三日内一次性将乙方在“广州某贷”平台未偿还的主合同项下的全部借款本息一次性予以清偿，乙方应在甲方代偿后一日内向甲方全额支付应付款项。若乙方未能及时归还款项的，应按每日5%的标准支付违约金；等等。

2018年12月26日，广州易某公司出具《代偿证明》，证明被告未按《借款协议》约定履行还款义务，曹某依据《补充协议》全部代偿，代偿后本笔借款本金及利息全部结清。

原告罗某、钟某，广州易某公司及第三人曹某均确认涉案的借款已经由曹某全部代为清偿。原告提交银行卡账户（该账户为曹某所有）的充值记录凭证，显示2017年5月2日至2018年2月26日向宝某网络科技（上海）有限公司客户备付金汇款5万元至150万元不等。原告提交P2P管理平台的截图，显示分36期偿还，状态均为已偿还，其中第一期还款时间为2018年2月6日，还本金900.45元、利息466.67元、账户管理费43.12元，总额1410.24元；第二期还款时间为2018年3月8日，还款总额1410.26元，其中账户管理费43.12元；第三期还款时间为2018年3月29日，还款总额38520.02元，其中账户管理费26.94元。

2018年12月25日，原告罗某与曹某签订《债权转让协议书》，约定曹某将对被告的债权37267.03元转让给罗某。双方于2018年12月29日向被告邮寄了《债权转让通知书》。

原告主张被告偿还了3期款项，并提供了微信转账记录为证。该记录显示：被告分别于2018年1月8日偿还2293元、2018年2月9日偿还2300元、2018年3月10日偿还2300元给曹某指定的人员。

在庭审中，曹某及广州易某公司双方确认其为合作关系，曹某为广州易某公司的借贷提供担保，并收取借款人的担保费用。

另查明：从广州市两级法院审判管理系统调取的统计数据显示，自2019年1月至2019年9月，以曹某作为担保人为债务人通过广州易某公司经营的平台所借款项提供担保并承担了担保责任为由向本院提起的诉讼为192宗，立案标的金额约680万元，向番禺法院提起的诉讼为21宗，立案标的金额约41万元。曹某确认没有取得融资担保业务经营许可证，其经营汽车销售生意，协助购车人办理贷款，其本人与广州易某公司属于合作关系，其担保资金来源其个人自有资金。

## 【裁判结果】

广州市海珠区人民法院在对该案进行审理后，于2019年12月23日作出（2019）粤0105民初1740号案等100件民事判决：一、被告钟某在本判决生效之日起十日内向原告罗某偿还34355.8元及利息（自2018年4月9日起至2019年8月19日止按中国人民银行同期同类贷款基准利率计算，自2019年8月20日起至实际清偿之日止按全国银行间同业拆借中心公布的贷款市场报价利率计算）；二、驳回原告罗某的其他诉讼请求。

## 【裁判理由】

第三人曹某因涉案借款为被告钟某提供担保，在此之后曹某代为清偿涉案债务，承担了相应的担保责任，因此取得对钟某的追偿权并将此转让给原告罗某，罗某据此提起本案诉讼，故本案属于追偿权纠纷。

罗某主张钟某通过广州易某公司开设的平台向出借人借款4万元的事实，有罗某提供的《借款协议》《确认书》《担保协议》予以佐证。钟某经传票传唤未到庭否认，亦未提供相反的证据予以推翻，故本院对钟某与出借人、广州易某公司签订《借款协议》借款4万元的事实予以认定。

根据本院查明事实，曹某在没有取得融资担保业务经营许可证的情况下，仅在2019年1月至9月，本院及广州市番禺区人民法院受理曹某作为担保人参加的诉讼案就达213宗，立案标的金额达720万元，所提供担保服务的对象已具有一定的广泛性和不特定性。经核算，在本院同类案件中曹某收取担保费用的比例约为借款本金的年化率30%—40%，其行为具有营利性。根据《融资担保公司监督管理条例》第2条"本条例所称融资担保，是指担保人为被担保人借款、发行债券等债务融资提供担保的行为；所称融资担保公司，是指依法设立、经营融资担保业务的有限责任公司或者股份有限公司"的规定，曹某在本系列案的担保行为属于融资担保。同时《融资担保公司监督管理条例》第6条规定："设立融资担保公司，应当经监督管理部门批准。融资担保公司的名称中应当标明融资担保字样。未经监督管理部门批准，任何单位和个人不得经营融资担保业务，任何单位不得在名称中使用融资担保字样。国家另有规定的除外"，曹某未经监督管理部门批准，经营融资担保业务，违反行政法规的禁止性规定，故《担保协议》无效。

《担保协议》无效，曹某收取担保费、保证金等没有合法依据，因《担保协议》取得的财产应当予以返还，但鉴于曹某已为钟某代偿了借款，曹某收取的担保费、保证金在相应金额范围内可视为钟某实际还款，并应向曹某还款。故即使曹某通过与钟某签订《担保协议》的方式约定由曹某代为支付还款，再由钟某向曹某支付还款，但曹某是通过向广州易某公司指定的账户存入大额资金的方式来偿还包括本案在内的大量《借款协议》所涉的借款，故不能仅凭广州易某公司网络平台的记录认定钟某的还款金额，而应根据钟某向曹某付款的情况来认定还款金额。

根据钟某获得的借款以及钟某向曹某指定的人员还款的情况，可见钟某于2018年1月8日向曹某指定的人员支付2293元，又于2018年1月9日获得借款40000元。根据2015年《最高人民法院关于审理民间借贷案件适用法律若干问题的规定》第27条“借据、收据、欠条等债权凭证载明的借款金额，一般认定为本金。预先在本金中扣除利息的，人民法院应当将实际出借的金额认定为本金”的规定，该2293元应当在被告的借款本金中予以扣除，即钟某实际借得的借款本金应为37707元。

钟某在本案借款中的合法债务负担包括支付给实际出借人按年利率14%计算的利息、支付给广州易某公司账户管理费。钟某于2018年1月8日支付2293元，于2018年2月9日支付2300元，于2018年3月10日支付2300元，其中2018年1月8日支付的2293元已作为借款本金抵扣。钟某每期向曹某的还款包含借款本金、利息、账户管理费、保证金、保证金的滞纳金，其中曹某收取保证金、保证金的滞纳金没有合法依据，故该部分还款视为被告偿还本金。截至曹某代钟某还清了全部贷款的2018年3月29日，钟某应偿还的借款本金、利息、账户管理费，经计算，如下表：

**被告还款明细表**

| 期数 | 日期 | 尚欠本金（元） | 应付利息（元） | 支付账户管理费（元） | 已还款项（元） | 付清利息、账户管理费后视为偿还本金（元） |
|---|---|---|---|---|---|---|
| 1 | 2018年2月9日 | 37707.00 | 439.92 | 43.12 | 2300 | 1816.96 |
| 2 | 2018年3月10日 | 35890.04 | 418.72 | 43.12 | 2300 | 1838.16 |
| 3 | 2018年3月29日 | 34051.88 | 274.28 | 29.64 | | |

至2018年3月29日曹某全部代偿之日，钟某剩余应还借款本金34051.88元、利息274.28元、账户管理费29.64元，合计34355.8元，故曹某代偿后向钟某追偿款项以34355.8元为限。

由于曹某实际上代为偿还了借款，其请求钟某支付资金占用的利息合理，本院予以支持，利息应自曹某全部代偿之次日即2018年3月30日起至2019年8月19日止按中国人民银行同期同类贷款基准利率计算，自2019年8月20日起至实际清偿之日止按全国银行间同业拆借中心公布的贷款市场报价利率计算。原告主张利息自2018年4月9日起计算，本院予以准许。

因罗某与曹某已签订债权转让协议书，约定曹某将债权转让给其，并通过信函方式将转让事宜告知钟某，现罗某主张钟某应向其偿还借款及利息有理，本院予以支持。

## 【案例注解】

P2P网络借贷是近年来互联网与金融制度改革相结合的产物，这种创新的结合使民众的投资渠道变得更广阔。P2P网络借贷发展过程中，在平台不得自担自保的大背景下，为了保障出借人的资金安全以及维护平台的良好信誉，越来越多的平台引入了第三方担保机构。在罗某系列案中，广州易某公司这一网络借贷平台引入了曹某这一担保人。根据曹某、广州易某公司和钟某等被告签订的《担保协议》，曹某为钟某等人通过平台申请的贷款提供连带保证责任担保，钟某授权曹某代为支付还款至广州易贷平台对应的出借人，并同意向曹某支付保证金、保证金的滞纳金以及借款本金、利息、账户管理费。

在审理过程中，罗某系列案争议的焦点及难点为《借款合同》和《担保协议》的效力认定。

为了保障P2P网络借贷第三方担保机构引入交易行为的健康有序发展，根据2017年10月1日施行的《融资担保公司监督管理条例》第6条规定，设立融资担保公司，应当经监督管理部门批准。融资担保公司的名称中应当标明融资担保字样；未经监督管理部门批准，任何单位和个人不得经营融资担保业务，任何单位不得在名称中使用融资担保字样。国家另有规定的除外。而罗某系列案中的担保人曹某在没有取得融资担保业务经营许可证的情况下，仅在2019年1月至9月，本院及广州市番禺区人民法院受理其作为担保人参加的诉讼案就达213宗，立案标的金额达720万元，所提供担保服务的对象已具有一定广泛性和不特定性。

在既往判例中，由于广州易贷平台涉及人数众多，如认定无效恐引起群体性事件。故基本认为《借款协议》及《担保协议》属双方当事人的真实意思表示，并未违反法律、行政法规的强制性规定，应合法有效，双方均应依约履行。且仅在利息、违约金方面法院予以调整，基本支持了曹某的诉请。

笔者在审理过程中发现，曹某个人从事经营融资担保业务的行为已违反《融资担保公司监督管理条例》，应属无效合同。那么《借款合同》的效力如何？

结合《担保法》第5条第1款“担保合同是主合同的从合同，主合同无效，担保合同无效”的规定以及尽管主合同的存在及生效将直接影响到从合同的成立及效力，但从合同无效一般并不影响主合同效力的原则，认定《借款协议》属双方当事人的真实意思表示，为合法有效；但由于曹某个人从事融资担保业务违反国家强制性法律法规，故属于从合同的《担保协议》为无效合同。

《担保协议》被认定无效后，就涉及曹某收取借款人的保证金，保证金滞纳金返还的问题。经查明，借款人在签订《借款协议》以及《担保协议》前的2018年1月8月已向曹某偿还了分期中的第一笔借款2293元，根据法律规定，该笔款项须在借款本金中予以抵扣。此外，钟某每期向曹某的还款还包含借款本金、利息、账户管理费、保证金、保证金的滞纳金，因认定《担保协议》为无效合同，故曹某收取保证金、保证金的滞纳金没有合法依据，该部分还款应视为借款人偿还本金。曹某合法收益仅为本金、利息及账户管理费，故每月扣除借款人的月还款就是下月借款人欠曹某的本金。在撰写判决书过程中，为更清晰、明白、体现计算过程，笔者采用列表形式把计算过程详细列出。罗某系列案分别于2020年1月至3月作出宣判，一审判决作出后，双方当事人均未上诉，一审判决业已生效。

笔者突破既往判例，作出一个法律效果、社会效果和政治效果高度有机统一的裁判结果，使相关各方的利益在共存和相容的基础上达到合理优化状态。大胆创新，从而为其他类似案件的处理开拓思路。

该类型案件的几点思考：

第一，P2P案件取证难的问题。罗某系列案审理过程中，笔者发现广州易某公司分别在宝某网络科技（上海）有限公司、北京中某电子商务有限责任公司、易某支付有限公司等四家第三方支付公司开设账户，在《借款协议》履行过程中，部分案件的出借人将债权份额转让给他人，广州易某公司划拨还款时作相应的变更等情况，直到2017年广州易某公司才在四川某银行开设资金托管账户。涉及账户众多、大数据提取难成立目前审理P2P案件普遍存在的问题。

第二，是否存在关联担保？P2P网络借贷平台在经营过程中通常会出于自身的便利，成立子公司或者分公司，抑或与关联公司进行合作，为借款人的债务提供担保，这种模式是典型的关联性担保。在罗某系列案中，为何平台会引入曹某作为担保方？平台和曹某是什么关系？为何曹某会把大量的债权转让给罗某？在审理过程中，曹某自称广州市长某有限公司的股东，罗某是其员工。不禁让人高度怀疑平台是否和曹某、广州市长某有限公司存在高度关联的情况。平台与担保方若是存在高度关联的情形，其实就相当于平台自担自保，一旦平台借机进行融资，不仅担保变得毫无意义，也威胁了出借人的债权安全。

## 【相关法条】

《融资担保公司监督管理条例》第2条、第6条；

《中华人民共和国合同法》第52条、第58条、第80条；[1]

《最高人民法院关于审理民间借贷案件适用法律若干问题的规定》第26条、第27条；

《最高人民法院关于适用〈中华人民共和国担保法〉若干问题的解释》第9条。[2]

1 对应《民法典》第146条、第153条、第154条、第157条、第546条。

2 对应《最高人民法院关于适用〈中华人民共和国民法典〉有关担保制度的解释》第17条、第19条。

# 法谈法议

# 平台新型从业者劳动权益保障的立法建议

焦　娟　肖胜方*

网约车司机、网约外卖送餐员，这些未与网络平台签订劳动合同的从业人员在法律身份上既不能被归入劳动关系，又与自主劳动的承揽人有着显著区别，在法律上陷入难以归类的尴尬境地，缺乏对应的保障措施，成为“困在系统里的人”，如何解决这个问题已成为社会关切。

根据国外法律实践及我国法律现状，本人不建议在我国建立劳动者、中间类型劳动者、自雇者的三分法用工形态，而建议对平台新型从业者单独立法，明确其中间类型劳动者的法律身份，给予其低于劳动者、高于非劳动者保障程度的保护，避免对现有用工体系的大规模改造。

我们可以从劳动基准、社保权利、集体劳权、公共就业服务四个方面对平台新型从业者的劳动权益进行保障。在劳动基准方面，应立法保障平台从业者休息的权利，工作时间不应超过 12 小时，实行最低工资制度。在社会保险方面，应设立平台从业者职业伤害保险，可以以平台、从业者共同付费形成保障基金，由保险公司运营，由国家统一规定保障基金支付情形。在集体劳动权利方面，平台从业者有组建和参加工会的权利。在公共就业服务方面，应明确平台从业者可以享受相关公共就业服务。

* 焦娟——广东技术师范大学法学与知识产权学院讲师，广东省法学会社会法学研究会副秘书长，主要研究领域：劳动与社会保障法；肖胜方——全国人大代表、最高人民法院特约监督员、最高人民检察院特约监督员、广东省律师协会会长、广东省法学会副会长、广州市法学会副会长、广东胜伦律师事务所主任。

## 一、平台从业者法律身份的尴尬

随着互联网及通信技术的发展，通过网络平台即时连接劳务需求与劳务供给的商业模式应运而生，伴随产生的是新型的用工模式。与传统用工企业直接雇用劳动者对消费者提供服务不同，平台以信息服务合同的方式分别连接劳务提供方与需求方。通过信息技术，平台企业避免了用工主体身份，成功转化为连通信息的中介，劳务提供者也由企业员工外溢为企业的合作者。劳务提供者的自我雇用，甚至生产资料的自我提供，成就平台轻资产运营及迅速扩张的同时，也带来了平台从业者法律身份认定及权益保障的双重难题。

平台从业者法律身份难认定的原因：劳动关系或非劳动关系是我国用工形态的基本分类。平台用工主体地位的虚化使平台就业关系不完全符合劳动关系的特征，但平台系统对从业者的操控又使其难以摆脱劳动关系的从属性特征。换言之，平台新型用工既非以劳动关系式的“白”的形式出现，也非以非劳动关系式的“黑”的形式出现，而是以介于两者间的“灰”的形式出现，因而造成归类的困难。

平台从业者劳动权益难保障的原因：劳动关系或非劳动关系的归类意味着平台从业者的劳动权益会进入“强保护”或“无保护”的法律格局。“强保护”模式将使平台人力成本升高，轻资产模式难以实现，促进就业能力受到影响；“无保护”模式将使从业者无力抗拒不公平的平台规则，使其沦为新技术的工具，暗含不稳定因素。因此，即便我们强行将平台用工在劳动关系或非劳动关系中归类，两种保障模式得到的结局也并非我们所乐见。

国外司法也面临这种问题。英国，经过六年仲裁和诉讼，2021 年 2 月 19 日，英国最高法院终于裁定 Uber 平台司机是工人（worker），而非独立承包商（self-employed and contractor）。英国对用工形态采用三分法：雇员（employee），劳动权益保障最为完善，相当于我国的劳动者；工人享有部分劳动权利，如最低工资、法定最低休息时间等；自雇者和独立承包商权利最少，不享有雇员就业权利和责任。Uber 坚持司机是独立承包商，但司机主张自己是工人，并获得最高法院的支持，此判决可能会影响 Uber 在英国的商业模式。

美国，Uber 司机的身份认定一波三折。2020 年 1 月 1 日，加利福尼亚州 AB5 法案生效，法案规定认定独立承包商的关键点在于受雇方完成的工作不属于雇佣方的正常业务，独立承包商可以不适用劳动法。Uber 将平台司机视为独立承包商，但证明司机服务并非 Uber 正常业务的难度很大，最终加州地方法院要求 Uber 认定司机为劳动者，考虑到继续上诉败诉的风险也很大，Uber 甚至考虑将运营模式改为特许经营以规避平台司机劳动者身份的认定。后来事情发生逆转，Uber 等平台花 2 亿美元对选民进行游说。因竞选总统时，加州选民可对本州重大事务进行公投，结果选民公投支持了 Uber 公司获得 AB5 法案豁免的 Prop. 22 事项，Uber 得以在加州维持平台司机独立承包商的身份。美国对用工形态采用劳动者与独立承包商的二分法，因而斗争极为激烈。在国家层面，2020 年 9 月，美国劳动部首次定义《公平劳动标准法》中的经济现实标准，将控制、盈利机会、技术要求、持久性、业务组成部分五项因素作为劳动关系的判断标准，但与加州 AB5 法案不同的是，该法案并不寻求独立承包商转变为劳动者，可见联邦立法和地方立法的分歧。

我国立法对平台从业者的法律身份未进行表态。不少地方高级法院及劳动仲裁委员会的指导意见规定，依据平台与从业者间的协议性质确定两者间的法律关系。该类规定实难使平台从业者的权益得到保障，一是由于平台协议难以排除去劳动关系化的设计可能，二是因为即便不存在条款的有意设计，处于灰色地带的新型用工也难以通过条款内容或事实特征被划入劳动关系的范畴，最终只会落入非劳动关系类别的无保护状态。

此外，我国的司法裁判在平台从业者的身份认定及权益保障方面也呈现一定的撕裂状态。一方面，司法裁判难以认定平台用工属于劳动关系；另一方面，对于平台从业者服务过程中致第三人损害的案件，法院即便绕过劳动关系的判断，也会通过雇佣关系、平台从从业者服务中获利等各种理由判决平台承担连带赔偿责任，这与非劳动关系性质的承揽关系担责的方式完全不同。由此可见，法院在否定平台从业者劳动者身份时，又不愿让从业者单独担责的矛盾心态。

司法审判产生撕裂的深层原因在于，我国缺乏对平台从业者从法律身份定位到权益保障的系统设计，从而平台从业者案件呈现脆片化的处理状态。我们需要通过立法，对平台从业者这种新用工类型进行从法律身份到权益保障方面的系统设计，以解除司法的困惑，回答社会的关切。

## 二、平台新型从业者劳动权益保障成为社会迫切

### （一）平台从业者呈现的新型就业特征需要法律给予身份定位

我国法律对用工形态采用劳动关系与非劳动关系的二分法分类。两者的主要区别在于劳动关系中的劳动者对用人单位存在从属性，包括人身从属性、经济从属性、组织从属性，而非劳动关系的当事人间则以平等性为特征，如承揽关系。与从属性为特征的劳动关系不同，平台从业者的从属性大为减弱，从合同的缔结、中止、解除到提供服务的时间、地点的选择，从业者都呈现较强的自主性，而非如劳动者一样居于被控制的地位，难以归入劳动关系。另外，平

台从业者又与自主劳动为特征的承揽人等非劳动关系不同，平台从业者并非完全的自主劳动，他受制于平台系统的算法，无法参与决定收益分配，呈现一定的不自主特征，也难以归入非劳动关系。由此可见，平台新型从业者同时具备劳动关系与非劳动关系的部分特征，但又难以完全归于两者，是居于两者中间的一种用工形态，而我国现行法律不存在这种用工形态，这也是平台从业者在我国法律身份难以确定的原因。因此，我国有必要在以从属性为特征的劳动者与以自主劳动为特征的非劳动者间设立一种中间类型劳动者，以便给予新技术下的新型从业者一个对应的法律身份。

### （二）平台新型从业者呈现的部分从属性特征需要国家给予适当保护

传统劳动关系中劳动者的从属性特征构成国家干预劳动关系的理论根据。从属性的存在决定了劳动者在劳动关系中受到侵害时自力救济的不足，国家干预能起到保护弱者、匡正公平、保障劳动关系平衡的作用。平台从业者在一定程度上受制于平台管理的部分从属性特征决定了其自力救济的无力，国家应建立适度的保障制度以弥补平台从业者部分从属性带来的能力不足。

### （三）平台新型从业者的社会化特征提供了国家干预的必要性

即便某种社会关系具有不平等性也不必然带来国家的法律干预。个别的、小范围的不平等社会关系无必要花费巨大的立法成本进行规制，这不符合法律经济的原则，也不是科学的社会管理方式。只有当这种不平等的社会关系规模化，甚至社会化为一种较为普遍的社会现象时，才有国家法律干预的必要。《中国共享经济发展报告（2020）》显示我国共享经济参与人数约8亿人，其中提供服务者人数7800万人，网约车、外卖餐饮在网民的普及率分别达到47.4%和51.58%，平台新型用工已具有相当的规模。2020年2月，“网约配送员”已经正式纳入国家职业分类目录，成为一种新职业。2021年2月，人社部刚公示网约出租车司机拟成新工种。这些都是平台新型从业者社会化的表现，这为国家立法干预新型用工关系提供了必要性。

### （四）对平台新型用工模式的立法应寻求权益保护与就业机会间的适度平衡

若要通过立法保护平台新型用工，则应确立适度保护的原则。首先，对平台新型从业者的保护力度应低于劳动者的保护力度，高于非劳动者的保护力度，这是平台新型从业者的部分从属性特征所致。其次，对平台新型从业者的保障水平应设置到何种程度？过低或过高都不好。因为在某种程度上，对某种用工形式的法律保障程度与用工主体对这种用工模式的接纳程度呈反向关系，即高法律保障意味着低就业机会。特别对于新就业形态，这种反向关系在制度与资本博弈的过程中体现得更为明显。因此，对平台新型从业者的法律保障水平应限制在合理的范围内，力求权益保障与就业机会的平衡。

## 三、平台新型从业者劳动权益保障的立法建议

### （一）针对平台新型从业者单独立法，给予其在用工类别中的法律身份

对平台从业者这种中间类型的用工形态进行保护采用何种方式？是在我国现有的劳动关系、非劳动关系的二元划分类别中加入中间类型劳动者的形态，实现用工关系的三分状态，还是仅针对平台新型用工直接立法？个人比较支持单独立法，原因在于：

1. 用工类型的三分法以成熟的雇佣、自雇二分法制度为基础，我国雇佣、自雇制度并不成熟，贸然加入中间类型劳动者类别并不可行

三分法以雇佣与自雇，或者说以从属性劳动与自主性劳动作为劳动形态的两极，中间类型劳动形态位于两者之间。我国没有雇佣合同类型，也没有雇佣关系概念，能与国外二分法中的雇佣、自雇稍为对应的概念是劳动关系、劳务关系。我国劳动关系虽也以从属性劳动为特征，但并不等同于雇佣关系，像家庭保姆这样的雇佣关系，在我国归入了劳务关系的范畴。我国对劳务关系的概念未有明确界定，在一定语境下，我国劳务关系的概念等同于非劳动关系。若从我国劳务关系概念的使用来看，它多指包括承揽在内的自雇性劳动，但也不排斥包括从属性为特征的雇佣劳动。可见，我国劳务关系的概念并不能与国外自雇性劳动的概念完全对应。可见，我国劳动关系、劳务关系的概念并非像国外雇佣、自雇概念一样相互排斥、泾渭分明，因而，我国也没有建立起清晰的以从属性劳动、自主性劳动为区分标准的二元用工制度。因此，在现有劳动关系、劳务关系的基础上引入中间类型劳动形态并不合适。

2. 建立中间类型劳动者类别需准确定位其劳动特征，这有赖于我国劳动法理论的进一步研究

平台从业者是中间类型劳动者中的一种，但并非全部。平台从业者的劳动特征并不能作为中间类型劳动者的整体特征。中间类型劳动者的劳动特征有赖于对更多具体形式的中间类型劳动的特点进行归纳抽象，而我国这方面的理论研究及立法时机还不成熟。对整类中间类型劳动者进行立法显然比仅对中间劳动类型中的平台从业者进行单独立法困难得多。为实现对平台从业者的及时保护，单行立法是更明智的选择。

3. 建立中间类型劳动类别会对目前我国的劳动保障秩序带来一定影响

劳动形态类别决定法律保障程度。按照从属性标准，对中间类型劳动关系中从业者的保障水平应高于非劳动关系中从业者的保障水平。但我国的非劳动关系是个庞杂的概念，其既包括承揽等自主性劳动关系，也包括具有从属性特征的民事雇佣关系。若依从属性标准，对具有从属性特征的民事雇佣中的受雇人不进行保护，却对具有部分从属性特征的中间类型劳动者进行保护，有违思维逻辑，会给用工形态的保障秩序带来一定混乱。

综上可见，建立劳动者、中间类型劳动者、自雇者三分法的用工形态在我国目前并不可行，它依赖于完善的用工形态区分标准，但我国这方面的条件尚不具备。在现有制度框架下，为实现对平台从业者劳动权益的保护，可通过对平台从业者单独立法的方式避免对我国现有用工体系进行大规模的改造。单独立法应明确平台从业者是劳动者、自雇者之间的一种用工形态，授予其法律身份，给予其低于劳动者、高于自雇者的法律保障。单行立法可以以部门规章的形式作出，待时机成熟后，我国可再对中间类型劳动形态进行整体立法。

（二）在劳动权益保障方面，应赋予平台新型从业者劳动基准权利

我国《劳动法》对个别劳动关系的权利保障主要体现在劳动基准保护与解雇保护方面。劳动基准解决的是劳动安全的问题，解雇保护解决的是就业稳定的问题。与传统劳动关系相比，平台就业形态最大的优势在于灵活性，适用传统劳动关系的解雇保护制度无疑会扼杀其灵活性优势。因此，我们应放弃解雇限制、经济补偿金等解雇保护制度对平台新型从业者的适用。

与此同时，我们应赋予平台新型从业者在工作与休息时间、最低工资、劳动安全保障方面的劳动基准权利。劳动基准是国家在工作时间和休息时间、最低工资、劳动安全保障方面规定的最低标准。尽管平台从业者难以归入劳动者的范畴，但作为现代法意义上的人，其健康权利、安全权利、基本的经济生存需要应当得到满足。劳动基准方面，单独立法可以考虑以下几个因素。

1. 工作休息时间方面

平台工作任务化的特征使工作时间的计算具有一定特殊性。平台从业者直接提供服务的时间是从接受订单到完成订单的时间，这段时间创造价值，产生收益。但等待订单的等待时间并不产生收益，能否算作工作时间？等待时间是上一个订单完成与下一个订单出现中间的间隔时间，时长较短，专职从事平台业务的从业者很难利用等待时间完成其他非工作事项，除非停止接单。因此，等待时间应视为工作的准备时间，计入工作时间。

平台从业者的日工作时间是否应与标准工时制一致，以8小时为限？个人

认为，不必以标准工时为限。由于订单之间存在等待时间，身体可作适当调整，因而，包括等待时间在内的工作时间可以适当延长，但一天不应超过 12 小时，平台系统可通过技术进行控制，保障从业者的健康及公共安全。

2. 报酬支付方面

我们应要求平台建立报酬及时支付制度，可规定从业者对收入提现的最长时间，如 3 天，从产生实际收益的当日起算，鼓励平台即时支付报酬，避免平台出现“欠薪”现象。

对平台从业者应实施最低工资制度，包括等待时间在内的工作时间应作为计算最低小时工资的依据，以此计算的最低收入水平应不低于当地非全日制工的小时最低工资。平台应对专职的从业者进行小时收入的统计，低于最低小时工资标准的，应降低平台的抽成比例。

3. 劳动安全保障方面

平台与从业人员适用《安全生产法》不存在法律障碍。我国《安全生产法》的适用主体为生产经营单位和从业人员，并不要求劳动关系的存在。因此，平台应承担安全生产的主体责任，加强对从业人员及加盟商的安全培训与管理；平台对从业人员通过平台租赁的汽车或电动车等工具承担适租、维修义务；平台对从业者服务过程中致第三人损害时应承担损害赔偿责任，从业者因故意或者重大过失致人损害的，应当与平台承担连带赔偿责任，平台承担连带赔偿责任的，可向从业者追偿。

### （三）在社会权益保障方面，应全面保障新型从业者的社会保险权益

就工伤保险而言，平台从业者参加工伤保险存在两大障碍：一是缴费主体由于用工主体的不清晰而缺失；二是平台从业者的工作与生活难以切割导致工伤认定难度加大。除此之外，工伤保险用工主体缴费、劳动者不缴费的制度也不符合平台从业者半自雇者的特征，将两种不同质的用工关系合在一起进行同质保险会引起制度一定程度的混乱，此外，还会涉及工伤保险基金是否充足的问题。

江苏太仓针对未与任何用人单位或雇主存在劳动关系且不在《工伤保险条例》规定参保范围内的灵活就业人员建立了独立的职业伤害保险制度，这些灵活就业人员只要参加了该市的职工或居民养老、医疗保险，就无须缴费便可参加职业伤害保险，享受职业伤害保障。该规定适用对象仅限于该市户籍人口。当职业伤害保险基金不足时，由市财政承担。该制度具有参考意义，但较适用于保险基金充足和地方财力充足的地区，不适于大规模铺开。

对于平台从业者的职业伤害保险问题，我们可根据平台存在一定的管理功

能及从业人员存在部分自雇性特征，要求平台与从业者共同付费，实现从业者的职业风险由平台与从业者共担的机制。我们可考虑建立平台与从业者强制参加的职业伤害保险制度，通过每单业务收益中双方各付一定金额保费形成保障基金，由保险公司进行经营，由国家统一规定基金的支付情形，以此对平台从业者的职业安全进行保障。

就养老保险及医疗保险而言，我国已形成包括企业职工与城乡居民两条主线在内的基本养老保险及医疗保险制度，逐渐实现全民保险。对于未建立劳动关系的平台新型从业者，可以灵活就业人员身份参加“职工保”，或参加“居民保”。但据收集资料显示，平台从业者参加两种保险的意愿都不高，原因有二：一是“居民保”户籍地参保、享受不便、保障低、吸引力小；二是“职工保”保障好，但费用高，对于无对应单位的平台从业者就业地参保难。这些问题说明我国现行养老、医疗保险制度不适应新就业形态的发展。

我们应允许平台从业者以灵活就业人员身份在就业地参保；适当降低缴费基数，对经济困难人员可考虑给予临时性补助；延长缴费周期，以适应平台从业者收入不稳定的情况；健全社保转移接续及异地享保机制，使“居民保”和“职工保”的转换机制更为合理，增加制度的吸引力。

生育保险并入医疗保险，不再赘述。

就失业保险而言，平台新型从业者适用失业保险制度存在诸多障碍：一是认定从业者非自愿失业非常困难，传统认定非自愿失业的方法基本失效；二是由于平台不是用人单位，失业保险如何缴费成为问题；此外，失业保险金的给付以单位与劳动者缴费满一年为条件，远不能适应新业态用工短期化的特点。因此，建议暂缓平台新型从业者参加失业保险，除因考虑制度障碍外，还因为我国的平台经济仍处于上升期，其面对的是从业者紧缺的问题而不是臃肿的问题，因此平台从业者的失业保障问题可先暂缓规定，日后补充。

#### （四）平台新型从业者的集体劳动权利应受到保障

平台工作任务化、分散化的特征，使平台从业者成为孤岛，组织归属感缺失，工作情绪缺乏疏散反馈的渠道。因此，我们应保障平台从业者的集体劳动权利，特别是团结权，即组织和参加工会的权利。我国《工会法》《中国工会章程》规定参加工会的主体不限于存在劳动关系的劳动者，还包括以工资收入为主要生活来源的劳动者，因此，平台从业者参加工会并不存在制度障碍。单独立法应明确平台新型从业者组建和参加工会的权利，可分类组建针对新业态从业者的行业工会，如网约车司机工会、外卖送餐员工会，会员可享受工会提供的会员福利、纾困帮助等服务。

集体劳动权利中的集体协商权和争议权可暂不在单独立法中规定，一是由于平台从业者享有集体协商权在我国存在立法障碍，如我国《集体合同规定》将集体协商主体限于“企业和实行企业化管理的事业单位与本单位职工”，“职工”基本等同于劳动关系之劳动者；二是集体协商权与争议权在我国传统劳动关系领域还有待进一步发展，因而，新兴就业形态不急于规定。

（五）平台新型从业者应享有公共就业服务权利

按照公共就业服务均等化原则，政府应为各类劳动者提供就业服务，但由于平台用工属于新兴用工形态，许多地方还未将其列为公共就业服务的对象。广东先行一步，《广东省灵活就业人员服务管理办法（试行）》（2020 年 9 月 1 日起实施）将网络约车、网络送餐平台未建立劳动关系的新就业形态人员明确列入灵活就业人员范畴，纳入就业、失业统计口径，其可享受就业信息服务、技能培训、就业创业服务，符合条件的可享受一次性临时生活补助，购置经营必需工具的，可申请创业担保贷款及贴息，使平台从业者的公共就业服务权利得以具体落实。我们应在单独立法中明确地方政府对平台新型从业群体的公共就业服务义务。

# 未提起附带民事诉讼的被害人二审程序参与权研究

## ——以"杭州保姆纵火案""张家口交通肇事案"为例

潘金贵　夏睿泓*

司法实践中二审法院对未提起附带民事诉讼的被害人是否有权参与刑事二审程序这一问题所持观点不一。"杭州保姆纵火案"二审时，二审法院拒绝未提起附带民事诉讼的被害人近亲属林某某以刑事诉讼当事人的身份出庭参与庭审，其主要理由在于我国现行刑事诉讼法就此并无明文规定。[1] 与此相反的是，在2015年张家口审理的一起交通肇事案中，被害人近亲属同样未提起附带民事诉讼，一审法院拒绝被害人近亲属参与庭审，二审法院则认为一审法院未允许被害人近亲属参与诉讼属审判程序违法，并在二审开庭时通知被害人近亲属到庭参加诉讼。[2] 相较于"张家口交通肇事案"二审法院的做法，"杭州保姆纵火案"二审法院的做法及理由在实务中更为常见。在日益呼吁重视被害人权益的当下，司法实践中却出现一定的悖反现象：在未提起附带民事诉讼的情况下，被害人一般不会被通知参与庭审，甚至即使被害人提起了附带民事诉讼，也只是被告知参

* 潘金贵——西南政法大学法学院教授、博士生导师，法学博士，主要研究领域：刑事诉讼法学、证据法学；夏睿泓，西南政法大学法学院博士研究生，主要研究方向：刑事诉讼法学、证据法学。本文系国家社会科学基金项目"刑事案件事实认定中的经验法则研究"（19BFX092）的阶段性研究成果。

1　中华人民共和国最高人民法院刑事审判第一、二、三、四、五庭主办：《刑事审判参考》（总第115集），法律出版社2019年版，第225页。

2　河北省张家口市中级人民法院（2015）张刑终字第92号刑事判决书。

与案件民事部分的审理，其就案件刑事部分的审理亦无出庭的机会。[3]笔者认为，司法实践中不允许未提起附带民事诉讼的被害人参与二审诉讼活动的做法，是错误适用法律解释方法以及虚置被害人诉讼权利的体现。而张家口中院的做法彰显了对程序法定原则的遵循及对被害人当事人诉讼权利的尊重。被害人参与二审程序有其正当性和必要性，应当保障未提起附带民事诉讼的当事人有效参与二审刑事诉讼活动，维护其合法权益。

## 一、未提起附带民事诉讼的被害人参与二审程序的法律依据

在“杭州保姆纵火案”中，法官认为未提起附带民事诉讼的被害人不得以当事人身份参与二审诉讼的理由有二：一是由于我国《刑事诉讼法》既没有将独立的上诉权赋予未提起附带民事诉讼的被害人，亦没有就未提起附带民事诉讼的被害人参与二审程序的方式作出明确规定，故而综合这两个因素可以推测，立法者认为被害人在未提起附带民事诉讼的情况下不得以当事人身份参与刑事二审诉讼程序；二是《刑事诉讼法》不同条文中所规定的“当事人”的范围不同，如2012年《刑事诉讼法》第223条规定的“当事人”就不包括被害人。[4]在笔者看来，该案法官的解释不能成立，相反，未提起附带民事诉讼的被害人参与二审程序有理有据。

### （一）关于立法者禁止未提起附带民事诉讼的被害人以当事人的身份参与刑事二审的解释不能成立

1.“被害人不享有上诉权”不等于“被害人不享有刑事二审程序参与权”

是否应该赋予被害人独立上诉权一直是实务界和理论界争论不休的议题，但是被害人享有以当事人的身份参与法庭审理的权利可以说是共识性的理念，[5]而法庭审理自然包括一审和二审的审理。不赋予被害人上诉权的原因主要在于担心“上诉不加刑”原则虚置，削弱被告人的上诉权。[6]可是，被害人不享有上诉权影响的是被害人不能直接启动刑事第二审程序，但与被害人如何参与第二审审理程序并没有关系。例如，日本虽然未将被害人视作诉讼当事人，没有

---

3 孙仲玲、郭永亮：《刑事被害人庭审参与权及其完善》，载《云南民族大学学报（哲学社会科学版）》2018年第6期。

4 中华人民共和国最高人民法院刑事审判第一、二、三、四、五庭主办：《刑事审判参考》（总第115集），法律出版社2019年版，第225页。

5 卫跃宁、宋振策：《国家责任视角下的被害人权利保护研究——反思、调整与平衡》，中国人民公安大学出版社2019年版，第122页。

6 刘根菊：《关于公诉案件被害人权利保障问题》，载《法学研究》1997年第2期。

赋予其上诉权，但是为了强调对刑事被害人权益的保障，仍在刑事诉讼程序中新增被害人参与刑事审判制度，协助公诉。[7]的确，被害人不享有上诉权这一问题在一定程度上削弱了被害人的当事人地位，但是我们不能就此主次不分，将上诉权直接等同于当事人诉讼权利的全部内容，而是更应该从其他方面加强对其当事人诉讼权利的保障。

2. 立法模糊不等于立法拒绝未提起附带民事诉讼的被害人参与刑事二审

首先，就未提起附带民事诉讼的被害人参与刑事二审的方式而言，虽然《刑事诉讼法》并未在“第二审程序”这一章作出明确规定，但是其在第242条规定了相对应的指示性条款，即二审程序除有专门规定外，应参照第一审程序的规定进行。那么在《刑事诉讼法》已就被害人作为当事人参与刑事一审进行了较为完善的程序设计的情况下，根据文义解释，未提起附带民事诉讼的被害人自然能够参照一审程序的规定，具有以当事人的身份参与刑事二审程序的相应诉讼权利。在一审程序已就此作出明示规定的前提下，为了追求立法用语的精炼、简洁，在规定了第242条这样的指示性条款后，自无须赘言。

其次，从目的解释与历史解释的角度入手，根据对立法者原意与立法背景的考察，二审程序与一审程序的不同之处主要在于简易程序的适用、合议庭的组成、审理方式、审查范围、裁决的效力等方面。[8]据此，除不享有上诉权外，即使未提起附带民事诉讼，被害人亦能参与刑事二审，行使自己相应的诉讼权利，立法并未因第二审程序的特殊而限制未提起附带民事诉讼被害人的二审程序参与权利。

最后，就立法意图而言，综观历次修法，应当意识到立法者对被害人权利的保护是逐步重视并有意加强的，如先是于1996年《刑事诉讼法》修改时将被害人在刑事诉讼中的地位塑立为当事人，再至2012年修法时通过赋予申请回避权、添设刑事和解程序等方式进一步加强对被害人诉讼权利、财产权益的保障。[9]立法关于未提起附带民事诉讼的被害人参与二审程序的规定空白，是希望司法实践对相关程序的完善进行有益的探索，以期将来总结提炼经验后再以立法的方式固定下来，而非让司法机关以立法未予规定为由进行曲解原意的目的解释。

---

7 林裕顺：《日本“诉讼参加”比较研究——审判法庭应设被害人席》，载《月旦法学杂志》2017年第10期。

8 朗胜著：《〈中华人民共和国刑事诉讼法〉修改与适用》，新华出版社2012年版，第405页。

9 陈为钢、肖亮：《新刑诉法保障被害人权益若干问题研究》，载《东方法学》2013年第2期。

### （二）刑事诉讼法不同条文中的“当事人”范围不同的解释不能成立

1. 从立法技术可知《刑事诉讼法》中的“当事人”皆包括“被害人”在内

《刑事诉讼法》第 108 条第 2 项关于“当事人”含义的规定属于外延确定型的法律定义条款，[10] 而为了保证立法用语的明确性，外延确定型的法律定义条款的设置和适用规则之一便是坚持同一法体系内同词同义。[11] 由于该定义条款采取外延确定型的立法模式，所以并没有留下需要进行解释的地方，故而在理解《刑事诉讼法》其他条款中关于“当事人”含义时，除了“犯罪嫌疑人”和“被告人”是基于诉讼阶段的不同而称谓不同以外，其他的皆应该保持前后概念的一致。

2. 从立法背景可知部分法院对“当事人”范围的理解错误

现行《刑事诉讼法》第 231 条的前身原是 1979 年《刑事诉讼法》第 132 条[12]，1996 年修改《刑事诉讼法》时对该条款进行了修改，其中第 184 条将原条款中的上诉主体“当事人”修改为“被告人、自诉人、附带民事诉讼的原告人和被告人”，这主要是为了与 1996 年《刑事诉讼法》将被害人纳入“当事人”范围的条款修改相衔接，因为修法后作为“当事人”之一的被害人没有上诉的权利。从该立法背景可知，当立法者意识到 1979 年《刑事诉讼法》中“当事人”的范围与现今法条发生冲突时，其会直接在相应法条中将对应诉讼主体列举出来，以避免因为“当事人”的范围改变而出现上诉主体不明等情况，[13] 同时据此可知，1979 年《刑事诉讼法》第 132 条中的“对方当事人”不包含被害人，而现行《刑事诉讼法》第 231 条中的“对方当事人”则包含被害人。这一分析亦能从立法者就该条款的解读中得到印证，“本条所说的‘对方当事人’，主要包括被告人、被害人、自诉人、附带民事诉讼的原告人和被告人”。[14] 进言之，在立法者看来，未提起附带民事诉讼的被害人可以以当事人的身份参与刑事诉讼二审程序。

---

10 所谓“外延确定性的法律定义条款”，指的是采用列举或划分的方式直接指明被定义项的所涉范围的法律定义条款。莫湘益著：《刑事诉讼立法技术研究》，法律出版社 2017 年版，第 285 页。

11 莫湘益著：《刑事诉讼立法技术研究》，法律出版社 2017 年版，第 288 页。

12 1979 年《刑事诉讼法》第 132 条规定：“当事人通过原审人民法院提出上诉的，原审人民法院应当在三日以内将上诉状连同案卷、证据移送上一级人民法院，同时将上诉状副本送交同级人民检察院和对方当事人。当事人直接向第二审人民法院提出上诉的，第二审人民法院应当在三日以内将上诉状交原审人民法院送交同级人民检察院和对方当事人。”

13 王爱立、雷建斌主编：《刑事诉讼法立法精解》，中国检察出版社 2019 年版，第 428 页。

14 朗胜著：《〈中华人民共和国刑事诉讼法〉修改与适用》，新华出版社 2012 年版，第 386 页。

综上所述，通过对刑事诉讼法解释原理的理解与运用，可以明晰，从法律规范的解读来看，未提起附带民事诉讼的被害人参与第二审程序不存在任何障碍，于法有据。在我国刑事二审中，是否提起附带民事诉讼并不会影响被害人行使其当事人诉讼权利。简单地以法律无明文规定为由，辅之以误解立法意图即将未提起附带民事诉讼的被害人拒之刑事二审的门外，显然是有欠考虑的做法。

## 二、未提起附带民事诉讼的被害人参与二审程序的正当性分析

### （一）刑事司法理念的契合：未提起附带民事诉讼的被害人参与二审程序是保障人权的体现

刑事诉讼既要保障被追诉人的人权，亦要保障被害人的人权。未提起附带民事诉讼的被害人有权参与刑事诉讼二审程序，是贯彻人权保障理念的题中应有之义。过去被害人在刑事诉讼程序中处于边缘地位，总以辅助调查犯罪事实的证人角色出现，但其“复仇心理”及相应的合理诉求往往得不到重视，对刑事诉讼程序的影响也并不明显。由于被害人没有足够的机会参与到刑事案件的裁判当中，无法充分表达自身诉求，因而被害人在受到犯罪侵害后，还会继而受到来自国家刑事司法程序运转的再次伤害。传统刑事司法实践对被害人诉讼权利、复仇和赔偿诉求的漠视，既是对被害人精神的进一步伤害，亦是对被害人所享有的“受公平处遇权”“受合理保护权”“损害恢复请求权”等基本人权的侵害。[15]这也便可能导致“案结事未了”，即使裁判的结果是公正的，也有可能造成被害人不服而屡屡提起申诉和上访等情况，甚至导致被害人的第三次伤害，[16]即被害人因负面情绪的无法开解以及对司法的不信任而导致的“自我伤害”，而极端的“自我伤害”则可能使被害人走上“犯罪化”的道路，以暴力等手段进行私力复仇或者泄愤，由被害人转化为被告人。

因此，基于对被害人基本人权的关怀和保护、防止被害人的再度“被害”，各国开始有意识地提升被害人在刑事诉讼程序中的地位，如德国与俄罗斯便直接将被害人确立为刑事诉讼中的当事人。[17]我国亦不例外，在1996年《刑事诉讼法》修改时赋予被害人刑事诉讼当事人身份。提升被害人诉讼地位，赋予其

---

15　张国赞、田洪明：《从基本人权论犯罪被害人之保护》，载《正修通识教育学报》2013年第10期。

16　李川：《三次被害理论视野下我国被害人研究之反思》，载《华东政法大学学报》2011年第4期。

17　周国均、宗克华：《刑事诉讼中被害人法律地位的探讨》，载《河北法学》2003年第1期。

当事人身份，并不仅仅是立法上的宣示性条款，还意味着在刑事诉讼程序的设计上要赋予被害人更多的参与机会以及强化其参与刑事诉讼的能力，在刑事司法实践中要遵行程序法定原则，树立重视被害人的当事人地位的司法理念，保障被害人参与庭审权、陈述意见权等诉讼权利的有效行使。这样方能使被害人的当事人地位名副其实，有助于抚平被害人的创伤，维护其人格尊严，同时增强对司法的信任。

司法实践中法院拒绝被害人参与刑事诉讼二审程序，既是对被害人的当事人诉讼地位的漠视，亦是对其基本人权的侵害。被害人出席庭审的权利作为被害人基本人权的关键所在，[18]如果得不到保障，既会有损国家责任的履行，又会减损公民对司法的信任，阻碍司法正义的实现。故而，为了保障被害人权利、社会的稳定及司法公信力的提升，应当让未提起附带民事诉讼的被害人有权参与刑事诉讼二审程序。

### （二）司法正义的实现：未提起附带民事诉讼的被害人参与二审程序有助于实现案件审理的实体正义和程序正义

就实体正义的实现而言，未提起附带民事诉讼的被害人参与二审程序有利于二审法院定罪量刑，及时发现一审的错误并纠正。我国刑事二审实行的是全面审查原则，旨在从不同角度对案件进行审理，以纠正任何可能发生的错误，实现案件的正确处理。[19]而案件的正确处理则要求查明案件真相和准确量刑。从查明案件真相的角度来说，如果让被害人出庭参与庭审，其能与被告人等进行对质，或者接受质询，则有助于贯彻直接言词原则，让庭审更好地发现事实的真相，改善二审司法实践中审判权行使形式化、庭审实效性差的现象。[20]从提高量刑精准性的角度来说，唯有让被害人出庭参与庭审，其才有机会向法官当庭陈述被告人的犯罪行为对其个人生理、精神乃至家庭等各方面造成的影响。仅凭公诉人的量刑意见，法官对被告人刑罚的裁量可能不够准确，被害人提供的信息能够从受害个体的角度让法官了解犯罪造成的危害情况，这样有利于法庭更加精确地评估犯罪的危害程度以及被告人的刑事责任，从而正确地适用刑罚，[21]尤其是刑事二审的重要功能之一就在于对一审定罪量刑时可能出现的错误进行纠正，

---

18 张国赞、田洪明：《从基本人权论犯罪被害人之保护》，载《正修通识教育学报》2013年第10期。

19 秦宗文：《刑事二审全面审查原则新探》，载《现代法学》2007年第3期。

20 李婷：《司法改革背景下刑事二审庭审实质化问题思考——以刑事二审审判权的运行实践为出发点》，载《法律适用》2016年第7期。

21 张吉喜：《论被害人影响陈述制度》，载《法商研究》2015年第3期。

故而更不能剥夺未提起附带民事诉讼的被害人参与二审程序的机会。

就程序正义的实现而言，让未提起附带民事诉讼的被害人参与二审程序是程序正义的必然要求。程序正义的关键要义即为诉讼程序的“实质参与”，[22]让被害人参与刑事诉讼的每一个环节，尤其是审判环节，让其切身体会到程序的公开、公正运转，使之明白其对司法裁判决策的作出是有影响的，这可以在一定程度上满足被害人复仇心理，安抚受创伤的被害人，进而让被害人对裁判结果更为接受，使裁判结果达到较好的社会效果。

值得注意的是，由于司法实践中法院常常没有意识到被害人参与审判这一程序的重要性，故而已经引起了不少问题。有不少案件的被害人因为不能通过正式的法律途径提出自己的诉求，所以只能转向采取其他非常规乃至偏激的方式来向刑事司法施压，意图影响刑事诉讼的结果，如采取借助新闻媒体发声来引起舆论讨论，乃至在有关部门前贴大字报、静坐等。[23]这些行为可能会导致裁判机关受到上级机关的问责、被害人四处申诉、上访以及司法公信力下滑等负面效果。[24]究其本质原因，还是在于允许被害人对程序参与的程度不够，忽视了被害人的程序参与对裁判的社会效果所起的作用。要想刑事裁判发挥好的社会效果，既要求裁判结果应是正义的，还要求裁判过程也应是正义的。被害人作为刑事诉讼程序的当事人，不仅希望获得公正判决，同时也希望获得公正对待。让被害人参与刑事庭审是坚持程序正义的体现，这可以让他们因感受到被公平、人道地对待而产生受尊重的感觉，[25]从而有助于他们对裁判结果和过程的认可和接受，有效避免前述所言的负面情况出现。被害人有了畅通的渠道输出自己的诉求，其所受的创伤和痛苦才能得以抚慰，司法裁判的公正性才能得到进一步的提升。

## 三、未提起附带民事诉讼的被害人二审程序参与机制的构建

被害人权利保障的核心应是加强并保证他的程序参与权。[26]所以，应根据我国的司法实践情况以及对被害人程序参与权保护的不足之处，对症下药，合

22 李昌盛：《“泛被害人主义”司法及其破解》，载《中国刑事法杂志》2015年第5期。

23 余德厚、石磊、袁晶：《刑事诉讼中被害人参与异化之研究》，载《法律适用》2014年第2期。

24 栗峥：《被害人抗争与压力型司法》，载《云南社会科学》2013年第2期。

25 陈瑞华：《程序正义的理论基础——评马修的“尊严价值理论”》，载《中国法学》2000年第3期。

26 卞建林、李箐箐：《依法治国与刑事诉讼》，载陈光中、江伟主编：《诉讼法论丛（第2卷）》，法律出版社1998年版，第28页。

理地构建未提起附带民事诉讼的被害人二审程序的参与机制，以弥补立法的疏漏。

### （一）机制构建的思路抉择

根据被害人在刑事诉讼的地位及作用的不同，被害人参与刑事诉讼可分为两种模式：一种是强参与模式，该模式的特点在于被害人参与刑事诉讼的程度更深入，对裁判的影响程度更大，当事人的地位更突出，诉讼权利得以有效保障和行使；另一种是弱参与模式，该模式的特点在于被害人对于刑事诉讼进程的影响程度小，被害人的当事人属性更多时候被其证人属性所掩盖。在笔者看来，未提起附带民事诉讼被害人二审程序参与机制构建的思路选择应采取强参与模式，原因主要有两个方面：一方面是基于上文所陈述的被害人参与刑事二审的正当性；另一方面则是基于我国刑事二审的功能定位。我国刑事二审的功能便是确保刑事审判的公正性，而其公正性的实现则在于保证事实认定的准确无误和当事人权利救济的全面及时。[27] 在此种逻辑下，自然应选择强参与模式，这既能够帮助二审法院更准确地认定案件事实，又能够使被害人的权利得以有效行使和保障，加强被害人对司法程序和裁判结果的认可和尊重。

应当明确的是，强参与模式下的被害人二审程序参与机制应包含以下特征：一是参与机制的构建应凸显被害人的当事人地位，立法上应明确规定被害人二审参与的方式，司法上则应切实遵循程序法定原则，避免出现拒绝被害人参与刑事二审程序的情况；二是参与机制的构建方向应是加强被害人对刑事诉讼二审程序的参与，通过对被害人二审知情权、陈述权、质证权等权利的保障来强化被害人对刑事二审裁判作出的影响；三是对审判人员拒绝被害人参与刑事二审的违法行为应确立程序性制裁，以此来制约法官将被害人拒之二审门外的程序性违法行为。

### （二）参与机制的具体样态

1. 保障未提起附带民事诉讼的被害人的知情权

首先，法院在收到上诉状或抗诉状时，应及时将相应的副本送交被害人。其次，在合议庭组成并确立二审开庭的时间和地点后，应立即将相应的信息通知被害人，信息通知的方式应尽量采取有利于被害人及时全面获知信息的形式，如通过短信通知或网络平台公布相关信息，同时应让被害人有机会对二审合议庭的组成提出异议，有权申请相应的人员回避。最后，被害人的阅卷权也是其

---

27　王敏远：《刑事二审是审判公正的保障程序》，载《检察日报》2012 年 3 月 28 日，第 3 版。

知情权的重要内容，故而阅卷权的保障也是让被害人能够实质参与庭审的关键之一。鉴于现在唯有《最高人民法院关于适用〈中华人民共和国刑事诉讼法〉的解释》第65条对此规定了只有被害人的诉讼代理人可以阅卷，所以二审开庭前，法院应许可被害人的诉讼代理人阅卷的要求，在未来修法时亦该赋予被害人阅卷的权利。当然，如果被害人或其诉讼代理人阅卷可能对被告人的权利或者诉讼的顺利进行造成严重威胁，则应拒绝其阅卷请求。

2. 明确被害人有权申请法律援助

当前我国《刑事诉讼法》及相关司法解释都没有规定公诉案件中被害人有权获得法律援助，其目的旨在避免使控辩双方之间的对抗更加失衡，使得辩方处于更加不利的地位。但是应当厘清的是，辩方力量的加强应当是采取扩大和切实保障辩护权的方式，而非采取削减被害人诉讼权利的方式。再者，现实中犯罪不仅给被害人带来身体及精神上的极大痛苦，还会导致被害人因医疗支出、财物被盗等而遭受巨额财产损失。许多本就经济实力弱的被害人也因此更难以支付律师费来聘请诉讼代理人。故而有必要明确被害人申请法律援助的条件、方式及法律援助律师的具体代理服务内容等，以增强被害人参与刑事诉讼二审程序的能力。

3. 保障未提起附带民事诉讼的被害人的庭审参与权

就被害人二审庭审参与权的保障而言，在立法已规定二审庭审程序的进行大抵参照一审程序的情况下，刑事二审法院所要做的则是重申被害人的当事人主体地位，意识到被害人参与刑事二审的正当性和重要性，切不可以未提起附带民事诉讼为由即将被害人排除在外。理念确立后，二审法院在刑事审判权实践运行中也应体现对被害人庭审参与权的保障，除了保障《刑事诉讼法》赋予被害人的陈述权、申请证人出庭和重新鉴定权等诉讼权利之外，在庭审结束后，法院亦应在裁判文书中载录被害人的相关意见，并有针对性地在裁判文书中回应其意见。通过这种记录审判过程及公开裁判理由的方式，法院可以让被害人切身了解到其对刑事裁判结果的影响，令被害人意识到参与到庭审是有实效的，从而保障被害人的实体和程序权益，凸显被害人的主体地位。

另外，在二审开庭的时候亦应注意添列被害人的席位。虽然有相关文件[28]就被害人在法庭上的席位予以明定，但是令人遗憾的是，司法实践中大多数法庭都没有设置专门的被害人席位。[29]被害人席位的空缺直接侵犯了被害人庭审参与权的行使，这实际上也昭示着审判人员对被害人诉讼权利的漠视。故而，

28 《中共中央政法委员会关于实施修改后的刑事诉讼法几个问题的通知》（政法〔1997〕3号）。

29 兰跃军：《论我国刑事法庭席位设置》，载《中国刑事法杂志》2010年第12期。

二审开庭时应当注重被害人席位的设置，遵循相关文件的规定，在公诉人右侧为被害人及其诉讼代理人设置座位，以便其进行相应的诉讼行为。

4. 重视未提起附带民事诉讼的被害人的量刑意见

美国设立有被害人影响陈述制度，该制度中被害人有权在量刑阶段以书面或者口头的形式向法官陈述被告人犯罪行为对其各个方面的影响，法官也能据此对犯罪造成的后果有更全面的了解，进而更准确地认定刑事责任。[30] 国内亦有不少学者呼吁引入被害人影响陈述制度，笔者认为，是否引进该制度还有待考察我国是否具有相应的制度环境和配套措施，但是该制度背后的精神和原理仍可供我国司法实务借鉴。法官在听取被害人关于量刑的意见的时候，也可以主动引导被害人就犯罪对其及家人所带来的经济、生活、生理以及精神等方面的侵害情况进行客观真实的陈述，并在量刑的时候将这些纳入考量的范围。如若法官未采取被害人的量刑意见，亦应在裁判文书中予以针对性的回应，充分保障被害人发表量刑意见的权利。

5. 建立针对性的程序性制裁机制

法律得以有效遵循的保障在于违反法律需要承担相应的法律后果。因此，为了让审判者遵循《刑事诉讼法》的规定，不让《刑事诉讼法》关于被害人诉讼权利的规定沦为宣示性的条款，有必要将法官拒绝未提起附带民事诉讼的被害人参与二审的行为视为严重影响司法公正的程序性违法行为，宣告该违反《刑事诉讼法》的诉讼行为无效。一旦出现被害人的庭审参与权被剥夺的情况，如果是发生在一审期间，被害人可以以此向检察院请求抗诉，如若发生在二审期间，被害人则可以以此提出申诉。面对被害人提出的程序性争议，法院应就此展开专门的审理活动，并作出有针对性的裁判结论。

## 结语

“杭州保姆纵火案”的二审法院与“张家口交通肇事案”的二审法院截然不同的做法，暴露出了司法实践中对被害人权利保护的理念和行动的缺位。而理念和行动的缺位，导致的不但是对现行法律理解的偏差，还包括缺乏对如何让作为当事人的被告人在刑事诉讼程序中实现有效参与的应有省思。加强被害人权利的保护，仅着眼于被害人司法救助制度的完善是不够的，还应重视被害人对刑事诉讼程序的参与能力和参与程度，以免让被害人的当事人诉讼地位沦为无实际意义的符号。这也是理论界和实务界的目光亟须聚焦之所在。因为被

---

30　蔡国芹、赵赠田：《论公诉权与被害人权利的程序冲突与协调》，载《东方法学》2011 年第 3 期。

害人对刑事诉讼程序的参与能力和参与程度，实际关涉被害人基本人权的保护、人格尊严的维护、复仇心理的平复、事实认定的准确以及司法公信力的维持等多个维度的问题，这些问题的有效解决能产生多个面向的积极效用，既有助于修复被犯罪破坏的秩序，又有助于使被害人服判息讼，同时提升司法裁判过程和裁判结果在公民心目中的公正观感。未来的研究亦应就被害人程序参与权的具体权利内容进行类型化分析以及加以精细地构建相应运行机制，同时注意平衡与化解其可能与国家公诉权、被告人辩护权所产生的冲突。

# 推进粤港澳大湾区海事仲裁机制的重要性

谭国戬　刘　琦　陈晓冰*

海事仲裁机制是海事纠纷多元化解决机制之一，高效、便捷、专业是它的代名词。但是在实务操作中，当事人选择诉讼方式解决海事纠纷远多于选择仲裁的方式，导致该现象的原因包括但不限于国际老牌仲裁机构的冲击、国内十大海事法院的制约，以及我国对海商事仲裁的重视程度不够等。中国海事仲裁委员会是中国唯一解决海事纠纷的仲裁机构，但与中国十大海事法院相比，中国十大海事法院上千的受案量与中国海事仲裁委员会每年不到 3 位数的受案量形成了鲜明对比。此外，与其他航运国家相比较，中国海事仲裁委员会也未发挥出应有的作用。本文以中国海事仲裁委员会与中国海事法院为研究对象，分析导致上述差异的原因，以及探讨有利于为粤港澳大湾区的发展提供海事仲裁服务的机制，本文认为，为进一步有效解决粤港澳大湾区仲裁机制的缺失，同时也为粤港澳大湾区海事争议纠纷提供参考决策，设立粤港澳大湾区海事仲裁机制具有重要意义。

## 一、中国海商业务发展及争议解决机制现状

经济是国家实力的重要指标，而交通、商贸则是促进经济成长的两大主要因素。古代中国在对外贸易中就将陆上、海上两条丝绸之路作为对外贸易的重要方式，截至目前，许多国家也将海上运输方式作为国际贸易的重要交通枢纽，

* 谭国戬——广东南方软实力研究院副院长、广州市政协委员、华南师范大学法律硕士研究生（学位）导师、律师学院兼职教授，主要研究领域：金融法、房地产法、合同法、公司法、劳动法、行政法；刘琦——广东第二师范学院团委书记，主要研究领域：青少年法制教育；陈晓冰——广东卓信律师事务所实习律师，主要研究领域：行政法、劳动法、合同法、公司法。

也就是说，中国海事发展历史悠久。但从目前的国际地位来看，中国在海事争议解决问题上没有权威地位，未得到国际认可。而近年来，中国海事争议纠纷剧增且纠纷解决集中在十大海事法院。仲裁作为全球主要航运国家受理大量本国或涉外的各种海事海商争议案件的处理方式，譬如伦敦海事仲裁员协会、美国海事仲裁员协会等，在我国并未得到充分的发挥。

### （一）近年我国海商业务发展概述

中国是大陆国家，亦是重要的海洋国家。我国有 13 个面临大海的省和自治区，在四个直辖市中有两个是港口城市，其中沿海地级市、县级市已有 100 多个，除广州、大连、上海、青岛和天津外，还有 60 多个对外开放的港口。中国优越的地理条件为海事海商业务的发展提供了重要保障。据中国涉海数据统计，在全球范围内中国是造船总量最多的国家，中国的港口吞吐量、集装箱吞吐量持续居世界首位。可见，我国的海洋，贸易、海商事业务量等在世界占有一席之地。[1]

### （二）目前我国海事海商案件争议解决机制与现状

我国在海事海商业务领域具有悠久的历史，但是在该领域的争议解决问题上没有话语权。近年来，我国的海事海商的业务发展迅速，呈现逐年递增的现象。为促进和保障我国海运事业发展，国内的海事海商争议解决机构应运而生。我国主要以诉讼、仲裁、调解等多元化解决机制处理当事人之间的海事争议。但与世界航运发达国家中以仲裁为主的争议解决方式相比较，我国在解决海事争议纠纷时多呈现出“大诉讼、小仲裁”的局面，当事人选择诉讼的方式解决海事纠纷的占比大。

经了解，当下中国专门受理海事争议案件的唯一仲裁机构是中国海事仲裁委员会，其成立标志着中国海事仲裁事业的起航。1959 年 1 月 22 日，中国海事仲裁委员会设立于中国国际贸易促进委员会内解决国内外海事海商、交通物流以及其他契约性或非契约性争议的常设仲裁机构。中国海事仲裁委员会设在北京，在上海设有上海总部，在天津、重庆、深圳、香港、福州、舟山、海口设有分会/仲裁中心；在大连、青岛、宁波、广州、南宁等国内主要港口城市设有办事处。为满足行业仲裁和多元化服务需要，中国海事仲裁委员会下设航空争议仲裁中心、航空争议调解中心、建设工程争议仲裁中心、计量争议仲裁中心、

---

1　刘畅：《建立中国国际海事司法中心，打造海事法律服务人才队伍》，载《经济与管理科学》2019 第 34 期。

物流争议解决中心、渔业争议解决中心、海事调解中心等业务中心。[2]

## 二、粤港澳大湾区的海商发展与海事仲裁机制存在的问题

随着经济快速发展，粤港澳与海事商事有关的交易量、交易类型快速增加，成为我国开放程度最高、经济活力最强的区域之一。由此引发的海事争议亦逐年递增，法律环境亦变得更为复杂，已经形成集中海事纠纷的爆发地。从高效便捷处理区域性纠纷的角度出发，推进专门的粤港澳大湾区海事仲裁机制具有迫切性及必要性。

### （一）粤港澳大湾区的中国实践缘起

“粤港澳大湾区”这一概念从雏形到成熟阶段，已历时二十余年，从20世纪90年代初学术界的讨论到21世纪初地方政策的考量，再到2016年开始国家战略的提出、推动、发展，在这期间亦是中国城镇化大战略不断调整的进程。

粤港澳大湾区包括有：香港特别行政区、澳门特别行政区和广东省广州市、深圳市、珠海市、佛山市、惠州市、东莞市、中山市、江门市、肇庆市（以下称珠三角九市）。近年来，粤港澳共同签署了《深化粤港澳合作 推进大湾区建设框架协议》，各方的合作不断深化，珠三角九市的经济实力显著提高，完全具备建成世界级城市群的前提条件。基于此，在2019年2月18日经党中央、国务院同意正式公开发布《粤港澳大湾区发展规划纲要》，该文件针对粤港澳大湾区的战略定位、发展目标、空间布局等方面作出了全面规划，并且提出“建设粤港澳大湾区，既是新时代推动形成全面开放新格局的新尝试，也是推动‘一国两制’事业发展的新实践”这一重要目标。

### （二）粤港澳大湾区的海商发展现状与前瞻

粤港澳大湾区水网密布，设有众多的世界级枢纽港口。为此，航运业在大湾区现代化综合交通运输体系中占据重要地位。据统计，粤港澳大湾区年港口货物吞吐量超过18亿吨，集装箱吞吐量超过8000万标箱，粤港澳三地港口共同形成了全球客货运量最庞大的湾区港口群。大湾区内90%以上的外贸货物、95%以上的煤炭、99%以上的原油和铁矿石运输是通过航运来完成的。[3]可见，

---

2 中国海事仲裁委员会简介，载中国海事仲裁委员会官网，http://www.cmac.org.cn/%e6%b5%b7%e4%bb%b2%e7%ae%80%e4%bb%8b，最后访问于2021年3月3日。

3 童翠龙、刘斌：《互联互通 海事推动粤港澳大湾区航运协调发展》，载《中华人民共和国海事局》2020第9期。

粤港澳地区的海商业务发展壮大，而安全、绿色、高效的航运秩序已经成为大湾区高质量发展的重要保障。

### (三) 粤港澳大湾区的海事海商争议解决机制现状与制约

根据中国海事仲裁委员会2019年年度工作报告可知，近四年中国海仲受案量情况为：2016年69件；2017年72件；2018年65件；2019年91件。[4]可见，中国海事仲裁委员会近几年的案件受理量均未超过3位数，相较于其他仲裁机构每年几百件甚至上千件的受案量，或是相较于中国十大海事法院每年上千件海事案件的受案量，中国海事仲裁委员会的受案量的确甚少。海事仲裁委员会作为专门为解决海事方面争议而设立的组织，采用仲裁方式解决海事争议。这种方式不仅历史悠久，而且被国际上普遍承认并采用。那么当下中国唯一的海事仲裁委员会受案数量一直徘徊不前是受到什么因素的制约呢？可能的原因如下：

一是宣传力度及深度不够。中国海事仲裁委员会至今已经六十多年的发展历史，经过几代人的不懈努力，该仲裁委已经在内外航运界广泛流传，家喻户晓，但是最终选择中国海事仲裁机制解决纠纷的却微乎其微。导致上述现象的主要原因是宣传推广的主体是商会，其宣传目的极其容易被误以为是谋取商业利益。而且过去几十年的宣传只是浅层的，如何让大家主动地接受并使用海事仲裁解决争议，需要整个立法、司法及国家行政主管部门的大力支持。

二是海事案件争议的特殊性。海事法律关系不可避免地具有涉外性、复杂性、流动性等特殊性质，以致静态的合同无法完全呈现，由此导致无法通过合同条款来约束各方当事人；此外，中国的许多船舶是国外的保赔协会会员，鉴于该协会与保险公司均拥有长期合作的海外律师事务所，而海外仲裁机制是主要解决海事争议的纠纷解决机制，因此，选择海外仲裁已经成为常态的争议解决方式。

三是受到国际老牌仲裁机构的冲击。国际老牌仲裁机构的国际地位具有不可替代性，譬如英国伦敦仲裁院，它是国际社会成立最早、影响最大的常设仲裁机构之一，任何国家的任何国际争议均可提交该仲裁院，特别以海事仲裁在国际社会中享有盛名。该仲裁院解决了世界海事争议的很大一部分，世界各国的法律以及国际公约、国际惯例深受英国海商法的影响。相较之下，我国相关部门对中国海事仲裁的重视程度不够高，推广力度不足。

---

4 载中国海事仲裁委员会官网，http：//www. cmac. org. cn/news/7019. html，最后访问于2021年3月3日。

四是受到国内海事法院的制约。国内海事法院的一审诉讼费用的收费标准低于仲裁收费标准，且海事法院就标的额小、国内或涉外性质的沿海海事纠纷问题已经形成较为成熟的服务网络，给当事人参加庭审提供了便利条件。此外，根据《海事诉讼特别程序法》的相关规定，海事请求保全执行后，有关海事纠纷未进入诉讼或者仲裁程序的，当事人就该海事请求，可以向采取海事请求保全的海事法院或者其他有管辖权的海事法院提起诉讼。可见，申请扣船的当事人更愿意直接在扣船地法院提起诉讼，以便于未来法院判决更容易申请执行。

因此，受国内外因素的制约，以及中国海事仲裁委员会的受重视程度、便利程度不足等原因，导致中国特别是粤港澳大湾区呈现“大诉讼、小仲裁”的局面。若充分发挥海事仲裁解决机制，这既能减少十大海事法院的压力，又能高效专业地解决海事纠纷。

## 三、推进粤港澳大湾区海事仲裁机制的法理依据与前瞻性

自香港、澳门回归后，我国根据《宪法》第31条的规定，设立了香港特别行政区和澳门特别行政区。但是从《香港特别行政区基本法》以及《澳门特别行政区基本法》》第2条、第8条、第12条可知，两特别行政区的行政区域虽然直辖于中央人民政府，但是保留原来的法律，享有高度自治的权利。两部基本法第94条、第95条提出了可与全国其他地区的司法机关通过协商依法进行司法方面的联系和相互提供协助，这为推进粤港湾大湾区多元纠纷解决机制提供了法理依据。

在粤港澳大湾区海商事业务发展壮大的同时，不可避免地会引发大量的海商事纠纷。而多元化纠纷解决机制中，仲裁机制具有高效、专业、便捷的不可替代的地位。因此，推进并完善粤港澳大湾区海事仲裁机制具有重要意义。现通过粤港澳大湾区海事案件的涉案情况、海事仲裁机制的重要地位，以及设立粤港澳大湾区的必要性角度进行分析。

### （一）涉粤港澳大湾区海事案件涉案量大、占比重

以广州海事法院为例，根据白皮书通报的广州海事法院2019年海事案件审判情况可知，2019年涉粤港澳大湾区案件具有案件量大、占比高、执行难等特点，详细如下：

1. 一审诉讼案件大幅上升，且涉外案件占比高。据统计，全年新收一审诉讼案件1946件，占新收案件的57.6%，同比增长63.1%，而2019年共受理涉

外和港澳台地区案件725件，占一审海事海商案件的29.15%。[5]可见，一审诉讼案件新收案件量大幅上升，且涉港澳台的案件占比高。

2. 涉港口纠纷集中显现。2019年共审理涉港口作业、港口建设、港口疏浚、港口货物保管等海事案件54件，涉案标的额达1.4亿元，为重点港口建设提供了有力的司法保障。

3. 稳步推进“切实解决执行难”。在“南粤执行风暴2019”执行专项活动中，执结率89.88%，执行到位金额14.5亿多元，顺利通过“基本解决执行难”评估验收。

4. 网络司法拍卖溢价率较高。2019年度执行网拍94次，成交金额1.2亿元；网拍成交平均溢价率71.97%。其中执行拍卖船舶52艘次，成交金额8883.5万元，平均溢价率67.8%。[6]

上述的数据显示情况与前述提及的中国唯一的海事仲裁院的受案量情况形成了鲜明对比，说明海事仲裁机制未展现出应有的优势地位。

### （二）海事仲裁等多元化纠纷解决机制可充分发挥

近年来，海事法院的案件量居高不下，而海事仲裁的受案量又徘徊不前，这说明我国海事仲裁的多元化纠纷解决机制还未得到充分发挥。实际上，海事仲裁机制相较于海事诉讼有着不可替代的优越性，具体如下：

1. 海事仲裁的仲裁员都是具有丰富经验的海事从业者。譬如，中国海事仲裁委员会的仲裁员是由中国贸促会从具有航运、法律、港口等方面专业知识和实践经验的中外专家中聘任的，这些仲裁员共同建成一支高水准的仲裁员队伍。

2. 海事仲裁的程序较为灵活和高效。譬如中国海事仲裁委员会在实施简易程序的仲裁案件过程中，要求在开庭之日起30天内或组庭之日起90天内作出裁决。

3. 海事仲裁结果的保密性更强。在仲裁机制创造良好的保密环境之下，仲裁员能充分运用自己的专业知识公平、正义、高效地进行裁决，以避免受到舆论压力而有失公允。

4. 海事仲裁更加体现当事人意思自治。经仲裁委员会同意，当事人可以选择仲裁使用的语言、仲裁适用的实体法，这样可以完全排除外界干扰，体现当事人高度的意思自治。

---

5 《广州海事法院发布涉粤港澳大湾区海事审判暨2019年海事审判白皮书》，载广州市海事法院官网，http：//www.gzhsfy.gov.cn/web/content？gid=91518，最后访问于2021年3月3日。

6 《广州海事法院发布涉粤港澳大湾区海事审判暨2019年海事审判白皮书》，载广州市海事法院官网，http：//www.gzhsfy.gov.cn/web/content？gid=91518，最后访问于2021年3月3日。

### （三）建议设立粤港澳大湾区海事仲裁委员会

中国海事仲裁委员会设在北京，在上海、天津、重庆、广东、香港、福建、浙江设有分会，分会可以受理和管理仲裁案件。在大连、广州、天津、宁波、青岛设立办事处，但是办事处仅是仲裁委员会及分会的仲裁专业联络和宣传机构，提供咨询服务。2014 年 11 月 19 日，中国海事仲裁委员会香港仲裁中心在香港会议展览中心举行设立仪式，其首个在内地以外的仲裁中心，提供国际海事争议仲裁服务，但是直至目前为止，澳门并未设立海事仲裁中心。

也就是说，粤港澳大湾区海事案件涉案量大、占比重，并且所有的案件压力聚集在海事法院，未充分发挥多元化纠纷解决机制，特别是海事仲裁。虽然我们有中国海事仲裁委员会，但是宣传力度及深度不足，相关部门的重视程度不够，且设立的分会、办事处未完全包括粤港澳大湾区，无法为粤港澳大湾区提供优质、快捷、便利的仲裁法律服务。为此，建议专门在粤港澳大湾区设立有针对性的海事仲裁委员会，既能够方便该地区域当事人通过仲裁方式解决，又能够减轻海事法院的压力。

## 四、推进粤港澳大湾区海事仲裁机制建设的解决思路

2019 年《粤港澳大湾区发展规划纲要》对粤港澳大湾区的战略定位、发展目标、空间布局等方面作了全面规划，为实现设立粤港澳大湾区仲裁委员会助一臂之力。此外，党的十八届四中全会提出“完善仲裁制度，提高仲裁公信力”的决策部署，仲裁成为现代公共法律服务体系的重要组成部分。借鉴国内唯一的海事仲裁机构，设立并推行粤港澳大湾区仲裁委员会的具体建议如下。

### （一）推进粤港澳大湾区海事仲裁委员会平台建设

一方面，建立便于当事人立案、申请中止仲裁等操作的平台建设，制定规范的海事仲裁规则，细化仲裁审理要点、审查程序、收费标准等，发展海事仲裁中的小额仲裁程序；另一方面，建立电子卷宗共享平台，通过平台快速上传裁决、审判数据，打破过去仲裁委员会与人民法院一直缺乏制度化的沟通协调渠道的困境，搭建司法与仲裁良性平台。

### （二）严格海事仲裁委员会仲裁员选任

粤港澳大湾区在选任仲裁员时，要注重各地区仲裁员比例的聘任，引入和监督高素质人才。选聘具有从事航运、外贸等丰富经验以及法律界等专业人士

作为人才储备的首选队伍，此外，应当以案件质量为立足点，加快建设并推进正规化、专业化和职业化的仲裁队伍，助力海事仲裁机制的建设。

（三）提高海事仲裁委员会仲裁机制的知晓率

商会应当加大宣传海事仲裁解决争议的优势地位的广度与深度，以吸引更多的当事人选择仲裁解决争议。相关部门也应当加大对海事仲裁的重视程度，通过政府宣传更具有公信力，可以增强当事人对海事仲裁的信任。

## 结语

构建完善的海事纠纷多元化解决机制，对于国内/国际航运中心的建设目标具有重要意义。通过不断扩充和完善海事司法信息集聚与利用功能，探索建设粤港澳大湾区仲裁机制，通过海关、海事局等行政机关的配合，确保仲裁裁决执行以及保全措施的完成。关注市场需求和集群效应，提供优质的仲裁服务，更是为粤港澳大湾区的建设打造一流营商环境。

# 对世卫组织法管辖权条款的若干思考

## ——从法律解释和合理行使管辖权的角度

卢　婧*

《欧洲国际法杂志》博客刊登的一篇文章提出，《世界卫生组织组织法》第75条可以作为国际法院行使管辖权的法律依据，并表示在“刚果领土上的武装行动案”中国际法院确认了这一点。[1] 不论该文对有关问题的分析本身是否在理，关注《世界卫生组织组织法》第75条对国际法院管辖权的规定都是有必要的。一方面，这是因为国际司法机构越来越多地直接或间接地介入了国际热点问题或敏感问题，日趋显现出争权、扩权、滥权的倾向。[2] 考虑到主权国家享有选择国际争端解决方式的自由，[3] 而且并非所有国家都愿意通过司法的方式解决国际争端，因而国际司法机构争权、扩权、滥权的倾向会干扰主权国家行使选择争端解决方式的自由。另一方面，一些国家会考虑利用国际法院的权威在政治纠纷中为自身争取有利的地位，[4] 而国际司法机构争权、扩权、滥权的倾向客观上为这种恶意利用第三方争端解决机制的做法提供了便利。

有鉴于此，关注《世界卫生组织组织法》第75条对国际法院管辖权的规

*　卢婧——中山大学法学院博士后，南方海洋科学与工程广东省实验室（珠海）兼职研究人员，主要研究领域：国际法学。本文为作者主持的第66批中国博士后科学基金项目（2019M663334）以及中山大学高校基本科研业务费青年教师培育项目（19wkpy08）的阶段性研究成果。

1　Peter Tzeng, *Taking China to the International Court of Justice over COVID*-19, EJIL: Talk!, https: //www. ejiltalk. org/taking - china - to - the - international - court - of - justice - over - covid - 19/.

2　黄惠康著：《中国特色大国外交与国际法》，法律出版社2019年版，第132页。

3　联合国大会决议A/RES/37/10, para. 3.

4　Accordance with International Law of the Unilateral Declaration of Independence in Respect of Kosovo, Dissenting Opinion of Judge Bennouna, ICJ Reports 2010, p. 504, para. 21.

定，于我国而言有着十分积极的意义。我国作为世界卫生组织的成员国，必然受到《世界卫生组织组织法》的约束，对法条进行详细解读意在对这种约束形成更为清晰和具体的认识。毕竟，《世界卫生组织组织法》对成员国的约束并不是不证自明的，而是需要通过解读才能确定。考虑到国家间利益的不一致性，成员国会从本国利益出发，对法律约束作出不同的解读。为了有效地维护自身的利益，我国需要对其他国家所作的不利于我国的法律解读进行积极的驳斥，这样的驳斥只能建立在对有关法律条文具有清晰和具体认识的基础之上。具体到《世界卫生组织组织法》第75条关于国际法院管辖权的规定，为了有效应对可能发生的某些国家恶意利用国际法院的权威扩大解释国际法院的管辖权从而干涉我国选择争端解决方式的自由，就必须深化对该条的认识，领会其中所蕴藏的法律解读的可能性。

本文首先是结合案例对《世界卫生组织组织法》第75条进行解读，探讨这一条文所包含的种种可能性，尤其是我国应如何利用这一规定防范其他国家恶意利用国际法院的管辖权。随后是探讨国际法院行使管辖权的合理性问题。管辖权的问题并不只是“有”和“无”的问题，更是“合理与否”的问题。有管辖权本身并不意味着怎样行使管辖权都是合理的。没有任何理由认为国际法院不需要追求管辖权的合理行使，特别是考虑到国际法院行使职权为的是国际社会的利益。[5]

## 一、对《世界卫生组织组织法》第75条的解读

《世界卫生组织组织法》是国际条约，故应当依照《维也纳条约法公约》规定的条约的解释通则对第75条进行解读。《维也纳条约法公约》第31条是关于条约解释规定的基石，采取的是客观解释或者说约文解释，即应推定条约当事国具有其所使用的词语的通常意义的意思。[6]因此，首先要关注第75条原文的完整表述：“有关本组织法的解释或应用而发生的未能通过谈判或卫生大会解决的任何问题或争端，除当事国同意用其他方式解决外，应转交国际法院遵照该法院的法规解决。”

根据这一条文所使用的词语的通常意义，应当认为在当事国对《世界卫生组织组织法》的解释或应用发生问题或争端的时候，当事国有权对问题或争端的解决方式作出约定；在当事国未对该法的解释或应用发生问题或争端的解决方式作出约定的情况下，当事国应通过谈判或卫生大会解决有关问题或争端；

---

5 Ibid., pp. 505, para. 25.

6 李浩培著：《条约法概论》，法律出版社2003年版，第351页。

在当事国通过谈判或卫生大会依然无法解决有关的问题或争端的情况下，应转交国际法院遵照该法院的法规解决。或许会有观点认为，第75条没有明确表示将当事国对问题或争端自由约定的解决方式置于“谈判或卫生大会解决”这样的方式之前，不应推断自由约定的解决方式具有优先性。诚然，第75条行文本身并没有明确展示自由约定的解决方式和“谈判或卫生大会解决”二者孰先孰后，只是明确了这二者对“国际法院解决”这一方式的优先性。但是，考虑到《世界卫生组织组织法》第75条本质上是规定争端解决机制的条款，那么国际法有关国际争端解决的基本原则必然也是可以适用的。主权国家享有选择国际争端解决方式的自由，这是“和平解决国际争端”这一原则的应有之意。[7] 根据这一原则，世界卫生组织的成员国对组织法的解释或应用发生问题或争端的时候，它们享有选择解决方式的自由，从而对有关的问题或争端约定具体的解决方式。这种根据有关的问题或争端所约定的具体解决方式，比起第75条笼统规定的“谈判或卫生大会解决”，在更大程度上彰显了对主权国家选择国际争端解决方式自由的尊重。另外，世界卫生组织的成员国就组织法的解释或应用发生的问题或争端所约定的具体解决方式，属于特殊法（lex specialis），而第75条笼统规定的“谈判或卫生大会解决”，则属于一般法（ lex generalis）。按照“特殊法优于一般法”（lex specialis derogat legi generali）的法理，成员国自由约定的具体解决方式也优先于一般性的规定。

根据以上的论述，在当事国对《世界卫生组织组织法》的解释或应用发生问题或争端的情况下，如果当事国对问题或争端的解决方式存在约定，那么这种自由约定的解决方式必然优先于其他解决方式。在这种自由约定不存在的情况下，根据第75条的规定，当事国需要通过谈判或卫生大会解决有关的问题或争端。由此可见，当事国此时拥有两种选择，一种是没有第三方介入或者说第三方影响相对有限的“谈判”，另一种是第三方起主导作用的“卫生大会解决”。如果对《世界卫生组织组织法》的解释或应用发生问题或争端的当事国一致选择“谈判”或一致选择“卫生大会解决”，那么问题就会相对简单一些；不过现实情况可能是一方选择“谈判”而另一方选择“卫生大会解决”，这种情况应如何处理？要解决这个问题，需要将这两项选择视为《世界卫生组织组织法》确认的成员国所拥有的两项权利。更具体地说，“卫生大会解决”不仅是《世界卫生组织组织法》确认的成员国所拥有的关于解决问题或争端的程序性权利，而且是该法专门赋予成员国的程序性权利；而“谈判”这一解决问题或争

7 《关于各国依联合国宪章建立友好关系及合作之国际法原则之宣言》，联合国大会决议 A/RES/2625（XXV）。

端的程序性权利，一直是“和平解决国际争端”这项国际法基本原则的应有之义[8]，具有极为广泛的适用性。考虑到对《世界卫生组织组织法》的解释或应用发生问题或争端的当事国之间处于平等的法律地位，可以确定主张“谈判”的国家没有理由要求主张“卫生大会解决”的国家放弃自身的主张，反之亦然，因此对双方都公平的做法就是先“谈判”，“谈判”未果再提交“卫生大会解决”。在一方选择“谈判”而另一方选择“卫生大会解决”的情况下，这至少在形式上是一种能够平衡双方程序性利益的做法。那能否先提交“卫生大会解决”，当双方对卫生大会的处理结果不满意时再行谈判呢？从法理的角度说，这种做法行不通：第75条的表述是“谈判或卫生大会解决”，这通常表示，谈判的结果和卫生大会的处理结果应具有同等的法律地位；若允许双方对卫生大会的处理结果不满意时再行谈判，实际上赋予了谈判的结果优先于卫生大会处理结果的法律地位。

因此，认为一个国家只要满足“谈判”这一条件，不需要通过世界卫生大会就能在国际法院起诉另一个国家[9]，实际上忽略了一个不可或缺的前提，即争端双方一致选择“谈判”解决、放弃提交“卫生大会解决”。只有在这一前提存在的情况下，上述的推理才具有合理性。当该前提不存在的情况下，即争端一方选择“谈判”解决，而另一方要求提交“卫生大会解决”，没有理由只支持“谈判”解决的主张而忽略提交“卫生大会解决”的主张。否则就是违背第75条的规定，使“谈判”解决这一程序性权利获得了优先于“卫生大会解决”的法律地位。

一个特别值得思考的问题是，如何判定“通过谈判或卫生大会”未能解决有关《世界卫生组织组织法》的解释或应用而发生的问题或争端？当双方一致认为谈判无果或一致反对卫生大会对问题或争端的处理结果，很容易下结论说双方“通过谈判或卫生大会”未能解决有关该组织法的解释或应用而发生的问题或争端。问题是，如果一方反对卫生大会的处理结果，而另一方同意卫生大会的处理结果，这时候算“解决”还是未能“解决”？这似乎又是一个关于“优先性”的问题：如果认为反对的意见具有“优先性”，那么就应判定通过卫生大会未能解决有关的问题或争端；如果认为同意的意见具有“优先性”，那么就应判定通过卫生大会解决了有关的问题或争端。这不仅是争端双方的分歧，而是三方的分歧，因为作为第三方的世界卫生大会亦参与其中。换言之，如果

---

8 关于各国依联合国宪章建立友好关系及合作之国际法原则之宣言》，联合国大会决议 A/RES/2625（XXV）。

9 See Peter Tzeng, *Taking China to the International Court of Justice over COVID-19*, EJIL: Talk!, https://www.ejiltalk.org/taking-china-to-the-international-court-of-justice-over-covid-19/.

判定反对的意见具有“优先性”，那么就是判定反对方的判断优先于同意方也优先于世界卫生大会的集体判断。这牵涉的问题比较复杂，本文将在探讨国际法院行使管辖权的合理性问题时作进一步分析，因为有权对此进行判定的主体是国际法院，如何判定“通过谈判或卫生大会”未能解决有关《世界卫生组织组织法》的解释或应用而发生的问题或争端，跟国际法院合理行使管辖权密切相关。

还有一个值得重视的问题是如何判定当事国对《世界卫生组织组织法》的解释或应用存在问题或争端。在“刚果领土上的武装行动案”中，国际法院表示，根据《世界卫生组织组织法》的规定，自身的管辖权限于有关该组织法的解释或应用而发生的任何问题或争端，但是民主刚果共和国并未展示出它和卢旺达之间存在这样的问题或争端。[10] 在这个案件中，法院判定问题或争端的存在，主要是看法律义务的归属：法院认为刚果所依赖的条款，规定的恰恰是世界卫生组织的义务而非成员国的义务。[11] 严格地说，国际法院对于问题和争端的管辖权是不一样的：国际法院对问题行使的是咨询管辖权[12]，对争端行使的是诉讼管辖权[13]。但是，《世界卫生组织组织法》第 75 条规定的管辖权，只能是诉讼管辖权，因为咨询管辖权在该法第 76 条另有规定，而第 75 条的规定能与《国际法院规约》第 36 条第 1 款对诉讼管辖权的规定有效对接[14]，但不能有效对接《国际法院规约》第 65 条第 1 款对咨询管辖权的规定[15]。诉讼管辖权作为一种权力，存在合理行使的问题，下文对此会作进一步的分析。

综上所述，《世界卫生组织组织法》第 75 条规定的国际法院的诉讼管辖权实际上受到若干条件的限制。如果要有效应对可能发生的某些国家恶意利用国际法院的权威，扩大解释国际法院的管辖权从而干涉我国选择争端解决方式的自由，就必须用好第 75 条规定的若干限制条件。具体地说，要特别重视运用卫生大会机制。这并不是说自由约定的争端解决方式和谈判对于防止某些国家恶意利用国际法院的管辖权不重要，而是说运用卫生大会机制更具有现实意义。

---

10 Armed Activities on the Territory of the Congo (New Application: 2002) (Democratic Republic of the Congo v. Rwanda), Jurisdiction andAdmissibility, Judgment, I. C. J. Reports 2006, para. 99.

11 Armed Activities on the Territory of the Congo (New Application: 2002) (Democratic Republic of the Congo v. Rwanda), Provisional Measures, Order of 10 July 2002, I. C. J. Reports 2002, para. 82.

12 《国际法院规约》第四章。

13 《国际法院规约》第二章。

14 《国际法院规约》第 36 条第 1 款：“法院之管辖包括各当事国提交之一切案件，及联合国宪章或现行条约及协约中所特定之一切事件。”

15 《国际法院规约》第 65 条第 1 款：“法院对于任何法律问题如经任何团体由联合国宪章授权而请求或依照联合国宪章而请求时，得发表咨询意见。”

从现实的角度分析，通常情况下，如果一个国家无意滥用国际法院的权威进行国际博弈，单纯地想解决有关《世界卫生组织组织法》的解释或应用而发生的问题或争端，那么自由约定的争端解决方式和谈判在很大程度上就可以实现这一目标了。而当一个国家的目标主要不是解决相关的问题或争端，而是利用国际法院的管辖权实现所谓"政治上的胜利"[16]时，自由约定的争端解决方式和谈判实际上发挥不了什么作用。为了把一个国家强行卷入国际司法程序，某些国家会想方设法绕过启动国际司法程序的限制条件，像自由约定的争端解决方式和谈判这类立足于双边性的限制条件是相对容易绕过的，但是像卫生大会机制这类多边性的限制条件想要绕过就没有那么容易。这主要因为双边性的限制条件高度依赖当事国之间的合作，而想把对方国家强行卷入国际司法程序的当事国显然不会真正采取合作的态度，至多只会在表面上作出合作的姿态，以在形式上满足启动国际司法程序的前置要求。如果选择和这样的国家进行谈判，会将本方置于一种相对不利的地位，因为按照《世界卫生组织组织法》第75条规定，在双方都选择谈判而谈判未果的情况下，就能提交国际法院解决；当对方一心启动国际司法程序时，"谈判未果"可以说是无法避免的。因此，在对方一心启动国际司法程序而本方不愿受其裹挟的情况下，有必要更多地重视运用卫生大会机制，反制对方蓄意导致"谈判未果"以启动国际司法程序的企图。

对我国而言，当和其他国家对《世界卫生组织组织法》的解释或应用存在问题或争端时，需要具体情况具体分析。如果对方是单纯地想解决有关问题或争端，那么选择与对方谈判是一种合理的做法，并不需要过分担心因一时谈判未果可能引发的国际司法程序。如果具体情况显示，对方本意不是解决有关问题或争端，而是利用国际法院的管辖权实现所谓"政治上的胜利"，那么选择与对方谈判会使本方陷入被动的境地，因为对方能够宣布"谈判未果"从而相对容易地启动国际司法程序。在这种情况下，为了维护本国选择国际争端解决方式的自由，我国有必要主张卫生大会解决，而非选择谈判。毕竟，一方当事国影响双方谈判结果相对容易，影响卫生大会的处理结果则相对困难。这并不是说，卫生大会机制能彻底阻止某些国家利用国际法院的管辖权实现所谓"政治上的胜利"；要彻底地阻止这种做法还得靠国际法院合理行使职权。国际法院需要有意识地避免沦为某些国家实现所谓"政治上的胜利"的工具。这个问题将在下文作进一步论述。

---

16 Peter Tzeng, *Taking China to the International Court of Justice over COVID-19*, EJIL: Talk!, https://www.ejiltalk.org/taking-china-to-the-international-court-of-justice-over-covid-19/.

## 二、关于合理行使第75条规定的管辖权的若干思考

《世界卫生组织组织法》第75条规定看似简单，实际上可能涉及多种情况，因而会涉及较为复杂的问题。这首先源于第75条规定本身没有充分考虑争端当事国、卫生大会与国际法院三者之间互动关系的复杂性。这三者之间的关系可以是比较简单的，最简单的情况就是争端双方当事国一时谈判未果，并且双方都认为没有继续谈判的必要，同意转交国际法院解决；在这种情况下，都不用考虑卫生大会跟争端当事国以及卫生大会与国际法院的互动问题。稍微复杂一点的情况是，争端双方当事国选择通过卫生大会解决，但双方对卫生大会的处理结果均不满意，都希望转交国际法院解决，此时卫生大会主要是与现争端当事国互动。比较复杂的情况包括两种可能，一种是争端双方当事国一时谈判未果，但其中一方仍然希望通过继续谈判解决问题，而另一方只想提交国际法院解决；另一种是一方对卫生大会的处理结果表示满意，而另一方不满意并要求提交国际法院解决。尤其复杂的情况就是上文探讨过的，争端双方当事国一方主张谈判解决，另一方主张卫生大会解决；在这种情况下，两项程序都走一遍至少是形式上比较公平的做法，这时这种"尤其复杂的情况"可能转化为上述的"最简单的情况""稍微复杂一点的情况"或"比较复杂的情况"中的一种。在"最简单的情况"或"稍微复杂一点的情况"下，管辖权争议这一问题并不存在；而在"比较复杂的情况"下，管辖权争议是国际法院首先要处理的问题。国际法院合理行使管辖权始于适当地处理管辖权争议。

根据《世界卫生组织法》第75条的规定，国际法院行使相关的管辖权必须结合《国际法院规约》的规定。《国际法院规约》第36条第6款明确规定，"关于法院有无管辖权之争端，由法院裁决之"。在"刚果领土上的武装行动案"中，国际法院判断《世界卫生组织组织法》第75条能否建立管辖权，主要考虑两点因素：一个是主张法院有管辖权的当事方需要展示它和另一方之间有关该法的解释或应用存在问题或争端，另一个是主张法院有管辖权的当事方需要证明已满足提交法院的前置条件，即它曾试图跟另一方通过协商解决这一问题或争端，或者世界卫生大会未能（unable）解决；这两点因素缺一不可。[17] 在这一案件中，国际法院只是简单地作出结论，即刚果方面没有展示它和卢旺达之间存在《世界卫生组织组织法》第75条范围内的问题或争端，也未证明提交法

---

17 Armed Activities on the Territory of the Congo (New Application: 2002) (Democratic Republic of the Congo v. Rwanda), Jurisdiction and Admissibility, Judgment, I. C. J. Reports 2006, paras. 99 - 101.

院的前置条件已经满足，因而无法对本案建立管辖权；[18] 国际法院并未对双方关于这两点因素的细节争论作出充分的解释，所以无法进一步确认国际法院相关的法律推理过程。

国际法院这种行使职权的方式，更具体地说，处理管辖权争议的做法的合理性是存疑的。处理管辖权争议的过程应当是一个结合案件具体情况对管辖权条款进行解释的过程；在这一过程中，法院有必要对管辖权条款中存在争议的具体部分进行解释。比如，刚果方面认为卢旺达拒绝参与导致谈判不可能实现，这就满足了提交法院的前置条件；而卢旺达方面则认为要满足该前置条件，刚果必须展示出通过谈判解决具体争端的善意；[19] 这时候国际法院应当对这个争议点进行解释，包括如何认定“谈判不可能实现”以及如何恰当地判断谈判一方缺乏“善意”等。这些问题需要的不是一个肯定的或否定的简单答案，而是结合案件事实的细致的法理分析。如果国际法院能进行这样的法理分析，公开法律推理过程而不只是给出简单的结论，无疑会提高自身行使职权的合理化程度，令管辖权争议的处理结果更有说服力。在本案中，因为缺乏这样的法理分析，所以国际法院未能就《世界卫生组织组织法》第75条的具体解释问题作出明确的贡献。

尤其需要指出的一点是，当国际法院认为自身享有管辖权时，结合案件事实进行法理分析就更不容忽视了。这首先是因为当国际法院认为自身对案件不享有管辖权时，已启动的管辖程序会终止，这时候对该案件而言，管辖权的合理行使问题也不存在了。然而，当国际法院认为自身对案件享有管辖权时，已启动的管辖程序将进行下去，这时候管辖权的合理行使问题会一直存在，直到管辖程序结束。显然，在前一种情况下，国际法院依职权介入双方之间的争端的程度是相对有限的，而在后一种情况下是相对深入的；前者对双方的具体权利义务没有影响，而后者会影响双方的具体权利义务。因此，在国际法院判定自身依《世界卫生组织组织法》第75条对案件享有管辖权的情况下，法院更有必要对管辖权条款中存在争议的具体部分进行解释，结合案件事实进行法理分析，展示行使职权的合理性。

上文提到过，解读第75条的难点在于争端当事国、卫生大会跟国际法院三者之间可能产生的复杂的互动关系，因而国际法院行使职权的合理性跟国际法院如何处理这类关系是密切关联的。下文将结合之前提到过的两种“比较复杂

---

18 Ibid.

19 Armed Activities on the Territory of the Congo (New Application: 2002) (Democratic Republic of the Congo v. Rwanda), Jurisdiction and Admissibility, Judgment, I. C. J. Reports 2006, para. 96.

的情况”，对国际法院如何合理地行使第 75 条规定的管辖权展开讨论。先来看关于“谈判”的情况：当争端双方当事国一时谈判未果，但其中一方仍然希望通过继续谈判解决问题，而另一方只想提交国际法院解决，这时法院应当如何处理？换言之，争端一方认为谈判能够解决问题，提交法院的前置条件未获满足，而另一方认为谈判无法解决问题，提交法院的前置条件已获满足，在这样的情况下，法院应当如何判断前置条件是否满足？这本质上是一个关于自由裁量的问题，因为第 75 条没有对判断前置条件是否满足提供明确的指引。正是因为这种自由裁量权缺乏明确的法律指引，而自由裁量权的行使又是管辖权行使中非常关键的一部分，所以需要重视合理性这一问题。

结合上文对“刚果领土上的武装行动案”的探讨，可以认为在思考“如何合理行使第 75 条规定的管辖权”这一问题时，需要关注以下几个方面。

首先，这种合理性应当在形式方面有所体现。国际法院无论支持哪方主张，都应该列明支持的理由，这需要结合案件事实进行法理分析。如果只有结论，没有法理分析过程，单从形式的角度看就难以令人信服。具体而言，在处理“既有谈判是否满足提交法院的前置条件”这一争议时，国际法院无论是支持“满足”的主张还是“不满足”的主张，都需要结合案情细节说明支持该主张的具体原因。否则，未获国际法院支持的一方极有可能不认同法院的处理结果。这并不是说当法院作出了法理分析，未获国际法院支持的一方就一定会被说服；但可以肯定的是，缺乏法理分析本身无助于未获国际法院支持的一方接受法院作出的结论，甚至可能引发对裁判者的质疑，因为作为中立的裁判者，法院应当公开相关的法理分析。正如麦考密克所言，法官“为自己所作的判决公开申明的理由，也是为了使自己看起来符合期待中的形象……法官必须借助于这些理由表明他们的确是在维护‘法律的正义’，而且至少在达到这一目的的意义上，这些理由成为正当化的理由”。[20] 作为解释国际法的权威机构，国际法院在行使《世界卫生组织组织法》第 75 条规定的管辖权时，对有关的争议进行详尽的法理分析，才是符合国际社会期待的合理做法。

其次，除了形式上的合理性，还要考虑内容上的合理性。这主要指相关的法理分析应当围绕具体的争议点展开。“既有谈判是否满足提交法院的前置条件”这一争议其实包含了若干具体争议点，如谈判者是否履行了“善意”义务、如何认定“谈判不能解决争端”等。一般情况下，当事方在书面程序和口头程序中会展示出有待澄清的具体争议点，法院应当对这些争议点展开法理分析。

---

20　[英] 尼尔·麦考密克著：《法律推理与法律理论》，姜峰译，法律出版社 2005 年版，第 15 页。

不过，因为国际法院的职责是清晰、独立地陈述法律[21]，所以法院的法理分析不需要局限于当事方所提及的争议点，关键是要对《世界卫生组织组织法》第75条规定中的“谈判”这一前置条件作出较为具体的解释。上文提到，“谈判未果”可能是争端一方刻意追求的结果，因为有的国家一心想启动国际司法程序，那么这样的做法是否符合第75条关于“谈判”的规定呢？当争端另一方反对这种做法，而争端又因“谈判未果”被提交到国际法院，这时候国际法院必须对第75条关于“谈判”的规定所包含的具体权利和义务作出解释，如“善意”义务。需要注意的是，第75条关于“谈判”的规定的复杂之处不仅在于要对所涉及的具体权利和义务作出解释，而且在于法院要进行事实判断：明确谈判者的具体权利和义务只是为了确保谈判的适当进行，这并不能为“谈判能否解决争端”这一问题提供答案；谈判能否解决争端，这在很大程度上不只是一个法律解释的问题，还是一个事实判断的问题。这个有关事实判断的问题，在争端双方一方认为谈判的解决方式已经穷尽，而在另一方认为尚未穷尽的情况下，对法院来说无疑是一个非常棘手的问题。

从合理行使第75条规定的管辖权的角度来看，对于“谈判能否解决争端”这一涉及事实判断的问题，国际法院应当如何处理呢？“刚果领土上的武装行动案”对此未能提供明确的启示，因为法院没有对“谈判”这一前置条件作出具体的法理解读。法院的结论是刚果方面未证明提交法院的前置条件，即它试图与卢旺达通过谈判解决问题或争端，已经获得满足[22]，这似乎表明法院考虑的“未满足”的原因仅是谈判未能适当进行，并没有考虑“谈判能否解决争端”作为前置条件的问题。所以，无法从该案的结论确定法院会如何处理这个涉及事实判断的问题。换言之，如果刚果方面与卢旺达进行了谈判，但是刚果方面对谈判的效果并不满意，于是单方面将争端提交法院解决，法院此时就需要考虑“谈判能否解决争端”这个涉及事实判断的问题；如果法院认为继续谈判能够解决刚果和卢旺达之间的争端，那么提交法院的前置条件还是未获满足；如果法院认为继续谈判并不能解决刚果和卢旺达之间的争端，那么法院可能判定前置条件获得满足。客观地说，比起解释跟谈判相关的权利和义务，法院在对“谈判能否解决争端”这个问题进行事实判断的时候，享有更高程度的自由裁量权。为了公平地对待认为谈判的解决方式已经穷尽的争端一方和认为尚未穷尽的另一方，法院在行使自由裁量权进行事实判断时，需要注意对比争端方的主

---

21 Accordance with International Law of the Unilateral Declaration of Independence in Respect of Kosovo, Dissenting Opinion of Judge Bennouna, ICJ Reports 2010, p. 505, para. 25.

22 Armed Activities on the Territory of the Congo (New Application: 2002) (Democratic Republic of the Congo v. Rwanda), Jurisdiction and Admissibility, Judgment, I. C. J. Reports 2006, para. 100.

张和行为表现。如果反对继续谈判的一方在之前的谈判过程中表现相对消极，那么法院不应轻率地认定谈判不能解决争端，否则对主张继续谈判并积极参与的另一方显得不够公平。反之，如果主张继续谈判的一方在之前的谈判过程中表现相对消极，从公平对待争端双方这样的立场出发，法院有理由认为继续谈判未必能解决争端。

无法否认的是，现实情况很多时候都是非常复杂的，这在客观上增加了国际法院行使自由裁量权进行事实判断的难度。当现实情况的复杂性令法院难以确定谈判究竟能否解决争端时，比起宣称谈判已无法解决争端从而获得对争端的管辖权，或许更合理的做法是宣称谈判的手段尚未穷尽因此未满足提交法院的前置条件。这主要是基于国际法院维护自身司法职权的考虑。如果对争端行使管辖权可能产生反效果，为了维护法院的司法职权，就需要拒绝行使管辖权。[23] 当争端一方主张谈判解决并为此积极行动时，法院应另一方的请求宣称谈判未能解决争端从而启动管辖程序，这并不能消除前者对管辖权的质疑。“归根结底，权威取决于实体的，而不是形式的考虑，所以，无论法庭的地位或名声如何，没有令人信服的推理的裁决或有理由怀疑管辖权是否已被接受的情况下宣布的裁决，在当事方看来缺少权威。”[24] 在争端一方质疑法院管辖权的情况下，法院坚持行使职权并不会助力争端解决，而是站到争端一方的对立面，制造了新的争端。作为独立的和中立的国际司法机构，国际法院应避免以这种方式介入国际争端，积极维护法院的司法公信。正如国际法院在北喀麦隆案中明确表示：“法院不能忽略有关职权行使的内在限制。因此，当事一方或双方对法院管辖案件的希望，与法院维护自身司法属性的义务，可能会产生冲突。法院自身，而不是当事方，必须护卫法院的司法公信。”[25] 否则，法院很难避免自身的权威被争端当事方滥用，如上文提到的利用法院的管辖权实现所谓“政治上的胜利”[26]。

下面来谈谈在“卫生大会”这一提交法院的前置条件引发的比较复杂的情况下，国际法院如何合理行使《世界卫生组织组织法》第 75 条规定的管辖权。当争端一方反对卫生大会的处理结果并以“卫生大会未能解决争端”为由提交法院处理，而另一方同意卫生大会的处理结果并反对将争端提交法院，这时候

---

23 Yuval Shany, *Questions of Jurisdiction and Admissibility before International Courts*, Cambridge University Press, 2016, p. 53.

24 ［英］J. G. 梅里尔斯著：《国际争端解决》（第五版），韩秀丽、李燕纹、林蔚、石珏译，法律出版社 2013 年版，第 371 页。

25 Case concerning the Northern Cameroons (Cameroon v. United Kingdom), Preliminary Objections, Judgment of 2 December 1963: I. C. J. Reports 1963, p. 29.

26 Peter Tzeng, *Taking China to the International Court of Justice over COVID – 19*, EJIL: Talk!, https: //www. ejiltalk. org/taking – china – to – the – international – court – of – justice – over – covid – 19/.

法院同样面临着判断行使管辖权的前置条件是否获得满足的问题。比起“谈判”的情况，在这种情况下，国际法院更需要考虑维护自身司法职权的重要意义。如果说法院不顾争端一方的质疑而坚持行使管辖权是在制造新的争端，那么当法院无视卫生大会的处理结果而坚持行使管辖权时，就不仅是在制造新的争端而且是在制造更大的争端，因为法院同时站到了争端一方和世界卫生组织的对立面。如果法院认为争端一方反对卫生大会的处理结果即满足了“卫生大会未能解决争端”这一提交法院的前置条件，从而对争端实施管辖，这其实是令第 75 条规定的政治解决方式和司法解决方式不当地交织在一起，只能导致争端进一步复杂化而非促进其解决。毕竟，国际法院的管辖权仅限于争端本身，不应延伸到对卫生大会工作的评价；然而只要法院认为争端一方反对卫生大会的处理结果满足了提交法院的前置条件，那么在法院对争端行使管辖权的过程中免不了对卫生大会的处理结果进行评价，因为同意卫生大会的处理结果的一方必然会借此捍卫自身的主张。在这种情况下，法院很难不被卷入政治纷争从而蒙受国际社会对其独立性和中立性的质疑。有鉴于此，在争端双方对卫生大会处理结果意见相反而其中一方将争端提交国际法院的情况下，法院不应轻率认定“卫生大会未能解决争端”从而主张对争端的管辖权。这才是合理行使管辖权的做法。虽然这看上去像是法院选择支持认可卫生大会处理结果的一方，或者说认可卫生大会处理结果的意见获得了优先于反对意见的地位，但实际上这是出于避免陷入政治纷争、维护法院司法公信的需要。

综上所述，国际法院根据《世界卫生组织组织法》第 75 条规定行使管辖权的时候，除了要对法条本身进行详尽的法理分析，还要十分谨慎地进行事实判断，尤其是要警惕自身的权威被恶意利用的问题。在争端双方对提交法院的前置条件是否获得满足这一点存在严重分歧的情况下，法院不应当轻率判定前置条件已获得满足从而启动管辖程序。

## 结语

在解读《世界卫生组织组织法》第 75 条关于国际法院管辖权的规定时，应从以下两个角度着手：一个是争端当事方选择争端解决方式的自由，另一个是国际法院维护自身司法公信的义务。当事国需要积极应用第 75 条的规定，维护自身选择争端解决方式的自由；国际法院需要结合维护司法公信的义务，判断提交法院管辖的前置条件是否获得满足。

由于第 75 条关于国际法院管辖权的规定行文高度概括，而现实情况又复杂多样，所以争端当事国需要思考根据这一条文可能作出的种种不同的解读，争取符合自身需要的法律解读方式，维护选择争端解决方式的自由。比如，在争端一方一心想启动国际司法程序而另一方不愿受其裹挟的情况下，另一方有必要更多地重视运用卫生大会机制，反制对方蓄意导致“谈判未果”以启动国际司法程序的企图。毕竟，比起“谈判”这一启动国际司法程序的限制条件，“卫生大会”这一限制条件更难绕过。

阻止一国滥用第 75 条规定的管辖权最终还是要靠国际法院自身合理行使管辖权。合理行使管辖权包括法律解释、事实判断和维护司法公信等方面。法院在作出结论之前应当提供较为详尽的法理分析；在争端一方主张继续谈判解决并为此积极行动时，法院不应当依另一方请求判定“谈判未能解决争端”；为避免陷入政治纷争，法院不应依争端一方的请求对卫生大会的处理结果进行评价。

# 美术作品的侵权认定

江闽松*

“美术”一词源自17世纪的欧洲，泛指具有美学意义的艺术活动及其产物，如绘画、雕塑、建筑等。20世纪五四运动前后，该词经由日本传入我国作为特定艺术门类的名称，包括绘画、雕塑、建筑、书法和篆刻艺术。而作为法律概念，美术通常是指绘画、书法、雕塑等著作权法中规定的与文字、音乐等作品类型并列的一种作品类型。

侵害美术作品著作权的案件虽然较为常见，但是从早期的文字画“猴寿”著作权侵权案及字体、字库著作权侵权案，到近年来引起广泛讨论的西湖音乐喷泉著作权侵权案、叶永青作品涉嫌抄袭事件，都显示出对于美术作品这一传统作品类型的保护范围及其侵权判定，仍然是一个值得探讨的问题。

## 一、美术作品的保护范围

美术作品是指绘画、书法、雕塑等以线条、色彩或其他方式构成的有审美意义的平面或者立体的造型艺术作品。[1]依法享有著作权的作品的合法权利受到我国法律的保护。但这并不意味着作品中的所有部分都应受到保护，著作权法只保护其中源于作者且达到一定智力创造性的表达部分。故在判断美术作品著作权是否被侵犯之前，首先要确定美术作品的保护范围，将思想、公有领域的素材等不受保护的部分从中剔除，再具体比较分析被诉作品是否构成侵权。而美术作品的表达及独创性的界定，既有著作权客体普遍具有的共性，也有其区别于其他作品类型的特性。

* 江闽松——广州知识产权法院法官。

1 参见我国《著作权法实施条例》第4条第8项。

## （一）美术作品的表达

首先，根据思想表达二分法原理，著作权法保护表达，不保护思想。思想与表达是著作权法上的一对概念。思想狭义上是指抽象的思路、观念、理论、构思、创意、概念，广义上还包括系统、操作方法和技术方案。[2]而表达则是将上述思想固定并外化展示给他人感知的手段、形式。不同类型的作品，其表达不同，如文字作品通过文字表达，绘画、书法、雕塑等美术作品通过线条、色彩、构图等进行表达。

其次，对于思想与表达的关系，并不能僵化地从字面理解。表达并不局限于文字、线条、色彩等作品的具体表现形式，还包括一定程度的抽象表现形式。当作品的内容成为表达思想的形式时，该部分内容也可以被视为一种表达。以文字作品中小说为例，其表达包含两个层面：第一层面是直观的，是作品的"外在的表现形式"，即将作品向外界呈现的文字；第二层面是作品的"内在的表现形式"，指作品的"综合性成分"，[3]存在于构思、论证及描述中的连续性和发展过程等作品内在结构中，如小说中的故事情节发展走向的安排与设计。

美术作品也可以作类似的划分，第一层面的表达是作品的线条、色彩等直观的外在的表现形式，第二层面的表达则因美术作品的题材差异而有所不同。美术作品中的题材是经艺术创作者对所创作的素材进行选择、提炼、加工、改造之后，呈现在作品中的现实生活、自然、社会或虚拟世界等，属于美术作品内容的客观成分。[4]题材有狭义和广义之分，狭义的题材是指作品中呈现出来的具体的描绘对象，广义的题材是指作品中所表现、描绘的生活、情感的范围或性质，如历史题材、人物题材等。[5]

美术作品的题材，多数是以现实中存在的事物为蓝本进行创作，小部分是作者想象虚构而来。如果作品的题材是作者虚构的，在现实中并无对应或者虽然作品的题材在现实中存在对应，但作品中最终呈现的造型与原型差距较大以至于观众不可能认为两者系对应关系，则作品中的描绘对象本身是作者思想的外化，属于第二层面的表达范畴；如果作品的题材来源于客观现实，且作品中的描绘对象如实反映了现实中原型的基本面貌，则作品中的描绘对象本身不是

---

2 王迁著：《知识产权法教程》（第六版），中国人民大学出版社 2019 年版，第 48 页。

3 See Daniel Gervais, *The Derivative Right, or Why Copyright Law Protects Foxes Better than Hedgehogs*, 15 Vand. J. Ent. & Tech. L. 785, 828 (2013).

4 钱初熹著：《美术鉴赏及其教学》，人民美术出版社 2007 年版，第 30 页。

5 下文在狭义范围内使用"题材"一词。

表达，而是属于不受著作权法保护的客观事实，[6]但作品中最终呈现的描绘对象的造型及其构图布局等设计安排可以是受著作权法保护的第二层面的表达。举个例子，毕加索的名画《呜咽的女人》以朵拉·玛尔（Dora Maar）为原型创作，但经过毕加索的艺术加工后，该美术作品中最终呈现的人物造型与朵拉·玛尔差距甚远，因此该美术作品中描绘对象本身是表达，受到著作权法的保护，他人不得侵犯。再如，齐白石擅长画虾，所画之虾栩栩如生。但正因为其所画之虾反映了自然界中虾的基本面貌，故其画作中的虾这一描绘对象本身不是表达，并不受著作权法保护，但其创作的特定作品中虾的造型及其构图布局等设计安排是第二层面的表达。

### （二）美术作品的独创性

独创性是作品获得著作权法保护的前提条件之一，但独创性的概念及其标准一直存有争议，并无定论。目前多数观点认为独创性要求包括“独”和“创”两个方面。“独”是指作品为作者独立创作，不是抄袭他人之作，基本上所有学者对这一点是不持异议的。“创”是指作品应具有一定程度的智力创造性，但对于创造性的界定及其标准，则分歧较大。[7]大陆法系国家的立法明确要求作品具有一定高度的智力创造水准，法国强调“作者人格的印记或个性”，德国强调“个人的智力创作成果”。而普通法系国家传统上采用“额头流汗”标准，即只要劳动成果包含了作者独立的艰苦劳动并具有实际价值，就可以满足独创性的要求，英国、美国、加拿大、澳大利亚等国早期均持这一标准。但美国联邦最高法院在1991年Feist Publications, Inc. v. Rural Telephone Service Co.案中修正了立场，开始向大陆法系靠拢，采用“最低限度的独创性”标准，加拿大、澳大利亚也明确不再适用“额头流汗”标准。

我国在建立著作权法律制度时分别借鉴了英美法系和大陆法系的相关法律规定，但在作品的独创性问题上却没有显示出明确的倾向性。立法条文只是规定了作品必须具有独创性，但是对独创性的概念和标准并没有进行明确界定。[8]学者们基本上是根据其学术渊源在英美法系和大陆法系间进行选择，而司法实践中普遍认为独创性包括一定的创造性。最高人民法院在汲取各地司法实践经验的基础上制定的《关于审理著作权民事纠纷案件适用法律若干问题的解释》

---

6 王迁：《论平面美术作品著作权的保护范围——从形象与图形的区分视角》，载《法学》2020年第4期。

7 姜颖：《作品独创性判定标准的比较研究》，载《知识产权》2004年第3期。

8 我国《著作权法实施条例》第2条规定，著作权法所称作品，是指文学、艺术和科学领域内具有独创性并能以某种有形形式复制的智力成果。

第15条规定，由不同作者就同一题材创作的作品，作品的表达系独立完成并且有创作性的，应当认定作者各自享有独立著作权。从该司法解释的条文规定可以得知，最高人民法院显然认为作品的独创性既包括独立完成，又包括创造性。但最高人民法院并未就创造性的高度、标准作统一规定，而是由各地法院在司法实践中通过具体个案进行判断。[9]

值得注意的是不同类型的作品，其表达不同、创作空间的大小不同，其创造性的体现及标准亦不相同。不同类型的作品由于其表达方式各异，很难比较其创造性的高低。比如，用文字进行表达的文字作品与通过线条、色彩进行表达的绘画、书法、雕塑等美术作品，两者间缺少进行创造性比较的基础。但是对于可以比较的同一类别的作品，其创造性高度可以有所差别。文学作品中的人物传记、历史题材类作品，受人物、事实、事件、时间顺序等限制，作者的创作空间较小，创造性多体现在资料的选择、编排上，故创造性要求不宜过高，否则将会限制公众对该题材进行创作。而虚构的文学作品的创作空间较大，相对于人物传记、历史题材类作品来说，其创造性要求就应高些。[10]

与此类似，不同类型的美术作品的创造性要求亦有差别。按不同的分类规则，美术作品可以有不同的分类，如平面美术作品和立体美术作品、纯美术作品和实用美术作品。而从作品题材的创作情况角度出发，美术作品可以分为如下三种情况：题材系由作者虚构，在现实中并无对应；题材以现实中存在的事物为蓝本进行创作，但作品中最终呈现的造型与原型差距较大以至于观众不可能认为两者系对应关系；题材来源于客观现实，且作品中的描绘对象如实反映了现实中原型的基本面貌。在前两种情况下，作者的创作空间较大，相对来说其创造性要求应稍微高些。在第三种情况下，作者的创作空间较小，创造性要求就不应过高。

## 二、美术作品侵权判断标准

在侵权认定时，司法实践中多采用“接触＋实质性相似”方法。[11] 如果被诉侵权作品的作者曾接触过主张权利的作品，同时该被诉侵权作品又与主张权利的作品存在表达上的实质性相似，则除非有合理使用等法定免责理由，即可认定被诉侵权作品构成侵权。

---

9 最高人民法院（2013）民申字第1262号民事裁定书认定，独创性是一个需要根据具体事实加以判断的问题，不存在适用于所有作品的统一标准。

10 陈锦川：《所有类型作品的独创性标准都应当一致吗？》，载《中国版权》2019年第2期。

11 谢晴川：《论独创性判断标准“空洞化”问题的破解——以科技类图形作品为切入点》，载《学术论坛》2019年第5期。

### （一）关于接触的认定

根据“谁主张，谁举证”的基本原则，权利人要证明被诉侵权作品的作者接触过主张权利的作品。但是知识产权具有非物质性的特质，权利人不能像对待普通财产那样按意愿将美术作品处于自己的控制之下，权利人能控制的只是美术作品的原件。在数字化的移动互联网时代，作品一经发表或公开，社会公众有广泛的渠道可以接触作品，且这种接触行为往往具有一定的隐蔽性，让权利人去证明被诉侵权作品的作者接触过主张权利的作品在操作层面有相当大的困难。在这种情况下，如果对权利人的举证义务过于严苛，将会在事实上导致绝大部分的权利人无法维护其合法权利，造成实质上的不公平。因此最高人民法院在多个司法解释中对权利人负有举证义务的部分情形作了例外规定，降低了权利人的举证责任。[12] 故在被诉侵权作品与主张权利作品存在相似部分的情况下，只要主张权利的作品是已经发表的或以其他形式或途径公开过的，就可以依法推定诉侵权作品的作者接触过权利作品，除非被诉侵权人有证据证明其确实没有接触。换言之，实践中的接触标准在多数情况下已逐渐演化成接触的可能性标准。

### （二）关于实质性相似

实质性相似原则在实际应用过程中要注意以下几个方面。

1. 对比的对象。相似是指表达上的相似。美术是一种通过线条、色彩、构图等方式将创作者的审美感受外化在作品上形成特定表达效果的造型艺术。著作权法保护的是表达，该保护并不延及思想、创意，故在进行相似性比对时只应对两个作品中的表达部分进行比对，即考虑两个作品中的线条、色彩、构图等表达元素的相似程度。而创作题材通常属于思想范畴，并不受著作权法保护。在创作某一题材的美术作品后，权利人并不能因此获得对以该题材进行创作的垄断权利，任何人都能够继续以该题材进行创作，权利人只能就其创作的特定作品主张著作权。但如前文所述，在特定情况下，美术作品中描绘对象本身或者作品中最终呈现的描绘对象的造型及其构图布局等设计安排也属于第二层面的表达，该部分表达也是比对的对象。

2. 相似的标准。首先，相似性比对的重点是主张权利的作品中具有独创性

---

12 《最高人民法院关于适用中华人民共和国民事诉讼法的解释》第 93 条第 1 款第 4 项，《最高人民法院关于民事诉讼证据的若干规定》第 9 条第 1 款第 4 项均规定，根据已知的事实和日常生活经验法则推定出的另一事实，当事人无须举证。

的部分。文学艺术的发展离不开模仿与借鉴，因此作品的表达并不必然全部是作者独立创作的，可能包含借鉴、引用他人创作的部分，还可能包含已经进入公有领域的部分。而鼓励创新是知识产权制度的宗旨，具有独创性的表达才是著作权法应该保护的重点。故在进行相似比对时，主张权利的作品中的不同表达的权重是不同的，具有独创性的那部分表达具有更高的权重。这种判定逻辑与外观设计专利的侵权比对类似，均强调对创造性的保护。[13] 其次，相似性比对要考虑作品的创作空间大小。不同类型的美术作品，创作空间的大小不同，实质性相似对比的宽严标准也不同。[14] 有些美术作品题材系由作者虚构，在现实中并无对应；有些美术作品题材以现实中存在的事物为蓝本进行创作，但作品中最终呈现的造型与原型差距较大以至于观众不可能认为两者系对应关系。对于上述两类美术作品，作者的创作空间较大，创造性要求应稍高，在进行相似比对时，标准应该相对宽松。如被诉侵权作品与权利作品在主要表达元素上相似，即使在部分细节有一定差别，不影响两个作品构成实质性相似的认定。对于题材来源于客观现实，且作品中的描绘对象如实反映了现实中原型的基本面貌的美术作品，作者的创作空间较小，创造性要求就不应过高，在进行相似比对时，标准应该相对严格。如果被诉侵权作品与权利作品在主要表达元素上相似，但两者在部分细节有一定差别，应认定为人们更容易注意到两个作品间的较小区别，这种区别可能满足创造性的要求，导致两个作品不构成实质性相似。

## 结语

美术作品与文字作品既有联系又有区别，如何科学地确定其保护范围、进行侵权比对是我们当下仍然要面对的问题。不同类型的美术作品，其表达不同、创作空间的大小不同、创造性的体现及标准不同、实质性相似对比的宽严标准也不同。总体而言，作者的创作空间较小的美术作品，创造性要求就不应过高，在进行相似比对时，标准应该相对严格。反之，作者的创作空间较大的作品，其创造性要求应稍高，在进行相似比对时，标准应该相对宽松。

---

13 《最高人民法院关于审理侵犯专利权纠纷案件应用法律若干问题的解释》第 11 条第 2 款规定，授权外观设计区别于现有设计的设计特征相对于授权外观设计的其他设计特征对外观设计的整体视觉效果更具有影响。

14 梁志文：《版权法上实质性相似的判断》，载《法学家》2015 年第 6 期。

**图书在版编目（CIP）数据**

法治论坛．第62辑／广州市法学会编．—北京：中国法制出版社，2021．7

ISBN 978－7－5216－2013－9

Ⅰ．①法…　Ⅱ．①广…　Ⅲ．①法学－丛刊　Ⅳ．①D90－55

中国版本图书馆CIP数据核字（2021）第132731号

责任编辑：王佩琳　　　　封面设计：周黎明

---

**法治论坛·第62辑**

FAZHI LUNTAN · DI 62 JI

编者/广州市法学会

经销/新华书店

印刷/三河市紫恒印装有限公司

开本/710毫米×1000毫米　16开　　　印张/22.75　字数/374千字

版次/2021年7月第1版　　　2021年7月第1次印刷

---

中国法制出版社出版

书号 ISBN 978－7－5216－2013－9　　　定价：85.00元

北京西单横二条2号

邮政编码 100031　　　传真：010－66031119

**网址：http：//www.zgfzs.com**　　　**编辑部电话：010－63141798**

**市场营销部电话：010－66033393**　　　**邮购部电话：010－66033288**

（如有印装质量问题，请与本社印务部联系调换。电话：010－66032926）

# 《法治论坛》稿件要求和格式规范

**一、稿件要求**

1. 文章要求原创，**探讨的问题具有较高的前沿性、针对性**，未在公开发行的刊物发表。一经刊用，将向作者支付稿费。

2. 以学术质量过硬为刊用标准，来稿文章**侧重应用型研究**，以法律实践问题为切入点进行理论探讨，**有较高的决策参考价值**。

3. 文章观点鲜明、论述缜密、论据充分、格式规范。字数一般不超过15000字。**图表须为可在word文档中编辑的格式。**

4. 所有来稿请在正文末尾附上作者简介（包括法律职称）、手机号码、通讯地址、邮政编码、电子邮箱，以便编辑及时联系作者退改稿件。

5. 投稿请用电子邮件方式，邮件主题：×××（作者姓名）投稿。

6. 提倡文责自负，反对抄袭剽窃。本出版物已获中国知网授权使用“学术不端文献检测系统”，查重率超过30%一律不予刊用。

**二、格式规范**

1. 正文要有内容提要和关键词。

2. 注解采用脚注形式，并用横线与正文隔开；序号左顶格，以数字1、2、3……标示，全文连续编排。引用的专著、杂志的文章和网络文章均用书名号。例：

范愉著：《纠纷解决的理论与实践》，清华大学出版社2007年版，第565页。

姜大伟：《离婚冷静期：由经验到逻辑——〈民法典〉第1077条评析》，载《华侨大学学报（哲学社会科学版）》2020年第4期。

引用期刊文章不需注明页码。援引自学位论文集的文章用书名号，学位论文集无需书名号。引用时应当标明作者毕业的学术单位、年份和学位层级，引用论文特定部分的内容应当标明页码或者章节，例如：李小明：《准政府组织的行政法定位及其权利规制》，吉林大学2016年博士学位论文，第139页。

3. 法条使用阿拉伯数字表述，脚注法条亦然。

例：参见《中华人民共和国民法典》第1207条。

4. 不使用参考文献。如有参考文献，可转化为脚注。

5. 有纸质产品的情况下，不建议引用网站内容。如引用网站内容，请标明网站名字和频道、网址、最后访问时间。例：王利明：《标准合同的若干问题》，载中国民商法律网民事法学频道，http://www.civillaw.com.cn/weizhang/default.asp?id=22250，最后访问于2017年1月26日。

6. 引用报纸要注明版面。例：胡云腾：《聚焦〈刑法修正案（十一）〉草案》，载《法制日报》2020年7月22日09版。

**《法治论坛》2017年1月起入选南京大学CSSCI集刊目录，文章将同时被中国知网（www.cnki.net）署名转载，如不同意转载，请在投稿时作出声明。**

编辑部地址：广州市越秀区小北路113号8楼广州市法学会。邮编：510046

咨询电话：020-83525279

投稿邮箱：gzfzlt@126.com（不区分大小写）